《中陰聞即解脫》

藏漢對譯誦本

德格印經院古刻（校正版）

飛越鐵達尼 I / Beyond Titanic

● 原作：蓮花生大士
● 掘藏：噶瑪林巴
● 勗勉・指導：慈怙 廣定大司徒仁波切
● 傳授・指導：詠給明就仁波切
● 審校・指導：丹增嘉措仁波切・圖登諾布仁波切・
　　　　　　堪布惹瓊仁波切・確傑喇嘛 噶瑪貢措
● 對譯・文編：確印卓瑪尼師
● 出版：喜笑之歌出版社

目次

序部

THE TWELFTH TAI SITUPA

༄༅། བསླབ་གསུམ་དད་དམ་ལྡན་པ་བཙུན་མ་ཆོས་དབྱིངས་ནས་སེམས་བསྐྱེད་རྣམ་པར་དག་པས་བར་དོ་ཐོས་གྲོལ་ཆེན་མོ་རྒྱ་སྐད་ཐོག་ཏུ་པར་བསྒྱུར་གྱིས་དཔེ་དེབ་ཏུ་འགྲེམས་སྤེལ་བྱེད་བཞིན་པ་དང་དེ་ནས་སྐད་རིགས་གཞན་ཐོག་པར་བསྒྱུར་བྱ་རྒྱུ་ཡིན་པ་ནི་ནང་པ་སྤྱི་དང་བྱེ་བྲག་གསང་སྔགས་རྡོ་རྗེ་ཐེག་པའི་རྗེས་འཇུག་བོད་སྐད་མི་ཤེས་པ་སྐད་རིགས་གཞན་ལ་བརྟེན་པ་རྣམས་ལ་བར་དོ་ཐོས་གྲོལ་ཆེན་མོའི་གོ་དོན་ལ་ཐོས་བསམ་སྒོམ་གསུམ་བྱ་རྒྱུའི་ཆ་རྐྱེན་ཡང་དག་པ་རུ་འགྲོ་ངེས་ལགས་ན་དགེ་ཚོགས་འདི་དག་གིས་དལ་འབྱོར་གྱི་མི་ལུས་རིན་པོ་ཆེ་ཐོབ་པ་ཀུན་ནས་རང་ལུས་ཞི་ཁྲོ་དམ་པ་རིགས་བརྒྱའི་ལྷ་ཚོགས་ཀྱི་གཞལ་ཡས་ཁང་ཡིན་པ་ལ་ཡིན་པར་ཤེས་ཏེ་སྒོ་གསུམ་བག་མེད་ཀྱི་དབང་དུ་མི་འགྲོ་བའི་གནད་ཤེས་ནས་འདི་ཕྱི་བར་དོ་ཀུན་ཏུ་མ་གྱུར་མཁའ་ཁྱབ་ཀྱི་སེམས་ཅན་ཐམས་ཅད་ཚེ་གཅིག་གམ་ཡུན་མི་རིང་བར་ཟུང་འཇུག་རྡོ་རྗེ་འཆང་གི་གོ་འཕང་རིན་པོ་ཆེ་ཐོབ་པའི་རྒྱུར་འགྱུར་བའི་སྨོན་ལམ་རྣམ་དག་བཅས་གདན་ས་དཔལ་སྤུངས་ཤེས་རབ་རྣམ་པར་རྒྱལ་བའི་གླིང་ནས་ཀུན་ཏིང་ཏའི་སི་ཏུ་པས་ཕྱི་ལོ་༢༠༡༠ ཟླ་༩ ཚེས་༡༨ ཉིན་དགེ་ལེགས་འཕེལ།

慈怙 廣定大司徒仁波切 序

三學、淨信咸具之確印尼師，以清淨發心，中譯《中陰聞即解脫》成書發行。

復次，將此典迻譯成其他語系，能令不諳藏語而依其他語系學修之一般佛弟子及特別是密咒金剛乘學人，於《中陰聞即解脫》理諦，從事聞、思、修三法之順緣成就。

願此善法聚得令諸有情獲致珍貴瑕滿人身，
了悟自身實爲勝妙靜忿百尊之越量宮，
不隨三門放逸力而作爲。
由了知此等關要，
而令遍虛之如母眾生，
能於此生或不久之未來，
獲得成就殊勝雙運金剛持果位之因。

——是爲清淨祈願。

西曆2010年4月18日廣定大司徒撰於八蚌尊勝智慧林法座
願善增長！

ཡོངས་དགེ་མི་འགྱུར་རིན་པོ་ཆེ་མཆོག་ནས་བསྩལ་བའི་གླེང་བརྗོད།

༄༅། །འཛམ་གླིང་གི་མི་རིགས་ཡུལ་སྲོལ་མང་པོ་ཞིག་གི་ཁྲོད་དུ་འཆི་བ་ཞེས་པའི་བརྗོད་གཞི་དེ་ནི་འཇིགས་སྣྲག་དང་དངངས་སྣྲག་ཆེན་པོ་ཞིག་ཏུ་རྩི་ཞིང་དེ་ལས་ཡོལ་གང་ཐུབ་བྱེད་ཀྱི་ཡོད།

དེ་ལས་ལྡོག་ཏེ་གདོད་མའི་བོད་ཀྱི་ཡུལ་སྲོལ་ནི་ནང་ཆོས་དང་འབྲེལ་བ་ཡོད་པ་ཡིན་ཙང་འཆི་བ་ཞེས་པ་དེའི་རྒྱུད་རང་ཉིད་དོན་དམ་གྱི་ཡེ་ཤེས་རྟོགས་ཐུབ་པའི་གོ་སྐབས་བཟང་པོ་ཞིག་ཏུ་རྩི་གི་ཡོད།

སྔ་མོའི་བོད་ཀྱི་རྣལ་འབྱོར་པ་ཚོས་དགོང་མོ་མ་གཟིམས་གོང་སོ་སོའི་ཕོར་པ་ཁ་སྦུབ་ཅིང་སང་དང་འཇིག་རྟེན་ཕྱི་མ་གཉིས་སྔོན་ལ་གང་ཡོང་མི་ཤེས་ཟེར་སྲོལ་ཡོད།

ངོས་ཀྱི་དཔལ་ལྡན་བླ་མ་༧བྱམས་མགོན་ཀན་ཏིང་ཏྭའི་སི་ཏུ་རིན་པོ་ཆེ་མཆོག་ལ་ཆ་མཚོན་ན་ངེས་པ་དོན་གྱི་རྡོ་རྗེ་འཆང་དོན་བརྒྱུད་འཛིན་པའི་བླ་མ་ཆེན་པོ་གྲངས་མེད་གོང་ནས་མངོན་པར་རྫོགས་པ་སངས་རྒྱས་ཟིན་ནའང་གདུལ་བྱའི་དོན་དུ་འཆི་བ་དང་མི་རྟག་ཅེས་གང་ཉིད་ཀྱི་གཟིམས་སྤྱིལ་དུ་བྲིས་ཡོད།

རྣལ་འབྱོར་པ་རྣམས་རང་ཉིད་ཀྱི་ཉམས་ལེན་ལ་བརྟེན་ནས་འཆི་བའི་རྒྱུད་སྒྱུ་མ་ལྟ་བུའི་སྐྱེ་འཆི་ལས་གྲོལ་ཏེ་མཆོག་གི་དངོས་གྲུབ་ཐོབ་ཀྱི་ཡོད། དེ་དག་ནི་ནང་པའི་གྲུབ་ཐོབ་རྣམས་ཀྱི་རྣམ་པར་ཐར་པ་ལས་གསལ་ཞིང་ད་ལྟའང་དེ་ལྟར་ཉམས་ལེན་གནང་བཞིན་པ་ཡིན། དེ་ནི་སྟོན་པ་སངས་རྒྱས་ཀྱི་ཆོས་ཀྱི་ཉིང་ཁུ་ལྟ་བུ་ཡིན་པ་དཔེར་ན་མདོ་མྱང་འདས་སུ་བསམ་གཏན་གྱི་མཆོག་ཏུ་གྱུར་པ་ནི་འཆི་བ་དང་མི་རྟག་པའོ། གསུངས་ཡོད།

ད་ཆ་འཆི་བ་ཞེས་པ་བརྗོད་གཞི་གལ་ཆེན་ཞིག་ཏུ་ངོས་འཛིན་བྱེད་ཅིང་ཁྱད་པར་བོད་ཀྱི་ནང་ཆོས་འཕེལ་རྒྱས་འགྲོ་བ་དང་དུས་མཚུངས་བར་དོའི་ཐོས་གྲོལ་ཆེན་མོ་ནི་འཛམ་གླིང་ཤར་ནུབ་ཀྱི་མི་མང་ཚོས་གལ་ཆེན་པོ་ཞིག་ཏུ་རྩི་གི་ཡོད། དུས་ཀྱི་འགྱུར་འགྲོས་ལ་དཔྱད་པ་ཡིན་ན་ཡ་མཚན་སྐྱེ་དགོས་པ་ཞིག་ནི་སྔ་མ་འཆི་བ་ཞེས་པའི་བརྗོད་གཞི་ལས་ཡོལ་ཐབས་བྱེད་པ་ལ་ད་ཆ་ཤིན་ཏུ་འགང་ཆེ་རྩི་བཞིན་པ་རེད།

བོད་ཀྱི་ནང་ཆོས་ལྟར་བྱེད་པ་ཡིན་ན་བར་དོའི་ཆོས་སྐོར་དེ་ཐེག་པ་ཆེན་པོ་དང་ན་རོའི་ཆོས་དྲུག གཞན་ཡང་སློབ་དཔོན་པདྨ་འབྱུང་གནས་ཀྱི་གཏེར་ཆོས་ཟབ་ཆོས་ཞི་ཁྲོ་དགོངས་པ་རང་གྲོལ་ལས་བར་དོའི་ཐོས་གྲོལ་ཆེན་མོ་ཞེས་པ་དེ་ཉེ་ཆར་རྒྱ་ཁྱབ་ཏུ་ཁྱབ་ཅིང་ཡོངས་གྲགས་སུ་གྱུར་ཡོད་ལ་དེ་ནི་སློབ་དཔོན་པདྨས་རིམ་པ་གསུམ་དུ་ཕྱེ་ཡོད།

དང་པོ། འཆི་བ་བར་དོས་ཐར་པ་དང་ཐམས་ཅད་མཁྱེན་པའི་གོ་འཕང་ཐོབ་པའི་གོ་སྐབས་བྱེད།

詠給明就仁波切 序

在世間多數的文化中，死亡是禁忌，是生命的恐怖陰影。

在佛化的藏傳文化中，死亡是證悟的良機，是修行人強力的策進。

古時，許多西藏修行者在夜寢前，總不忘倒扣其杯。誠如藏諺所言：「明天或來世，何者先到？我們不會知道！」我的上師 慈怙廣定大司徒仁波切係當今噶瑪噶舉大手印法教的主要持有者之一。多劫前已然證悟的他尚且在其床頭對牆上，張貼一幅「死亡無常」的書法，以為自惕。

由正視死亡而策進修行，終臻超越生死幻相之大自在——是古今佛弟子傳記的共同素描，一致體現著佛陀於涅槃經中的教示：「一切想中，無常死想是為第一。」也因此，當死亡學儼然成為當今一方顯學，藏傳佛教的「中陰教法」在此因緣際會中風行東、西方學佛界——人們對於死亡，從避諱到關注的文化遞演現象——是值得慶喜的。

在藏傳佛教中，關於「中陰教法」的傳授，可參諸大乘教法、那諾六法及蓮華生大士的伏藏——以《深法靜忿密意自解脫》為代表。該伏藏中的《中陰聞即解脫篇》，於近世流傳最廣、影響也最深遠。蓮師在該篇中，突顯了死亡修持的三大重點：

གཉིས་པ། བར་དོའི་ཁྲིད་ཀྱི་ཕན་ཡོན་བསྟན།

གསུམ་པས། རང་ཉིད་གསོན་པོར་ཡོད་དུས་བར་དོའི་ཉམས་ལེན་དགོས་པ་ཤིན་ཏུ་གལ་ཆེན་པོར་ཡིན་པ་བསྟན། ང་ཚོས་ཤེས་དགོས་པ་ཞིག་ལ་གོང་གི་རིམ་པ་གསུམ་ལས་ཐ་མ་དེར་ཉམས་ལེན་མ་བྱེད་པར་རིམ་པ་དང་པོ་དང་གཉིས་པ་ཡོང་ཐབས་མེད་པ་ཞིག་ཡིན། དེར་བརྟེན་འཆི་བ་ཚོས་སྐུའི་ལམ་ཟེར་ནས་ལམ་འགག་ཆེན་དེ་ལྟོད་ཡངས་སུ་མ་བཞག་པར་བྱེད་དགོས། དེ་དག་ཕྱོགས་གཅིག་ནས་བརྗོད་པ་ཡིན་ན་སྐབས་མའི་དུས་འདིར་བར་དོའི་ཐོས་གྲོལ་ཆེན་མོ་འདི་ནི་ང་ཚོར་རེ་བ་དང་སྒྲོན་མེ་ལྟ་བུ་ཞིག་ཡིན་ལ་ཕྱོགས་གཞན་ཞིག་ནས་བརྗོད་པ་ཡིན་ན་ངེས་འབྱུང་གི་བསམ་པས་རྒྱུད་བསྐུལ། བྱང་ཆུབ་ཀྱི་ལམ་ནས་སྒྲུབ་པ་ལ་བརྩོན་འགྲུས་ཀྱི་སྒོ་ནས་ཚེ་ཕྱི་མའི་གྲ་སྒྲིག་ཚེ་འདི་ལ་སྒྲུབ་ནས་བར་དོའི་ལམ་ནས་ཐར་པ་དང་ཐམས་ཅད་མཁྱེན་པ་ཐོབ་ཐུབ་པའི་གོ་སྐབས་བཟང་པོ་ཡོད། དེར་བརྟེན་སློབ་དཔོན་པདྨས་དམ་ཚོས་འདི་ཉིད་བསྐུལ་བར་བསམ།

དུས་རབས་འདི་ཡི་ནང་བར་དོ་ཐོས་གྲོལ་ཆེན་མོ་བོད་ཡིག་ནས་དབྱིན་སྐད་དུ་བསྒྱུར་བ་མང་པོ་ཡོད། སྔོན་མ་སྔོན་མའི་སྒྲ་བསྒྱུར་ལས་ཕྱི་མ་ཕྱི་མ་རྣམས་སྤུས་དག་པ་དང་དེ་བཞིན་ཆ་རྐྱེན་བཟང་དུ་ཕྱིན་ཡོད། ངོས་ཀྱི་ཤེས་ཚོད་བྱས་པ་ཡིན་ན་རྒྱ་སྐད་དུ་ཡོད་པ་རྣམས་དབྱིན་སྐད་ནས་བསྒྱུར་བ་ཤ་སྟག་ཡིན་ལ། རྒྱ་ཡིག་ནི་སྐད་རིགས་གཞན་དང་མི་འདྲ་ཞིང་ལྷག་པར་ནང་ཚོས་སྒྲ་བསྒྱུར་སྐབས་རྒྱ་ཡིག་ནི་མི་ལོ་སྟོང་ཕྲག་མང་པོའི་གོང་ནས་ནང་ཚོས་གཏིང་ཚུགས་པའི་སྐད་རིགས་ཤིག་ཡིན་ཙང་བོད་སྐད་ནས་རྒྱ་སྐད་དུ་ཐད་ཀར་བསྒྱུར་ཐུབ་པ་ཡིན་ན་དགེ་མཚན་ཆེ་ཞིང༌།། མ་ཟད་ནང་ཚོས་ནི་ཚིག་འགྲེལ་ཙམ་ལ་བརྟེན་པ་མ་ཡིན་པར་དོན་གྱི་ཆ་ནས་རྟོགས་བྱ་མཐར་ཐུག་མངོན་སུམ་དུ་བྱེད་ཐུབ་པ་ཞིག་ཡིན། དེ་ལྟར་ཡང་སྔོན་གྱི་ལོ་ཙཱ་བ་རྣམས་བཤད་སྒྲུབ་གཉིས་ཀྱི་བརྩོན་པ་མཐར་ཕྱིན་པའི་སྐྱེས་བུ་དམ་པ་ཤ་སྟག་ཡིན་ལ། ད་ལྟའི་ཆར་སྒྲ་བསྒྱུར་བ་རྣམས་ནི་སྔོན་གྱི་གོང་མ་ལྟར་བྱེད་མ་ཐུབ་ནའང༌། རང་ཉིད་ཀྱི་སྐད་ཡིག་ལ་སྦྱངས་པ་མཐར་ཕྱིན་དང་དེ་དང་ལྡན་དུ་ཚོས་བཤད་པ་དང་སྒྲུབ་པ་ལྷུར་ལེན་བྱེད་ཐུབ་པ་ཞིག་དགོས། ཁྱད་པར་དུ་སྒྲ་བསྒྱུར་བ་ཚོས་ཚོས་གང་ཞིག་སྒྲ་མ་བསྒྱུར་གོང་དེ་ཡི་ཁྲིད་དང་ལུང་ངེས་པར་དུ་ཞུ་དགོས་ལ། དེ་བཞིན་ངེས་པར་དུ་བླ་མ་མཚན་ཉིད་དང་ལྡན་པ་ལ་བརྟེན་དགོས་ཤིང་རང་ཉིད་ཀྱི་བྱ་བ་དེར་ཤིན་ཏུ་གུས་པ་དང་འགང་ཆེར་རྩིས་པ་ཡིན་ན་རང་གཞན་གཉིས་ལ་ཕན་ཐོགས་རྒྱ་ཆེན་པོ་ཡོང་ངེས་ལགས།

一、死亡中陰是解脫、證悟之特勝時機。
二、中陰口訣引介之助益。
三、生前實修至爲重要。

須知，當中的第三要點是前二要點得以展現的先決要件。研修中陰教法之行者應如是把握，方不致低估「以死亡爲道路」的難度而簡化其修持。

換言之，「中陰教法」一方面給予我們末世眾生光明與希望；另一方面，激發我們深徹的出離心、菩提心與實修策進——憑藉生時充份的準備以把握中陰解脫、證悟的良機。我想這才是蓮師傳授中陰教法的意旨所在。

近一百年來，《中陰聞即解脫》已多次從藏典英譯成書。隨時空因緣益趨圓具，所出譯本亦愈趨允正，具相當之參考價值。據悉，其中譯本多以英譯爲憑。實則，中華文化歷經千年佛法薰陶，中文迻譯佛典之直達力，少有語文能及。以是之故，回歸藏典爲本的「藏漢對譯」是值得期待與鼓勵的。

再者，佛典並非僅止於語文，係實證所出——以是往古譯師均爲學修兼詣的佛法大師。今之譯者或不能及，仍可以此自期——除了提升個己相關語文素養之外，尤需致力學修以體證佛法。特別是，在迻譯某部佛典之前，先如法領受口傳、教授，經研習、融通而後起譯，並向學修俱全之法師就教請益。秉於如是重法之心而出之譯作，必能圓成自、他二利。

བར་དོའི་ཐོས་གྲོལ་ཆེན་མོའི་སྒྲ་བསྒྱུར་བ་བཙུན་མ་ཆོས་དབྱིངས་སྒྲོལ་མ་ལ་ཆ་མཚོན་ན་ལོ་དྲུག་གི་སྔོན་དུ་ཐེ་ཝན་ནས་བར་དོའི་བཤད་ཁྲིད་ཞུས། ཡང་སྐྱར་ཐེ་ཝན་སློབ་ཚོགས་ཁག་གཅིག་དང་མཉམ་དུ་བལ་ཡུལ་དུ་ཡོང་ནས་བར་དོའི་ཐོས་གྲོལ་ཆེན་མོ་ཚར་གཅིག་ཞུས། དེ་བཞིན་རྒྱལ་ཁབ་འདྲ་མིན་ཁག་ཁ་ཤས་ཤིག་ཏུ་ཡོང་ནས་བར་དོའི་བཤད་ཁྲིད་ཞུས་པ་མ་ཟད་ལོ་ཤས་རིང་དེ་སྔོར་སྦྱང་པ་མཐར་སོན་བྱས། ཡིག་ཆ་དེ་དག་གཞི་ལ་བྱས་དེ་དཔེ་དེབ་ཞིག་འགྲེམས་སྤེལ་བྱེད་རྒྱུ་ཡིན་ཞེས་བརྗོད་བྱུང་། དེ་ལྟ་ཡིན་ན་ངོས་ནས་བར་དོའི་བཤད་ཁྲིད་བྱེད་སྐབས་མ་ཚང་པ་ཡོང་སྲིད་པས་ཐོས་གྲོལ་ཆེན་མོར་གཞི་བཅོལ་རྒྱུ་ཤིན་ཏུ་གལ་ཆེན་ཡིན་སྙམ་བརྗོད་ཡོད། དེ་བཞིན་མོ་རང་ཡང་བོད་སྐད་དེ་ཙམ་ཡག་པོ་མེད་ཙང་ཐོག་མར་དབྱིན་སྐད་གཞི་ལ་བཞག་ནས་སྒྲ་བསྒྱུར་བྱས། དེ་རྗེས་བོད་ཡིག་ནས་བསྒྱུར་མགོ་བརྩམས། དེ་དུས་བོད་སྐད་དུ་ཐོས་གྲོལ་ཆེན་མོ་མི་འདྲ་བའི་རིགས་ཁ་ཤས་བྱུང་ཡོད། དེ་རྗེས་ཆེད་དུ་བོད་དུ་ཕྱིན་ནས་སྡེ་དགེ་པར་ཁང་ཆེན་མོའི་པར་རྩ་གཞི་ལ་བྱས་ནས་ཡང་སྐྱར་ཆ་ཚང་ཞིག་བསྒྱུར་ཡོད། ཁོང་རང་ལའང་དམ་པའི་ཆོས་ནི་ཤིན་ཏུ་ཟབ་པ་བརྡ་དང་ཐ་སྙད་ལས་འདས་པ་ལྟ་བུའི་མྱོང་ཚོར་བྱུང་འདུག ཁོང་དུ་ལོ་ཤས་རིང་བར་དོའི་ཐོས་གྲོལ་ཆེན་མོར་ཐོས་བསམ་བྱས་པའི་འབྲས་བུར་གོ་རྟོགས་བཟང་པོ་བྱུང་ཡོད་པ་མ་ཟད་བོད་ཀྱི་བླ་སྤྲུལ་མང་པོ་ཞིག་གི་མདུན་དུ་བཅར་ནས་བཀའ་སློབ་ཞུས་ཡོད། ཁོང་རང་གི་འདུན་པ་དང་བརྩོན་འགྲུས་ལ་བརྟེན་ངོས་ནས་ཀྱང་ཤེས་རབ་གླིང་དུ་༢༠༠༨ ༢༠༡༠ བར་མཛོད་ཆེན་རྣམ་ལྔ་དང་ཕྱག་ཆེན་ངེས་དོན་རྒྱ་མཚོ་ཞུས་སྐབས་རོགས་རམ་གང་ཐུབ་བྱས་ཡོད། ངོས་རང་བཙུན་མ་ཆོས་དབྱིངས་དང་འགྲོལ་གླིང་སྐབས་བཙུན་མ་མོ་རང་ལོ་ཉི་ཤུ་རིང་གི་ནང་པའི་ཉམས་མྱོང་དང་དེ་བཞིན་ནང་ཆོས་ལ་ཐོས་བསམ་བྱས་པའི་གོ་རྟོག་ལ་ཡིད་འགྲུལ་ཆེན་པོ་བྱུང་། ཡོན་ཏན་དེ་དག་ལ་བརྟེན་ནས་བློ་རྒྱ་ཡངས་ཤིང་གོ་རྟོགས་ཟབ་མོ་བྱུང་ཡོད། གཞན་ཡང་སྒྲ་བསྒྱུར་བ་དེ་དག་དོན་གསལ་ལ་གོ་བདེ་བ། དེ་བཞིན་མཆན་འགྲེལ་རྣམས་དོན་ཟབ་པ་དེ་དག་ནི་དཔལ་ཤེས་རབ་གླིང་དང་དེ་བཞིན་སེར་ཧྲ་ལྷ་རིག་ཆོས་གྲྭ་ཆེན་མོའི་སློབ་དཔོན་རྣམས་ལ་བརྟེན་ནས་བྱུང་བ་ཡིན། ང་རང་གི་རེ་བ་ལ་དཔེ་དེབ་འདི་ཡི་ད་ལྟའི་མི་རྣམས་དང་དེ་བཞིན་འབྱུང་འགྱུར་མི་རབས་རྣམས་ལ་ཕན་པ་རྒྱ་ཆེན་པོ་འབྱུང་ངེས། ད་ལན་བར་དོའི་ཐོས་གྲོལ་ཆེན་མོའི་གླེང་བརྗོད་འབྲི་རྒྱུ་བྱུང་བ་ལ་ང་རང་སྐལ་པ་བཟང་པོར་བསམས། རྗེས་བསྔོ་སྨོན་བཟང་པོས་མཚམས་སྦྱར་བཅས་ཡོངས་དགེ་མི་འགྱུར་བས་ཨ་རི་དཔལ་སྤུངས་ཆོས་ཚོགས་ནས་༢༠༡༠ ཕྱི་ཟླ་༨ ཚེས་༡༣ ལ་བྲིས།།

* དབྱིན་ཡིག་ནས་བོད་སྐད་དུ་སྒྲ་བསྒྱུར་ཞུས།

《中陰聞即解脫藏漢對譯誦本》之譯者　確印卓瑪尼師即爲此中一例。六年前，她在台灣領受我所傳授的中陰教法，隨即發心編輯成書。爲此，她藉我在尼泊爾參加灌頂大法會之際，帶團至當地求受中陰教法；並參與我於數國開授之中陰教法課程。隨後，她即沈潛其中，以求融會貫通。當時，我指示她：「編譯中陰教法書時，需以藏文原典補充教學未及之處。」爲求信實，初習藏文的她竟因而開啓了艱辛的原典探索之旅——爲了彌補自己有限的藏文能力，她採取「藏典爲本、英譯爲輔」的藏漢對譯方式。爲了化解數版藏典間的出入與缺漏，她遠赴西康「德格印經院」，請得珍貴的古刻版，並放棄先前完成的譯稿而重新起譯。此外，因深感佛法溢於言表的無限性，爲求詮法信實，她於過去數年間不辭道途遠僻，先後參訪了駐錫、行旅天涯各角的藏傳明師們。

感於她無比的虔敬與精勤，我亦藉2006–2010於印度智慧林《五巨藏灌頂大法會》、《大手印了義海傳法閉關》受法之空暇，予以協助。在研討中，我感受到這位學修佛法二十餘年的尼師，是如何本於對中陰教法一定程度的融通，而能培成對經文深度、敏銳的詮解力。雖以英譯爲輔，卻不流於依循，每有超然之卓見。彌足珍貴的是：除了精耕譯文之外，她還將其參學八蚌傳承、五明佛學院師尊們的精闢教授嚴整地呈顯在「譯註」中。

也因此，我確信：此一譯作必能饒益當世、後代的人們。

在此《中陰聞即解脫藏漢對譯誦本》行將圓滿付梓之際，我甚樂爲之序。

詠給明就仁波切口述於美國聖荷西八蚌中心

2010年6月13日

因緣際會中出落的墊腳石

譯編序・導讀篇

《中陰聞即解脫藏漢對譯誦本》是筆者在藏傳佛教參師求法期間，匯集多方勝妙緣力所成的法供養。為了便利讀者自修、助他，筆者選擇以「對譯誦本」的編排方式，呈顯此書所涵蓋的三大主體——珍貴的德格印經院古刻藏文校正本、逐文嚴謹對譯的中譯本、集錄各方明師開闡奧義的隨文譯註。在導入正文之前，謹藉此篇幅，略述本書使用之要：

- 德格印經院木刻版乃舉世公認之珍本。唯手工刻本，不免訛誤。於此，詠給明就仁波切解道：「伏藏多不拘文法，也常使用方言。」為利讀誦，參與校正的藏僧們，仍依文法通則稍作修改。少數幾處重大誤刻，圖登諾布仁波切係依康區金龍寺版加以修正。

- 正因所得藏版珍貴，故採藏典、漢譯合刊，以利上師教學、學子研修。同時，亦可用於協助臨終者、亡者——延請藏僧念誦全書左頁藏文，或自誦、合誦右頁中譯。

- 藏版《中陰聞即解脫》並非偈誦體裁。依原典文體作譯，非但精確性高，也容易理解。此外，為突顯「誦本」之實用性，本書採大字級、新詩分行編排，以利理解、讀誦。

- 「譯註」是本書三大主體之一。為利研參，採「隨文附註」編排。譯註所對應的正文，其右上角標有「小星點」，以利對照。

- 藏典中以大、小字級分別的段落，中譯本係以不同字體呈顯。此典中的大字段落是蓮師對逝者的引介，小字段落是蓮師在闡述法理或對助亡者所作的指示。鑑於藏文書寫常將主詞省略，因此刻意保留字級之別，以利讀者研判文義。

- 一般而言，念誦藏典時，只需讀誦當中的大字段落。唯習慣上，藏僧在助亡時，都會整部唸過。同樣，以本書中譯文助亡時，讀者只需略過譯註而讀誦全文。此外，括弧內文字係為使文義明確或文氣順暢所作之補充，宜隨文讀誦。

- 鑑於「中陰祈請文」是中陰修持、助亡要項，故將《深法靜忿密意自解脫》當中的五則祈請文，附於《中陰聞即解脫篇》正文之後。正文以念誦方式為之；祈請文宜以曲調唱誦。文中「某某」，於助亡時，應唸逝者名。

本書在藏文編排上，爲利讀者對照研參，一反傳統連排法，改採藏文對應中譯方式編排。唯藏、漢文量有別，只能儘量將相關內文排在對應的左、右頁上。此外，全文雖以逐文對譯爲原則，仍有少數段落因文氣考量而更動文序。

關於佛學術語，謹遵師尊們指示：「儘量保留傳統譯法，避免擅加詮解作譯。至於其內義，可以留待教授本法的法師們開闡。」此外，對於某些意涵甚深的文句，也因上述理由，刻意採取直譯。雖不免因此減低其易讀性、流暢度，卻也因而保全了原文的深、廣意涵。

證悟之心是離於二元的，從證而出的經、續也必然是超越二元的。究竟的「直譯」，只能以心印心、離於言詮。若以相對層次而言，藏、漢二文因其二元對立性弱，自不難藉遣詞用句而巧避非黑即白的二元區塊。加上此二語文佛化甚深，佛學辭彙不僅豐富也頗爲統一，因此在對譯上，容易作到精確簡明。以筆者之淺拙，猶能於作譯間，感受到藏、漢佛法的同源關係、中文圓融直契的傳譯力。當此佛學名相「西語中譯」之風漸盛之今日，謹此祈願現代譯者也能同此體會，珍視傳統譯詞之勝處——意涵深廣、簡明精確、能和千年佛籍相貫通。

此典從濃鍊的文言體啓始，隨後轉趨白話，當中還夾雜了不少術語。筆者雖勉力隨之調整，終因佛學、國學素養有限而未能梳理平順。加上「信實」本爲譯事之首要考量，在難以兼顧下，只能選擇犧牲譯文的流暢與美感。此一缺憾，有待來日值遇藏文、中陰教法兼通的中文專業編輯，協助修文，以臻信、達、雅之「譯」境。

在「譯註」中，隨文枚舉了譯者間「同文異解」之例，以俾讀者一窺佛法藏文之「妙」與「難」。於此，確傑喇嘛 噶瑪貢措以一藏諺解之：「ཡིག་ཕྱེད་གོ་བས་གློག，一半可依文字而得解，一半得靠意會而領悟。」惹瓊仁波切則舉一妙喻開闡：「這就像我們家鄉的香獐子，牠的毛皮一經鞣製就會變得十分柔軟，可以任人展成方的、圓的……各種形狀。也因此自古以來各教派間，會因其對經、續的見解不同而多所辯論。」於此，筆者又是如何應對的呢？舉凡理諦高妙的，自然得求助於師尊們。除此之外，往往能依循中陰法理而作出取捨。畢竟，文義儘管多重，法義總成一脈。有趣的是，有時即便詳參了前、後段文脈，還是落了個誤判。硬是得老實透讀全文，貫串環節，方得撥雲見日！

受教於眾師尊期間，深體諸佛菩薩均是從證而出教，因此唯以修證，方能接近其本懷，貼近經、續之原義——從相對到究竟，當中存在著無限層次、面的詮解空間。離證悟甚遠的筆者，僅能以凡夫二元分別之心，藉由考證、辨析、請益等間接方式，試圖企及相對的信實。因此，讀者當恆以原典爲依歸。譯文僅供參考。

因緣所致，筆者在六年前，竟以區區60分的中文、6分的英文、0.02分的藏文能力，一頭栽入生平第一遭也應是最末回的藏、漢對譯之旅。匍匐至今，藏文水平雖僅提升至0.06分，然而對「母語」的孺慕之情，卻已達滿級分。

於佛弟子而言，佛典藏文確實幾近於「母語」——系出梵文，對譯「覺」之法教。那是由松贊干布的大臣 突米桑布扎依於梵文創造了藏文（公元七世紀）以來，歷經無數的大譯師迻譯佛典——其多爲證悟的成就者，例如：舊譯時期的毗盧遮那、噶瓦拜則、焦若魯堅贊，新譯時期的仁千桑布、瑪爾巴……等尊者。如是以證悟之心直契佛意所出之譯作，自然含帶了無比的加持力。無怪乎年屆半百的筆者，至今依然如小娃學語般地嘟噥著指尖迤邐而過的美麗刻文，彷彿企圖追逐佛陀、古德引向覺悟的亙古跫音。也因此，儘管筆者十分坦然於0.06分的「時不我予」，依然忍不住寄望後生學子——把握因緣學習這堪以深入法海、實修取證的珍貴語文。

在近代驟變的因緣中，藏傳佛法從封藏的雪域廣傳全世界。猶如冰封千年的寶石，在外力的重擊下，其晶瑩的碎片隨地球自轉而遍撒全世界——先是佛法回傳至印度，隨後西方參學先驅架起了藏傳佛法傳入歐、美的橋樑。之後，再度廣傳東亞……。往昔由梵文等佛學語文譯成的藏典，在今日，則反向對譯成梵典，彌補其佚失之憾。

古時，譯師對佛法的宏揚、傳續，厥功甚偉。今日，譯者對法教的弘傳，舉足輕重。以當代藏傳佛教而言，在西語譯員中，不乏學修佛法達三、四十載之人。例如：傑夫瑞．霍普金斯(Jeffrey Hopkins)、羅伯．特門(Robert Thurman)等著名的西方譯者。藏族譯者如達賴喇嘛尊者現任英文翻譯 圖登錦巴(Thupten Jinpa)。藉由他精確的英譯，筆者得以見識到尊者高超的學養。尊者的法文翻譯 馬修李卡德(Matthieu Ricard)則以其貴族般的典雅法語，爲時人所樂道。當代大瑜伽士、大學者 堪布竹清嘉措仁波切秉其遠見，爲世人培訓了許多優秀的譯員……。以「藏典中譯」而言，嚴謹的西語譯作彷若飽學的法友，可資研參，堪輔譯事。

早在寶石冰封的年代，華人先驅——法尊、能海……等法師——以嚴謹之譯作，爲華人奠定了次第學修藏傳佛法的基石，爲後學樹立了藏漢對譯的典範。居士譯者如張澄基博士的英、中譯作《密勒日巴尊者傳》，至今啓蒙了包括筆者在內的無數華人。因緣驟變後，漢化所及的藏地學府，儼然成爲藏漢對譯的培訓營。例如：色達喇榮五明佛學院所出版之著作、譯品，多出自學、修兼詣的大堪布之手。其所作育的藏、漢僧才，可望成爲漢地法化之勁旅。

這是一部集諸恩寵的譯作——由諸方師、友秉其爲法教、爲眾生的虔敬、悲懷所成。中陰譯程一如中陰險道，關隘重重。這些撐扶筆者通關的師、友們，彷若蓮師回應末學祈願的化身與使者。謹此 略述事例，並致謝忱：

藏傳恩師 慈怙 廣定大司徒仁波切和詠給明就仁波切在筆者追隨、受法期間，於百忙中賜教、解惑。六年間的種種協助、勖勉，非此區區篇幅所能載盡！除了指導作譯之外，司徒仁波切應筆者所請、滿眾生之願，前後一共賜予了三幅墨寶。筆者將其恭展於本書扉頁中。明就仁波切應此誦本藏文錄音所需，在其領受《了義海大手印》期間，特藉夜闌人靜時，誦、錄全文。親教師確傑喇嘛 噶瑪貢措於過去四年間，以非常之安忍，承受地毯式轟炸般的提問、承擔多次藏文校正。此外，在筆者懇請下，他為本書封面繪製主圖、擔任英－藏文譯、協助康區取經之行……。

藏語「語盲」的筆者所追隨的三位師尊均通曉英文。中譯稿出爐後，又幸得三位熟諳中文的師尊協助審校：

首先，在法友引介下，駐錫南台灣的堪布惹瓊仁波切應允審稿。仁波切在審校、釋疑時，不時指出藏文缺失，使筆者有所察覺。之後，筆者共參閱了三版藏典，並翻修譯文數次。唯其出入處，始終懸而未決。加上彙編中的《中陰靜忿百尊藏・中・英圖文對照集》亦觸瓶頸——各藏版於靜忿百尊的描述出入極多、蒐集自各國的唐卡也莫終一是。因此，筆者決定參訪康區名剎，尋求化解之因緣。在參訪色達喇榮五明佛學院的三日期間，承蒙副院長 丹增嘉措仁波切假會客時間，為筆者釋疑解惑，並以提要反問方式確認譯文。之後，在朝參德格印經院時，筆者終於如願請得《深法靜忿密意自解脫》古刻本，當即決定依之重新打字、校對、起譯。重譯稿在幾經修校之後，進入到最後審校階段。因緣所致，筆者在台北期間，幸得五明佛學院《慧光集》指導上師 圖登諾布仁波切慈悲首肯，逐文審校並惠予指導。

「勞師」之餘，還得「動眾」相助：

在摸索初期，承蒙妙融法師和尼泊爾龍樹中文學校同仁情義相挺，筆者方得「傻傻地」繼續挺進。期間結識了正在主持《尼瓦爾文佛教百科全書》彙編工作的當地名醫 Dr. Sarbottam Shrestha (M. Med.)。精通數種語文的他，協助校正本書梵文拼音。

圖師末校期間，喇榮出版社總編輯 徐安湘居士居中提供多方協助。接著，橫在筆者面前的關隘便是那高難度的藏、漢排版。當時，幸得熟諳藏、中文及電腦排版的印度智慧金剛佛學院學僧 洛卓若傑慨然相助。

序部、人物志……等末段工程，因涉及藏、中、英三文互譯，筆者藉由電子郵件，兜攏了天各一方的賢達，協助考證、審校、編輯、翻譯、修文——司徒仁波切秘書 喇嘛天南、八蚌智慧林堪布 賈稱貢措、確傑喇嘛 噶瑪貢措、法海師、陳玲瓏博士、Suki Lor。並由詹瑞源居士執行封面、經文美編；紀淵字、謝秀雲居士執行扉頁編排；郭昭宏、孔淑卿伉儷協助處理圖片、付梓作業……。其間，喜得大學同窗 嚴博文律師應允參與。

最後，要特表申謝的，是與筆者法緣甚深的「八蚌喜笑之歌學修群」。因其多方護持，筆者得以行腳參方、匯集緣力而共圓心願。

如是，依眾因緣和合而此書生。當中還包含了傳續證悟教法至今的重重因緣，以及前輩譯者、辭典編纂者、藏文軟體設計者……成於彼一空時的拾級之階。而因緣總是變化著的，例如：當年筆者是緣於編譯明就仁波切的中陰教法而開啓此對譯之旅。在此誦本行將付梓之際，該「緣起」卻也在人事變化中趨於消融——昔日研討中陰教法時，仁波切曾表示：「希望日後能將中陰系列由中文迻譯成英文。」2010年仁波切在加州聖荷西假授課之暇，告知筆者：「妳今後應以閉關爲主。日後我會以相關主題寫一本書，因此無需英譯中陰系列。」這眞是眾生之福！以弟子之能，雖經千萬考證、審校，也不及上師親爲。仁波切的英文書皆會譯成各國語文，因此筆者擔在心中的承諾、肩上的書稿，也可隨之放下。中陰系列成書與否，且隨日後因緣而定。

交卷在即的筆者，不免悲欣交集。這時，心中響起了恩師 司徒仁波切在圓滿其《了義海大手印傳法》時所說的一段話：「I am seeing how good it can be; it humbles me.（此際，當我看到這法可以傳得多麼圓滿時，不禁感到卑微。）」筆者思及此書……，豈不是得平趴在地，祈求寬諒了。然而，誠如恩師常說的：「I do my level best.（我盡我所能而爲）」涉及他人時，他則說：「我們不能期望別人做得比『盡力而爲』更好。」在其典範身教下，筆者正學著接納自己、體恤他人在因緣中的盡力而爲。

謹以百倍之勤、乘眾勝緣力，
於因緣際會中，磨就此一方石。
願其堪爲無始恩親生之扶梯、死之跳板；
願其化成中陰譯作長流中的一隅踏階。

本書中譯・文編
確印卓瑪謹誌

綿延福慧流

發行序

承擔本書印行的「喜笑之歌出版社」，向來是以義工爲主體，將所得挹注於法行事業。例如：本書編印經費一半即來自《明心之旅》部份所得，另一半則由「喜笑之歌學修群」護持。也因此，本書一方面得以高質感的精裝書付梓；另一方面能以廣傳工本價流通。此外，爲進而增益所有參與者功德、擴大本書饒益値率，其所得將作如下挹注：

- 支持本書廣傳案、護持眾師尊法行事業。（詳參「喜笑之歌」網）
- 支持廣傳《中陰聞即解脫藏漢對譯誦本CD》——由詠給明就仁波切讀誦藏文，本書譯者讀誦中譯文，徐清原居士專業承製。
- 製作中陰教法系列後續出版物。
- 延請適格的藏僧們，重校德格印經院版《深法靜忿密意自解脫》整部，之後印製、分贈南亞各藏傳佛教寺院。

願一切流經我的，
皆成福慧之流，
而「我」在當中消溶。

本書發行人
確印卓瑪謹誌

人物志

慈怙 廣定大司徒仁波切

詠給明就仁波切

丹增嘉措仁波切

圖登諾布仁波切

惹（熱）瓊多傑仁波切

確傑喇嘛 噶瑪貢措

བྱམས་མགོན་ཀུན་ཏིང་ཏཱའི་སི་ཏུའི་སྐྱེས་རབས་རིམ་པར་བྱོན་པ་རྣམས་ནི།

慈怙 廣定大司徒仁波切 簡介

༄༅། །ཨོཾ་རྒྱན་གུ་རུ་པདྨ་འབྱུང་གནས་ཀྱི་ལུང་བསྟན་བཀའ་རྒྱ་མ་སོགས་ལས་རྒྱལ་བ་བྱམས་པ་དང་གུ་རུའི་རྣམ་འཕྲུལ་དུ་གསལ་བར་ལུང་བསྟན་ཅིང་། དེ་བཞིན་རྒྱ་གར་འཕགས་པའི་ཡུལ་དུ་ཌོམ་བྷི་ཧེ་རུ་ཀ་དང་། ཤྲཱི་སིང་ཧ། ཀྲྀ་རི་ཀ་པ་སྟེ་མཆོག་གི་དངོས་གྲུབ་མཉེས་པའི་གྲུབ་ཐོབ། གངས་ཅན་བོད་ཡུལ་དུ་བསྟན་པ་ཕྱི་དར་གྱི་དུས་སུ་རྒྱ་འཇམ་དཔལ་གསང་བ་གྱིམ་ཤང་ཞབས། སྐད་གཉིས་སྨྲ་བ་ལྡན་མ་རྩེ་མང་།

མངའ་བདག་མར་པ་ལོ་ཙཱ། བསྟན་པ་ཕྱི་དར་གྱི་སྐབས་སུ་མར་པ་ཆོས་ཀྱི་བློ་གྲོས་ཞེས། ༡༠༡༢ ནས་ ༡༠༩༧
རྒྱ་གར་འཕགས་པའི་ཡུལ་དུ་ལན་གསུམ་དུ་བྱོན་ཅིང་པཎ་ཆེན་ན་རོ་ཏ་པས་གཙོས་ཁྱད་འཕགས་ཀྱི་བླ་མ་བཞི་སོགས་ལས་གདམས་ངག་ཟབ་དགུ་གསན་ནས་མར་པ་བཀའ་བརྒྱུད་ཅེས་པའི་རིང་ལུགས་ཀྱི་སྲོལ་གཏོད།
བཀའ་བབས་བཞིའི་གདམས་པ་ཟམ་མ་ཆད་པ་རྣལ་འབྱོར་གྱི་དབང་ཕྱུག་མི་ལ་རས་པས་གཙོས་བུ་ཆེན་བཞི་སོགས་སྨིན་པར་མཛད་པོ་དེ་དང་།

སྒམ་པོ་ཚུལ་ཁྲིམས་སྙིང་པོ།
རྣལ་འབྱོར་གྱི་དབང་ཕྱུག་མི་ལ་རས་པའི་ཐུགས་སྲས་ཉི་ཟླ་གཉིས་ཀྱི་ཡ་གྱལ་ཉི་མ་ལྟ་བུ་མཉམ་མེད་དྭགས་པོ་ལྷ་རྗེའི་དབོན་དང་ཐུགས་སྲས་སྒམ་པོ་ཚུལ་ཁྲིམས་སྙིང་པོ་ཞེས་ཉམས་རྟོགས་ཕྱིན་ལས་རྗེ་ཉིད་དང་མཉམ་པས་འཛམ་གླིང་གྲགས་ཞེས་པ་མཚན་དུ་བཏགས་པ་དེ་དང་།

འགྲོ་མགོན་རས་ཆེན།
མཉམ་མེད་དྭགས་པོ་ལྷ་རྗེས་ཐུགས་སྲས་ཀྱི་གཙོ་བོ་གྲུབ་ཐོབ་ཁམས་པ་མི་གསུམ་གྱི་ཡ་གྱལ་དཔལ་ལྡན་དུས་གསུམ་མཁྱེན་པ་འོག་མིན་ཀརྨའི་གདན་སར་ལོ་གསུམ་བཞུགས་རྗེས་དོན་ཆེན་པོ་གསུམ་གྱི་ཆེད་དུ་དབུས་སུ་བཞུད་ཁར་ཐུགས་སྲས་བཀའ་བབས་བུ་བཞིའི་ཡ་གྱལ་འགྲོ་དོན་ཕྲིན་ལས་བཀའ་བབས་འགྲོ་མགོན་རས་ཆེན་ལ། བསླབ་བྱ་རྒྱས་པ་གནང་། ཀཾ་པོ་གངས་ར། གླེ་ཐུ་ཀརྨ་འདི་དང་།
མཚུར་གྱི་ཕུ་གསུམ་ལ་གདན་སའི་གཙོ་བོ་བྱེད་པ་ཡིན། ཁྱེད་ཀྱིས་གདན་ས་འདི་བཟུང་ལ་དར་རྒྱས་གྱིས་ཤིག
ཚེ་རབས་ཐམས་ཅད་དུ་ཁོ་བོ་དང་འབྲལ་བ་མེད་ཅིང་། ཁོ་བོའི་ཕྲིན་ལས་ཀྱི་མཐའ་ཡང་ཁྱོད་ཀྱིས་སྐྱོང་དགོས་པ་ཡིན་ཞེས།
བསྟན་པ་དང་གདན་ས་གཏད་ཅིང་གང་གི་བསྟན་པའི་མཇུག་སྐྱོང་པ་པོ་དང་།
སྐྱེ་བའི་ཕྲེང་བར་འབྲལ་མེད་ཐུགས་ཡིད་དབྱེར་མེད་དུ་ལུང་བསྟན་པ་འགྲོ་མགོན་རས་ཆེན་བསོད་ནམས་གྲགས་པ་དང་།

སི་ཏུ་ཆོས་ཀྱི་རྒྱལ་མཚན། ཕྱི་ལོ་ ༡༣༧༧ ལོར་འཁྲུངས།
རྗེ་དེ་བཞིན་གཤེགས་པའི་རྒྱལ་ཚབ་འོག་མིན་ཀརྨའི་དགོན་རབས་སི་ཏུ་ཆོས་ཀྱི་རྒྱལ་མཚན་ཞེས་གོང་མ་ཏཱ་མིན་རྒྱལ་པོའི་སྤྱི་བོ་ནས་དབང་བསྐུར་ཞིང་། ཀུན་ཏིང་ཡན་ཐོང་སྦྱའུ་ཚེ་གི་ཤིར། ཞེས་པའི་མཚན་དང་། ལས་ཀ་དང་ཤེལ་ཐམ་སོགས་ཕུལ་ཞིང་།
འདི་ནས་བཟུང་མཚན་དང་གོ་གནས་ཉམས་མེད་དུ་གནས་ཤིང་།
ཀུན་ཏིང་ཏཱའི་སི་ཏུ་ཞེས་མཚན་ཐོག་པ་ནས་ད་བར་སྐུ་ཕྲེང་བཅུ་གཉིས་སུ་བརྩེ་བའི་ དང་པོ་ཡིན།

སི་ཏུ་བཀྲ་ཤིས་རྣམ་རྒྱལ། དེའི་སྐྱེ་སྤྲུལ་ཏཱའི་སི་ཏུ་བཀྲ་ཤིས་རྣམ་རྒྱལ་མཆོག་ནི་ཕྱི་ལོ་ ༡༤༥༠ ལོར་ཀརྨའི་བོད་ཆོས་རྒྱལ་གྱི་གདུང་རབས་སུ་འཁྲུངས།
རྗེ་དྲུག་པ་མཐོང་བ་དོན་ལྡན་གྱིས་སི་ཏུ་ཆོས་ཀྱི་རྒྱལ་མཚན་གྱི་ཡང་སྲིད་དུ་ངོས་འཛིན་དང་གོང་མའི་གསེར་ཁྲིར་མངའ་གསོལ།
གོང་མ་ཆེན་པོའི་ལུང་གིས་མངོན་པར་མཐོ་བ་སོགས་མཛད་རྗེས་ངོ་མཚར་བའོ།།

སི་ཏུ་བཀྲ་ཤིས་དཔལ་འབྱོར། ཕྱི་ལོ་ ༡༤༩༨ ལོར་ཀརྨའི་བོད་ཆོས་རྒྱལ་གྱི་གདུང་རབས་སུ་འཁྲུངས།
རྗེ་བདུན་པ་ཆོས་གྲགས་རྒྱ་མཚོས་སི་ཏུ་གོང་མའི་ཡང་སྲིད་དུ་ངོས་འཛིན་དང་།
རྒྱལ་དབང་ཆོས་གྲགས་རྒྱ་མཚོ་རང་ཉིད་ཀྱི་སྤྲུལ་སྐུ་ཡིན་པར་ཞལ་གྱིས་བཞེས་པས་རྒྱལ་དབང་རིམ་ཅན་ནས་རྟོགས་པ་དོན་གྱི་ཐུགས་རྒྱུད་དབྱེ་བ་མེད་པའི་ཞལ་གྱིས་བཞེས། འདི་གོང་མ་ཆེན་པོའི་ལུང་གིས་མངོན་པར་མཐོ་བའོ།།

前期轉世傳承

古印度聖者 蓮花生大士在其《授記密典》（Lungten Kagyama）中，明確地預言了大司徒仁波切的轉世。依據此一傳統，大司徒仁波切是彌勒菩薩和蓮花生大士的化身。他的前期轉世包含了印度、西藏、中國多位大成就者和大學者。例如：東毗巴、吉祥師子、達惹卡巴……，以及瑪爾巴尊者。

噶舉金鬘傳承 & 累世相續的師徒三昧耶

大譯師瑪爾巴尊者（1012-1097）曾經三度參訪印度，求得了後來成爲噶舉傳承核心的口傳教法，世稱瑪爾巴噶舉。之後，他將此一傳承傳續給他的主要弟子——西藏偉大的瑜伽士密勒日巴尊者，再傳續至達波拉傑岡波巴。岡波巴大師則將法脈傳給了杜松虔巴等主要弟子。

杜松虔巴（1110-1193）在圓寂之前，將法脈傳給了他的主要弟子（司徒）卓袞睿千（1148-1218），並對他說：「從今而後，你、我二人生生世世無二無別。」卓袞睿千將所有的教法傳給了彭札巴（1170-1249），由他完整地承續了傳承。之後，彭札巴遇見了年少的噶瑪巴喜並認證他爲第一世噶瑪巴 杜松虔巴的轉世 。從那時起，藉由無有間斷的修證相傳及師徒三昧耶的維繫，此一口傳教法傳承得以純淨地存續至今，世稱噶瑪噶舉傳承或「金鬘傳承」。噶瑪巴和卓袞睿千的轉世也一直維繫著生生世世的師徒關係。

噶瑪巴的黑寶冠 & 「廣定大司徒」的由來

卓袞睿千之後的一位轉世 確吉賈稱（1377-1448）成爲第一世大司徒仁波切。永樂年間，明成祖以金書、厚禮敬邀「佛之化身」第五世噶瑪巴德行謝巴往訪中國。秉於虔敬和了悟，他親見了噶瑪巴頂上由

སི་ཏུ་མི་འགྱུར་ཆོས་ཀྱི་གོ་ཆ། ཕྱི་ལོ་ ༡༥༩༢ ལོར་བྱར་མང་རྩེ་བརྒྱུད་དུ་འཁྲུངས།
རྗེ་བརྒྱད་པ་མི་བསྐྱོད་རྡོ་རྗེས་སི་ཏུ་གོང་མའི་ཡང་སྲིད་དུ་ངོས་འཛིན་དང་།
ཀརྨ་པ་མི་བསྐྱོད་རྡོ་རྗེས་ཉིད་དང་དབྱིངས་གཅིག་ཅིང་སྟོན་འཁོར་ཐ་མི་དད་དུ་ཞལ་གྱིས་བཞེས་ཏེ་རྒྱལ་ཚབ་ཏུ་མངའ་གསོལ། རྗེ་ཉིད་དང་། དཔལ་ཁང་ལོ་ཙཱ་བའམ་རྗེ་ཀརྨ་ཕྲིན་ལས་པ་རྣམ་གཉིས་གཙོས་མཁས་གྲུབ་ཀྱི་བླ་མ་བདུན་སོགས་བསྟེན་ནས་མདོ་རྒྱུད་མན་ངག་གི་བདག་པོར་གྱུར་ཏེ། ཕྱིར་རིས་མེད་པའི་བསྟན་པ་མཐའ་དག་དང་། ཁྱད་པར་སྒྲུབ་བརྒྱུད་རིན་པོ་ཆེའི་བསྟན་པ་ཉིན་མོ་ལྟར་གསལ་བར་མཛད།
ཡང་སློས་གདན་ས་ཆེན་པོ་ཀརྨ་དེ་ཉིད། ཕྱི་རྒྱ་ནྲབས་ཀྱིས་བཅད། ནང་རྒྱ་ཚོགས་སུ་ཚུད། གཡེར་མོ་ཆེའི་ཀ་བ་ཡོ་བ་ཐམས་ཅད་བསྲངས། གས་པ་ཐམས་ཅད་བསྒུབས་པ་བསྟན་པ་སོགས་མཛད་ཕྲིན་རྒྱ་ཆེ་བའོ།།

སི་ཏུ་ཆོས་ཀྱི་རྒྱལ་མཚན་དགེ་ལེགས་དཔལ་བཟང་པོ་ནི། ཕྱི་ལོ་ ༡༥༨༦ ལོར་སྡེ་དགེ་རྩེ་རོང་དུ་འཁྲུངས།
གདན་ས་ཀརྨ་རྟེན་དང་བརྟེན་པར་བཅས་པ་སྐྱར་བཞེངས་དང་།
ལྷག་པར་སྒྲུབ་བསྟན་གོང་འཕེལ་གྱི་ཕྱིན་ལས་སྐབས་སུ་ཆེ་བས་ཀརྨ་པ་དགུ་པ་དབང་ཕྱུག་རྡོ་རྗེས་གདན་ས་སྐར་ཡང་གཏད་དེ་ཉིད་དང་མཛད་ཚུལ་ཐ་དད་ཙམ་ལས་སྟོན་འཁོར་ཐ་མི་དད་པའི་མཚོན་ཆེད་དབང་རྟགས་ཀྱི་ཅོད་པན་དབུ་ལ་གསོལ་ཏེ་སེང་ཁྲིར་མངའ་གསོལ་ཏེ་སྙིང་པོའི་བསྟན་པ་གཏད་པ་དང་།
སྐབས་དེར་ཡབ་སྲས་མཇོང་གྲོལ་མཉམ་བསྒྲོན་མཛད་པ་ནས་སི་ཏུ་ན་རིམ་གྱིས་མཇོང་གྲོལ་གྱི་མཇལ་ཁས་སྐྱེ་བོ་གྲོལ་བར་མཛད་ནས་ད་ལྟ་རང་ཅག་རྣམས་ཀྱི་དད་པའི་ཡུལ་དུ་གྱུར་བཞིན་པ་དེ་གའོ།།

སི་ཏུ་མི་ཕམ་ཕྲིན་ལས་རབ་བརྟན་ནི། ཕྱི་ལོ་ ༡༦༥༨ ལོར་སྡེ་དགེའི་མངའ་ཁུལ་སྨད་ཤོད་རྩེད་དྲངས་སུ་འཁྲུངས།
རྗེ་བཅུ་པ་ཆོས་དབྱིངས་རྡོ་རྗེ་མཆོག་དང་ཐུགས་ཡིད་གཅིག་འདྲེས་ཀྱིས་འབྲལ་མེད་དུ་བསྟེན།
མ་འོངས་པ་ན་དཔལ་སྤུངས་དགོན་ཡུལ་རྟེན་མཆོད་བཅས་བདག་གིར་མཛད་པ་ལུང་གིས་བསྟན། ཕྱག་ཕྱེང་དང་ན་བཟའ་ཞི་ཟེར་ལ་འགེལ་བ་དང་། རྡོ་ལ་ཞབས་རྗེས་འཇོག་པ་སོགས་ངོ་མཚར་བའི་མཛད་པ་བསྟན་པ་སོགས་མཐའ་ཡས་སོ།།

སི་ཏུ་ལེགས་བཤད་སྨྲ་བའི་ཉི་མ་ནི། ཕྱི་ལོ་ ༡༦༨༣ ལོར་སྐུ་འཁྲུངས།
རྗེ་བཅུ་གཅིག་པ་ཡེ་ཤེས་རྡོ་རྗེས་ངོས་འཛིན་དང་མཚན་གསོལ་མཛད་ཀྱང་གཞན་རྐྱེན་དགུང་གྲངས་བཅུ་གསུམ་སྟེང་ཞི་བར་གཤེགས་སོ།།

སི་ཏུ་ཆོས་ཀྱི་འབྱུང་གནས་མཆོག་ནི། ཕྱི་ལོ་ ༡༧༠༠ སྡེ་རབ་བྱུང་བཅུ་གཉིས་པའི་ས་མོ་ཡོས་རྒྱལ་ཟླའི་ཚེས་བཅུ་བདུན། རེས་གཟའ་ཕུར་བུ། ཐུ་རྡོའི་ཉི་ཤར་དང་དུས་མཚུངས་སུ་ཡུམ་ལ་གནོད་པ་མེད་པར་འཁྲུངས།
ཏཱའི་སི་ཏུའི་སྐྱེས་རབས་ཀྱི་ཕྲེང་བ་རྣམས་ལས་ལྷ་རིག་སྨྲ་བ་ཀུན་གྱི་དབང་པོར་གྱུར་པ་སོགས་མཁས་གྲུབ་ཡ་མ་བྲལ་བའི་དོན་གྱི་པཎྜི་ཏའི་གོ་འཕང་མཐོན་པོར་གཤེགས་པའི་སྐྱེས་ཆེན་དམ་པ་ཞིག་སྟེ། གདན་ས་དཔལ་སྤུངས་རྟེན་དང་བརྟེན་པར་བཅས་པ་གསར་དུ་བཞེངས་པ་དང་།
མདོ་སྔགས་བཤད་སྒྲུབ་ཀྱི་འཆད་ཉན་དང་སློམ་སྒྲུབ་ཀུན་གྱི་རྒྱུ་འགོ་ལྟ་བུར་གྱུར་ཏེ་ རིས་མེད་རྒྱལ་བསྟན་ལ་སྲི་ཞུ་དང་།
ལྷག་པར་སྒྲུབ་བསྟན་ཟླ་ནས་ཟླ་རུ་འདེགས་པའི་མཛད་བཟང་གི་འོད་སྣང་ད་ལྟའི་ཆར་ཡང་ཉམས་མེད་དུ་གཡོ་བཞིན་པ་དང་།
ཁྱད་ཆོས་འབྱུར་དུ་ཐོན་པའི་ཐུན་མིན་དཔལ་སྤུངས་ཀྱི་རིང་ལུགས་གསར་དུ་ཕྱེས་ཤིང་།
སྡེ་དགེ་ཆོས་རྒྱལ་བསྟན་པ་ཚེ་རིང་གིས་རྒྱལ་བའི་བཀའ་འགྱུར་ཆེན་མོ་སྤར་གྱི་ཕྱི་མོར་བསྐྲུན་པའི་ཞུ་དག་གི་རིམ་པ་དང་། ཁ་སྐོང་དགོས་རིགས་དེའི་དཀར་ཆག་ཤིན་ཏུ་རྒྱས་པ་བཅས་མཛད་པ་སོགས་ལ་བརྟེན་ནས་སྡེ་དགེའི་བཀའ་འགྱུར་འདི་ཉིད་རྒྱལ་བའི་བཀའ་བོད་ཀྱི་སྐད་དུ་འགྱུར་རོ་ཅོག་ལས་དག་པའི་ཚད་དུ་བཀུར་བའི་སྟན་པ་དེང་གི་དུས་སའང་རྒྱུན་ལྟར་གྲགས་པ་དང་།
གཏེར་སྟོན་ཡོངས་དགེ་མི་འགྱུར་རྡོ་རྗེས་དཀྱུང་ལོ་ཉི་ཤུ་བརྒྱལ་ནས་བསླབ་མ་བསླབ་ཀུན་མཁྱེན་ནས་འོང་ཞེས་གསུངས་པ་ལྟར་སྒྲ་རིག་གི་གཙོས་པའི་རིག་པའི་གནས་མཐའ་དག་ལ་སྐྱེས་ཐོབ་ཀྱི་ཤེས་རབ་སད་པ་ལས་སྦྱང་སྟོབས་ཀྱི་འབད་པ་མི་དགོས་པས་གནས་ལྔ་རིག་པའི་བང་མཛོད་གློང་ནས་བརྗོལ་བའི་གསུང་འབུམ་དངོས་སུ་ཡི་གེར་འཁོད་པ་པོ་བཅུ་བཞི་བཞུགས་པ་ལ་བརྟེན་ནས་ཤེས་བྱ་རིག་པའི་གནས་ལ་འཇུག་པ་བདེ་བའི་ལམ་ཆེན་གསར་དུ་གཏོད་པ་དང་། ཤེས་རབ་ཀྱི་བློ་མིག་ཐོང་བ་དག་ལ་སྣང་དོར་ཚུལ་བཞིན་འབྱེད་པའི་མིང་ཟུང་ཕྱིན།
འབེ་ལོ་ཆེན་ཚེ་དབང་ཀུན་ཁྱབ་དང་། ཁམས་སྤྲུལ་བསྟན་འཛིན་ཆོས་ཀྱི་ཉི་མ། སྒྲ་རམས་པ་སངས་རྒྱས་མཆོག་གྲུབ་དང་ཀུན་དགའ།
ཞབས་དྲུང་མདོ་མཁར་བ་ཚེ་རིང་དབང་རྒྱལ། འབྲུག་པ་ཡོངས་འཛིན་སྤྲུལ་སྐུ་ཀརྨ་ཐུབ་བསྟན་ངག་དབང་།
གཙུང་ཚབ་ཚ་སྤྲུལ་སྐུ་ཀརྨ་ངེས་ལེགས་བསྟན་འཛིན་སོགས་ཡོངས་སུ་གྲགས་པའི་རབ་འབྱམས་སྨྲ་བའི་དབང་པོས་གངས་ཅན་གྱི་ལྗོངས་ཀུན་གཏམས་པར་མཛད་པས་གངས་ལྗོངས་སྨག་རུམ་སྟུག་པོའི་ཁྲོད་དུ་འོད་སྣང་འབར་བའི་སྒྲོན་མེ་བཏེག་སོགས་མཛད་ན་གང་གི་ནྲབས་སུ་ཆེ་བའི་མཁྱེན་པ་དང་ཐུགས་བསྐྱེད་མཛད་རྗེས་བཅས་པར་ངོ་མཚར་ཤིང་དད་པའི་སྤྱི་ལོང་དབང་མེད་དུ་མི་གཡོ་བ་ཕྱི་ནང་སུའང་མེད་པ་མངོན་སུམ་འབྱུང་བཞིན་པ་དེ་གའོ།།

ཀུན་ཏིང་ཏཱའི་སི་ཏུ་པདྨ་ཉིན་བྱེད་དབང་པོ་མཆོག་ནི། ཕྱི་ལོ་ ༡༧༧༥ ལོར་མདོ་ཁམས་སྡེ་དགེར་འཁྲུངས།
རྒྱལ་མཆོག་ཀརྨ་པ་བཅུ་གསུམ་པ་བདུད་འདུལ་རྡོ་རྗེས་ངོས་འཛིན་དང་ངེས་དོན་སྙིང་པོའི་བསྟན་པ་གཏད་ཅིང་ཆོས་ཀྱི་རྒྱལ་ཚབ་ཏུ་དབང་བསྐུར། ཞལ་སློབ་ཐུ་བོ་འཇམ་མགོན་ཀོང་སྤྲུལ་བློ་གྲོས་མཐའ་ཡས་ངོས་འཛིན་དང་ཁྲིར་བཀོད་གདན་སར་གསན་སྤྱངས་སོགས་ཀྱིས་བསྐྱངས་ཏེ་མཛོད་ཆེན་རྣམ་ལྔ་བརྩ་བསྒྲིགས་མཛད་པ་པོའི་སྐྱེས་ཆེན་དམ་པ་དེ་ཉིད་བསྐྲུན་པར་མཛད།
མཁྱེན་ཀོང་མཆོག་གསུམ་གྱིས་རིས་མེད་བསྟན་པའི་ཉི་མ་སྐྱེ་འགྲོའི་མགོན་དུ་ སྣར་ཡང་ཤར་བའི་མེས་པོ་དམ་པར་བཞུགས་པ་དང་།
སྟོན་འགྲོ་ཆོས་བཞི་ནས་བརྩམས་ཡི་དམ་ལྷའི་བསྙེན་ཚད། ཐབས་ལམ་ནཱ་རོ་ཆོས་དྲུག
གྲོལ་ལམ་ཕྱག་རྒྱ་ཆེན་པོ་ལ་ཉམས་ལེན་ལོ་གསུམ་ཕྱོགས་གསུམ་གྱི་སྒྲོལ་ཐོག་མར་བཙུགས

空行母髮絲所織成的無形智慧黑金剛寶冠。由於深信黑寶冠「見即解脫」的功德力，他命人複製一頂，供養給噶瑪巴，並請求噶瑪巴在特定的法會中戴上那頂黑寶冠。這便是黑寶冠法會的由來。其後，永樂皇帝也授予 確吉賈稱「廣定圓通妙濟國師大司徒」的榮銜。

大司徒的紅寶冠 & 紅寶冠法會的由來

在持續的師徒關係中，第九世噶瑪巴 旺秋多傑賜予第五世廣定大司徒 確吉賈稱給列巴桑（1586-1657）一頂仿其黑寶冠而製成的紅寶冠，以確認大司徒和他具有同等證量。他也告訴大司徒：要在特定的法會，戴上紅寶冠 ，以利眾生。這便是大司徒傳承紅寶冠法會的由來。

「司徒班禪」 & 八蚌寺

在大司徒仁波切的轉世中，或以第八世廣定大司徒 確吉炯涅（1700-1774）最爲著稱。他因禪修、梵文、藏文文法、醫藥、天文、詩學、唐卡畫風上的成就與貢獻而聲名遠播。在德格土司的護持之下，確吉炯涅主持校訂、印行的德格版甘珠爾，被公認是最爲完美的藏文大藏經版本。他所創建的八蚌寺，成爲歷代大司徒的法座及東藏的佛法學修中心。由於成就非凡，藏史稱他爲「司徒班禪」（Situ Penchen）——「大班智達（Maha Pandita）廣定大司徒」。至今，人們依然研讀著由他註釋的藏文文法、詩學、禪修…等著作。

首創三年三月傳統閉關制 & 對「利美運動」影響卓著

第九世大司徒仁波切 貝瑪寧杰汪波（1774-1853）的佛行事業，在實修傳承上也有其深遠的影響。他依勝妙的密續原理，開展出「三年三月閉關」的密集修持法，讓修行者藉由嚴謹的禪修與悲智的培養，淨化業障、圓熟潛能。

རིས་མེད་ཆོས་བརྒྱུད་ཉམས་དམས་སུ་གྱུར་ཚད་སླར་གསོ་གོང་སྤེལ་ཚགས་ཆུད་ཁོར་མོ་ཡུག་ཏུ་མཛད། ཕྱག་ནས་ཟང་ཐལ་དུ་འགྲོ་བ་དང་། རྡོ་ལ་ཞབས་རྗེས་བཞག་པ་སོགས་ངོ་མཚར་རྫུ་འཕྲུལ་གྱི་བཀོད་པ་མཐའ་ཡས་པར་བསྟན་པ་སོགས་མདོར་ན་སྐུ་ཚེ་དེའི་ཕྲིན་ལས་ཟབ་མོ་མཐར་ཕྱིན་པར་མཛད་དེ། དགུང་བགྲང་བརྒྱད་ཅུར་ ཕྱི་ལོ་ ༡༨༥༤ ལོར་སྤྲུལ་པའི་བཀོད་པ་རི་ཞིག་ཆོས་ཀྱི་དབྱིངས་སུ་བསྡུ་བར་མཛད་དོ།།

སི་ཏུ་པདྨ་ཀུན་བཟང་མཆོག་ནི། ཕྱི་ལོ་ ༡༨༥༤ ལོར་བྱང་གནམ་མཚོའི་ཁར་འཁྲུངས།
རྒྱལ་མཆོག་བཅུ་བཞི་པ་ཐེག་མཆོག་རྡོ་རྗེས་ཡེ་ཤེས་དབྱིངས་གཟིགས་དང་། མཆོག་གྱུར་གླིང་པའི་ལུང་བསྟན་རྗེ་མཐུན་ཐོག་ངོས་འཛིན་གནང་།
རྒྱལ་དབང་བཅུ་བཞི་པ་དང་། འཇམ་མགོན་བློ་གྲོས་མཐའ་ཡས།
མཁན་ཆེན་བཀྲ་ཤིས་འོད་ཟེར་སོགས་བསྙེན་ནས་གཞུང་མན་ངག་དང་བཅས་པར་གསན་སྦྱོང་དང་།
སྐུ་གཞོན་ནུའི་དུས་ནས་རྫུ་འཕྲུལ་དང་མངོན་ཤེས་རང་བྱུང་དུ་མངའ་ཞིང་བརྟུལ་ཞུགས་གྲུབ་པའི་སྤྱོད་པ་མ་ངེས་པ་གནང་བར་བརྟེན་མི་རྣམས་ཀྱིས་སི་ཀྲོད་མ་ཞེས་ཉམས་མཚར་ཅི་ཡང་སྨྲས།
འཇམ་དབྱངས་མཁྱེན་བརྩེའི་དབང་པོས་ཨོ་རྒྱན་རིན་པོ་ཆེ་སྐུ་ཤ་ཀློན་པ་ཞེས་བསྟོད་བསྔགས་མཛད་པ་སོགས་ཚུར་མཐོང་གྲུབ་པ་ཆེན་པོའི་བརྟུལ་ཞུགས་འཆང་བའི་ཚུལ་འཛིན་པས།
སྣང་སེམས་རོ་གཅིག་ཏུ་འདྲེས་པའི་རྟགས་ས་ཡུལ་གང་དང་གང་དུ་གཤེགས་ཀྱང་སྲ་མཁྲེགས་རྡོ་ལ་ཕྱག་ཞབས་ཀྱི་རྗེས་འདམ་བུའི་ཚལ་དུ་གླང་པོའི་རྗེས་བཞིན་བཞག་པ་སོགས་གྲུབ་རྟགས་ཐོགས་མེད་དུ་སྟོན་པའི་ལོ་རྒྱུས་ངོ་མཚར་གཙོ་བོ་བསྐྲུངས་ནས། ཕྱི་ལོ་ ༡༨༨༥ ལོར་སྐུ་གཤེགས་སོ།།

སི་ཏུ་པདྨ་དབང་མཆོག་རྒྱལ་པོ་མཆོག་ནི། ཕྱི་ལོ་ ༡༨༨༦ ལོར་མདོ་ཁམས་ལི་ཐང་གནམ་ཆེན་བྲག་དཀར་གྱི་ཉེ་འདབས་སུ་འཁྲུངས།
རྒྱལ་མཆོག་བཅོ་ལྔ་པ་ལས་ཕྱག་ཆེན་རྒྱ་གཞུང་སོགས་ཐུན་མིན་པ་ཆོས་རྣམས་གསན་སྐབས།
ཐབས་གྲོལ་ཟུང་འཇུག་བརྒྱུད་པའི་རྟོགས་པ་དོན་གྱི་བསྟན་པ་གཏད་དེ་བཀའ་བརྒྱུད་གྲུབ་ཐོབ་གསེར་རིའི་ཕྲེང་བར་མངའ་གསོལ།
ཀུན་གཟིགས་འཇམ་དབྱངས་མཁྱེན་བརྩེ་དབང་པོའི་མདུན་ནས་རྒྱ་ཆེན་སྤྱོད་པའི་བཀའ་སྲོལ་བྱང་སྡོམ་དང་།
འཇམ་མགོན་བློ་གྲོས་མཐའ་ཡས་ལས་བཀའ་གཏེར་དག་སྣང་མཐའ་ཡས་ཀྱི་དབང་ལུང་མན་ངག་རྒྱ་ཆེར་གསན་པས་མཆོན།
མཁན་ཆེན་བཀྲ་ཤིས་འོད་ཟེར་དང་།
མཁན་ཆེན་གཞན་དགའ་སོགས་ལས་མདོ་སྔགས་རིག་གནས་དང་བཅས་པར་གསན་བསམ་སྒོམ་པ་ཕུལ་བྱུང་དུ་མཛད།
ཚུལ་ཁྲིམས་གཙང་ཞིང་བྱང་སེམས་ཀྱི་འཇོ་ངས་པ། རིམ་གཉིས་ཀྱི་ཏིང་ངེ་འཛིན་ལ་མངའ་འབྱོར་བས་མཁས་གྲུབ་ཀྱི་གོ་འཕང་མཐོན་པོར་གཤེགས།
དཔལ་སྤུངས་འདུ་ཁང་དང་བཤད་གྲྭ་རྒྱ་བསྐྱེད་གསར་བཞེངས་མཛད།
མཁན་ཆེན་གཞན་དགའ་མཆོག་ལ་གཞུང་ཆེན་བཅུ་གསུམ་གྱི་མཆན་འགྲེལ་མཛད་པའི་གསུང་བསྐུལ་དང་།
གདན་ས་དཔལ་སྤུངས་སུ་སྤར་བསྐྲུན་འགྲེམ་སྤེལ་མཛད། སྤར་ཁང་ཉམས་གསོ་རྒྱ་བསྐྱེད་དང་།
གསུང་རབ་ཤིང་སྤར་དཔག་ཏུ་མེད་པ་གསར་དུ་བསྐྲུན་པར་བརྟེན་དཔལ་སྤུངས་དམ་ཆོས་བང་མཛོད་ཅེས་རིས་མེད་ཆོས་སྡེ་ཀུན་ཏུ་དེའི་གསུང་རབ་ཀྱིས་མ་ཁྱབ་པ་མེད་པ་ལྟ་བུར་གྱུར།
རྒྱལ་མཆོག་ཀརྨ་པ་སྐུ་ཕྲེང་བཅུ་དྲུག་པ་ཆེན་པོ་མཆོག་ངོས་འཛིན་མཚན་གསོལ་གྱིས་གདན་ས་དཔལ་སྤུངས་སུ་མངའ་འབུལ་ཁྲི་འདོན་ཟབ་རྒྱས་གནང་བས་མཆོན། སོ་བྱང་ལྡུགས་གསུམ་གྱིས་ཡོངས་སུ་སྨིན་པར་མཛད་ནས་དོན་བརྒྱུད་ཀྱི་བསྟན་པ་རིན་པོ་ཆེ་ཕྱག་ཏུ་གཏད།
འབྲུག་དང་རྒྱ་ནག་སོགས་ཆོས་རྒྱལ་ཁག་དང་མཆོད་ཡོན་གྱི་འབྲེལ་པ་མུ་འཐུད་སྲ་བརྟན་དང་།
ལྷག་པར་སྡེ་དགེའི་རྒྱལ་ཁབ་ཆེན་པོའི་རྒྱས་སྲིད་ཉམ་ཐག་པའི་སྐབས་མཛད་པ་གཞན་ལ་ཇི་མི་ སྙམ་པར་སྲི་ཞུ་བླ་ལྷག་ཏུ་གྲུབ་པར་མཛད།
གཞན་ཡང་རྒྱལ་ཁབ་དང་ལུང་ཚན་སོགས་ཀྱི་ནང་འདུམ་མཛད་ནས་སྐྱེ་འགྲོ་དཔག་ཏུ་མེད་པའི་སྲོག་སྐྱབས་པ་སོགས་བཤད་སྤྱུབ་ལས་གསུམ་གྱི་ཕྲིན་ལས་མཐར་ཕྱིན་ཏེ་ཕྱི་ལོ་ ༡༩༥༢ ལོར་ཞི་བར་གཤེགས་སོ།།

སི་ཏུ་སྐུ་པདྨ་དོན་ཡོད་གྲུབ་པ་མཆོག་ནི། ཕྱི་ལོ་ ༡༩༥༤ ལོར་སྡེ་དགེ་དཔལ་ཡུལ་དུ་ངོ་མཚར་བའི་ལྟས་དང་བཅས་ཏེ་བལྟམས།
རྒྱལ་མཆོག་བཅུ་དྲུག་ཆེན་པོས་ངོས་འཛིན་མཚན་གསོལ་དང་འབྲེལ་དཔལ་སྤུངས་ཐུབ་བསྟན་ཆོས་འཁོར་གླིང་དུ་གསེར་ཁྲིར་མངའ་གསོལ།
“གོང་ས་ལྔ་མའི་རྣམ་འདྲེན་”སྐྱབས་མགོན་རྒྱལ་དབང་ཐམས་ཅད་མཁྱེན་ཅིང་གཟིགས་པ་ཆེན་པོ་མཆོག་གིས་ཀྱང་དབུ་སྐྲ་གཙུག་ཕུད་འབུལ་བཞེས་དང་སྣང་དོར་བཀའ་སློབ་ཟབ་དགུ་གནང་།
བོད་དང་བོད་ཆེན་པོར་བསྟན་འགྲོའི་གེགས་ཆག་འགོ་ཚུགས་སྐབས་དགུང་ལོ་དྲུག་ཐོག་དཔོན་སློབ་ཏག་བསྡུས་དབྱུས་གནས་དང་།
མཆུར་ཕུའི་གདན་ས། འབྲུག་ཡུལ་བརྒྱུད་རྒྱ་གར་འཕགས་པའི་ཡུལ་དུ་ཕེབས། འབྲས་ལྗོངས་རུམ་བཏེག་ཀརྨའི་ཆོས་སྒར་དུ་ཕྱི་ལོ་ ༡༩༦༦
དགུང་གྲངས་བཅུ་གསུམ་ཐོག་ཕེབས་ནས་རྒྱལ་མཆོག་བཅུ་དྲུག་པས་དགེ་ཚུལ་གྱི་སྡོམ་པ་བསྩལ་བས་མཆོན་གསན་བསམ་སྒོམ་གསུམ་བགྲང་བྱ་དགུར་མཛད་ནས་མཁས་བཙུན་གྲུབ་པའི་རྒྱལ་སར་མངའ་དབང་བསྒྱུར།
དགུང་གྲངས་ཉི་ཤུའི་ཐོག་རྒྱལ་དབང་མཆོག་ནས་དགེ་སློང་གི་སྡོམ་པ་བསྩལ་བས་མཆོན།
རྒྱལ་དབང་ཆེན་པོའི་ཐུགས་སྲས་དང་ངེས་པ་དོན་གྱི་བརྒྱུད་པ་གཏད་ཅིང་སྟོན་འཁོར་ཐུགས་ཡིད་གཅིག་འདྲེས་སུ་གྱུར།

此外，他對倡導「於宗派無偏見」的利美運動和復興瀕臨斷絕的香巴噶舉和某些噶舉支派，具有相當大的影響力。他是利美運動三大師——第一世蔣貢康楚仁波切、蔣揚欽哲旺波、秋吉林巴——的共同頂嚴（上師）。他所認證、賜名的蔣貢康楚羅卓泰耶，即是在八蚌寺完成《五巨寶藏》的鉅作。

當代（第十二世）大司徒仁波切事略

當代第十二世廣定大司徒 貝瑪敦約寧杰旺波，於藏曆雄木馬年（1954）出生在德格白玉的農家。轉世尋訪團依照大寶法王所撰寫的祖古轉世徵象函（Tagyig），很順利地尋找到第十二世大司徒仁波切。當他一歲半時，大寶法王在八蚌寺（自1727年以來即爲大司徒仁波切的法座），爲他舉行了陞座大典。

六歲時，由於政治情勢動盪，他逃離西藏。首先前往不丹，之後再至印度錫金隆德寺，與大寶法王會合。接著，他在第十六世大寶法王的指導之下正式學修，領受噶舉傳承的所有法傳，當中包含了大手印無間傳承的完整教法。此外，他也領受許多偉大上師的實修心要和哲理法教。

1975年，他於北印度喜馬恰省建立八蚌智慧林，承擔起「廣定大司徒」的傳統職責。依於司徒仁波切的願景，智慧林的規模持續在開展之中。仁波切計劃將它建立成一座學修中心，好讓弟子們學修傳承證悟上師數世紀以來傳續的教法。

司徒仁波切在其金剛持 第十六世大寶法王圓寂（1981）後，以心子之一的身分，毅然肩負起存續噶舉無間傳承的重責大任。在那不確定的年代裡（1981-1992）——尚未能覓得、認證、陞座眞正的第十七

༸གཞན་ཡང་རྒྱལ་དབང་ཐམས་ཅད་མཁྱེན་པ་༸གོང་ས་སྐྱབས་མགོན་སྐུ་ཕྲེང་བཅུ་བཞི་པ་ཆེན་པོ་མཆོག་དང་།
དིལ་མགོ་མཁྱེན་བརྩེ་རིན་པོ་ཆེ་གོང་མ། རྗོང་སར་མཁྱེན་བརྩེ་ཆོས་ཀྱི་བློ་གྲོས། སངས་རྒྱས་མཉན་པ་རིན་པོ་ཆེ།
ཡང་སྲིད་སངས་རྒྱས་མཉན་པ་དཔལ་ལྡན་རང་བྱུང་ཕྲིན་ལས།
རི་པ་གསལ་བྱེད་རིན་པོ་ཆེ་སོགས་ལས་རྒྱུད་ལུང་མན་ངག་རིག་གནས་དང་བཅས་པར་གསན་བསམ་ཕུལ་བྱུང་དུ་མཛད།
ཕྱི་ལོ་ ༡༩༧༧
ལོར་འཕགས་ཡུལ་བྱང་ཕྱོགས་ཧི་མ་ཅལ་གྱི་མངའ་ཁོངས་སུ་བྱེས་ཀྱི་དཔལ་སྤུངས་གདན་ས་ཤེས་རབ་གླིང་གི་གཙུག་ལག་ཁང་རྟེན་དང་བརྟེན་པར་བཅས་པ་གསར་བཞེངས་ཀྱིས་བཤད་སྒྲུབ་རྒྱལ་བསྟན་འཛིན་སྐྱོང་སྤེལ་བའི་སྒོ་མོ་གསར་དུ་ཕྱེས་ཏེ།
མར་ལུགས་རྒྱུད་སྡེའི་གཙོས་པའི་སྨིན་གྲོལ་ཟབ་ཁྲིད་གནང་བས་མཆོག་རྒྱལ་བསྟན་གྱི་མེ་རོ་གསོ་བ་དང་ཆེས་ཆེར་སྤར་བའི་ངོ་མཚར་རྨད་བྱུང་གི་མཛད་པ་བསྐྱངས།
ཆགས་ཐོགས་བྲལ་བའི་ཡེ་ཤེས་ཀྱི་གཟིགས་པས་གངས་ལྗོངས་སྒྲུབ་བརྒྱུད་ཤིང་རྟ་ཆེན་པོ་བརྒྱད་གཡུང་དྲུང་བོན་དང་བཅས་པའི་རིས་མེད་སྤྲུལ་པའི་སྐུ་ ༣༥༠
ཙམ་གྱི་ཡང་སྲིད་ངོས་འཛིན་གནང་བ་དེ་དག་ལས་ཕལ་མོ་ཆེས་རྒྱལ་བསྟན་སྤར་གསོའི་ཐུགས་འགན་ཆེ་བཞེས་ཀྱི་མཛད་ཕྲིན་རྨད་དུ་བྱུང་བ་འབའ་ཞིག་ཏུ་བཞུགས་ཡོད།
ཕྱི་ལོ་ ༡༩༨༠
ནས་བཟུང་ཤར་ནུབ་ཕྱི་གླིང་ཡུལ་གྲུ་རྣམས་སུ་ཞབས་ཀྱིས་བཅགས་ཏེ་ཟབ་རྒྱས་ཆོས་ཀྱི་བདུད་རྩིས་སྐལ་ལྡན་དད་པའི་དབང་པོ་རྗེས་སུ་འཛིན་ཞིང་དམ་པའི་ཆོས་ཀྱི་ཚོགས་སྡེ་མང་དུ་སྤེལ་བ་སོགས་བླང་དོར་འབྱེད་པའི་ཐབས་ཤེས་ཀྱི་མིག་ཟུང་ཕྱིན་ཏེ་དབང་རྣོན་ཆོས་ཀྱི་རྗེས་འབྲང་གི་སྐྱེ་བོས་རྒྱལ་ཁབ་ཀུན་ཏུ་གཏམས་པར་མཛད།
རང་ཡུལ་གངས་ལྗོངས་སུ་ཐུ་རྗེས་ཕེབས་སྐབས་བོད་སྟོད་སྨད་བར་གསུམ་དང་།
གང་གི་གདན་ས་དཔལ་སྤུངས་ཐུབ་བསྟན་ཆོས་འཁོར་གླིང་གི་གཙོས་རིས་མེད་དགོན་སྡེ་དང་ཡུལ་གྲུ་རྣམས་སུ་ཞབས་ཀྱིས་བཅགས་ཏེ་ཆོས་དང་རིག་གཞུང་གི་བསྟི་གནས་འཛུགས་བསྐྲུན་མི་ཉམས་གོང་འཕེལ་ཉམས་པ་སླར་གསོའི་བསྐྱལ་མ་རོགས་སྐྱོར་དངོས་ཤུགས་བརྒྱུད་གསུམ་གྱིས་གཟིགས་རྟོག་དང་། དགེ་ཚུལ་སློང་གི་སྡོམ་པ་གནང་བ་ཡང་གློས་དཔག་པར་དཀའ།
དཔལ་སྤུངས་སུ་རིས་མེད་སྤྲུལ་པའི་སྐུ་བརྒྱ་ཕྲག་དང་འདུས་སྡེ་སྟོང་ཕྲག་གསུམ་བཀྲལ་བར།
མཛོད་ཆེན་རྣམ་ལྔའི་ཡ་གྱལ་གདམས་ངག་མཛོད་ཀྱི་དབང་ལུང་བཀའ་དྲིན་བསྐྱངས་པའི་སྐབས་ ༸དཔལ་རྒྱལ་བའི་དབང་པོ་ཀརྨ་པ་ཨོ་རྒྱན་འགྲོ་འདུལ་ཕྲིན་ལས་རྡོ་རྗེ་མཆོག་ཀྱང་ཐུན་མོང་གདུལ་བྱའི་སྣང་ངོར་དགེ་འདུན་དགྲུས་མའི་ཚུལ་དུ་ཞུགས་ཏེ་ཡབ་སྲས་ཐོག་མའི་མཇལ་ཕྲད་དང་།
དབང་ལུང་གསན་བཞེས་གནང་བ་དང་ཆབས་ཅིག
དབུ་སྐྲ་གཙུག་ཕུད་འབུལ་བཞེས་མཛད་པ་སོགས་བསྟན་པ་དང་སེམས་ཅན་ལ་གཅིག་ཏུ་དཀར་བའི་ལྷག་བསམ་གྱིས་གངས་ཅན་ས་ལའི་སྐལ་ལྡན་ལྗོངས་ཀྱི་སྐྱེ་འགྲོ་དཔག་ཏུ་མེད་པར་ཟབ་རྒྱས་ཆོས་ཀྱིས་ཡོངས་སུ་ཚིམ་པར་མཛད།
ལྷག་པར་དུ་ཆོས་རྗེ་དེ་བཞིན་གཤེགས་པའི་རྡོ་རྗེའི་བཀའ་ལུང་དང་།
༸རྒྱལ་མཆོག་བཅུ་དྲུག་པ་རང་བྱུང་རིག་པའི་རྡོ་རྗེ་མཆོག་གིས་མ་འོངས་གསལ་གཟིགས་ཀྱི་འདའ་ཁའི་ཞལ་ཆེམས་དང་།
༸གོང་ས་སྐྱབས་མགོན་ཆེན་པོ་མཆོག་གི་ཡེ་ཤེས་དབྱིངས་གཟིགས་བཅས་རྗེ་མཐུན་ཐོག
༸རྒྱལ་དབང་ཀརྨ་པ་རང་བྱུང་རིག་པའི་རྡོ་རྗེའི་ཡང་སྲིད་འཁྲུལ་མེད་ངོ་མཚར་རྒྱ་མཚོའི་བདག་ཉིད་ངེས་རྟེན་ཐོག །གཙུག་ཕུད་ཕུལ་གནང་དང་།
མཚན་གསོལ། གདན་ས་མཚུར་ཕུར་མི་འཇིགས་སེང་གེའི་ཁྲི་ལ་མངའ་གསོལ་གྱི་མཛད་སྒོ་བསྐྱངས།
ཕྱི་ལོ་ ༢༠༠༠
ལོར་༸རྒྱལ་དབང་ཀརྨ་པ་མཆོག་གི་ཐུགས་དགོངས་པ་ལྟར་རྒྱ་གར་དུ་ཆིབས་བསྒྱུར་གནང་ཕྱོགས་ཐད་ཡུལ་དུས་གནས་བབ་དང་བསྟུན་ཐུགས་བཞེད་བསྒྲུབ་དགོས་ཁག་ཞབས་ཞུ་རྣམ་དག་མཛད་དེ་༸གོང་ས་སྐྱབས་མགོན་ཆེན་པོ་མཆོག་ལ་འཚང་སྐྱན་སེང་ཐུ་ཕྱི་བཀའ་སློབ་ལམ་སྟོན་ཞུས་ཏེ་ཇི་ལྟར་ལམ་སྟོན་མཛད་པ་ལྟར་འཕགས་ཡུལ་བཞུགས་སྒར་རྒྱ་རམ་ས་ལར་གེགས་མེད་ཕེབས་འགྱུར་ཞབས་ཞུ་ལྷད་མེད་ཆོས་ལྟར་བསྒྲུབས་པས་མཆོག་དབང་ལུང་མན་ངག་བརྒྱུད་པ་ཟམ་མ་ཆད་པ་ཐམས་ཅད་བྱམས་པ་གང་བྱོའི་ཚུལ་དུ་ཕུལ་གནང་བ་སོགས་སྒྲུབ་བརྒྱུད་རིན་པོ་ཆེའི་ཐུན་མིན་དོན་བརྒྱུད་ཀྱི་རྟོགས་པ་འཕོ་བར་མཛད། ཕྱི་ལོ་ ༡༩༨༣ ནས་བཟུང་འཛམ་གླིང་ཞི་བདེ་དང་། ཕོར་ཡུག་སྲུང་སྐྱོབ།
ཆོས་ལུགས་དང་མི་རིགས་ཁག་གི་མཐུན་སྒྲིལ་བརྩེ་བཀུར་བཅས་ལ་འབད་བརྩོན་བསྐྱངས་ཏེ་ ༡༩༨༩
ལོར་འཛམ་གླིང་ཞི་བདེའི་མཛད་སྒོ་ཆེན་བསྐྱངས་པས་མཆོག་ཞབས་འདེགས་ནར་མར་སྐྱོང་ཐུབ་ཐོག

།གང་གི་བྱེས་ཀྱི་གདན་ས་དཔལ་སྤུངས་ཤེས་རབ་རྣམ་པར་རྒྱལ་བའི་གླིང་དུ་ཕྱི་ལོ་ ༢༠༠༦ | ༢༠༠༧ | ༢༠༠༨
སོ་སོར་འཛམ་མགོན་ཀོང་སྤྲུལ་སྐུ་ཕྲེང་བཞི་པ་བློ་གྲོས་ཆོས་ཀྱི་ཉི་མ་བསྟན་པའི་སྒྲོན་མེ་ཕྱོགས་ཐམས་ཅད་ལས་རྣམ་པར་རྒྱལ་བའི་སྡེ་མཆོག་གི་དབུས།
མཆོག་གི་སྤྲུལ་སྐུ། དགེ་བའི་བཤེས་གཉེན། རིས་མེད་ཆོས་སྡེ་དང་ཆོས་ཚོགས་ཀྱི་བླ་མ། གྲྭ་བཙུན་དགེ་འདུན་གྱི་སྡེ།
ཕྱི་ནང་དད་ལྡན་སློབ་ཚོགས་དཔག་ཏུ་མེད་པར།
རིས་མེད་བསྟན་པའི་མངའ་བདག་འཛམ་མགོན་བློ་གྲོས་མཐའ་ཡས་ཀྱིས་དགོངས་པའི་རྒྱལ་ལས་བྱུང་བ་བཀའ་གཏེར་མདོ་སྔགས་བསྟན་པ་རྒྱ་

世大寶法王——他挺立而出，爲傳承作砥柱。此外，他也承擔起尋找、認證及培育轉世祖古的職責，以延續現有的佛法傳承。由於他持有正統的戒律傳承，每年都有許多學佛子弟由世界各地前來領受出家戒。

1992年，司徒仁波切依於第十六世大寶法王在圓寂前（1981）交付給他的自認證函——有關其轉世預言的臨終遺囑（Dha Khai Zhal Chem），尋得並認證了第十七世大寶法王 鄔金欽列多傑。此一認證經達賴喇嘛尊者正式確認之後，司徒仁波切和嘉察仁波切隨即於西藏祖普寺，爲法王舉行陞座大典。2000年1月，年方十四歲的第十七世噶瑪巴，爲了領受慈怙 大司徒仁波切和傳承其他重要上師的法傳，以完備其身爲「大寶法王 噶瑪巴」的職責，大膽地由西藏祖普寺出走至印度。在他抵達印度之後，司徒仁波切便將其領受自上師金剛持 第十六世大寶法王的傳承法教，如實地回傳給他。

從1980年起，司徒仁波切即巡迴世界各地弘揚佛法。他的書法、繪畫、攝影也成爲世人認識西藏藝術、文化當代意涵的櫥窗。1983年，他在美國夏威夷的檀香山成立了彌勒學院，作爲各宗教間對話的論壇。1989年，他發起「促進和平朝聖之旅 」（the Pilgrimage for Active Peace），鼓勵大眾積極參與以促進世界和平。此外，應信眾道業上的需求，他分別於1984、1991年返藏傳法、傳戒。過去十多年，愈來愈多印度本土的性靈傳統組織，也相繼延請仁波切教授佛法，或參與信仰交流的對話及各種社會文化活動。

在印度八蚌智慧林法座，司徒仁波切於2006至2008年間，傳授了《五巨寶藏》，以第四世蔣貢康楚仁波切爲主受法者。2009年，他則傳授了《香巴噶舉教法》，主受法者是第二世卡盧仁波切。在智慧林僧眾屢屢請求之下，司徒仁波切於2009年秋季，以藏文傳授了完整的

མཚོའི་དགོངས་བཅུད་མཛོད་ཆེན་རྣམ་པ་ལྔའི་སྨིན་གྲོལ་རྒྱབ་རྟེན་དང་བཅས་པའི་ཆོས་འཁོར་ཚད་མེད་དུ་བསྐོར། ༢༠༠༩
ལོར་དཔལ་ལྡན་ཤངས་པའི་གསེར་ཆོས་ཆེན་མོའི་ཆོས་འཁོར་ངོ་མཚར་ཅན་དང་།
དེ་བཞིན་གནས་ལུགས་ཕྱག་རྒྱ་ཆེན་པོ་རྗེན་གཅེར་བཙན་ཐབས་སུ་ངོ་སྤྲོད་པ་ངེས་དོན་ཆོས་ཀྱི་འཁོར་ལོ་ངོ་མཚར་རྒྱ་མཚོའི་བདག་ཉིད་ཐང་མར་
བརྡལ་བས་སྐལ་ལྡན་གྱི་སྐྱེ་བོ་དཔག་ཏུ་མེད་པ་སྨིན་པར་མཛད།
དེ་བཞིན་ལོ་སྟར་ཆགས་སུ་ལྷག་པའི་ལྷའི་བསྙེན་མཚམས་དང་འབྲེལ་བའི་རིམ་གཉིས་ཀྱི་ཉམས་བཞེས་བཅད་རྒྱ་བསྟུམ་པོས་གནས་ལུགས་ལ་བསྙེགས་
པའི་རྟོགས་པའི་ཐོག་ཇེ་ཟབ་དང་ཇེ་རྒྱས་དང་རྒྱལ་བསྟན་སྤྱི་དང་བྱེ་བྲག་སྒྲུབ་བརྒྱུད་ཉམས་པ་གསོ་བ་དང་།
གོང་དུ་སྤེལ་བའི་ངོ་མཚར་རྨད་བྱུང་གི་མཛད་ཕྲིན་བཟང་པོའི་དུས་འདའ་བཞིན།
དོན་གཉིས་རྒྱ་མཚོའི་པ་རོལ་ཕྱིན་པའི་སྐུ་མཆོག་དགུང་གྲངས་ལྔ་བཅུ་རྩ་དྲུག་སོན་ཅིང་།
སླད་ཀྱི་ཆར་ཡང་ལུང་རྟོགས་བསྟན་པ་རྒྱ་མཚོའི་མངའ་བདག་ཆོས་ཀྱི་རྒྱལ་པོ་ཆེན་པོའི་མཚན་དཔེའི་དཀྱིལ་འཁོར་བསྒྲིམས་རྒྱུད་ཀྱིས་རྙོག་པ་མེད་པར་
ཟབ་རྒྱས་ཆོས་ཀྱི་འཁོར་ལོ་རྒྱ་ཆེན་རྒྱུན་མི་འཆད་པར་བསྐོར་བཞིན་འཆི་མེད་གྲུབ་པའི་སློབ་དཔོན་པེ་མ་མི་ཏྲ་དང་།
རྡོ་རྗེའི་སྐུ་བརྙེས་པདྨ་སཾ་བྷའི་ངོ་བོར་འཚོ་གཞེས་བཞུགས་པར་གསོལ་བ་ཕུར་ཚུགས་སུ་འདེབས་པ་ལགས་སོ།།

《大手印了義海》。共約四百五十名出家僧、尼，以四個半月的閉關方式，圓滿領受了此一深具歷史意義的傳法。此外，他分別於2005年及2008年，針對各國學員，展開爲期各六年的《大手印了義海》傳法。

在這二十一世紀，慈怙 廣定大司徒仁波切歷來的傳統角色，對於存續金剛乘佛法中之正統小乘、大乘、密乘實修傳承，更形重要。另一方面，他所扮演的角色也不斷地擴展，涵蓋今日世界的各種重要議題，諸如：環境保護、世界和平、宗教間的對話等。他的佛行事業隨著眾生的需求及弘化媒介的演變，而不斷地開展。他的著作良多，包括《喚醒沈睡的佛》、《根道果》、《相對世界．究竟的心》、《第三世噶瑪巴了義大手印祈願文》、《二十一度母讚》、《法之甘露》、《究竟圓滿》等。

即便佛行事業如是廣浩，慈怙廣定大司徒仁波切每年仍會閉關數個月之久。

編註：此簡介係摘錄自陳玲瓏居士彙編的英文簡介。英文簡介乃於廣定大司徒仁波切的秘書 喇嘛天南、八蚌智慧林的堪布 賈稱貢措、確傑喇嘛噶瑪貢措及確印卓瑪尼師協同審校與指導之下，根據藏、中、英文資料查證、彙編而成。

藏文部份由確傑喇嘛 噶瑪貢措翻譯，堪布 賈稱貢措依藏文體裁改寫並補充史料。中文部份由確印卓瑪尼師翻譯，陳玲瓏居士審校。

ཡོངས་དགེ་མི་འགྱུར་རིན་པོ་ཆེ་ཡི་མཛད་རྣམ་མདོར་བསྡུས།

詠給明就仁波切 簡介

༄༅། །སྐྱབས་རྗེ་ཡོངས་དགེ་མི་འགྱུར་རིན་པོ་ཆེ་ནི་བོད་ཀྱི་ས་མཚམས་ནུབ་རིར་༡༩༧༥ ལོར་སྐུ་འཁྲུངས་ཤིང་དགུང་ལོ་གསུམ་ཐོག་དཔལ་རྒྱལ་བ་ཀརྨ་པ་བཅུ་དྲུག་པ་ཆེན་པོ་དང་དེ་ལ་མགོ་མཁྱེན་བརྩེ་རིན་པོ་ཆེ་སོགས་ཀྱིས་ཡོངས་དགེ་མི་འགྱུར་རྡོ་རྗེའི་ཡངས་སྲིད་དུ་ངོས་འཛིན། དེ་བཞིན་རྙིང་མའི་གཏེར་སྟོན་བཀའ་འགྱུར་རིན་པོ་ཆེའི་ཡངས་སྲིད་དུའང་བཞེད། སྐུ་ཆུང་དུས་ནས་མ་ཧཱ་ཡིག་དྲུག་བཏོན་ཅིང་གཟིམས་ཆུང་གི་ཉེ་འགྲམ་དུ་བྲག་ཕུག་རྣམས་སུ་སྒོམ་ཚུལ་མཛད། དགུང་ལོ་དགུར་ཡབ་སྤྲུལ་སྐུ་ཨོ་རྒྱན་རིན་པོ་ཆེའི་མདུན་ནས་སྒོམ་ཁྲིད་དང་མཆོག་གླིང་གཏེར་གསར་དགུས་པོའི་ཆོས་བཞི་རྫོགས་ཆེན་ཁྲིག་ཆོད་དང་ཐོད་རྒལ་སོགས་ཞུས། བྱམས་མགོན་ཏཱ་ཡི་སི་ཏུ་པདྨ་དབང་མཆོག་རྒྱལ་པོ་དང་ཡོངས་དགེ་མི་འགྱུར་སྐུ་འཕྲེང་དྲུག་པའི་བར་བླ་སློབ་ཀྱི་འབྲེལ་བ་དམ་ཚིག་གཙང་བར་བརྟེན་དགོང་ལོ་བཅུ་གཅིག་ཐོག་ཡབ་ཨོ་རྒྱན་སྤྲུལ་སྐུ་རིན་པོ་ཆེ་ནས་དཔལ་སྤུངས་ཤེས་རབ་གླིང་དུ་གཏོང་གནང་མཛད། ལོ་དེའི་མཇུག་ཏུ་༧བྱམས་མགོན་སི་ཏུ་རིན་པོ་ཆེ་མཆོག་ནས་ཁྲི་འདོན་མཛད། དགུང་ལོ་བཅུ་གསུམ་ཐོག་སྐྱབས་རྗེ་གསལ་བྱེད་རིན་པོ་ཆེས་སྒྲུབ་དཔོན་གནང་ཞིང་དཔལ་སྤུངས་ཤེས་རབ་གླིང་དུ་སྒྲུབ་ཁང་ཐོག་མར་ལོ་གསུམ་ཕྱོགས་གསུམ་ཞུགས། དེར་སྒྲུབ་པར་གཅིག་ཏུ་བརྩོན་པས་ཉམས་རྟོགས་བཟང་པོ་ཐོན། དགུང་ལོ་བཅུ་བདུན་ཐོག་སྐྱབས་རྗེ་གསལ་བྱེད་རིན་པོ་ཆེ་དགོངས་པ་ཆོས་དབྱིངས་སུ་ཐིམ་ཞིང་བྱམས་མགོན་སི་ཏུ་རིན་པོ་ཆེ་ནས་སྒྲུབ་དཔོན་དུ་སྐོས་གཞག་གནང་། དགུང་ལོ་བཅུ་དགུ་ཐོག་ཡབ་རིན་པོ་ཆེས་བཀའ་ལྟར་རྫོང་གསར་བཤད་གྲྭར་དབུ་ཚད་ཤེར་ཕྱིན་སོགས་གཞུང་ཆེན་ཁག་མཁན་རིན་པོ་ཆེ་ཀུན་དགའ་དབང་ཕྱུག་མདུན་ནས་གསན། དེ་རྗེས་ཡབ་རིན་པོ་ཆེའི་དགོངས་པ་མ་རྫོགས་གོང་གསུང་ཆོས་མང་དག་ཞུས། དགུང་ལོ་ཉི་ཤུ་ཐོག་བྱམས་མགོན་སི་ཏུ་རིན་པོ་ཆེས་དཔལ་ཤེས་རབ་གླིང་དུ་སྐུ་ཚབ་ཏུ་བསྐོས། སྐབས་དེར་ཤེས་རབ་གླིང་དུ་བཤད་གྲྭ་ཐོག་མར་དབུ་འཛུགས་མཛད། ཡབ་རིན་པོ་ཆེ་ཡི་མཆེད་གྲོགས་སློབ་ཤུལ་མཁན་རིན་པོ་ཆེའི་མདུན་ནས་ཤིན་ཏུ་བཀའ་རྒྱ་ཆེ་བའི་རྫོགས་ཆེན་སྙིང་རིག་ཆེན་མོ་དང་སྙན་བརྒྱུད་ཁྲིག་ཆོད་ཐོད་རྒལ་གསན་པ་དེ་ནི་སློབ་མ་རེ་

今世的詠給明就仁波切於1976年出生在尼泊爾喜馬拉雅高峰(Manaslu)下的努布力。三歲時，第十六世大寶法王認證他爲噶舉派大伏藏師 詠給明就多傑的第七世轉世。稍後，頂果欽哲仁波切補充道：「他同時也是寧瑪派大伏藏師 甘珠爾仁波切的轉世。」。

自幼性喜禪修的他，常坐在住家附近的洞穴內持誦六字大明咒。九歲起，他正式向父親 烏金祖古仁波切學習禪修，領受岡波巴四法等大手印法教、秋吉林巴新巖藏法及且卻、托嘎等大圓滿訣要。

第六世明就仁波切和第十一世慈怙 廣定大司徒仁波切的師徒三昧耶延續至今世。十一歲時，父親送他到印度八蚌智慧林學習。十二歲時，大司徒仁波切爲他陞座。十三歲時，他進入智慧林第一屆三年三個月傳統閉關，由年高德劭的證悟上師 薩傑仁波切指導閉關。日夜精勤修持的他，於心中生起了殊勝的體證 。薩傑仁波切圓寂後，大司徒仁波切指派他接任閉關上師。當時，他虛齡才十七歲。

十九歲時，父親指示他在既有的禪修基礎上培具教理學養。於是他進入鄰近智慧林的著名學府 宗薩佛學院研習教理，並跟隨堪千 貢噶汪秋仁波切學習現觀莊嚴論、般若波羅密多等經論。此外，在父親圓寂前，他總是利用學修、指導閉關的空檔返回尼泊爾，領受父親的法教。二十歲時，他在大司徒仁波切的指示下，代理寺務，並協助智慧林成立佛學院。其後五、六年間，他便如是往返於智慧林與宗薩佛學院之間。

其間，他亦前往不丹參訪父親的至交法友 已故寧瑪派大師紐修堪仁波切。仁波切傳給他大圓滿且卻、托噶之口傳傳承（nyegyu）——這含藏深密法要的傳承，僅以一師對一弟子的方式傳授——於是，他完整地領受了「體證引領 」（nyongtri chenmo）之訣要。二十三歲時，大司徒仁波切授予他比丘戒。

རེ་ཙམ་ལས་གནང་སྒྲོལ་མེད། དགུང་ལོ་ཉེར་གསུམ་སྐབས་*བྱམས་མགོན་སི་ཏུ་རིན་པོ་ཆེའི་མདུན་ནས་དགེ་སློང་གི་སྡོམ་པ་ཞུས། དགུང་ལོ་ཉེར་ལྔ་ཐོག་འཛམ་གླིང་ཕྱོགས་མཐའ་ཁག་ནས་གདན་ཞུའི་ཞུ་ཡིག་འབྱོར། སྐྱེས་ཆེན་དམ་པ་དུ་མ་ལས་ཐོབ་པའི་གདམས་ངག་ཕྱོགས་གཅིག་ཏུ་འདུས་པ་ལས་བྱུང་བ་ཉམས་རྟོགས་བཟང་བ། བྱམས་དང་སྙིང་རྗེ་ཆེ་ཞིང་ལྷག་པར་དེང་དུས་ཀྱི་སློབ་ཚོགས་རྣམས་ལ་བཀའ་དྲིན་ཆེ་ཞིང་ཕྱོགས་མཐའ་ནས་སློབ་ཚོགས་བྱུང་བ་ལྟར་འདུས། བསྟན་འགྲོའི་དོན་ཁོ་ནར་བརྩོན་ཞིང་དུས་སུ་གདམས་ངག་དང་ཁྲིད་ལུང་ཡང་ཡང་ཞུས། དཔེར་ན་བལ་ཡུལ་ཞི་ཆེན་དགོན་དུ་སྐབས་རྗེ་འབྲུལ་ཞིག་རིན་པོ་ཆེའི་མདུན་ནས་རྫོགས་ཆེན་སྐོར། དེ་བཞིན་ ༢༠༠༩ ནས་༢༠༡༠ བར་དཔལ་སྤུངས་ཤེས་རབ་གླིང་དུ་སྐབས་རྗེ་སངས་རྒྱས་མཉན་པ་རིན་པོ་ཆེ་མདུན་ནས་རྒྱལ་བའི་བཀའ་འགྱུར་རིན་པོ་ཆེ་ལྷུགས་ལུང་དང་། བྱམས་མགོན་སི་ཏུ་རིན་པོ་ཆེ་མདུན་ནས་གཅིག་ཤེས་ཀུན་གྲོལ་དང་མཛོད་ཆེན་རྣམ་ལྔ་ཕྱག་ཆེན་ངེས་ངེས་དོན་རྒྱ་མཚོ་བཅས་ཞུས། དེ་ལྟར་དེང་དུས་མཚན་རིག་དང་སེམས་ཁམས་རིག་པ་བཅས་ལ་ཐུགས་སྣང་ཆེན་པོ་གནང་ཞིང་ ༢༠༠༢ ལོར་སྐུ་ཉིད་དང་གཞན་ཡང་སྒོམ་ཆེན་ཁག་གཅིག་བཅས་ཨ་རི་ཝི་སི་ཀན་སུན་གཙུག་ལག་སློབ་གྲྭ་ཆེན་མོ་ནས་གདན་ཞུས་ལྟར་དེར་སྒོམ་རྟགས་བཟང་མིན་ཉམས་ཞིབ་བྱས་པར་གྲུབ་འབྲས་བཟང་པོ་ཐོན། ཆོས་འཆད་པའང་བརྩམས་པའི་སྐབས་གོ་བདེ་ལ་ཁ་གསལ་བ་གཉིང་ཟབ་ལ་གདུལ་བྱའི་ཁམས་དང་མཐུན་པ་ཁོང་རང་གི་ཉམས་མྱོང་དང་མཚན་རིག་གི་རྒྱབ་རྟེན་དང་ལྡན་པའི་ཁྱད་ཆོས་ཡོད། ད་ལྟའི་བར་དཔེ་དེབ་གསུམ་བྲིས་གནང་ཡོད་ཅིང་ ༡དགའ་བདེའི་འཚོ་བ། ༢དགའ་བདེའི་ཤེས་རབ། ༣བྱིས་པ་རྣམས་སྒོམ་ལ་བསྐུལ་བའི་སྒྲུང་དེབ་ཇི་བྱི་བཅས་ཡིན། ༢༠༠༨ ལོར་མུ་མཐུད་དཔལ་སྤུངས་ཤེས་རབ་གླིང་གི་སློབ་དཔོན་གྱི་མཛད་ཁུར་གནང་བཞིན་དུ་ལོ་རྒྱུས་ལྟར་དཔལ་སྤུངས་དགོན་པའི་དགོན་ལག་གཏེར་སྒར་ཞེས་པའི་ཚོགས་པ་ཞིག་འཛུགས་བསྐྲུན་གནང་། ད་ཆ་འཛམ་གླིང་ཡུལ་གྲུ་ཀུན་ཏུ་ཚོགས་པ་གསར་འཛུགས་ཐུབ་ཅིང་ ཕྱི་ལོ་༢༠༡༡ ཟླ་བ་༥ ནས་བཟུང་ལོ་གསུམ་སྐུ་མཚམས་བཞུགས་རྒྱུའི་དམ་བཅའ་སྔོན་ནས་གནང་བ་ནི་སློབ་བརྒྱུད་གོང་མའི་རྗེས་ཤུལ་འཛིན་པ་ལགས་སོ།།

*དབྱིན་ཡིག་ནས་བོད་སྐད་དུ་སྒྲ་བསྒྱུར་ཞུས།

二十五歲起，他受邀至世界各地教學。秉承藏傳金剛乘四大修證上師心傳的他，以其厚實的學修體證、對現世眾生深解的悲心所開展出的獨特教學風格，使他在短短數年間，即成爲東、西方無數求道者所渴望追隨的上師。

在致力於弘法利生的同時，他仍持續領受教法並投注於實修中——2005年初，於尼泊爾雪謙寺舉辦的大法會中，領受了圖續(Thulshig)仁波切主法的大圓滿傳法。2004-2010年間，於印度八蚌智慧林舉辦的大法會中，領受了桑傑年巴仁波切口傳的《甘珠爾》；大司徒仁波切主法的《知一全解》、《五巨寶藏》、《大手印了義海》等傳法。

此外，自幼即對現代科學、心理學饒富興趣的他，在2002年受邀參與威斯康辛大學威斯門實驗室針對長年禪修者所進行的人腦測試——觀察禪修對人腦的影響……。不論在教學或著作上，他都擅於將其個人經驗融合科學新知，以清新、明晰的風格呈顯勝妙的佛法——深徹卻又平易可親。他的英文著作計有：The Joy of Living、Joyful Wisdom，以及啓發孩童禪修的童書Ziji等。

2009年起（三十三歲），他除了繼續承擔噶瑪噶舉八蚌印度法座之首座、閉關上師等職責之外，也開始肩負起他個人的歷史責任——以其歷代本寺之名「德噶」，創建相關機構，推展其寰宇法務。

如今，譽滿全球、事業初立的他，決定於2011年5月進入三年閉關，履行十年前立下的誓願——祈以實修，維繫修證傳承於不墜。

編註：此一中文簡介，係由本書譯者依仁波切之相關網頁及2010年專訪資料彙編而成。英譯後，經Suki Lor修文，再由確傑喇嘛 噶瑪貢措迻譯成藏文。

སྨེ་སྤྲུལ་བསྟན་འཛིན་རྒྱ་མཚོ་རིན་པོ་ཆེའི་ངོ་སྤྲོད་མདོར་བསྡུས།
丹增嘉措仁波切 簡介

༄༅། །སྨེ་སྤྲུལ་བསྟན་འཛིན་རྒྱ་མཚོ་རིན་པོ་ཆེ་མཆོག་ནི། སྤྱི་ལོ་༡༩༦༢ ལོར་དཔལ་ཤུལ་སྨེ་བའི་གསེར་དེའུ་ཡུལ་ཚོ་རུ་སྐྱེ་འཁྲུངས། སྐུ་ཆུང་དུས་ནས་སྨེ་བ་དགོན་པའི་ཤྲུལ་སྐུའི་ཡངས་སྲིད་དུ་ངོས་འཛིན་མཛད། དེ་བཞིན་དཔལ་ས་སྐྱ་བདག་ཆེན་ཕུན་ཚོགས་ཕོ་བྲང་དང་སྐྱབས་རྗེ་དིལ་མགོ་མཁྱེན་བརྩེ་རིན་པོ་ཆེ་རྣམ་གཉིས་ནས་ཀྱང་ངོས་འཛིན་སྩལ། དགུང་ལོ་བཅུ་བདུན་ཐོག་རབ་ཏུ་བྱུང་། སྤྱི་ལོ་༡༩༨༧ ལོར་གསེར་ལྗོངས་བླ་མ་རུང་ལྔ་རིག་ཆོས་གྲྭ་ཆེན་མོར་ཕེབས་ནས་༧ཆོས་རྗེ་དམ་པ་འཇིགས་མེད་ཕུན་ཚོགས་འབྱུང་གནས་མཉེས་པ་གསུམ་གྱིས་བླ་མར་བསྟེན། མདོ་སྔགས་རིག་གཞུང་དུ་མ་ལ་བསླབ་སྦྱང་ནན་ཏན་གནང་སྟེ་མཁན་པོའི་མཚན་རྟགས་བླངས། དེང་སྐབས་འཆད་རྩོད་རྩོམ་གསུམ་གྱིས་རྒྱལ་བའི་བསྟན་པ་ལ་བྱ་བ་རྒྱ་ཆེར་མཛད་བཞིན་བླ་རུང་ཆོས་སྒར་ཆེན་པོ་ན་བཞུགས་སོ།

美祖(美瓦寺祖古)丹增嘉措仁波切，於1968年出生在四川省紅原縣色地村。自幼即被認證爲美瓦寺一位重要上師的轉世。其後，薩迦法王 達欽仁波切和寧瑪法王 頂果欽哲仁波切亦予認證。十七歲時，他正式剃度出家。1987年至聖地喇榮五明佛學院，依止法王如意寶 晉美彭措勇列吉祥賢，聞思修習顯密教法，獲證堪布資格。其後，即以講、辯、著廣行佛法事業。

著有《生起次第講義》、《文殊大圓滿筆記》、《法界寶藏論辨析》、《分析雪域佛教發展》、《藏傳佛教放生文．動物歡喜園》、《如何面對痛苦》、《探索夢的奧秘》……等書。現今，長住於喇榮五明佛學院，任職副院長。

編註：此一簡介，編者係以喇榮五明佛學院網頁資料為本，另依其他相關資料略事增補而成，並經仁波切本人確認。

དབང་སྟོད་སྤྲུལ་སྐུ་ཐུབ་བསྟན་ནོར་བུ་རིན་པོ་ཆེའི་ངོ་སྤྲོད་མདོར་བསྡུས།

圖登諾布仁波切 簡介

༄༅། །དབང་སྟོད་སྤྲུལ་སྐུ་ཐུབ་བསྟན་ནོར་བུ་མཆོག་ནི། སྐྱེ་ལོ་༡༩༧༥ལོར་མགོ་ལོག་དབང་ཆེན་སྟོད་པར་སྐུ་འཁྲུངས། སྔ་གཞུག་ཏུ་མཁན་ཆེན་མུན་སེལ་རིན་པོ་ཆེ་དང་མཁན་ཆེན་ཆོས་ཁྱབ་རིན་པོ་ཆེ་སོགས་སྐྱེས་ཆེན་དུ་མ་དང་། ཁྱད་པར་དུ་གསེར་རྟ་བླ་རུང་ལྔ་རིག་ནང་བསྟན་སློབ་གླིང་དུ་༧ཆོས་རྗེ་དམ་པ་འཇིགས་མེད་ཕུན་ཚོགས་འབྱུང་གནས་བླ་མར་བསྟེན་ཏེ་མདོ་རྒྱུད་མན་ངག་གི་ཟབ་ཆོས་མང་དུ་ཞུས། ༡༩༩༣ལོར་དམ་ཆོས་འཆད་སྤེལ་གྱི་སླད་དུ་ཐེ་ཝན་དུ་ཕྱག་ཕེབས། ༡༩༩༥ལོར་ཆོས་རྗེ་དམ་པའི་བཀའ་ལུང་ལྟར་བླ་རུང་ཐེག་གསུམ་ཆོས་གླིང་གསར་དུ་བཙུགས། ལོ་བཅུ་ཕྲག་ལྷག་གི་རིང་ལ་དམ་ཆོས་འཆད་ཉན་གྱི་རྒྱུན་བསྐྱངས། ཁྱད་པར་དུ་༡༩༩༩ལོ་ནས་ཡེ་ཤེས་སྣང་བའི་དཔེ་ཚོགས་གསར་བསྒྱུར་གྱི་ཐུགས་འགན་བཞེས་ཏེ་༢༠༠༩བར་དེབ་ཕྲེང་བཞི་བཅུ་ཞེ་གཅིག་ལྷག་བསྒྱུར་ནས་འགྲེམ་སྤེལ་བྱས་པས་མཚོ་གླིང་ཕྱི་ནང་གི་དད་ལྡན་ཤིན་ཏུ་མང་པོར་ཕན་འབྲས་རྒྱ་ཆེན་པོ་ཐོབ་པ་ཀུན་ལ་མིག་མཐོང་ལག་ཟིན་ཏུ་གྲུབ་ཡོད། གསུང་རྩོམ་གྱི་སྐོར་ལ། བོད་ཡིག སྙན་རྩོམ་ཕྱོགས་བསྡུས་དོན་གཉིས་ནོར་བུའི་གན་མཛོད། ཟབ་དོན་སྙིང་པོ་འཇིགས་མེད་ཆོས་རྗེའི་ཞལ་ལུང་། རྣམ་ཐར་དད་པའི་ཆུ་གཏེར་འཕེལ་བའི་ཟླ་ཟེར། ངེས་ཤེས་སྒྲོན་མེའི་ཟིན་བྲིས། སྙིང་གཏམ་སུམ་ཅུ་པའི་འགྲེལ་བ་བླང་དོར་གསལ་བའི་མེ་ལོང་། བདེ་སྨོན་ཁྲིད་བསྡུས། རྡོར་སེམས་ཁྲིད་བསྡུས་བཅས་དང་། རྒྱ་ཡིག་ཏུ་བསྒྱུར་བའི་སྐོར་ལ། དུས་བབས་ཟབ་ཆོས་ཁག་གི་ངག་འདོན་ཡེ་ཤེས་གསང་ལམ། ཀློང་ཆེན་སྙིང་ཐིག་སྔོན་འགྲོའི་ངག་འདོན། དཔལ་སྤྲུལ་གསུང་ཐོག་མཐའ་བར་གསུམ་དུ་དགེ་བའི་གཏམ་སོགས་དང་། རྒྱ་ཡིག་གི་གསུང་རྩོམ། རྒྱལ་སྲས་ལག་ལེན་གྱི་འགྲེལ་བ། རྣམ་མཁྱེན་ལམ་བཟང་རབ་གསལ། བདེ་སྨོན་ཁྲིད་བསྡུས། རྡོར་སེམས་ཁྲིད་བསྡུས་བཅས་ཡོད་དོ།།

圖登諾布仁波切，1965年出生於安多果洛達日縣。先後依止堪欽門色仁波切、堪欽秋恰仁波切，特別是在色達喇榮五明佛學院，依止三具恩根本上師法王如意寶晉美彭措等，學習眾多顯密教法，及大圓滿訣竅教授。

1993年年底來台弘法，1995年獲得晉美彭措法王賜名，成立寧瑪巴喇榮三乘法林佛學會。仁波切十多年來常住台灣，維持每週傳法二天，迄今未曾中斷。同時，擔任叢書《慧光集》之指導上師，自1999年元旦發行第一集，至今已出版四十一集，深受海內外各地佛教徒肯定及喜愛。

藏文著作：《詩集·二利寶庫》、《無畏法王教言》、《上師傳記·清涼月光》、《定解寶燈論筆記》、《三十忠告論廣釋·闡明取捨之明鏡》、《淨土教言》小冊。

中文譯作：《應時深法之儀軌·智慧密道》、《大圓滿龍欽心髓儀軌·遍智妙道》、《巴珠仁波切教言·前中後三善法語》。

中文著作：《這樣做你也可以灑脫自在——佛子行三十七頌筆記》、《淨除罪障及往生淨土之修行略要》、《開顯遍智妙道》等。

མཁན་སྤྲུལ་ཀརྨ་རས་ཆུང་རིན་པོ་ཆེའི་རྡོ་སྤྲོད་མདོར་བསྡུས།

堪布惹瓊多傑仁波切 簡介

༄༅། །རིན་པོ་ཆེ་ཁོང་དགོང་ལོ་བདུན་ཙམ་ནས་གཡུ་ཐོག་ཏུ་བོད་ཡིག་འབྲི་ཀློག་ལ་སློབ་སྦྱོང་གནང་བ་དང་། ཁོང་སྐུ་ན་ཆུང་དུས་ནས་རྣམ་རིག་དྭངས་ཤིང་ཡ་རབས་གཞན་དང་མི་འདྲ་བའི་ཁྱད་འཕགས་སློབ་ཕྲུག་ཞིག་ཡིན་པ་དང་། སྤྲུལ་སྐུ་ཀརྨ་བསོད་ནམས་མཁན་པོ་ཆོས་འཕགས་རྣམ་གཉིས་ཀྱིས་རས་ཆུང་ཡང་སྤྲུལ་དུ་ངོས་བཟུང་བ་དང་། རྗེས་ནས་ཏཻ་ཡི་སི་ཏུ་རིན་པོ་ཆེ་མཆོག་ནས་འཁྲུལ་མེད་ཀྱིས་ངོས་འཛིན་གནང་བ། སི་ཏུ་སྐུ་འཕྲེང་བརྒྱད་པའི་ཕྲུག་བཏབ་རྡོ་གཡུ་ཐོག་དགོན་དུ་མཁན་སྤྲུལ་གོང་མ་རྣམས་ཀྱི་སྐུ་མདུན་ནས་དགེ་ཚུལ་དང་རང་ལུགས་ཀྱི་དབང་ལུང་ཁྲིད་གསུམ་ཡོངས་རྫོགས་ཐོབ་པ་དང་། ཁྱད་པར་མཁན་ཆེན་བློ་བཟང་འཕྲིན་ལ་བསྟེན་ནས་དབུ་ཚད་པར་གསུམ་མདོ་སྔགས་རིག་གནས་དང་བཅས་པ་ལ་ཐོས་བསམ་མཐར་ཕྱིན་མཛད་པ་དང་། རྡོ་གྲུབ་ཆེན་ནས་རིན་ཆེན་གཏེར་མཛོད་སོགས་དབང་ལུང་དུ་མ་བཀའ་དྲིན་དུ་ཐོབ་པ། ལྷག་པར་སྐྱབས་རྗེ་ཏཻ་ཡི་སི་ཏུའི་སྐུ་མདུན་ནས་བསྙེན་རྫོགས་དང་བཀའ་བརྒྱུད་རང་ལུགས་ཀྱི་ཆོས་སྐོར་དུ་མ་ཐོབ། ལོ་དུ་མའི་རིང་ལ་རང་དགོན་དུ་བཤད་གྲྭ་བཙུགས་ཤིང་མཁན་པོ་མཛད་པ་དང་། སྒྲུབ་ཁང་དུ་ཆོས་དྲུག་གསལ་འདེབས་སོགས་ཅི་ཐུབ་ཀྱི་འཆད་ཉན་སློབ་ཁྲིད་གནང་བ། རྗེས་ནས་ཏཻ་ཡི་སི་ཏུའི་ལམ་སྟོན་འོག་ཕྱི་རྒྱལ་དུ་རྒྱལ་བསྟན་སྤྱི་ཁྱེར་ཞབས་ཕྱི་བསྐྱབས་ནས། རྒྱ་གར་དང་བལ་ཡུལ། ཤང་ཀང་། ཐེ་ཝན་སོགས་སློབ་མ་རྣམས་ལ་དབང་ལུང་ཁྲིད་གསུམ་བྱེད་ནས་བསྟན་འགྲོ་ལ་སྨན་པའི་ལས་ཀ་བྱས་དང་བྱེད་བཞིན་པ་འདི་ལགས་སོ།།

惹(熱)瓊多傑仁波切自七歲起，即於玉陀寺學習藏文讀寫。他自幼心靈明慧，行止合宜，是一名殊特的學子。先經噶瑪素朗祖古、堪布曲巴認定，後由尊貴的第十二世大司徒仁波切認證爲惹瓊多傑的轉世。

自第八世大司徒仁波切所創玉陀寺的堪布、祖古處，他領受了沙彌戒和噶舉自宗完整的灌頂、口傳、教授。特別是自堪布洛桑慶列處，他領受了中觀、因明、波羅密多、經典、密續，並研習、觀修圓滿；自多竹千仁波切處，他領受了大寶伏藏等諸多的灌頂與口傳；自怙主 大司徒仁波切處，他受（比丘）具足戒並領受噶舉自宗的諸多法教。

其後多年，仁波切在其本寺的佛學院教授學僧，並於三年閉關中心指導那諾六法等修持。

之後，在大司徒仁波切的指引下，他行旅海外傳揚佛法。於印度、尼泊爾、香港、台灣等地，給予弟子信眾灌頂、口傳、教授，以行弘法、利生之事業。

編註：此一中文簡介，係由本書譯者依藏文簡介重新對譯而成，並經仁波切本人確認。

བླ་མ་ཀརྨ་ཕུན་ཚོགས་ཀྱི་ལོ་རྒྱུས།

確傑喇嘛噶瑪貢措 簡介

༄། །བླ་མ་ཀརྨ་ཕུན་ཚོགས་ནི་ ༡༩༧༠ ལོར་འབྲས་ལྗོངས་སུ་ཁམས་ཕྱོགས་ནས་སྐྱབས་བཅོལ་དུ་ཡོང་བའི་བོད་རིགས་སུ་འཁྲུངས་ཤིང་། སྔོན་གོམས་ཀྱི་བག་ཆགས་བཟང་པོ་ཡོད་པར་བརྟེན་ཕ་མས་༧སྐྱབས་མགོན་ཏཱའི་སི་ཏུ་རིན་ཆེ་ཡི་གདན་ས་འཕགས་ཡུལ་གྱི་བྱང་ཕྱོགས་དཔལ་སྤྱུངས་ཤེས་རབ་གླིང་གི་ཆོས་སྡེར་སློབ་ཞུགས་བྱས། དེར་ལོ་མང་རིང་རང་ལུགས་ཀརྨ་བཀའ་བརྒྱུད་ཀྱི་གཞུང་ལུགས་རིག་གནས་དང་གཏོར་བཟོ་རྒྱན་སྒྲོས་ཆོ་ག་ཆོས་སྤྱོད་སོགས་ལ་སྦྱངས་པ་མཐར་ཕྱིན་དང་། དེ་བཞིན་༧སྐྱབས་མགོན་ཏཱའི་སི་ཏུ་རིན་པོ་ཆེའི་མདུན་ནས་དགེ་ཚུལ་སློང་གི་སྡོམ་པའང་ལུགས་དང་མཐུན་པར་ཞུས། དེ་ནས་ཐུན་མིན་སྒྲུབ་བརྒྱུད་རིན་པོ་ཆེའི་ཟབ་ལམ་ན་རོ་ཆོས་དྲུག་གི་སྒོ་ནས་ལོ་གསུམ་ཕྱོགས་གསུམ་གྱི་སྒོ་ནས་སྒྲུབ་པ་ཉམས་ལེན་བྱས། མཐར་དགོན་པའི་དབུ་མཛད་ཆེན་མོའི་གོ་གནས་དང་། དེ་ནས་རིམ་པས་ཨ་རི་དང་ཁེ་ན་ཌ་སོགས་སུ་དེང་དུས་ཀྱི་སྐད་རིགས་ཤེས་བྱ་ལ་སྦྱང་བའི་གོ་སྐབས་བྱུང་ཤིང་ ༡༩༩༩ ལོར་ཁེ་ན་ཌ་སྐྱམ་པོ་ཨ་ཧྲིར་ལོ་ཤས་རིང་སྡོད་སྐབས་དེ་གའི་སྒྲུབ་ཁང་སོགས་ལ་ཞབས་ཞུ་གང་ནུས་བྱས། མཐར་ ༢༠༠༡ ལོར་ཕ་ཌ་ལུ་ཡི་ནང་པའི་ཆོས་ཚོགས་ནས་ཡོང་དགོས་བསྐུལ་མ་བྱུང་བ་ལྟར་ཕྱིན་ ༢༠༠༢ ལོར་སྐྱབས་མགོན་ཏཱའི་སི་ཏུ་རིན་པོ་ཆེ་མཆོག་གི་བཀའ་དགོངས་ལྟར་དཔལ་སྤྱུངས་ཡེ་ཤེས་ཆོས་འཁོར་ཞེས་པའི་ཆོས་ཀྱི་ཚོགས་སྡེ་ཐོག་མར་ཚུགས། དེར་ཡུལ་མི་རྣམས་ལ་ཆོས་མཐུན་གྱི་བྱ་བ། སློབ་གྲྭ་ཆེ་འབྲིང་ཁག་དང་ཆོས་ལུགས་འདྲ་མིན་སོགས་སུ་བོད་ཀྱི་ཚབ་བྱས་ནས་ཆོས་ཀྱི་དྲི་བ་དྲི་ལན་བྱས། དེ་བཞིན་ལོ་ལྟར་བྱང་ཨ་རི་ཡུལ་གྲུ་གཞན་རྣམས་དང་ཞེ་ཕན་སོགས་ལ་ཡང་སྤྱི་ཚོགས་ཞབས་འདེགས་ཞུ་བཞིན་ཡོད། ༢༠༠༤ ནས་ ༢༠༠༥ བར་སྐྱབས་མགོན་རྡོ་རྗེ་འཆང་ཆེན་པོ་མཆོག་གི་བླ་ན་མེད་པའི་བཀའ་དྲིན་ལ་བརྟེན་ནས། མཛོད་ཆེན་རྣམ་པ་ལྔ་ཡི་དབང་ལུང་ཁྲིད་གསུམ་མན་ངག་དང་བཅས་པ་ཐོབ་པས་མ་ཚད་ ༢༠༠༩ ལོར་ཕྱག་ཆེན་ངེས་

確傑喇嘛 噶瑪賁措於1970年出生在錫金一流亡自東藏的難民家庭。父母見到年幼的他帶有許多顯著的修行習氣，認爲他與僧伽生涯宿緣甚深，便決定在他十歲那年，將他送往印度喜馬恰省的智慧林，投禮慈怙 廣定大司徒仁波切，披剃爲僧。

在接下來的十七年裡，他從幾位修證上師處，領受了完整的傳統僧伽教育——在堪布 凱住仁波切的教授下，於佛學院研習哲理；在大維那師 左巴的親授下，學修法儀；在薩傑仁波切和竹奔崔慶的引領下，從事傳統三年閉關，於1992年閉關圓滿。其後，他除了續任智慧林大維那師一職之外，也開始教導年輕僧伽文法、經典、書法、藝術。

1996年，在大司徒仁波切的指示下，他開啓了越洋之旅——首先前往香港、台灣等地，協助當地新成立的噶瑪噶舉中心。之後，轉往北美學習英文。在他掛褡加拿大岡波寺（Gampo Abbey in Nova Scotia）期間，寺方邀請他指導三年閉關行者、協助寺院組織、引領僧眾學修法儀。

2001年，安大略省瓦特魯區的民眾延請他於當地創建佛法中心。其間，他除了教學、自修之外，也參與社會服務工作——他曾到數所高中和Wilfred Laurier大學演說，並以藏傳佛教代表的身份成爲大河跨信仰協會的會員。同時，他也是大河醫院性靈照護團隊的成員。

2006至2010年間，他返回智慧林領受根本上師 大司徒仁波切所傳授的《五巨寶藏》和《大手印了義海》。2006年，大司徒仁波切授予他八蚌傳承「確傑喇嘛」頭銜，並指定他擔任「遍法出版」藏文編輯一職。

དོན་རྒྱ་མཚོའི་བཤད་ཁྲིད་ཤིན་ཏུ་ཟབ་རྒྱས་ཐོབ། དེ་སྐབས་བྱམས་མགོན་རིན་པོ་ཆེ་མཆོག་ནས་ཆོས་རྗེ་བླ་མའི་གོ་གནས་བསྐྱལ་གནང་མཛད། ༢༠༡༠ ལོར་ཐེ་ཝན་དཔལ་སྤྱུངས་བཞད་པའི་གླུ་དབྱངས་སོགས་ཀྱི་རོགས་རམ་ལ་བརྟེན་ཁེ་ན་ཊའི་གྲོང་ཁྱེར་ཀྲོ་རོན་ཀྲོར་བསམ་གཏན་གྱི་ཁང་བུར་ཆོས་མཐུན་གྱི་བྱ་བ་དང་བཅས་གནས་བཞིན་པ་བཅས་སོ།།

自2007年起，他應《八蚌喜笑之歌學修群》之邀，每年定期前往台灣指導學修，因而與之建立起法務上的長期合作關係。此外，他也經常受邀至美、加各地教學。2010年4月，在台灣、加拿大弟子的襄助下，他十年來的心願終告圓滿——在多倫多近郊創建一長久性的佛法中心，以作爲八蚌傳承在加拿大東半部的弘法基地。今後，他將繼續依循著噶瑪噶舉傳承，爲當地的英、華語人士，鋪陳出一涵蓋法理、禪修、短期閉關的次第學修之道。

編註：此一藏、中簡介，繁、略有別，並非對譯之作。後者取自其美、加教學簡章。

正文上部

བྱམས་མགོན་ཏཱའི་སི་ཏུ་རིན་པོ་ཆེ་མཆོག་གི་ཕྱག་བྲིས།

慈怙 廣定大司徒仁波切墨寶 《中陰》

ཨོཾ༔ ༔ཟབ་ཆོས་ཞི་ཁྲོ་དགོངས་པ་རང་གྲོལ་ལས༔ ཆོས་ཉིད་བར་དོའི་གསལ་འདེབས་ཐོས་གྲོལ་ཆེན་མོ་བཞུགས་སོ༔

ཆོས་སྐུ་སྣང་བ་མཐའ་ཡས་འོད་དཔག་མེད༔
ལོངས་སྤྱོད་རྫོགས་སྐུ་པདྨ་ཞི་ཁྲོའི་ལྷ༔
པདྨ་འབྱུང་གནས་འགྲོ་བའི་མགོན་དུ་བྱོན༔
སྐུ་གསུམ་བླ་མ་རྣམས་ལ་ཕྱག་འཚལ་ལོ༔

རྣལ་འབྱོར་འཕྲིན་རྣམས་བར་དོར་གྲོལ་བའི་ཐབས༔ ཐོས་གྲོལ་ཆེན་མོ་འདི་ལ་དོན་གསུམ་སྟེ༔ སྔོན་འགྲོ་དངོས་གཞི་རྗེས་དང་གསུམ་ཡིན་ནོ༔

《深法靜忿密意自解脫》
聞即解脫——法性中陰明示(篇)*

* 整部的《聞即解脫》在內容上包含三個主題：臨死中陰、法性中陰、投生中陰之相關引介。在章節上則分為前、後二部，其標題分別是《深法靜忿密意自解脫之聞即解脫——法性中陰明示篇》和《深法靜忿密意自解脫之聞即解脫——投生中陰引介明示篇》。

前部的標題雖為《法性中陰明示篇》，其內容實則包含了序言、「臨死中陰引介」、「法性中陰引介」。後部則包含了「投生中陰引介」和結語。

法身——阿彌陀佛無量光，
報身——靜忿蓮花諸聖尊，
化身——有情怙主蓮花生大士，
頂禮三身上師眾。

此《聞即解脫》是中等根器*的瑜伽行者於中陰獲得解脫之方法。當中包含了前行、正行、結行等三部分。

* 「中等根器」的瑜伽行者 རྣལ་འབྱོར་འབྲིང་རྣམས། ，譯者所參之英譯版皆解作「一般(*average*)根器之瑜伽行者」。此譯詞雖偏離藏文原義，但譯者多少能揣摩英譯者的考量——觀諸《聞即解脫》全文，凡涉及「中等根器行者」之描述，境界都不低。特別是此段之下文，似乎已將中根者排除在外：「……依此，若未獲解脫，則應於臨死中陰時施行『憶念即自解脫』之遷識法。這必能使中等根器的瑜伽行者獲得解脫。依此，若仍未能獲得解脫，則應於法性中陰時，精勤致力於此《聞即解脫》。」另如：「中等以上的密乘行者，(於生前曾)從事生起次第、圓滿次第、持誦心咒等修持。他們不需要往下漂泊這麼遠而來到法性中陰。當他們(外)氣才剛息止，持明、勇父、空行等聖眾就必然會迎接他們到空行淨

དང་པོ་སྔོན་འགྲོ་ལུས་ཅན་གྲོལ་བའི་ཐབས༔ ཁྲིད་ཀྱི་རིམ་པ་ཐོག་མར་ཉམས་སུ་བླང༔ དབང་པོ་རབ་རྣམས་ཁྲིད་ཀྱིས་ངེས་པར་གྲོལ༔

土去。」此外，蓮師於文中亦數度明示：除了大修行者之外，其他所有眾生乃至大罪人等皆有機會藉由聽聞此法而獲解脫。

為求解惑，譯者以此請示詠給明就仁波切。他解道：此處所謂的「中等根器」泛指已步入解脫道的行者，當中自然包含了文中所述的高境界者。以中陰教法而言，「上根者」係指那些修證高到足以即身成就而無需仰賴中陰教法之士。「下根者」則指無有學修，乃至造諸惡業之人。

此外，該英譯者可能以為所謂的《聞即解脫》僅以此文為限。如此一來，此段所謂的「前行、正行、結行等三部分」，就可能被理解為此文的前言、引介正行、結語等三部份。於此，圖登諾布仁波切解道：「《中陰聞即解脫》有其自前行、正行到結行的完整教授，其方法於此文中並未提及。」由此可見，所謂「中等根器的瑜伽行者於中陰獲得解脫的方法」，並非止於研讀此文，而是這有著完整教授次第的中陰修持法。

首先，應從事前行修持——眾生獲得解脫之法*。依其教授次第而爲修持*，上根者(於其時)必能獲得解脫。

此段藏文極其精簡，不只留給傳講上師們頗大的詮解空間，也帶給譯者們不小的難題——既要依文作譯，又要符合中陰法理，同時還得保留詮解的空間，可謂棘手之至。特別是「首先前行」究何所指？譯者參訪諸位師尊之後，方能有所領會。謹此列舉所聞、所思之詮解二例，以供讀者參考：

(1) 此處的「前行」，泛指任何解脫法的前行法。故可解為：「首先，應修前行法，(然後)依於眾生獲得解脫之法的教授次第而為修持，上根者必能獲得解脫……。」

(2)「前行」者，預備階段、預備工作，佛書譯為加行、先行、前行(藏漢大辭典)。在中陰教法的主題下談「前行」，其所意指的應是「死亡的準備」——泛指修持任何能令眾生獲得解脫的方法。故可解為：「首先，(行者於生時即應從事死亡準備之)前行修持——眾

དེས་མ་གྲོལ་ན་འཆི་ཁའི་བར་དོ་ལ༔ འཕོ་བ་དྲན་པ་རང་གྲོལ་ཉམས་སུ་ལོངས༔ དེས་ནི་རྣལ་འབྱོར་འབྲིང་རྣམས་ངེས་པར་གྲོལ༔

དེས་མ་གྲོལ་ན་ཆོས་ཉིད་བར་དོ་ལ༔ ཐོས་གྲོལ་ཆེན་མོ་འདི་ལ་ནན་ཏན་བྱའོ༔

དེ་ལ་དང་པོ་རྣལ་འབྱོར་པས་འཆི་བ་བརྟག་པ་རྣམས་ཀྱིས་རིམ་བཞིན་འཆི་ལྟས་མཚན་མ་རང་གྲོལ་ལྟར་བརྟག་པར་བྱའོ༔

དེ་ནས་ངེས་པར་འཆི་བའི་རྟགས་རྣམས་ཚང་བའི་ཚེ༔ འཕོ་བ་དྲན་པ་རང་གྲོལ་གདབ་པར་བྱའོ༔

དེར་འཕོ་བ་ཐེབ་ན་ཐོས་གྲོལ་བཀླག་མི་དགོས་སོ༔

生獲得解脫之法。」「依(解脫法之)教授次第而為修持」，將會如何呢？下文即依次「列舉」了相關根器者所依之解脫法及解脫時機：「上根者(於其時)必能獲得解脫。」上等根器的行者如是修持，於生時或臨命終時必能獲得解脫。若不然，於臨終之際自行遷識，中等根器的行者必能獲得解脫。若不然，則應於法性中陰時，致力於此《聞即解脫》……。

此「教授次第修持」所指為何？詠給明就仁波切解道：誠如圖登諾布仁波切所言，「《中陰聞即解脫》有其自前行、正行到結行的完整教授。」若廣說之，則泛指任何的解脫教法，例如：大手印、大圓滿……。當中若以「六中有」而言，係指生處中陰、夢中陰、禪定中陰等修持法。

依此，若未獲得解脫，則應於臨死中陰時施行「憶念即自解脫」*之遷識法*。這必能使中等根器的瑜伽行者獲得解脫。

依此，若(仍)未能獲得解脫，則應於法性中陰時，精勤致力於此《聞即解脫》。

འཕོ་བ། 音譯「頗瓦」法，意譯「遷識」法。本譯文均採意譯。

慈瓊仁波切解道：此遷識法雖名為「憶念即自解脫」——憶念起來就能自然獲得解脫，實則仍有賴生前修持此法，於臨死時還能加以施行，方能成辦。

於此，瑜伽行者首先必須依照《死亡徵象獲自解脫篇》*檢視死亡徵象之次第。

其後，當死亡徵象*確實俱全時，行者就應施行「憶念即自解脫」之遷識法。

若達成遷識，便無需讀誦《聞即解脫》；

གལ་ཏེ་འཕོ་བ་མ་ཐེབ་ན་ཐོས་གྲོལ་འདི་རོའི་རྩར་སྒྲ་དག་ལ་ཚིག་གསལ་བར་བཀླག་པར་བྱའོ༔

རོ་མེད་ན་ཚེ་འདས་ཀྱི་མལ་སའམ༔ འདུག་སར་བསྡད་ལ་བདེན་པའི་སྟོབས་བརྗོད་དེ༔ རྣམ་ཤེས་བཀུག་ལ་མདུན་དུ་ཉན་ནས་བསྡད་པར་དམིགས་ལ་བཀླག་པར་བྱའོ༔ དེའི་དུས་ཉེ་དུ་དང་སེམས་ལ་བརྩེ་བའི་མཛའ་བཤེས་ཆོས༔ ངུ་སྐད་དང་སྨྲེ་སྔགས་ཡེ་ནས་འདོན་དུ་མི་རུང་བས༔ དམ་བསྒྲག་གོ༔

རོ་ཡོད་ན་ཕྱི་དབུགས་ཆད་ནང་དབུགས་མ་ཆད་པའི་མཚམས་སུ་བླ་མའམ༔ མཆེད་གྲོགས་སམ་དད་པ་ཐོབ་པ༔ ཡིད་མཐུན་པའི་མཆེད་གྲོགས་ལ་སོགས་པས༔ རྣ་བར་མཆུ་མ་རེག་ཙམ་དུ་གདད་ལ༔ ཐོས་གྲོལ་ཆེན་མོ་འདི་བཀླག་པར་བྱའོ༔

若未達成遷識，則應於遺體*旁，以正確、清晰的發音讀誦此《聞即解脫》。

- 《死亡徵象獲自解脱篇》屬於中陰伏藏中的專篇，當中描述了各種檢視死亡徵象的方法。

- 此處所謂的「死亡徵象」，非指感官、五大等消融之「死亡徵象」；而是《死亡徵象獲自解脱篇》中所描述的種種徵象，觀察者可以依之預知死期。

- 本文中涉及的「亡者」、「遺體」等詞，並非嚴謹的遣詞而是通俗的用語。若依照藏傳佛教於死亡的界定而嚴謹措詞，就必需將「臨終者」、「軀體」和「亡者」、「遺體」區分開來。

  詠給明就仁波切在中陰教授中説：所謂的「死亡」是發生在臨死中陰的第一階段。

  概略而言，不只是外氣已斷，還必須內息已絕，才算是死亡。身、心一旦分離，於死亡便已全然確定。

  確切而言，則是當父明點和母明點在心間合會(二者之間的命氣消失)，即是死亡。隨後母光明現起，若未能加以認知，心識便會陷入昏迷；之後身、心分離，便進入到臨死中陰的第二階段。

  依此而言，臨死中陰第二階段實屬「死後」階段，唯傳統上仍以「臨死中陰」概稱之。

若無遺體，(助亡者)*應坐在亡者*(生前的)睡處或住處，宣說諦力，召引神識，並想像他就坐在面前聆聽。應如是而讀誦(此文)。這時，親眷和摯友絕不宜出聲哭泣、悲歎，故須加以約束。

若有遺體，則在其外氣已斷而內氣未絕的期間裡*，其上師或同門或(於法)具信者或知心之法友等，應以雙唇貼近其耳畔而讀誦《聞即解脫》。

དེ་ལ་ཐོས་གྲོལ་དངོས་བཤད་པ་ནི༔

འཁོར་ན་དཀོན་མཆོག་ལ་མཆོད་པ་རྒྱ་ཆེན་ཕུལ༔ མ་འཁོར་ན་དམིགས་པའི་རྟེན་གང་འཁོར་བཤམས་ལ་ཡིད་ཀྱིས་དཔག་ཏུ་མེད་པར་སྤྲུལ་ལ་མཆོད་དོ༔

དེ་ནས་སངས་རྒྱས་དང་བྱང་ཆུབ་སེམས་དཔའ་རྣམས་ལ་ར་མདའ་སྦྱན་པའི་སྨོན་ལམ་དེ་ལན་བདུན་ནམ་གསུམ་འདོན༔

དེ་ནས་བར་དོ་འཇིགས་སྐྱོབ་མའི་སྨོན་ལམ་དང༔ བར་དོ་འཕྲང་སྒྲོལ་གྱི་སྨོན་ལམ་དང༔ བར་དོ་རྩ་ཚིག་གི་སྨོན་ལམ་རྣམས་དག་པར་དབྱངས་དང་བཅས་ཏེ་གདབ་ལ༔

དེ་ནས་ཐོས་གྲོལ་ཆེན་མོ་འདི་ལན་བདུན་ནམ་གསུམ་སྐབས་དང་སྦྱར་ལ་བཀླག་པ་ནི༔

འཆི་ཁའི་བར་དོ་ལ་འོད་གསལ་ངོ་སྤྲོད་པ་དང༔ ཆོས་ཉིད་བར་དོ་ལ་ངོ་སྤྲོད་གསལ་འདེབས་ཆེན་མོ་གདབ་པ་དང༔

❦ 本文中，為多數中、英譯者譯作「亡者」、「遺體」等詞，在藏典中，除了少數用詞如是明確之外，大多是以「彼」稱之，或隱含於文義中。需要明確區分之處，譯者已依上述死亡界定補足，其餘則以「逝者」一詞涵蓋。

此外，一般藏典習於省略主詞，讀者通常可依文義而推知。譯者為使文氣順暢或文義明朗，已選擇性地將省略的主詞補上，例如：「助亡者」——於臨死、死亡過程中提供協助之人。

❦ 另版藏典中只說：「在其外氣已斷時」，未言：「而內氣未絕的期間裡」。

詠給明就仁波切解道：一旦內氣斷絕，亡者的意識若未能住於光明，便是陷入了昏迷。這時，對他讀誦此「臨死中陰引介」，已了無助益。因此，此文應在其內氣未絕之前讀誦，方能及時予以指引。只不過在助亡實務上，都會從頭到尾地念誦整部的《聞即解脫》。

《聞即解脫》正行：

若富裕，就向三寶敬獻盛大供養。

若不寬裕，就以現有物資陳設作爲觀想所緣境，並以心意觀想其化現成無量的供品而爲敬獻。

其後，應讀誦《呼喚諸佛菩薩救度祈請文》七或三遍。

之後，以曲調正確地唱誦《中有恐懼救護祈請文》、《中有險道救度祈請文》、《中有根本頌》等祈請文。

然後，讀誦此《聞即解脫》七或三遍——依情況所適而定。

(正行共有)三部分：

於臨死中陰時，直指光明；

於法性中陰時，依《直指大明示》而爲引介；

སྲིད་པ་བར་དོ་ལ་མངལ་སྒོ་བཀག་གདམས་བསྟན་པ་དང་གསུམ་མོ༔

དང་པོ་འཆི་ཁའི་བར་དོ་ལ་འོད་གསལ་ངོ་སྤྲོད་པ་ནི༔

འདིར་གང་ཟག་གོ་བ་བཟང་ཡང་ངོ་མ་འཕྲོད་པ་དང༔ འཕྲོད་ཀྱང་གོམས་འདྲིས་ཆུང་བ་རྣམས་དང༔ སོ་སོ་སྐྱེ་བོ་ཉམས་ཁྲིད་ཞུ་མྱོང་བའི་རིགས་ཐམས་ཅད་ལ་འདི་གདབ་པས༔ གཞིའི་འོད་གསལ་ལ་ངོ་འཕྲོད་དེ་བར་དོ་མེད་པར་ཡར་གྱི་ཟང་ཐལ་དུ་ཆོས་སྐུ་སྐྱེ་བ་མེད་པ་ཐོབ་བོ༔

གདབ་ལུགས་ནི༔

རང་གིས་ཁྲིད་ཞུས་པའི་རྩ་བའི་བླ་མ་འཛོམ་ན་མཆོག་ཡིན་ནོ༔

དེ་མ་འཛོམ་ན་མཆེད་གྲོགས་དམ་ཚིག་གཅིག་པའམ༔

དེ་ཡང་མ་འཛོམ་ན་ཆོས་བརྒྱུད་གཅིག་པའི་བཤེས་གཉེན་དམ་པའམ༔

དེ་རྣམས་གང་ཡང་མ་འཛོམ་ན༔ ཡི་གེ་འདི་སྒྲ་དག་ལ་ཚིག་གསལ་བར་འདོན་ཤེས་པ་གཅིག་གིས་ཚར་མང་དུ་ཀློག་གོ༔

དེས་བླ་མས་ངོ་སྤྲོད་པའི་དོན་དྲན་ནས་དེ་མ་ཐག་ཏུ་གཞིའི་འོད་གསལ་ངོ་འཕྲོད་དེ་གྲོལ་བར་ཐེ་ཚོམ་མེད་དོ༔

གདབ་པའི་དུས་ནི་ཕྱི་དབུགས་ཆད་ནས༔ རླུང་ཡེ་ཤེས་ཀྱི་རྩ་ དྷཱུ་ཏིར་ཐིམ་པ་དང༔ ཤེས་པ་འོད་གསལ་སྤྲོས་བྲལ་དུ་ལྷག་གི་འཆར་རོ༔ དེ་ནས་རླུང་ལོག་སྟེ་རྩ་གཡས་གཡོན་དུ་བྲོས་ནས་བར་དོའི་སྣང་བ་ལམ་གྱིས་འཆར་བས་རྩ་གཡས་གཡོན་དུ་མ་སོར་བའི་བར་དེར་གདབ་པའོ༔

於投生中陰時，教示阻斷、抉擇胎門(之方)。

首先，於臨死中陰時直指光明：
在此，對於(那些)雖然善解但未曾認知(心性光明)者，以及雖已認知(心性光明)但尚未熟諳者，或是曾經領受過(心性)指引之凡夫眾，以此引介故，皆能認知「基光明」*，不經中陰而直接向上證入無生法身。

譯者在研讀《中陰聞即解脫》時，有一種從文言體讀到白話體的感覺。整部的前端(序言和「臨死中陰引介文」)用詞極為精簡，可謂留給讀者、譯者不小的詮解空間。也因此，各譯版在此處的出入最為明顯。譯者經多方請益後，已於文中必要處以括號補足文義，以利讀者理解、讀誦。如此段譯文，即經圖登諾布仁波切認可並修文。

「基光明」又稱為「母光明」。

引介方法：
最好是(臨終者)自己生前領受教法的根本上師能在場。
若不在場，就要有共受三昧耶的同門在場。
若也不在場，就要有同一法脈傳承的清淨師友在場。

若彼等均不在場，就讓(一位)對於此(篇)文詞能正確、清晰發音的人來讀誦此文數回。

如此一來，(臨終者)便能憶念起上師(曾經給予)的指引，當即認知基光明而必獲解脫無疑。

引介時機：
當外氣已斷，氣消融入本智中脈，心性光明離戲、了然現起*。
之後，氣逆行而竄入左、右脈，中陰境相便會頓然現起。
因此，必須在氣逸入左、右脈之前，予以引介。

ཡུན་ནི་ཕྱི་དབུགས་ཆད་ནང་དབུགས་གནས་ཀྱི་བར་དེར་ཟན་གཅིག་ཟ་ཡུན་ཙམ་ཞིག་ཡིན་ནོ༔

གདབ་ལུགས་ནི༔ དབུགས་ཆད་ལ་ཁད་པའི་དུས་ནས་འཕོ་བ་ཐེབ་ན་རབ༔ མ་ཐེབ་ན་འདི་སྐད་བཤད་དོ༔

ཀྱེ༔ རིགས་ཀྱི་བུ་ཚེ་གེ་མོ་ཁྱོད་ད་ནི་ལམ་བཙལ་བའི་དུས་ལ་བབ་པར་འདུག་པས༔

「心性光明離戲、了然現起」，係經圖登諾布仁波切指導而作譯。

譯者嘗見之英譯版或作「離戲的光明燦然現起於意識中」，或作「意識自然現起為離戲的內在光明」。仁波切解道：ཤེས་པ། 在表義上固然可作「意識」解，但此處係指「心性」。

德格印經院版刻作 ལྷག་གེ，圖登諾布仁波切解道：此為誤刻，應作 ལྷག་གེས། 或 ལྷག་གེར།。「了然」，意即「清清楚楚、明明了了」。

時長：
外氣已斷而內氣尚存的時長，約爲吃一頓飯所需時間。

引介方法：
最好是，當外氣將斷時，遷識法已達成。若未達成，則應作是言：

「善男子(善女人)某某(逝者名)啊*！現在，是到了你(該去)尋找道路的時候了。

本文對臨終者或亡者的稱呼 རིགས་ཀྱི་བུ།，若依藏文字面直譯，可譯作「種姓之子」或「氏族之子」。此一用語常見於藏文佛經中。例如：在心經中，這是佛陀對在座聞法者的稱呼，也就是中譯經典中的「善男子」——在佛經中通常是和「善女人」同時並稱。

需要了解的是，這並非意味著另有相對的「不善男子」、「不善女人」存在。一如本文中的「種姓」或「族姓」等詞，也非限於家族、階級、宗教信仰……等人為分別。以寶性論而言，其所意指的即是「佛性」。佛陀徹見眾生皆具佛性，這是他對一切眾生在根本上給予的究竟肯定。

中陰教法適用於一切眾生，並不受限於宗教、文化…等人為分別。因此，此一稱謂在此不論譯為「種姓之子」或「善男子」，均泛指一切有情眾生——皆具佛性的眾生。

譯者嘗見中譯本將句首的語氣詞 ཀྱེ། 譯成「嗟夫」等感嘆詞。其實，它是

ཁྱོད་རང་དབུགས་ཆད་མ་ཁད་དུ༔ ཁྱོད་ལ་བར་དོ་དང་པོ་གཞིའི་འོད་གསལ་ཞེས་བྱ་བ༔ སྔར་བླ་མས་ངོ་སྤྲོད་པའི་དོན་དེ་ཕྱི་དབུགས་ཆད་པ་དང༔

ཆོས་ཉིད་ནམ་མཁའ་ལྟར་སྟོང་རྗེན་ནེ་བ༔ གསལ་སྟོང་མཐའ་དབུས་མེད་པའི་རིག་པ་དྲི་མེད་རྗེན་པ་ཞིག་འཆར་ནས་འོང་ངོ༔

དེའི་དུས་སུ་ཁྱོད་རང་གིས་ངོ་ཤེས་པར་གྱིས་ལ་དེའི་ངང་ལ་ཞོག་ཅིག༔ ངས་ཀྱང་དེའི་དུས་སུ་ངོ་སྤྲད་དོ༔ ཞེས་ཕྱི་དབུགས་མ་ཆད་པའི་གོང་ནས་རྣ་བར་ལན་མང་དུ་བཤད་ལ་ཡིད་ལ་འཛག་ཏུ་བཅུག་གོ༔

དེ་ནས་ཕྱི་དབུགས་ཆད་པའི་གྲབས་འདུག་ན༔ གློ་གཡས་པ་ས་ལ་ཕབ་ནས་སེངྒེའི་འདུག་སྟངས་བྱས་ལ་རྩ་ཐ་ནླབས་བཙིར་བ་ཡིན་ཏེ༔

གཉིད་ལོག་རྩ་གཉིས་འཕར་འགྲོ་ཆད་ནས་དྲག་ཏུ་མནན་ནོ༔

དེ་ནས་རླུང་རླུ་ཏིར་རྒྱུད་ནས་ཕྱིར་ལོག་མི་ཤེས་ཏེ༔ ཚངས་བུག་གི་ལམ་དུ་ཐོན་ངེས་སོ༔

「招呼、呼喚」的語氣詞，不具「感歎」之意；相當於中文口語中的「喂」。也因此譯者將「啊」置於句末，以表「呼喚」之意。 ཀྱེ་ཀྱེ། 便是連聲呼喚。至於本文中諸多偈語所用的啓始語氣詞 ཀྱེ་མ། ，方可譯為「嗟夫」。它是用以表達感歎、失意、驚奇、欣羡、斥責、堅決等情感的語氣詞。本文中之祈請文則是於感歎之同時「遙呼」祈請對境。

在你(外)氣息止的當兒，所謂第一中陰的基光明——昔日上師曾經給予你的引介——將會對你顯現。

當外氣甫斷時，法性一如虛空般空裸、明空、無有中邊、赤裸無垢的覺性將會顯現。

那時，你要能認知它，並安住其中。同時，我也會予以引介。」

(助亡者)應於(臨終者)耳畔如是講說數回，令其銘記於心，直至其外氣斷絕爲止。

之後，當其外氣即將斷絕時，就將其安放成右脅著地的獅子臥，並按取其脈搏。

待其(頸部)二(處)睡脈*停止搏動時，即用力按壓之*。

之後，那已然進入中脈之氣便無法折返，勢必會從梵穴逸出。

藏典原文並未明言「頸部」。唯該二睡脈是位於喉部正中的左、右二邊，故以(頸部)補充說明。「睡脈」意為「致使入睡之脈」。

譯者嘗見某些較為早期的英、中譯本將此段譯為「……要用力按壓其頸部二處會引發睡眠的脈動，直至脈動停止震動為止……」果真如此，這便是一種相當危險的做法。

詠給明就仁波切解道：「這一定得等到頸部二處的脈動停止時，方可按壓之。按壓時，也不宜施力過度，因為仍有還陽的可能性存在。」

ངོ་སྤྲོད་ཀྱང་དེའི་དུས་སུ་གདབ་བོ༔

དེའི་དུས་སུ་བར་དོ་དང་པོ་ཆོས་ཉིད་འོད་གསལ་ཞེས་ཀྱང་བྱ༔ ཆོས་ཀྱི་སྐུའི་དགོངས་པ་ཕྱིན་ཅི་མ་ལོག་པ་ཞིག་འགྲོ་བ་ཀུན་གྱི་རྒྱུད་ལ་འཆར་ཏེ༔

དེ་ཡང་ཕྱི་དབུགས་ཆད༔ ནང་དབུགས་མ་ཆད་པའི་བར་དེར་རླུང་ཨ་ཝ་དྷཱུ་ཏིར་ཐིམ་པའི་དུས་ཡིན་ཏེ༔ དེ་ལ་ཐལ་པས་ནི་རྣམ་ཤེས་བརྒྱལ་ཟེར་རོ༔

ཡུན་ནི་ངེས་པ་མེད་དེ༔ རྟེན་བཟང་ངན་དང༔ རྩ་རླུང་གི་རིམ་པ་ཡིན་ཏེ༔

ཉམས་ལེན་དུམ་རེ་ཡོད་པ་དང༔ ཞི་གནས་བརྟན་པོ་ཡོད་པ་དང༔ རྩ་བཟང་བའི་རིགས་རྣམས་ནི་ཡུན་རིང་དུ་གནས་པ་ཡང་ཡོད་དོ༔

དེ་ལ་ནི་ངོ་སྤྲོད་འདི་ལ་ནན་ཏན་བསྐྱེད་ལ་དབང་པོའི་ཐུགས་རྒྱུ་སེར་མ་ཐོན་གྱི་བར་དུ་བསྐྱར་ལ་གདབ་བོ༔

❧ 慈璦仁波切解道：「一般而言，除非助亡者具有相當深厚的修為，能鑑知臨終者此際的身、心狀態，並且能恰如其分地施為；若不然，最好還是以念誦、觀想等修持來協助臨終者，不宜貿然為之。此際是臨終者最為緊要、關鍵的一刻。率爾為之，很可能造成嚴重干擾，使其未蒙其利，反受其害。」

這時，亦應予以引介。

此際，名爲「第一中陰法性光明」——法身的無顚倒密意，將會從一切衆生的心續中生起。

那是(現起於)外氣已斷、內氣未絕而氣入中脈的期間內，凡夫稱之爲「意識昏迷」。

這段時間的長短不是一定的，端視個人「所依」*的優劣和氣脈(修持)的層次而定。

那些(於心性)有所修持或於「止」的修持已達穩定或脈優等類之行者，這(光明)也會住留好一段時間。

(助亡者)應精勤致力於反覆引介此一口訣，直至黃水*自其感官竅孔流出爲止。

❧ 關於 རྟེན། 「所依」，譯者先後請示過數位上師，共可歸結為二種詮解：

一者是以「所依」、「能依」作解。「所依」、「能依」，通常是指「身」與「心」。因此，此處的「所依」係指「身」。

另一則是依藏文文法作解——「所依」係指連接於後文的「(於心性)的修持或於止的修持」。

❧ 譯者嘗見某些較為早期的英、中譯本將 ཆུ་སེར། 「黃水」譯作「膿」*(pus)*。

སྡིག་པོ་ཆེ་དང༔ རྒྱ་དན་པའི་རིགས་ལ་ནི་ཡུད་ཙམ་པ་སེ་གོལ་རེའི་ཡུན་ལས་མི་གནས་པའང་ཡོད་དོ༔ ལ་ལ་ཟན་ཟ་ཡུན་ཙམ་ལས་མི་གནས་པའང་ཡོད་དོ༔

མདོ་རྒྱུད་ཕལ་ཆེར་ལས་ཞག་ཕྱེད་དང་བཞིར་བརྒྱལ་གསུངས་པས༔

ཕལ་ཆེར་ནི་ཞག་ཕྱེད་དང་བཞིར་གནས་པས་འོད་གསལ་ངོ་སྤྲོད་འདི་ལ་ནན་ཏན་བྱའོ༔

གདབ་ལུགས་ནི་རང་གིས་ཐུབ་ན་རང་གིས་གོང་ནས་འཕེན་པ་བཏང་ངོ༔

རང་གིས་མ་ཐུབ་ན་བླ་མའམ༔ སློབ་མའམ༔ མཆེད་གྲོགས་བློ་སེམས་འདྲེས་པ་གཅིག་རྒྱར་བཞག་སྟེ༔ ད་ནི་ས་ཆུ་ལ་ཐིམ་པའི་རྟགས་གདའོ༔ ཆུ་མེ་ལ༔ མེ་རླུང་ལ༔ རླུང་རྣམ་པར་ཤེས་པ་ལ༔ ཞེས་རྟགས་རྣམས་རིམ་པ་ལྟར་གསལ་གདབ༔

རྟགས་རྣམས་རིམ་པར་རྫོགས་ལ་ཁད་པ་དེར༔ སེམས་བསྐྱེད་འདི་ལྟར་ཕོག་པར་བྱའོ༔ ཀྱེ་རིགས་ཀྱི་བུ་ཞེས་པའམ༔ བླ་མ་ཡིན་ན༔ དྲུང་པ་ལགས༔ ཐུགས་བསྐྱེད་མ་ཡེངས་པར་མཛད་འཚལ༔ ཞེས་སྙན་དུ་སྐད་ཆུང་ངུས་ཞུས༔ མཆེད་གྲོགས་དང་གཞན་མའི་མིང་ནས་འབོད་ལ་འདི་སྐད་དོ༔

ཀྱེ་རིགས་ཀྱི་བུ༔ ད་ནི་འཆི་བ་ཞེས་བྱ་བ་དེར་སླེབས་ནས་འདུག་པས་ཁྱོད་རང་སེམས་བསྐྱེད་འདི་ལྟར་དུ་མཛོད་ཅིག༔ ཀྱེ་མ་བདག་ནི་འཆི་བའི་དུས་ལ་བབ་ནས་འདུག་གི༔ ད་རེས་འཆི་བ་འདི་ལ་བརྟེན་ནས༔ བྱམས་སྙིང་རྗེ་བྱང་ཆུབ་ཀྱི་སེམས་འབའ་ཞིག་གི་ཐུགས་བསྐྱེད་དོ༔ ནམ་མཁའ་དང་མཉམ་པའི་སེམས་ཅན་ཐམས་ཅད་ཀྱི་དོན་དུ་རྫོགས་པའི་སངས་རྒྱས་ཐོབ་པར་བྱའོ༔ སྙམ་དུ་སེམས་བསྐྱེད་པ་དང༔

詠給明就仁波切解道：ཆུ་སེར། 不是膿，它是水漾狀的。有的是白色的液體，有的是黃色的液體。「血和黃水自其鼻孔流出」是死亡的表徵。

在惡業重大和脈劣者中，(光明)住留的時間不超過一彈指；也有些人(光明)住留的時間不長於吃一頓飯所需時間。

(誠如)大多數的經典、密續所述：「這種昏迷狀態會持續三天半。」

因此，(助亡者)通常也須精勤致力於引介光明三天半之久。

引介方法：
若(臨終者)堪能，就自行依上述引介導引心念*。
若不堪能，其上師、弟子或知心法友就要待其身旁，依於(死亡消融)徵象次第而為提示：「現在，地大消融入水大的徵象正在現起……，水大消融入火大的徵象正在現起……，火大消融入風大的徵象正在現起……，風大消融入心識的徵象正在現起……。」

* 此處 འཕེན་པ་བཏང་། 應作何解？觀諸譯本，各有其解。譯者以「導引心念」作解，並經圖登諾布仁波切確認。他補述道：「在尚未死亡之前，先提醒自己臨終時應當如何行持、觀修。」

當徵兆次第現起而即將完了時，(助亡者)應勸勉(臨終者)如是發心。(或者叫喚他)「善男子(善女人)啊！」或若臨終者是一位上師，(便呼喚他)「大德啊！請您心念無散地發心吧！」——在其耳畔如是輕聲說道。若(臨終者)是一位法友或其他人等，(助亡者)便應呼喚其名並作是言：

「善男子(善女人)啊！現在，所謂的死亡已然到來。你應如是發心：**『嗟夫！我的死期已然到來。今天，我要憑藉此一死亡，發起純粹的慈心、悲心、菩提心。為了等虛空一切眾生的利益，我要圓滿證得正等覺佛果。』**(你)應如是思惟而發心。

ཁྱད་པར་དུ་ད་རེས་སེམས་ཅན་ཐམས་ཅད་ཀྱི་དོན་དུ་འཆི་བ་འོད་གསལ་ཆོས་ཀྱི་སྐུར་ངོ་ཤེས་པར་བྱ་སྟེ༔ དེའི་ངང་ལ་ཕྱག་རྒྱ་ཆེན་པོ་མཆོག་གི་དངོས་གྲུབ་ཐོབ་ནས་སེམས་ཅན་ཐམས་ཅད་ཀྱི་དོན་བྱའོ༔ དེ་མ་ཐོབ་ཀྱང་བར་དོ་ལ་བར་དོར་ངོ་ཤེས་པར་བྱས་ལ༔ བར་དོར་ཟུང་འཇུག་ཕྱག་རྒྱ་ཆེན་པོའི་སྐུ་མངོན་དུ་བྱས་ནས༔ གང་ལ་གང་འདུལ་གྱི་སྣང་བས་ནམ་མཁའི་མཐའ་དང་མཉམ་པའི་སེམས་ཅན་ཐམས་ཅད་ཀྱི་དོན་བྱའོ༔ སྙམ་པའི་སེམས་བསྐྱེད་ཀྱི་འདུན་པ་དང་མ་བྲལ་བར་ཁྱེད་རང་སྔར་གང་ལ་གོམས་པའི་གདམས་ངག་དེའི་ཉམས་ལེན་དྲན་པར་གྱིས་ཤིག༔

ཅེས་རྣ་བར་མཆུ་གཏད་ལ་ཚིག་གསལ་བར་བཤད་དེ༔ སྐད་ཅིག་ཀྱང་ཡེངས་སུ་མི་འཇུག་པར་ཉམས་ལེན་གསལ་གདབ་བོ༔ དེ་ནས་ཕྱི་དབུགས་ཆད་ཚར་བ་དང༔ རྩ་གཉིད་ལོག་དྲག་ཏུ་མནན་ལ་ཚིག་གིས་གསལ་འདི་སྐད་གདབ་བོ༔ བླ་མའམ་རང་ལས་ཆེ་བའི་བཤེས་གཉེན་པ་ཡིན་ན༔ དྭང་པ་ལགས་རང་རེ་ལ་ད་ལྟ་གཞིའི་འོད་གསལ་འཆར་ནས་ཡོད་དོ༔ ངོ་ཤེས་པར་གྱིས་ཤིག༔ ཉམས་ལེན་གྱི་ཐོག་ཏུ་འཇོག་པར་ཞུ༔ ཞེས་ཞུའོ༔

གཞན་ཐམས་ཅད་ལ་འདི་ལྟར་ངོ་སྤྲད་དོ༔

ཀྱེ་རིགས་ཀྱི་བུ་ཆེ་གེ་མོ་ཁྱོད་ཉོན་ཅིག༔ ཁྱོད་ལ་ད་ལྟ་ཆོས་ཉིད་དག་པའི་འོད་གསལ་འཆར་ནས་ཡོད་དོ༔ ངོ་ཤེས་པར་གྱིས་ཤིག༔

ཀྱེ་རིགས་ཀྱི་བུ་ཁྱོད་རང་གི་ད་ལྟའི་ཤེས་རིག་གི་ངོ་བོ་སྟོང་སང་ངེ་བ་འདི༔ དངོས་པོ་དང་མཚན་མ་ཁ་དོག་ཅིའི་ངོ་བོར་ཡང་མ་གྲུབ་པར་སྟོང་སང་ངེ་བ་འདུག་པ་འདི་ཀ་ཆོས་ཉིད་ཀུན་ཏུ་བཟང་མོ་ཡིན་ནོ༔

ཁྱོད་ཀྱི་ཤེས་རིག་འདི་སྟོང་པ་ངོ་ཙམ་ན་སྟོང་པ་ཕྱལ་ཆད་དུ་མ་སོང་བར་རང་གི་ཤེས་རིག་མ་འགགས་པར་གསལ་ལེ་སེང་ངེ༔ ཕྱལ་ལེ་བ༔ འདི་ཀ་རིག་པ་སངས་རྒྱས་ཀུན་ཏུ་བཟང་པོ་ཡིན་ནོ༔

特別是：『這次，爲了一切眾生的利益，我必須認知死亡爲光明法身；並於其中證得大手印之勝妙成就，而能利益一切有情眾生！即使未能如是證悟，我也必須在中陰時認知中陰，現證雙運大手印身，而能隨緣示現調伏度化之顯相，利益等虛空一切有情眾生。』在不離於如是念想而發心的意向之下，你要憶念起生前所熟習的口訣修持。」

(助亡者)應以雙唇對著(臨終者)之耳，以清晰的字詞發音如是告誡，提醒他要心無瞬間散亂地從事修持。

之後，當其外氣斷絕時，就使勁按壓(其)睡脈，並以是語提醒。(若他是一位)上師或比你自己高的善知識*，就(如是)告之：「大德！現在基光明正要對您現起，您要能認知它並安住於修持中。」

原文只說：上師或「比自己大」的法友。這當中包含了各種可能性，或在道行上，或是輩份上……較自己為高者。

對於其他人等，則如是引介：

「善男子(善女人)某某(逝者名)啊！你聽著！現在，法性的清淨光明正要對你現起，你要認知啊！」

「善男子(善女人)啊！你現前的明覺之心，其體性是純然的空(性)。它無有實體、相狀、顏色，不具任何自性，是全然的空(性)。此一法性即是普賢王如來佛母。

你這覺性於空的當下，不成爲單空*。此覺性不滅而明然、淨然、了然*顯現。此一覺性即是普賢王如來。

藏典中連續用了數個形容詞描述心性所具的空性面向與明性面向。一般而言，這種形容詞皆屬經驗詞語——修行者試圖以各自的語言描述那超越言語、形相、二元分別概念的內證境界。譯者只能在參諸藏漢、藏英

རང་གི་རིག་པ་དངོས་པོ་ཅིར་ཡང་མ་གྲུབ་པའི་ངོ་བོ་སྟོང་པ་དང༔ རང་གི་ཤེས་རིག་ཧྲ་ལེར་གསལ་བར་འདུག་པ་འདི་གཉིས་དབྱེར་མི་ཕྱེད་པར་འདུག་པ་འདི་ཀ་སངས་རྒྱས་ཆོས་ཀྱི་སྐུ་ཡིན་ནོ༔

རང་གི་རིག་པ་གསལ་སྟོང་དབྱེར་མེད་འོད་ཀྱི་ཕུང་པོ་ཆེན་པོར་བཞུགས་པ་འདི་ལ་སྐྱེ་འཆི་མེད་པས་སངས་རྒྱས་འོད་མི་འགྱུར་བ་འདི་ཀ་ཡིན་ནོ༔

དེ་ངོ་ཤེས་པས་ཆོག་གོ༔ རང་གི་ཤེས་རིག་གི་ངོ་བོ་སང་ངེ་བ་འདི་སངས་རྒྱས་སུ་ངོ་ཤེས་ནས་རང་གི་རིག་པ་ལ་རང་བལྟ་བ་དེ༔ སངས་རྒྱས་ཀྱི་དགོངས་པ་ལ་འཇོག་པ་ཡིན་ནོ༔

ཞེས་ལན་གསུམ་མམ༔ བདུན་གྱི་བར་དུ་སྒྲ་དག་ལ་གསལ་བར་བརྗོད་དོ༔
དེས་དང་པོས་སྔར་བླ་མས་ངོ་སྤྲད་པ་དྲན༔
གཉིས་པས་རང་རིག་རྗེན་པ་འོད་གསལ་དུ་ངོ་འཕྲོད༔
གསུམ་པས་རང་ངོ་ཤེས་ནས་ཆོས་སྐུ་འདུ་འབྲལ་མེད་པར་གྱུར་ཏེ་གྲོལ་བར་ངེས་སོ༔

དེས་འོད་གསལ་དང་པོ་ལ་ངོ་འཕྲོད་དེ་གྲོལ་ལོ༔
ཡང་གལ་ཏེ་འོད་གསལ་དང་པོ་ལ་ངོས་མ་ཟིན་དོགས་ན༔ ཡང་འོད་གསལ་གཉིས་པ་ཞེས་བྱ་བ་འཆར་ཏེ༔ དེ་ཡང་དུས་ནི་ཕྱི་དབུགས་ཆད་ནས་ཟན་གཅིག་ཟ་ཡུན་ཙམ་ཙམ་སོང་ནས་འོང་ངོ༔

辭典並請示諸位上師之後，勉力作譯。

當中「於空的當下，不成為單空」，往往被誤解作「它是空性的，但並非斷滅空無」。此段譯文承蒙圖登諾布仁波切指導，他解道：「單空」一詞在格魯派用得較多。「單空」不同於「斷滅空」。行者在實修過程中，先是體證到「單單是空」的境界，也就是所謂的「單空」。但這並不究竟，仍須加以超越。

你的覺性是不具任何實有法的空性，你的明覺之心是瞭然、明然的，二者不可分。這即是佛的法身。

你的覺性是明、空不二的，顯爲大光明；它無生亦無死，因此它即是『無轉光佛』。

能如是認知即足矣。若你能認知到你明覺之心的明淨本質即是佛，那麼直觀自心覺性，即是安住於佛心。」

(助亡者)應以正確、清晰的發音，如是引介三至七遍。
這會使(臨終者)——首先*，能憶念起昔日上師的(心性)指引；
其次，能認知赤裸自心即是明光；
再其次，一經認知，便能和法身融合無二而必定獲得解脫。

德格印經院版只說「第一、第二、第三」，他版藏典則說：「第一剎那、第二剎那、第三剎那」。

如此一來，(他)便能於「第一光明」時，因認知而獲解脫。
然而，若(助亡者)唯恐*其未能於「第一光明」時認知，「所謂的『第二光明』將會現起。」——在外氣斷絕之後，稍長於吃一頓飯所需時間，它便會顯現。

文中是誰有疑慮？助亡者還是逝者？譯者就教的上師們皆說：助亡者。

ལས་བཟང་ངན་གྱིས་རྒྱ་གཡས་གཡོན་གང་རུང་གཅིག་ཏུ་རླུང་ཤོར་ནས༔ སྒོ་གང་རུང་གཅིག་ནས་ཐོན་ཏེ་ཤེས་པ་གསལ་ལམ་གྱི་འོང༔

དེ་ཡང་ཟན་གཅིག་ཟ་ཡུན་ཟེར་ཡང་རྒྱ་བཟང་ངན་དང༔ ཉམས་ལེན་ཡོད་མེད་དང་བསྟུན་ནོ༔

དེའི་ཚེ་རྣམ་ཤེས་ཕྱིར་ཐོན་པ་དང་ཤི་བ་ཡིན་ནམ་མ་ཤི་བ་ཡིན་སྙམ་དུ་ངོ་མི་ཤེས་སོ༔

ཉེ་དུའི་འབྲེལ་བ་སྔར་བཞིན་དུ་མཐོང་ནས་འོང༔ ངུ་སྐད་ཀྱང་ཐོས་སོ༔

ལས་ཀྱི་འཁྲུལ་སྣང་དྲག་པོ་ཡང་མ་ཤར༔ གཤིན་རྗེའི་འཇིགས་སྐྲག་ཀྱང་མ་སླེབས་པའི་བར་དེར༔ ཡང་གདམས་ངག་གདབ་སྟེ༔

དེ་ལ་རྫོགས་རིམ་པ་དང་བསྐྱེད་རིམ་པ་གཉིས་སོ༔

རྫོགས་རིམ་པ་ཡིན་ན་མིང་ནས་ལན་གསུམ་འབོད་ལ༔ གོང་གི་འོད་གསལ་ངོ་སྤྲོད་དེ་ཀ་བསྐྱར་ལ་གདབ་བོ༔

བསྐྱེད་རིམ་པ་ཡིན་ན་ཁོང་རང་གི་ལྷ་གང་ཡིན་པ་དེའི་སྒོམ་ཁོག་དང་མངོན་རྟོགས་བཀླག་སྟེ༔

譯者不解地忖道：逝者只要未於「第一光明」時認知，「第二光明」便會自然現起。這是逝者的內在經驗，何關助亡者疑慮與否？

於此，詠給明就仁波切解道：此處是蓮師對助亡者所作的教示——助亡者若無法確認逝者已於「第一光明」時因認知而獲解脱，就應對其引介「第二光明」。

為使文義明朗，譯者權以引號標示該句引介文：若(助亡者)唯恐其未能於「第一光明」時認知，「所謂的『第二光明』將會現起。」——以示末句係助亡者對逝者當為之引介。

依於(個人)業之優劣，氣會竄入右脈或左脈，隨後從任一竅孔逸出。這時，意識會頓然變得清晰。

據說(這「第二光明」)住留的時長約爲吃一頓飯所需時間。但這仍是依於個人脈之優劣和有無修持而定。

這時，(逝者的)神識會逸出，而(他)並不能覺知(自己)是否已然死亡。

(他)會像往昔那般地看到他的親眷，也會聽到(他們的)哭聲。

在(其)劇烈的業惑幻相尚未顯現、閻王的恐怖亦未到來之此際，應給予口訣。

於此，(可分別爲)圓滿次第行者和生起次第行者*二類人等。

* 另版藏典刻作：「圓滿次第和生起次第」。

若(亡者)是修持圓滿次第的行者，就要三呼其名，並複述之前引介光明(之口訣)。

若(亡者)是修持生起次第的行者，便應讀誦其(生前所修)本尊的觀想

ཀྱེ་རིགས་ཀྱི་བུ༔

ཁྱོད་རང་གི་ཡི་དམ་འདི་སྒོམས་ཤིག༔ མ་ཡེངས་ཤིག༔

འདུན་པ་དྲག་པོ་ཡི་དམ་ལ་གཏོད་ཅིག༔ སྣང་ལ་རང་བཞིན་མེད་པ་ཆུ་ནང་གི་ཟླ་བ་ལྟར་སྒོམས་ཤིག༔ གདོས་བཅས་ཅན་དུ་མ་སྒོམས་ཤིག༔

ཅེས་གསལ་གདབ་བོ༔ སྐྱེ་བོ་ཐ་མལ་པ་ཡིན་ན༔ ཇོ་བོ་ཐུགས་རྗེ་ཆེན་པོ་སྒོམས་ཤིག༔ ཅེས་ངོ་སྤྲོད་དེ་ད་ལྟར་ངོ་སྤྲོད་པས་བར་དོ་མི་ཟིན་ངེས་པ་རྣམས་ཀྱང་ཟིན་པར་ཐེ་ཚོམ་མེད་དོ༔ དེ་ཡང་གསོན་པོའི་དུས་དུ་བླ་མས་ངོ་སྤྲོད་ཀྱང་གོམས་འདྲིས་ཆུང་ན་བར་དོར་རང་གིས་གསལ་མི་ཐུབ་པས༔ བླ་མའམ༔ མཆེད་གྲོགས་ཀྱིས་གསལ་འདེབས་དགོས་སོ༔

ཡང་གོམས་འདྲིས་ཡོད་ཀྱང་འཆི་ཁར་ནད་དྲག་པོས་འཁྲུལ་ནས་དྲན་པ་མི་ཟིན་པའི་རིགས་ལ་གདམས་པ་འདི་ཅེས་ཀྱང་དགོས་སོ༔

སྔར་ལམ་ལ་གོམས་འདྲིས་ཡོད་ཀྱང་སྡོམ་པ་ཤོར་བ་དང་རྩ་བའི་དམ་ཚིག་ཉམས་ནས་ངན་སོང་དུ་འགྲོ་བའི་རིགས་ལ་འདི་ཤིན་ཏུ་ནས་ཀྱང་དགོས་སོ༔

བར་དོ་དང་པོ་ལ་ཐེབ་ན་རབ༔

དེ་ལ་མ་ཐེབ་ན་བར་དོ་གཉིས་པ་ལ་གསལ་གདབ་པས་རིག་པ་སད་ནས་གྲོལ་བ་ཡིན༔

儀軌*，並如是提醒：

སྒོམ་ཁོག་དང་མངོན་རྟོགས། 「觀想儀軌」，係經圖登諾布仁波切指導而作譯。他解道：此處係指生起次第的架構，也是一種儀軌及修證。

「善男子(善女人)啊！

要觀修你的本尊，莫讓心馳散。

要一心專注於你的本尊，觀想祂是無有自性的顯相，一如水中月；莫要將祂觀想成實體。」

若(亡者)是一介凡夫，就如是引介：「你要觀修大悲觀世音菩薩！」

經如是引介，無疑地，必能使那些尚未認知中陰的眾生認知中陰。

再者，(那些)在生前曾經領受上師指引卻鮮少熟習(之人)，(他們)在中陰時無法自行認知中陰。因此，上師或同門法友必需加以提醒。

此外，(那些在生前)雖已熟習禪修，臨死時卻因重病而生迷惑，故而無法保任覺知者*，也十分需要此一口訣。

(那些)先前曾於法道熟諳修持，卻因犯戒或退失根本三昧耶戒而將淪入惡道者，也極需(此一口訣)。

དྲན་པ་མི་ཟིན་པ། 譯者嘗見之英譯版多解作「不記得、無法想起」。譯者則解之為「無法保任覺知」——經確傑喇嘛 噶瑪貢措指導，圖登諾布仁波切認可。

(亡者)若能在「第一中陰」*時達成*，是最好的。

若未能如是達成，在「第二中陰」*時，依此提醒而喚醒覺性*，(他也能)因而獲得解脫。

ཡང་བར་དོ་གཉིས་པ་ལ་དག་པའི་སྒྱུ་ལུས་ཞེས་བྱ་བ་ཤིའམ་མ་ཤི་ངོ་མ་ཤེས་པའི་ཤེས་པ་གསལ་ལམ་མེ་བ་ཞིག་འོང༔

དེ་དུས་དེར་གདམས་པ་ཐེབ་ན་ཆོས་ཉིད་མ་བུ་འཕྲད་ནས་ལས་ཀྱིས་ཁ་བསྒྱུར་དུ་མེད་དོ༔

དཔེར་ན་ཉི་མའི་འོད་ཀྱིས་མུན་པ་བཅོམ་པ་བཞིན་དུ༔ ལམ་གྱི་འོད་གསལ་གྱིས་ལས་ཀྱི་ནུས་པ་བཅོམ་ནས་གྲོལ་བ་ཡིན་ནོ༔

- 「第一中陰」即臨死中陰第一階段，法性的本然光明將會現起。此即文中所稱的「第一光明」。

  「第二中陰」即臨死中陰第二階段，在身、心分離之後，法性所顯的光明境相將會現起。此即文中所稱的「第二光明」。

- 此處所謂的「達成」，或可解作「因認知而獲解脫」。

- རིག་པ། 譯者嘗見近期英譯本解之為 *awareness*（覺知）。譯者則認為*awareness*（覺知）一詞涵蓋範圍過廣，例如：凡人皆具的覺知力、修止的覺知，乃至心性的覺知；故而主張此處的 རིག་པ། 應解作「覺性」——經圖登諾布仁波切確認。

再者，在「第二中陰」時，會有所謂的「清淨幻身」*現起——（亡者）不知自己已死與否的神識會變得燦然清晰。

這時，他若能領會此一口訣，法性母子相會，業力便無法左右他。

（這）就如同陽光能除滅黑暗，道的光明也能除滅業力，（亡者）便能獲得解脫。

- 之前，譯者所參閱的藏文版本中，有一部刻作「不淨幻身」，其餘皆作「清淨幻身」。譯者以此請示過數位上師，他們就中陰的法理而論，均採「不淨幻身」——尚未認知中陰而獲解脫的中陰身，自然是不清淨的。

  之後，譯者至康區德格印經院，在請得中陰伏藏法卷的當下，便即翻閱，發現它仍是刻作「清淨幻身」。為此，譯者敦請藏學親教師 確傑喇嘛 噶瑪貢措再作參詳。他幾經反覆讀誦、思量之後解道：在此確實可作「清淨幻身」，因其後的文字描述皆是正向的。此處的「清淨」是一種相對的說法，是相對於之後的中陰身而言「清淨」——這時的中陰身，其粗重的業力尚未顯現，身相也較微細，故名之為「清淨幻身」。

  此一詮解已經師尊們認可。

འཕོ་བ

དེ་ཡང་བར་དོ་གཉིས་པ་ཞེས་བྱ་བ་ནི་ཡིད་ཀྱི་ལུས་སུ་ལམ་གྱི་འཆར་བ་ཡིན་ཏེ༔
ཤེས་པ་སྔར་བཞིན་དུ་ཐོས་ཡུལ་དུ་འཁོར་རོ༔
དེའི་དུས་སུ་གདམས་ངག་འདི་ཐེབ་ན་དོན་འགྲུབ་སྟེ༔
ད་རུང་ལས་ཀྱི་འཁྲུལ་སྣང་མ་ཤར་བས་གང་དུ་ཡང་བསྒྱུར་དུ་གཏུབ་བོ༔

དེ་ལྟར་གཞིའི་འོད་གསལ་ངོ་མ་འཕྲོད་ཀྱང༔ བར་དོ་གཉིས་པའི་འོད་གསལ་ལ་ངོ་འཕྲོད་དེ་གྲོལ་ལོ༔

དེས་ཀྱང་མ་གྲོལ་ན་དེ་ནས་བར་དོ་གསུམ་པ་ཡང་ཟེར༔ ཆོས་ཉིད་ཀྱི་བར་དོ་ཤར་ཏེ་བར་དོ་གསུམ་པ་ལས་ཀྱི་འཁྲུལ་སྣང་བྱ་བ་ཤར་དུ་འོང་བས༔

དེའི་དུས་སུ་ཆོས་ཉིད་བར་དོའི་ངོ་སྤྲོད་ཆེན་མོ་བཀླག་པ་གལ་ཆེ་སྟེ༔ སྟོབས་དང་ཕན་ཡོན་ཤིན་ཏུ་ཆེའོ༔

དེ་ཙ་ན་ཉེ་དུང་གི་ངུ་སྐད་དང་སློ་ཐུགས་བཏོན༔ ཟས་སྐལ་བཅད༔ གོས་བཤུས༔ མལ་ས་ཕྱགས༔ རང་གིས་ཁོང་མཐོང་ཡང་ཁོང་རྣམས་ཀྱིས་རང་མ་མཐོང༔ ཁོང་གིས་རང་ལ་བོས་པ་ཐོས་ཀྱང་རང་གིས་བོས་པ་ཁོང་གིས་མ་ཐོས་པས༔ སྐྱིང་མི་དགའ་ཕྱུད་དེ་འགྲོའོ༔

དེའི་དུས་སུ་སྒྲ་འོད་ཟེར་གསུམ་གྱིས་སྣང་བ་ཤར་ནས་འཇིགས་སྐྲག་སྔངས་གསུམ་གྱིས་བརྒྱལ་ནས་འོང་པས༔

འདིའི་དུས་སུ་ཆོས་ཉིད་བར་དོའི་ངོ་སྤྲོད་ཆེན་མོ་གདབ་པར་བྱ་སྟེ༔ ཚེ་འདས་ཀྱི་མིང་ནས་འབོད་ལ༔ སྒྲ་དག་ལ་གསལ་བས་འདི་སྐད་དུ་བཤད་དོ༔

ཀྱེ་རིགས་ཀྱི་བུ་མ་ཡེངས་པར་འདུན་པ་དྲག་པོས་ཉོན་ཅིག༔

བར་དོ་ནི་རྣམ་པ་དྲུག་ཡིན་ཏེ༔ གང་ཞེ་ན༔

རང་བཞིན་སྐྱེ་གནས་ཀྱི་བར་དོ་དང༔ རྨི་ལམ་གྱི་བར་དོ་དང༔ ཏིང་ངེ་འཛིན་བསམ་གཏན་གྱི་བར་དོ་

再者，這是所謂的「第二中陰」——意生身的境相會頓然現起。
這時，(亡者的)神識一如往昔能聽能聞。
這時，他若能領會此一口訣，引介口訣的目的便已達成。
目前，業的迷惑幻相尚未現起，因此他能將自己導向任一方所。

如此一來，他(之前)雖未能認知「基光明」，(現在，)他仍能因認知「第二中陰光明」而獲解脫。

他若未能依此獲得解脫，其後，所謂的「第三中陰」——法性中陰便會現起。

在「第三中陰」時，業惑的幻相將會現起。因此，在這時(爲亡者)讀誦《法性中陰大引介》是至爲重要的。那會是極爲有力、極有助益的。

這時，他的親友正在哭泣、悲歎，原本屬於他的餐食已停止供給，衣服已被剝下，睡處也已清除。他能看到親人，但親人無法看到他。他能聽到親人在叫喚他，但親人無法聽到他在叫喚。於是，他便鬱悶地走開了。

這時，會有聲、光、光芒三(種)境相現起，(亡者)將因畏懼、驚駭、恐慌而昏迷。

因此，這時應予以《法性中陰大引介》，(故應)呼喚亡者之名，並以正確、清晰的發音而作是言：

「善男子(善女人)啊！ 要以猛厲的決志一心諦聽：

中陰共有六種。是哪些呢？

自然生處中陰、睡夢中陰、三昧禪定中陰、臨死中陰、法性中陰、流

དང༔ འཆི་ཁའི་བར་དོ་དང༔ ཆོས་ཉིད་ཀྱི་བར་དོ་དང༔ ལུགས་འབྱུང་སྲིད་པའི་བར་དོ་དང་དྲུག་གོ༔

ཀྱེ་རིགས་ཀྱི་བུ་ཁྱོད་ལ་ནི་བར་དོ་གསུམ་འབྱུང་སྟེ༔ འཆི་ཁའི་བར་དོ་དང༔ ཆོས་ཉིད་བར་དོ་དང༔ སྲིད་པའི་བར་དོ་དང་གསུམ་འཆར་བ་ལས༔

ཁ་སང་ཕན་ཆད་འཆི་ཁའི་བར་དོ་ལ་ཆོས་ཉིད་འོད་གསལ་ཤར་ཡང་ཁྱོད་ཀྱིས་ངོས་མ་ཟིན་པས༔ འདིར་འཁྱམས་དགོས་བྱུང་བ་ཡིན་ནོ༔

ད་ནི་ཁྱོད་ལ་ཆོས་ཉིད་ཀྱི་བར་དོ་དང༔ སྲིད་པའི་བར་དོ་གཉིས་འབྱུང་སྟེ༔ བདག་གིས་ངོ་སྤྲད་པ་རྣམས་ཁྱོད་རང་མ་ཡེངས་པར་ངོས་ཟིན་པར་གྱིས་ཤིག༔

ཀྱེ་རིགས་ཀྱི་བུ་ད་ནི་འཆི་བ་ཞེས་བྱ་བ་དེ་སླེབས་པ་ཡིན་ནོ༔

འཇིག་རྟེན་འདི་ནས་ཕ་རོལ་ཏུ་འགྲོ་སྟེ༔

ཁྱོད་གཅིག་པུ་མ་ཡིན་ཏེ༔ ཀུན་ལ་འབྱུང་བས་ཚེ་འདི་ལ་ཆགས་པ་དང་ཞེན་པ་མ་བྱེད་ཅིག༔

ཆགས་པ་དང་ཞེན་པ་བྱས་ཀྱང་སྡོད་དབང་ནི་མེད༔ ཁྱོད་རང་འཁོར་བར་འཁྱམས་པ་ལས་མི་འོང༔ མ་ཆགས་ཤིག༔ མ་ཞེན་ཞིག༔ དཀོན་མཆོག་གསུམ་རྗེས་སུ་དྲན་པར་གྱིས་ཤིག༔

ཀྱེ་རིགས་ཀྱི་བུ་ཆོས་ཉིད་བར་དོའི་སྣང་བ་འཇིགས་སྐྲག་ཅི་ལྟར་ཤར་ནས་བྱུང་ཡང་ཁྱོད་རང་ཚིག་འདི་མ་བརྗེད་པར་གྱིས་ལ་ཚིག་དོན་ཡིད་ལ་དྲན་བཞིན་དུ་སོང་ཞིག༔ དེས་ངོ་འཕྲོད་པའི་གནད་ཡོད་དོ༔

轉有中陰*等六種。

善男子(善女人)啊！你將會經歷三種中陰——臨死中陰、法性中陰、投生中陰。

其中，於先前*，臨死中陰的法性光明曾經現起，而你未能認知，故而必須漂泊至此。

現在，你會經歷的是法性中陰和投生中陰。
你要心無散亂地認知我將給予你的引介！」

「流轉有中陰」亦可譯作「投生中陰」。為利讀誦，下文均採後者。

ཁ་སང་ཕན་ཆད། 「於先前」係採意譯，其字面直譯為「直至昨日」。

「善男子(善女人)啊！現在，所謂的死亡已然到來。

會離開這世間的並非只有你一人，人盡皆然。因此，莫要貪戀、執著於此生。

縱使貪戀、執著，也無法住留，你只能漂泊於生死輪迴中。
(因此，)莫要貪戀，莫要執著，要能憶念起三寶啊！」

「善男子(善女人)啊！法性中陰的境相不論顯現得如何恐怖，你都不要忘了這些字詞*，而要將*其詞義憶持於心！那當中有能使你認知的關鍵要點。」

「這些字詞」究何所指？譯者所參英譯，一版似解作「上述的」字詞，另一版則解為「下述的」字詞，也就是以下的祈請文。於此，圖登諾布仁波切解道：於一切的指引，皆不能忘卻啊！

སོང་ཞིག 是一種鼓勵的語氣，相當於白話的「去啊！去啊！」英版譯作「*Go forward…*」。譯者則讓這種鼓勵的意味隱含於譯文中。

ཀྱེ་མ་བདག་ལ་ཆོས་ཉིད་བར་དོ་འཆར་དུས་འདིར༔
ཀུན་ལ་སྤྱངས་སྐྲག་འཇིགས་སྣང་སྤྱངས་བྱས་ནས༔
གང་ཤར་རང་སྣང་རིག་པར་ངོ་ཤེས་འཛུག༔
བར་དོའི་སྣང་ཚུལ་ཡིན་པ་ཤེས་པར་བྱ༔
དོན་ཆེན་འགག་ལ་ཐུག་པའི་དུས་ཚོད་འདིར༔
རང་སྣང་ཞི་ཁྲོའི་ཚོགས་ལ་འཇིགས་མི་བྱ༔

དེ་སྐད་ངག་ནས་ལྷང་ལྷང་བརྗོད་པས་དོན་ཡིད་ལ་དྲན་བཞིན་དུ་སོང་ཞིག༔ དེས་འཇིགས་སྐྲག་གི་སྣང་བ་ཅི་ཤར་ཡང་རང་སྣང་དུ་ངེས་པར་ངོ་འཕྲོད་པའི་གནད་ཡོད་པས་མ་བརྗེད་ཅིག༔

ཀྱེ་རིགས་ཀྱི་བུ་ཁྱོད་ཀྱི་ལུས་དང་སེམས་བྲལ་བའི་དུས་སུ༔ ཆོས་ཉིད་དག་པའི་སྣང་བ་ཕྲ་ལ་དྭངས་པ༔ གསལ་ལ་འཚེར་བ༔ རང་བཞིན་བཀྲག་ལ་ཉམ་ང་བ༔ སོས་ཀའི་ཐང་ལ་སྨིག་རྒྱུ་རྒྱུ་བ་བཞིན་དུ་མེ་རེ་རེ་འཆར་དུ་འོང་ངོ༔

དེ་ལ་མ་འཇིགས་ཤིག༔ མ་སྐྲག་ཅིག༔ མ་སྤྱངས་ཤིག༔
དེ་ནི་ཁྱོད་རང་གི་ཆོས་ཉིད་ཀྱི་རང་མདངས་ཡིན་པས་ངོ་ཤེས་པར་གྱིས་ཤིག༔

嗟夫！法性中陰現起之此時，
於諸怖畏幻境吾當捨，
認知隨現皆性之自顯，
當了彼為中陰之顯境，
值此緊要關鍵之一刻，
無懼自顯靜忿諸聖眾。

「你要朗朗讀誦此(祈請)文，並憶持其義。
這(當中)有能使你確切認知——無論顯現何等恐怖境相，皆是自性顯相——的關要。因此，莫要忘卻啊！」

「善男子(善女人)啊！

在你身心分離之際，法性的清淨顯相微細而明澈，光燦而輝煌；自性鮮明而驚心懾魄，猶如春季*平野蕩蕩悠悠而現的陽焰*。

對此，你莫要畏懼，莫要驚駭，莫要恐慌*。
那是你法性之自現*，因此，你要能認知它！」

- སོས་ཀ 譯者嘗見某些英譯版解作「夏季」，某些則作「春季」。參諸各版藏英辭典，少數解為「夏季」，大多解作「春季」。藏漢辭典：季春夢夏。譯者所就教的師尊們皆說：「春季」。詠給明就仁波切解道：在藏區會話中，སོས་ཀ 大多意指「春季」。

- 「陽焰」者，夏季日照沙灘，反光映成如流水的幻景(藏漢大辭典)。

- 藏典原文在此處連續用了三個不同的動詞:འཇིགས། སྐྲག སྔངས།，均指「害怕」之意。三詞連用，具有加強語氣之效。

- རང་མདངས། 「自現」或「自相」。圖登諾布仁波切解道：此類詞彙不宜演繹成白話，以免窄化其原具的多重意涵。應維持其專有名詞型態，而將詮解權保留給傳講中陰教法的上師。

འོད་ཀྱི་ནང་ནས་ཆོས་ཉིད་ཀྱི་རང་སྒྲ་དྲག་ལ་ལྡིར་ཆེ་བ༔ འབྲུག་སྟོང་དུས་གཅིག་ལ་ལྡིར་བ་ཙམ་དུ་ལྡི་རི་རི་འོང་ངོ༔

དེ་ཡང་ཁྱོད་རང་གི་ཆོས་ཉིད་ཀྱི་རང་སྒྲ་ཡིན་པས་དེ་ལ་མ་འཇིགས་ཤིག༔ མ་སྐྲག་ཅིག༔ མ་སྐྲངས་ཤིག༔

ཁྱོད་ལ་བག་ཆགས་ཡིད་ཀྱི་ལུས་ཞེས་བྱ་བ་ཞིག་ཡོད་ཀྱི༔ གདོས་བཅས་ཤ་ཁྲག་གི་ལུས་ནི་མེད་པས་སྒྲ་འོད་ཟེར་གསུམ་གང་བྱུང་ཡང༔ ཁྱོད་ལ་གནོད་པ་མི་ཡོང་སྟེ༔

ཁྱོད་ལ་འཆི་རྒྱུ་མེད་དོ༔ ཁྱོད་རང་གི་རང་སྣང་དུ་ངོ་ཤེས་པས་ཀྱང་ཆོག་གོ༔
བར་དོ་ཡིན་པར་ཤེས་པར་གྱིས་ཤིག༔

ཀྱེ་རིགས་ཀྱི་བུ༔

ད་ལྟ་རང་སྣང་དུ་ངོ་མ་ཤེས་ན༔ མི་ཡུལ་དུ་བསྒོམ་བསྒྲུབས་ཅི་ལྟར་བྱས་ཀྱང་ད་ལྟའི་གདམས་པ་འདི་དང་མ་འཕྲད་ན༔

འོད་ཀྱིས་འཇིགས་སོ༔ སྒྲས་སྐྲངས་སོ༔ ཟེར་གྱིས་སྐྲག་གོ༔

གདམས་པའི་གནད་འདི་མ་ཤེས་ན༔ སྒྲ་འོད་ཟེར་གསུམ་ངོ་མི་ཤེས་པས་འཁོར་བར་འཁྱམ་མོ༔

ཀྱེ་རིགས་ཀྱི་བུ༔

ཞག་ཕྱེད་དང་བཞིའི་བར་དུ་བརྒྱལ་ནས་འགྲོ་སྟེ༔

「從那光中，會發出法性之自聲——猶如千龍同時哮吼般的隆隆巨響*。

那也是你法性之自聲，因此，莫要對之畏懼、驚駭、恐慌。

> ❀ འབྲུག 原意指「龍」，一般引申為「雷」。因此，亦可譯作「千雷齊發般的隆隆巨響」。

(此際，)你擁有的是所謂的『習氣意生身』，不是實體血肉之軀。
因此，無論出現何種聲、光、光芒，它都無從傷害你，你也不會死亡。

你只需認知為自相*即足矣。
你要知曉這即是中陰！」

> ❀ རང་སྣང་། 「自相」，譯者嘗見之各版譯文多解為「自心的顯相」、「自心的感知」、「自心的投射」……。圖登諾布仁波切解道：此一中陰階段仍屬心性的本智境界，因此不可作「心」解。

「善男子(善女人)啊！

現在，若你不能認知為自相，那麼無論你在人世間從事何種修持，(那時)你若未曾值遇當前此一口訣——

那明光便會令你畏懼，
那聲響便會使你恐慌，
那光芒便會讓你驚駭。

若你未知曉此一口訣關要，便無法認知那聲、光、光芒，也就只有漂泊於輪迴了。」

「善男子(善女人)啊！

三天半*以來，你一直處於昏迷狀態。

བཀྲུལ་སྣང་བ་དང༔ ང་ལ་ཅི་བྱུང་ན་སྣམ་པའི་སྣང་བ་འབྱུང་བས༔
ཁྱོད་ཀྱིས་བར་དོར་ངོ་ཤེས་པར་གྱིས་ཤིག༔
དེའི་ཚེ་འཁོར་བའི་རུ་ལོག་ནས་སྣང་བ་ཐམས་ཅད་འོད་དང་སྐུར་འཆར་རོ༔

ནམ་མཁའ་ཐམས་ཅད་འོད་ཁ་དོག་མཐིང་གར་འཆར་རོ༔
དེའི་དུས་སུ་དབུས་ཕྱོགས་ཐིག་ལེ་གདལ་བའི་ཞིང་ཁམས་ནས་བཅོམ་ལྡན་འདས་རྣམ་པར་སྣང་མཛད་སྐུ་མདོག་དཀར་པོ་སེངྒེའི་ཁྲི་ལ་བཞུགས་པ༔ ཕྱག་ན་འཁོར་ལོ་རྩིབས་བརྒྱད་བསྣམས་པ༔ ཡུམ་ནམ་མཁའི་དབྱིངས་ཕྱུག་མ་དང་ཞལ་སྦྱོར་ནས་རང་ལ་ཤར་དུ་འོང་ངོ༔

རྣམ་པར་ཤེས་པའི་ཕུང་པོ་གནས་སུ་དག་པས་འོད་མཐིང་ག་ཆོས་ཀྱི་དབྱིངས་ཀྱི་ཡེ་ཤེས༔ གསལ་ལ་དྭངས་བ༔ བཀྲག་ལ་འཚེར་བ་ཞིག་རྣམ་པར་སྣང་མཛད་ཡབ་ཡུམ་གྱི་ཐུགས་ཀ་ནས་ཁྱོད་རང་གི་མདུན་དུ་མིག་གིས་མི་བཟོད་པ་ཙམ་དུ་ཟུག་ནས་འོང་ངོ༔

དེ་དང་མཉམ་དུ་ལྷའི་འོད་དཀར་པོ་བཀྲག་མེད་པ་ཞིག་ཀྱང་མདུན་དུ་ཟུང་གཤིབས་སུ་ཟུག་ནས་འོང་ངོ༔

當你醒覺之後，你會想：『我發生了什麼事？』
因此，你要認知這即是中陰！
那時，生死輪迴逆轉，一切的境相都將顯現爲光和身像。

譯者嘗見某些較為早期的英、中譯本將此處的日數誤譯成「四天半」。藏文字義是「減半天的四天」。全文中凡涉及此類日數之處，皆然。

(只見)整個虛空顯現爲湛青色的光。
這時，毗盧遮那佛*從中央的密嚴淨土*對你顯現而來。
其身色白，坐獅子座，手執八輻法輪，與虛空法界自在佛母雙運*。

因識蘊本界清淨之故而現爲天青色*的法界體性智光，將自毗盧遮那佛父佛母心間向你直射而來。

此光清亮瑩澈，光燦輝煌，致使你雙目無以承受。

「毗盧遮那佛」係梵文音譯，中土習稱「大日如來」。

毗盧遮那佛的淨土在此所用名稱，其字面意義為「明點周遍」。一般常見的則是「密嚴淨土」སྟུག་པོ་བཀོད་པའི་ཞིང་ཁམས། ，如本典後文所述。

佛父佛母雙運相是一種內義的表徵。主要在於表徵法性或心性本具的功德本是雙融不二的。例如：佛父表徵一切萬法的顯現，佛母表徵一切萬法的自性為空性；佛父佛母雙運即表徵顯、空不二。於樂、空不二，明、空不二，真、俗不二，智慧、方便不二……而言，佛父表徵的是大樂、明性、世俗諦，方便……，佛母表徵的是空性、勝義諦、智慧……。

མཐིང་ག 係「天青」色。詠給明就仁波切描述道：「那是一種飽和的天青色，一如西藏或美國加州的天空。」

與此智光同時現起的是天道不明燦的白光，它與智光並行，亦朝你直射而來。

དེའི་དུས་སུ་ཁྱོད་ལས་ངན་གྱི་དབང་གིས་འོད་མཐིང་ག་བཀྲག་དང་ལྡན་པ་ཆོས་ཀྱི་དབྱིངས་ཀྱི་ཡེ་ཤེས་དེ་ལ་འཇིགས་པ་དང་སྐྲག་པ་སྐྱེས་ནས་བྲོས་ཤིང༔ ལྷའི་འོད་དཀར་པོ་བཀྲག་མེད་དེ་ལ་ཁྱོད་དགའ་བའི་འདུ་ཤེས་སྐྱེས་ནས་འོང་གི༔ དེ་ཙ་ན་ཁྱོད་འོད་མཐིང་ཁ་གསལ་ལ་འཚེར་བ༔ དྭངས་ལ་བཀྲག་ཆེ་བ་མཆོག་གི་ཡེ་ཤེས་འོད་གསལ་བ་དེ་ལ་མ་དངངས་ཤིག༔ མ་སྐྲག་ཅིག༔ དེ་བཞིན་གཤེགས་པའི་འོད་ཟེར་ཆོས་ཀྱི་དབྱིངས་ཀྱི་ཡེ་ཤེས་ཞེས་བྱ་བ་ཡིན་གྱི༔

དེ་ལ་དད་པ་དང་མོས་པ་དྲུང་དྲུང་གྱིས་ཤིག༔ བཅོམ་ལྡན་འདས་རྣམ་པར་སྣང་མཛད་ཀྱི་ཐུགས་རྗེའི་འོད་ཟེར་ཡིན་ནོ་སྙམ་པ་གྱིས་ལ་གསོལ་བ་ཐོབ་ཅིག༔ དེ་ནི་བཅོམ་ལྡན་འདས་རྣམ་པར་སྣང་མཛད་ཀྱིས་ཁྱོད་བར་དོའི་འཕྲང་ལ་བསུ་བ་ལ་འོང་བ་ཡིན་ནོ༔ རྣམ་པ་སྣང་མཛད་ཀྱི་ཐུགས་རྗེའི་འོད་ཟེར་ཡིན་ནོ༔ ལྷའི་འོད་དཀར་པོ་བཀྲག་མེད་དེ་ལ་དགའ་བར་མ་བྱེད་ཅིག༔ མ་ཆགས་ཤིག༔ མ་ཞེན་ཅིག༔ དེ་ལ་ཆགས་ན་ལྷའི་གནས་སུ་འཁྱམས་ཏེ་རིགས་དྲུག་ཏུ་འཁོར་རོ༔ ཐར་པའི་ལམ་འགགས་པའི་བར་ཆད་ཡིན་པས་དེ་ལ་མིག་གིས་མ་བལྟ་བར༔ འོད་མཐིང་ཁ་བཀྲག་མདངས་ཅན་དེ་ལ་མོས་པ་གྱིས་ལ་རྣམ་པར་སྣང་མཛད་ལ་འདུན་པ་དྲག་པོ་གཏོད་ལ་སྨོན་ལམ་འདི་སྐད་བདག་གི་ལད་མོ་གྱིས་ལ་གསོལ་བ་ཐོབ་ཅིག༔

ཀྱེ་མ་གཏི་མུག་དྲག་པོས་འཁོར་བར་འཁྱམས་པའི་ཚེ༔
ཆོས་དབྱིངས་ཡེ་ཤེས་གསལ་བའི་འོད་ལམ་ལ༔
བཅོམ་ལྡན་རྣམ་པར་སྣང་མཛད་ལམ་སྣ་དྲོངས༔
ཡུམ་མཆོག་དབྱིངས་ཕྱུག་མ་ཡིས་རྒྱབ་ནས་སྐྱོར༔
བར་དོ་འཇིགས་པའི་འཕྲང་ལས་བསྒྲལ་དུ་གསོལ༔
ཡང་དག་རྫོགས་པའི་སངས་རྒྱས་ས་རུ་སྐྱོལ༔

ཞེས་མོས་གུས་དྲག་པོས་སྨོན་ལམ་དེ་སྐད་བཏབ་པས༔ རྣམ་པར་སྣང་མཛད་ཡབ་ཡུམ་གྱི་ཐུགས་ཀར་འཇའ་འོད་དུ་ཐིམ་ནས༔ དབུས་ཕྱོགས་སྟུག་པོ་བཀོད་པའི་ཞིང་དུ་ལོངས་སྤྱོད་རྫོགས་པའི་ཚུལ་དུ་སངས་རྒྱས་པར་འགྱུར་རོ༔

這時，因惡業力故，你會對那明燦的天青色法界智光心生畏懼而逃離，卻對那天道不明燦的白光心生愛樂。

這時，對那清亮輝煌、瑩澈光燦的天青色勝妙智光，你莫要恐慌，莫要驚駭。(因爲)那是名爲法界體性智的佛光。

對此，你要生起殷切的信心、虔敬。『**那是毗盧遮那佛的大悲光芒。**』以此念想而爲祈請。

那是毗盧遮那佛前來中陰險道迎接你。
那是毗盧遮那佛的大悲光芒啊！

切莫喜愛那天道不明燦的白光，莫要貪戀，莫要執著*。
若貪戀之，你便會漂泊至天道而流轉於六道。

*「切莫喜愛那天道不明燦的白光，莫要貪戀，莫要執著。」在另版藏典中，還多了一句「那是由你強烈的愚癡所積成的業習引迎道」。

那是阻斷解脱道的障礙，因此切莫看那白光而要信受明燦的天青色光；專注一心於毗盧遮那佛而隨我複誦此祈請文：

嗟夫！猛烈愚癡漂泊輪迴時，
祈於法界性智光明道，
毗盧遮那佛於前引路，
虛空自在母於後支援，
救度我於中有驚險道，
護送臻達正等覺佛地。」

以如是猛厲的虔敬心祈願故，(亡者)便會融入毗盧遮那佛父佛母心間的虹光中，於中央密嚴淨土，依報身(之道)而成佛。

ཡང་གལ་ཏེ་རོ་སྦྲིད་ཀྱང་ཞེ་སྡང་དང་སྡིག་སྒྲིབ་ཀྱི་སྐྱོན་གྱིས་འོད་དང་ཟེར་ལ་སྐྲག་ནས་བྲོས་ཏེ༔

སྨོན་ལམ་བཏབ་ཀྱང་ཡང་འཁྲུལ་ནས༔
ཞག་གཉིས་པ་ལ་རྡོ་རྗེ་སེམས་དཔའི་ལྷ་ཚོགས་དང༔ དམྱལ་བའི་འོད་ལམ་གཉིས་ཀྱིས་བསུ་བ་ལ་འོང་སྟེ༔ ཡང་རོ་སྦྲིད་པ་ནི༔ ཚེ་འདས་ཀྱི་མིང་ནས་འབོད་ལ་འདི་སྐད་དོ༔

ཀྱེ་རིགས་ཀྱི་བུ་མ་ཡེངས་པར་ཉོན་ཅིག༔

ཞག་གཉིས་པ་ལ་འབྱུང་བ་ཆུ་རྣམ་པར་དག་པའི་འོད་དཀར་པོ་འཆར་རོ༔
དེའི་དུས་སུ་ཤར་ཕྱོགས་མངོན་པར་དགའ་བའི་ཞིང་ཁམས་མཐིང་ག་ནས༔
བཅོམ་ལྡན་འདས་རྡོ་རྗེ་སེམས་དཔའ་མི་བསྐྱོད་པ་སྐུ་མདོག་མཐིང་ག་ཕྱག་ན་རྡོ་རྗེ་རྩེ་ལྔ་པ་བསྣམས་པ༔ གླང་པོ་ཆེའི་གདན་ལ་བཞུགས་པ༔ ཡུམ་སངས་རྒྱས་སྤྱན་མ་དང་ཞལ་སྦྱོར་ནས་ཤར་དུ་འོང་ངོ༔ བྱང་ཆུབ་སེམས་དཔའ་སའི་སྙིང་པོ་དང་བྱམས་པ་མཻ་ཏྲི་གཉིས་ལ་སེམས་མ་ལཱ་སེ་མ་དང་པུཥྤེ་མ་གཉིས་ཀྱིས་བསྐོར་ནས༔ སངས་རྒྱས་ཀྱི་སྐུ་དྲུག་ཏུ་འཆར་ནས་འོང་ངོ༔

གཟུགས་ཀྱི་ཕུང་པོ་གནས་སུ་དག་པ་འོད་དཀར་པོ་མེ་ལོང་ལྟ་བུའི་ཡེ་ཤེས་དཀར་ལ་འཚེར་བ༔ གསལ་ལ་དྭངས་པ་ཞིག་རྡོ་རྗེ་སེམས་དཔའ་ཡབ་ཡུམ་གྱི་ཐུགས་ཀ་ནས༔

ཁྱོད་རང་གི་མདུན་དུ་མིག་གིས་བལྟ་མི་བཟོད་པ་ཙམ་དུ་ཟུག་ནས་འོང་ངོ༔
དེ་དང་མཉམ་དུ་དམྱལ་བའི་འོད་དུད་ཁ་བཀྲག་མེད་པ་ཞིག་ཀྱང་མདུན་དུ་ཡེ་ཤེས་ཀྱི་འོད་དང་གཤིབས་མར་ཟུག་ནས་འོང་ངོ༔

དེའི་དུས་སུ་ཁྱོད་ཞེ་སྡང་གི་དབང་གིས་འོད་དཀར་པོ་བཀྲག་དང་ལྡན་པ་དེ་ལ༔ འཇིགས་པ་དང་སྐྲག་པ་སྐྱེས་ནས་བྲོས་ཤིང་དམྱལ་བའི་འོད་དུད་ཁ་བཀྲག་མེད་དེ་ལ་ཁྱོད་དགའ་བའི་འདུ་ཤེས་སྐྱེས་ནས་འོང་གི༔

然而，若經引介，(亡者)仍因瞋恚、罪障之過患而畏懼、逃離那(智)光、光芒。

雖經祈願，依然迷惘；
則於第二日，金剛薩埵聖眾與地獄光道便會前來迎接(亡者)。

(爲了)再度引介，應呼喚亡者之名，並作是言：

「善男子(善女人)啊！一心諦聽。

在第二日，清淨水大的白光將會現起。
這時，金剛薩埵—不動佛將從東方的天青色現喜淨土顯現而來。
其身天青色，手執五股金剛杵，坐於象座，與佛眼佛母雙運；
爲(其聖眷)地藏、彌勒二菩薩及嬉女、花女二女菩薩所環繞。
(如是)六佛身相(齊)顯而來。

色蘊本界清淨之大圓鏡智白光，將自金剛薩埵佛父佛母心間向你直射而來。

其光白瑩明澈，光燦輝煌，致使你雙目無以承受。
與此智光同時現起的是地獄道不明燦的煙色*之光，它與智光並行，亦朝你直射而來。

* དུད་ཁ「煙色」，究何所指？藏漢大辭典：栗色，深赭色。或解作「煙燻栗色」。

譯者於研參時，想起這在施身法、頗瓦法的脈輪圖中，皆作「深灰色」。為求確認，便以此先後就教於確傑喇嘛　噶瑪貢措和詠給明就仁波切。二師所示物色也均為較深的灰色。

這時，因瞋恚力故，你會對那明燦的大圓鏡智白光心生畏懼而逃離，卻對那地獄道不明燦的煙色之光心生愛樂。

དེ་ཙ་ན་ཁྱོད་འོད་དཀར་པོ་བཀྲག་ལ་འཚེར་བ་གསལ་ལ་དྭངས་པ་དེ་ལ་མ་འཛིགས་བར་ཡེ་ཤེས་སུ་ངོ་ཤེས་པར་གྱིས་ཤིག༔ དེ་ལ་དད་པ་དང་མོས་པ་དུང་དུང་གྱིས་ཤིག༔ བཅོམ་ལྡན་འདས་རྡོ་རྗེ་སེམས་དཔའི་ཐུགས་རྗེའི་འོད་ཟེར་ཡིན་ནོ༔ སྐྱབས་སུ་མཆིའོ་སྙམ་པའི་མོས་པ་གྱིས་ལ་གསོལ་བ་ཐོབ་ཅིག༔

དེ་ནས་བཅོམ་ལྡན་འདས་རྡོ་རྗེ་སེམས་དཔས་ཁྱོད་བར་དོའི་འཇིགས་སྐྲག་ལ་བསུ་བ་ལ་འོང་བ་ཡིན་ནོ༔ རྡོ་རྗེ་སེམས་དཔའི་ཐུགས་རྗེའི་འོད་ཟེར་གྱི་ལྕགས་ཀྱུ་ཡིན་པས་མོས་པ་གྱིས་ཤིག༔ དམྱལ་བའི་འོད་དུད་ཁ་བཀྲག་མེད་དེ་ལ་དགའ་བར་མ་བྱེད་ཅིག༔ དེ་ཁྱོད་ཀྱི་ཞེ་སྡང་དྲག་པོས་བསགས་པའི་སྡིག་སྒྲིབ་ཀྱི་བསུ་མའི་ལམ་ཡིན་ནོ༔

དེ་ལ་ཆགས་ན་ཁྱོད་དམྱལ་བའི་གནས་སུ་ལྷུང་སྟེ༔ སྡུག་བསྔལ་སྲན་མི་བཟོད་པའི་འདམ་དུ་ཚུད་དེ་ཐོན་པའི་དུས་མི་འབྱུང་ངོ༔ དེ་ཐར་པའི་ལམ་བགག་པའི་བར་ཆད་ཡིན་པས༔ དེ་ལ་མིག་གིས་མ་བལྟ་བར་ཞེ་སྡང་སྤོངས་ཤིག༔ དེ་ལ་མ་ཆགས་ཤིག༔ མ་ཞེན་ཅིག༔ འོད་དཀར་པོ་གསལ་ལ་འཚེར་བ་དེ་ལ་མོས་པ་གྱིས་ལ༔ བཅོམ་ལྡན་འདས་རྡོ་རྗེ་སེམས་དཔའ་ལ་འདུན་པ་དྲག་པོ་གཏོད་ལ་སྨོན་ལམ་འདི་སྐད་དུ་ཐོབ་ཅིག༔

ཀྱེ་མ་ཞེ་སྡང་དྲག་པོས་འཁོར་བར་འཁྱམས་པའི་ཚེ༔
མེ་ལོང་ཡེ་ཤེས་གསལ་བའི་འོད་ལམ་ལ༔
བཅོམ་ལྡན་རྡོ་རྗེ་སེམས་དཔས་ལམ་སྣ་དྲོངས༔
ཡུམ་མཆོག་སངས་རྒྱས་སྤྱན་མས་རྒྱབ་ནས་བསྐྱོར༔
བར་དོ་འཇིགས་པའི་འཕྲང་ལས་བསྒྲལ་དུ་གསོལ༔
ཡང་དག་རྫོགས་པའི་སངས་རྒྱས་ས་རུ་སྐྱོལ༔

ཞེས་མོས་གུས་དྲག་པོས་སྨོན་ལམ་དེ་སྐད་བཏབ་པས༔ བཅོམ་ལྡན་འདས་རྡོ་རྗེ་སེམས་དཔའི་ཐུགས་ཀར་འཇའ་འོད་དུ་ཐིམ་ནས༔ ཤར་ཕྱོགས་མངོན་པ་དགའ་བའི་ཞིང་དུ་ལོངས་སྤྱོད་རྫོགས་པའི་སྐུར་སངས་རྒྱས་པར་འགྱུར་རོ༔

這時，你切莫畏懼那光燦輝煌、清亮瑩澈的白光，要認知它即是本智。

對此，你要生起殷切的信心、虔敬。心想：『**那是金剛薩埵的大悲光芒。我要皈依它！**』以此信受而爲祈請。

那是金剛薩埵前來迎接你於中陰之怖畏。
那是金剛薩埵的大悲光鈎，因此，你要信受！

切莫喜愛那地獄道不明燦的煙色之光，那是由你強烈的瞋恚所積成的罪障引迎道。

若貪戀之，你便會墮入地獄道；落入那無以忍受的痛苦泥淖中而出脫無期。

那是阻斷解脫道的障礙，因此切莫看那煙色之光，要捨離瞋恚。

對之，莫要貪戀，莫要執著。

你要信受那明燦的白光，專注一心於金剛薩埵而念誦此祈請文：

嗟夫！猛烈瞋恚漂泊輪迴時，
祈於大圓鏡智光明道，
金剛薩埵佛於前引路，
佛眼佛母尊於後支援，
救度我於中有驚險道，
護送臻達正等覺佛地。」

以如是猛厲的虔敬心祈願故，(亡者)便會融入金剛薩埵佛心間的虹光中，於東方現喜淨土，依報身(之道)而成佛。

ཡང་དེ་ལྟར་དུ་ངོ་སྤྲོད་ཀྱང༔ ང་རྒྱལ་དང་སྡིག་སྒྲིབ་ཆེ་བའི་གང་ཟག་ལ་ལ་ཐུགས་རྗེའི་འོད་ཟེར་གྱི་ལྕགས་ཀྱུ་ལ་འཇིགས་ཏེ་བྲོས་པས༔ ཡང་ཞག་གསུམ་པ་ལ་བཅོམ་ལྡན་འདས་རིན་ཆེན་འབྱུང་ལྡན་གྱི་ལྷ་ཚོགས་དང༔ མིའི་འོད་ལམ་གཉིས་ཀྱིས་བསུ་བ་ལ་འོང་སྟེ༔ ཡང་ངོ་སྤྲོད་པ་ནི༔ ཚེ་འདས་ཀྱི་མིང་ནས་བོས་ལ་འདི་སྐད་དོ༔

ཀྱེ་རིགས་ཀྱི་བུ་མ་ཡེངས་པར་ཉོན་ཅིག༔ ཞག་གསུམ་པ་ལ་འབྱུང་བ་ས་རྣམ་པར་དག་པའི་འོད་སེར་པོ་འཆར་རོ༔ དེའི་དུས་སུ་ལྷོ་ཕྱོགས་དཔལ་དང་ལྡན་པའི་ཞིང་ཁམས་སེར་པོ་ནས་བཅོམ་ལྡན་འདས་རིན་ཆེན་འབྱུང་ལྡན་སྐུ་མདོག་སེར་པོ་ཕྱག་ན་ནོར་བུ་རིན་པོ་ཆེ་བསྣམས་པ༔ རྟ་མཆོག་གི་གདན་ལ་བཞུགས་ནས་ཡུམ་མཆོག་མཱ་མ་ཀཱི་དང་ཞལ་སྦྱོར་ནས་རང་ལ་འཆར་དུ་འོང་ངོ༔ བྱང་ཆུབ་སེམས་དཔའ་ནམ་མཁའི་སྙིང་པོ་དང༔ ཀུན་ཏུ་བཟང་པོ་གཉིས་ལ༔ སེམས་མ་མཱ་ལེ་མ་དང༔ དྷཱུ་པེ་མ་གཉིས་ཀྱིས་བསྐོར་ནས༔ འཇའ་དང་ཟེར་དང་འོད་ཀྱི་ཀློང་ནས་སངས་རྒྱས་ཀྱི་སྐུ་དྲུག་ཏུ་འཆར་ནས་འོང་ངོ༔

ཚོར་བའི་ཕུང་པོ་དབྱིངས་སུ་དག་པ་འོད་སེར་པོ་མཉམ་པ་ཉིད་ཀྱི་ཡེ་ཤེས་སེར་ལ་འཚེར་བ༔ ཐིག་ལེ་དང་ཐིག་ཕྲན་གྱིས་བརྒྱན་པ་གསལ་ལ་དྭངས་པ་མིག་གིས་མི་བཟོད་པ་ཞིག་རིན་ཆེན་འབྱུང་ལྡན་ཡབ་ཡུམ་གྱི་ཐུགས་ཀ་ནས་ཁྱོད་རང་གི་མདུན་དུ་སྙིང་གི་ཐད་ཀར་མིག་གིས་བལྟ་མི་བཟོད་པ་ཙམ་དུ་ཟུག་ནས་འོང་ངོ༔ དེ་དང་མཉམ་དུ་མིའི་འོད་སྔོན་པོ་བཀྲག་མེད་ཅིག་ཀྱང་ཡེ་ཤེས་ཀྱི་འོད་དང་གཤིབས་ནས་མར་ཁྱོད་རང་གི་སྙིང་ཁར་ཟུག་ནས་འོང་ངོ༔

དེའི་དུས་སུ་ཁྱོད་རང་ང་རྒྱལ་གྱི་དབང་གིས་འོད་སེར་པོ་བཀྲག་མདངས་ཅན་དེ་ལ༔ འཇིགས་སྐྲག་སྐྱེས་ནས་བྲོས་སུ་འོང་ཞིང༔ མིའི་འོད་སྔོན་པོ་བཀྲག་མེད་དེ་ལ་ཁྱོད་དགའ་དང་ཆགས་སེམས་སྐྱེས་ནས་འོང་གི༔ དེ་ཙམ་ན་ཁྱོད་འོད་སེར་པོ་གསལ་ལ་དྭངས་པ༔ བཀྲག་ལ་འཚེར་བ་དེ་ལ་མ་འཇིགས་པར་ཡེ་ཤེས་སུ་ངོ་ཤེས་པར་གྱིས་ཤིག༔

དེའི་ཐོག་ཏུ་རིག་པ་བྱར་མེད་ཀྱི་ངང་ལ་ལྷོད་དེ་ཞོག་ཅིག༔ ཡང་ན་དེ་ལ་དད་པ་དང་མོས་པ་དུང་དུང་གྱིས་ཤིག༔

雖經如是引介，某些我慢及罪障深重之人，依然會對大悲光鉤感到畏懼而逃離。

於是，在第三日，寶生佛聖眾和人道之光道便會前來迎接(亡者)。
(為了)再度引介，應呼喚亡者之名，並作是言：

「善男子(善女人)啊！一心諦聽。

在第三日，清淨地大的黃光將會現起。
這時，寶生佛將從南方的黃色具德佛土對你顯現而來。
其身色黃，手持如意寶，坐勝馬座，與瑪瑪基佛母雙運；
為(其聖眷)虛空藏、普賢二菩薩及鬘女、香女二女菩薩所環繞。
(如是)六佛身相(齊)自虹光光明界中現起而來。

受蘊本界清淨之平等性智黃光，將自寶生如來佛父佛母心間向你心口直射而來。

其光黃澄明亮，飾有明點和小明點，光燦輝煌，致使你雙目無以承受。

與此智光同時現起的是人道不明燦的藍光，它與智光並行，亦朝你心口直射而來。

這時，因我慢力故，你對會那明燦的黃光心生畏懼而逃離，卻對那人道不明燦的藍光心生愛樂與貪著。

這時，你切莫畏懼那清亮瑩澈、光燦輝煌的黃光，要認知它即是本智。

(讓)覺性無造作、放鬆地安住於其上；或者是對那智光生起殷切的信心與虔敬。

ཁྱོད་རང་གི་རིག་པའི་རང་མདངས་སུ་ངོ་ཤེས་ན་ནི༔ མོས་གུས་མ་བྱས་སྨོན་ལམ་མ་བཏབ་ཀྱང་སྐུ་དང་འོད་ཟེར་ཐམས་ཅད་ཁྱོད་རང་དང་དབྱེར་མེད་དུ་ཐིམ་ནས་སངས་རྒྱས་པར་འགྱུར་རོ༔

རང་གི་རིག་པའི་རང་མདངས་སུ་ངོ་མ་ཤེས་ན་ནི༔ བཅོམ་ལྡན་འདས་རིན་ཆེན་འབྱུང་ལྡན་གྱི་ཐུགས་རྗེའི་འོད་ཟེར་ཡིན་ནོ་སྙམ་སུ་མཆིའོ༔ སྙམ་པའི་མོས་གུས་ཀྱིས་ལ་གསོལ་བ་ཐོབ་ཅིག༔ དེ་ནི་བཅོམ་ལྡན་འདས་རིན་ཆེན་འབྱུང་ལྡན་གྱི་ཐུགས་རྗེའི་འོད་ཟེར་གྱི་ལྕགས་ཀྱུ་ཡིན་པས་མོས་པ་གྱིས་ཤིག༔ མིའི་འོད་སྔོན་པོ་བཀྲག་མེད་དེ་ལ་དགའ་བར་མ་བྱེད་ཅིག༔ དེ་ཁྱོད་ཀྱི་ང་རྒྱལ་དྲག་པོས་བསགས་པའི་བག་ཆགས་ཀྱི་བསུ་མའི་འོད་ལམ་ཡིན་ནོ༔ དེ་ལ་ཆགས་ན་མིའི་གནས་སུ་ལྷུང་ནས་སྐྱེ་རྒ་ན་འཆིའི་སྡུག་བསྔལ་མྱོང་ཤིང་འཁོར་བའི་གནས་ནས་ཐར་པའི་དུས་མི་འབྱུང་སྟེ༔ ཐར་པའི་ལམ་འགགས་པའི་བར་ཆད་ཡིན་པས་མིག་གིས་མ་བལྟ་བར་ང་རྒྱལ་སྤོངས་ཤིག༔ བག་ཆགས་སྤོངས་ཤིག༔ དེ་ལ་མ་ཆགས་ཤིག༔ མ་ཞེན་ཅིག༔ འོད་སེར་པོ་གསལ་ལ་འཚེར་བ་དེ་ལ་མོས་པ་གྱིས་ལ་བཅོམ་ལྡན་འདས་རིན་ཆེན་འབྱུང་ལྡན་ལ་འདུན་པ་རྩེ་གཅིག་ཏུ་གཏོད་ལ་སྨོན་ལམ་འདི་སྐད་དུ་ཐོབ་ཅིག༔

ཀྱེ་མ་ང་རྒྱལ་དྲག་པོས་འཁོར་བར་འཁྱམས་པའི་ཚེ༔
མཉམ་ཉིད་ཡེ་ཤེས་གསལ་བའི་འོད་ལམ་ལ༔
བཅོམ་ལྡན་རིན་ཆེན་འབྱུང་ལྡན་ལམ་སྣ་དྲོངས༔
ཡུམ་མཆོག་མ་མ་ཀཱི་ཡིས་རྒྱབ་ནས་སྐྱོར༔
བར་དོ་འཇིགས་པའི་འཕྲང་ལས་བསྒྲལ་དུ་གསོལ༔
ཡང་དག་རྫོགས་པའི་སངས་རྒྱས་ས་རུ་སྐྱོལ༔

དེ་སྐད་མོས་གུས་དྲག་པོས་སྨོན་ལམ་བཏབ་པས༔ བཅོམ་ལྡན་འདས་རིན་ཆེན་འབྱུང་ལྡན་ཡབ་ཡུམ་གྱི་ཐུགས་ཀར་འཇའ་འོད་དུ་ཐིམ་ནས་ལྷོ་ཕྱོགས་དཔལ་དང་ལྡན་པའི་ཞིང་ཁམས་སུ་ལོངས་སྤྱོད་རྫོགས་པའི་སྐུར་སངས་རྒྱས་པར་འགྱུར་རོ༔

若你能認知它是你本覺之自現；即使你(對之)不生虔敬、不作祈願，一切的身像、光、光芒都將與你融合無二，你便即成佛。

若你無法認知它是你本覺之自現，就想：『**那是寶生佛的大悲光芒。我要皈依它！**』以此敬信而爲祈請。
那是寶生佛的大悲光鉤，因此，你要信受！

切莫喜愛那人道不明燦的藍光，
那是由你強烈的我慢所積成的業習引迎光道。

若貪戀之，你便會墮入人道，經歷生、老、病、死之苦，(住於)輪迴界而解脫無期。

那是阻斷解脫道的障礙，因此切莫看那藍光，要捨離我慢、捨離業習。

對之，莫要貪戀，莫要執著。
你要信受那明燦的黃光，專注一心於寶生佛而念誦此祈請文：

嗟夫！猛烈我慢漂泊輪迴時，
祈於平等性智光明道，
寶生如來佛於前引路，
瑪瑪基佛母於後支援，
救度我於中有驚險道，
護送臻達正等覺佛地。」

以如是猛厲的虔敬心祈願故，(亡者)便會融入寶生如來佛父佛母心間的虹光中，於南方具德佛土，依報身(之道)而成佛。

經如是引介，不論(亡者)的根器有多低劣；無疑地，必能獲得解脫。

དེ་ལྟར་དུ་ངོ་སྤྲོད་པས་དབང་པོ་ཅི་ལྟར་ཞན་ཡང་གྲོལ་བར་ཐེ་ཚོམ་མེད་དོ༔ ཡང་དེ་ལྟར་ལན་མང་དུ་ངོ་སྤྲོད་ཀྱང་མི་སྡིག་པོ་ཆེ་ལ་སོགས་པ་དང༔ དམ་ཚིག་ཉམས་པ་ལ་སོགས་པའི་སྐལ་ཆད་ཀྱི་རིགས་ལ་ད་རུང་ཡང་ངོ་མི་འཕྲོད་པའི་རིགས་འོང་སྟེ༔

འདོད་ཆགས་དང་སྡིག་སྒྲིབ་ཀྱིས་བསྒྱིད་ནས་སྣ་འོད་ལ་འཇིགས་ཏེ་བྲོས་པས༔ ཡང་ཞག་བཞི་པ་ལ་ བཅོམ་ལྡན་འདས་སྣང་བ་མཐའ་ཡས་ཀྱི་ལྷ་ཚོགས་དང༔ འདོད་ཆགས་དང་སེར་སྣ་ལས་གྲུབ་པའི་ཡི་དྭགས་ཀྱི་འོད་ལམ་གཉིས་ཀྱིས་བསུ་བ་ལ་འོང་སྟེ༔ ཡང་ངོ་སྤྲོད་པ་ནི༔ ཚེ་འདས་ཀྱི་མིང་ནས་འབོད་ལ་འདི་སྐད་དོ༔

ཀྱེ་རིགས་ཀྱི་བུ་མ་ཡེངས་པར་ཉོན་ཅིག༔ ཞག་བཞི་པ་ལ་འབྱུང་བ་མེ་རྣམ་པར་དག་པའི་འོད་དམར་པོ་འཆར་རོ༔ དེའི་དུས་སུ་ནུབ་ཕྱོགས་བདེ་བ་ཅན་གྱི་ཞིང་ཁམས་དམར་པོ་ནས་བཅོམ་ལྡན་འདས་སྣང་བ་མཐའ་ཡས་སྐུ་མདོག་དམར་པོ༔ ཕྱག་ན་པདྨ་བསྣམས་པ༔ རྨ་བྱའི་གདན་ལ་བཞུགས་པ༔ ཡུམ་མཆོག་གོས་དཀར་མོ་དང་ཞལ་སྦྱོར་ནས་རང་ལ་འཆར་དུ་འོང་ངོ༔ བྱང་ཆུབ་སེམས་དཔའ་སྤྱན་རས་གཟིགས་དང་འཇམ་དཔལ་གཉིས་ལ༔ སེམས་མ་གཱི་ཏཱ་མ་དང༔ ཨཱ་ལོ་ཀེ་གཉིས་ཀྱིས་བསྐོར་ནས་འཇའ་འོད་ཀྱི་ཀློང་ནས་སངས་རྒྱས་ཀྱི་སྐུ་དྲུག་ཏུ་འཆར་ནས་འོང་ངོ༔ འདུ་ཤེས་ཀྱི་ཕུང་པོ་གནས་སུ་དག་པ་འོད་དམར་པོ་སོ་སོར་རྟོག་པའི་ཡེ་ཤེས་དམར་ལ་འཚེར་བ༔ ཐིག་ལེ་དང་ཐིག་ཕྲན་གྱིས་སྤྲས་པ༔ གསལ་ལ་དྭངས་པ༔ བཀྲག་ལ་འཚེར་བ་གཅིག༔ སྣང་བ་མཐའ་ཡས་ཡབ་ཡུམ་གྱི་ཐུགས་ཀ་ནས་ཁྱོད་རང་གི་སྙིང་གི་ཐད་ཀར༔ མིག་གིས་མི་བཟོད་པ་ཙམ་དུ་ཟུག་ནས་འོང་ངོ༔ དེ་ལ་མ་འཇིགས་ཤིག༔ དེ་དང་མཉམ་དུ་ཡི་དྭགས་ཀྱི་འོད་སེར་པོ་བཀྲག་མེད་པ་ཞིག་ཀྱང༔ ཡེ་ཤེས་ཀྱི་འོད་དང་གཤིབས་ནས་མར་འཆར་དུ་འོང་བས་དེ་ལ་མི་དགའ་བར་གྱིས་ཤིག༔ ཆགས་ཞེན་སྤོངས་ཤིག༔

དེའི་དུས་སུ་འདོད་ཆགས་དྲག་པོའི་དབང་གིས་འོད་དམར་པོ་བཀྲག་མདངས་ཅན་དེ་ལ་སྐྲག་པ་སྐྱེས་ནས་བྲོས་སུ་འོང་ཞིང༔ ཡི་དྭགས་ཀྱི་འོད་སེར་པོ་བཀྲག་མེད་དེ་ལ་ཁྱོད་དགའ་བ་དང་ཆགས་སེམས་སྐྱེས་ནས་འོང་གི༔ དེ་ཙ་ན་ཁྱོད་འོད་དམར་པོ་བཀྲག་ལ་འཚེར་བ་གསལ་ལ་དྭངས་པ་དེ་ལ་མ་འཇིགས་པར་ཡེ་ཤེས་སུ་ངོ་ཤེས་པར་གྱིས་ཤིག༔

然而，雖經如是多次引介，那些罪業深重或退失三昧耶戒等不具福份之人依然無法認知。

他們被貪慾、罪障所干擾，便會畏懼那聲、光而逃離。

於是，在第四日，阿彌陀佛聖眾和貪慾、慳吝所感之餓鬼光道便會前來迎接(亡者)。

(為了)再度引介，應呼喚亡者之名，並作是言：

「善男子(善女人)啊！一心諦聽。

在第四日，清淨火大的紅光將會現起。
這時，阿彌陀佛將從西方的紅色極樂淨土對你顯現而來。
其身色紅，手持蓮花，坐孔雀座，與白衣佛母雙運；
為(其聖眷)觀音、文殊二菩薩及歌女、燈女二女菩薩所環繞。
(如是)六佛身相齊自虹光光明界中現起而來。

想蘊本界清淨之妙觀察智紅光，將自阿彌陀如來佛父佛母心間向你心口直射而來。

其光透紅明亮，飾有明點和小明點，光燦輝煌，致使你雙目無以承受，莫畏懼之。

與此智光同時現起的是餓鬼道不明燦的黃光，它與智光並行而來。
莫愛樂之，要捨棄貪執。

這時，因強烈的貪欲力故，你對會那明燦的紅光心生畏懼而逃離，卻對那餓鬼道不明燦的黃光心生愛樂與貪著。

這時，你切莫畏懼那光燦輝煌、清亮瑩澈的紅光，要認知它即是本智。

འཕོ་བ།

དེའི་ཐོག་ཏུ་རིག་པ་བྱུར་མེད་ཀྱི་ངང་ལ་གློད་ལ་ཞོག་ཅིག༔ ཡང་ན་དེ་ལ་དད་པ་དང་མོས་པ་དུང་དུང་གིས་ཤིག༔ ཁྱོད་རང་གི་རང་མདངས་སུ་ངོ་ཤེས་ན༔ མོས་གུས་མ་བྱས་སྨོན་ལམ་མ་བཏབ་ཀྱང་སྐུ་དང་འོད་ཟེར་ཐམས་ཅད་ཁྱེད་རང་དང་དབྱེར་མེད་དུ་ཐིམ་ནས་སངས་རྒྱས་པར་འགྱུར་རོ༔ དེ་ལྟར་མ་ཤེས་ན་བཅོམ་ལྡན་འདས་སྣང་བ་མཐའ་ཡས་ཀྱི་ཐུགས་རྗེའི་འོད་ཟེར་ཡིན་ནོ༔ སྐྱབས་སུ་མཆིའོ༔ སྙམ་པའི་མོས་གུས་ཀྱིས་ལ་གསོལ་བ་ཐོབ་ཅིག༔ དེ་ནི་བཅོམ་ལྡན་འདས་སྣང་བ་མཐའ་ཡས་ཀྱི་ཐུགས་རྗེའི་ལྕུགས་ཀྱུའི་འོད་ཟེར་ཡིན་ནོ༔ མོས་པ་གྱིས་ཤིག༔ མ་བྲོས་ཤིག༔ བྲོས་ཀྱང་ཁྱོད་རང་དང་མི་འབྲལ་བར་འོང་ངོ༔ མ་འཇིགས་ཤིག༔

ཡི་དྭགས་ཀྱི་འོད་སེར་པོ་བཀྲག་མེད་དེ་ལ་ཆགས་པར་མ་བྱེད་ཅིག༔ ཁྱོད་ཀྱི་འདོད་ཆགས་དྲག་པོས་བསགས་པའི་བག་ཆགས་ཀྱི་སྲུན་མའི་འོད་ལམ་ཡིན་ནོ༔ དེ་ལ་ཆགས་ན་ཁྱོད་ཡི་དྭགས་ཀྱི་གནས་སུ་ལྷུང་ནས་བཀྲེས་སྐོམ་གྱི་སྡུག་བསྔལ་བཟོད་གླགས་མེད་པ་མྱོང་སྟེ༔ ཐར་ལམ་འགགས་པའི་བར་ཆད་ཡིན་པས་དེ་ལ་མ་ཆགས་པར་བག་ཆགས་སྤོངས་ཤིག༔ མ་ཞེན་ཅིག༔ འོད་དམར་པོ་གསལ་ལ་འཚེར་བ་དེ་ལ་མོས་པ་གྱིས་ལ༔ བཅོམ་ལྡན་འདས་སྣང་བ་མཐའ་ཡས་ཡབ་ཡུམ་ལ་འདུན་པ་རྩེ་གཅིག་ཏུ་གཏད་ལ་སྨོན་ལམ་འདི་སྐད་དུ་ཐོབ་ཅིག༔

ཀྱེ་མ་འདོད་ཆགས་དྲག་པོས་འཁོར་བར་འཁྱམས་པའི་ཚེ༔
སོར་རྟོག་ཡེ་ཤེས་གསལ་བའི་འོད་ལམ་ལ༔
བཅོམ་ལྡན་སྣང་བ་མཐའ་ཡས་ལམ་སྣ་དྲོངས༔
ཡུམ་མཆོག་གོས་དཀར་མོ་ཡིས་རྒྱབ་ནས་སྐྱོར༔
བར་དོ་འཇིགས་པའི་འཕྲང་ལས་བསྒྲལ་དུ་གསོལ༔
ཡང་དག་རྫོགས་པའི་སངས་རྒྱས་ས་རུ་སྐྱོལ༔

དེ་སྐད་དུ་མོས་གུས་དྲག་པོས་སྨོན་ལམ་བཏབ་པས༔ བཅོམ་ལྡན་འདས་སྣང་བ་མཐའ་ཡས་འོད་དཔག་མེད་ཡབ་ཡུམ་གྱི་ཐུགས་ཀར་འཇའ་འོད་དུ་ཐིམ་ནས་ནུབ་ཕྱོགས་བདེ་བ་ཅན་གྱི་ཞིང་ཁམས་སུ་ལོངས་སྤྱོད་རྫོགས་པའི་སྐུར

(讓)覺性無造作、放鬆地安住於其上；或者是對那智光生起殷切的信心與虔敬。

若你能認知它是你的自現；即使你(對之)不生虔敬、不作祈願，一切的身像、光、光芒都將與你融合無二，你便即成佛。

若你無法如是認知，就想：『**那是阿彌陀佛的大悲光芒。我要皈依它！**』以此敬信而爲祈請。

那是阿彌陀佛的大悲光鉤，你要信受，莫要逃離！
即便逃離，它也會與你不相分離。莫畏懼之！

切莫貪著那餓鬼道不明燦的黃光，
那是由你強烈的貪欲所積成的業習引迎光道。
若貪戀之，你便會墮入餓鬼道，經歷無法忍受的饑渴之苦。
那是阻斷解脫道的障礙，因此莫貪戀之，要捨離業習。

莫執著之，應信受那明燦紅光，專注一心於阿彌陀如來佛父佛母而念誦此祈請文：

嗟夫！猛烈貪欲漂泊輪迴時，
祈於妙觀察智光明道，
無量光如來於前引路，
白衣佛母尊於後支援，
救度我於中有驚險道，
護送臻達正等覺佛地。」

以如是猛厲的虔敬心祈願故，(亡者)便會融入阿彌陀如來佛父佛母心間的虹光中，於西方極樂淨土，依報身(之道)而成佛。
如此一來，(亡者)不可能不獲得解脫。

སངས་རྒྱས་པར་འགྱུར་རོ༔ དེས་མི་གྲོལ་མི་སྲིད་དོ༔

ཡང་དེ་ལྟར་ངོ་སྤྲོད་ཀྱང༔ སེམས་ཅན་བག་ཆགས་དང་འགྲོགས་ཡུན་རིང་བའི་དབང་གིས༔ བག་ཆགས་མ་སྦྱངས་པར་ཕྲག་དོག་དང་ལས་ངན་གྱི་དབང་གིས་སྒྲ་འོད་ལ་སྐྲངས་སྐྲག་སྐྱེས་ཏེ་ཐུགས་རྗེའི་འོད་ཟེར་གྱི་ལྕགས་ཀྱུས་མི་ཟིན་པར་ཞག་ལྔ་པའི་བར་དུ་མར་ལ་འཁྱམས་ཏེ༔ དེའི་ཚེ་བཅོམ་ལྡན་འདས་དོན་ཡོད་གྲུབ་པའི་ལྷ་ཚོགས་ཀྱི་ཐུགས་རྗེའི་འོད་ཟེར་དང་བཅས་ཏེ་བསུ་བ་ལ་བྱོན་ཏེ༔ ཉོན་མོངས་པ་ཕྲག་དོག་ལས་གྲུབ་པའི་ལྷ་མ་ཡིན་གྱི་འོད་ལམ་གྱིས་ཀྱང་བསུ་བ་ལ་འོང་ངོ༔ དེའི་ཚེ་ཡང་ངོ་སྤྲོད་པ་ནི༔ ཚེ་འདས་ཀྱི་མིང་ནས་བོས་ལ་འདི་སྐད་དོ༔

ཀྱེ་རིགས་ཀྱི་བུ་མ་ཡེངས་པར་ཉོན་ཅིག༔

ཞག་ལྔ་པ་ལ་འབྱུང་བ་རླུང་རྣམ་པར་དག་པའི་འོད་ལྗང་ཁུ་འཆར་རོ༔ དེའི་དུས་སུ་བྱང་ཕྱོགས་ལས་རབ་བརྩེགས་པའི་ཞིང་ཁམས་ལྗང་ཁུ་ནས༔ བཅོམ་ལྡན་འདས་སངས་རྒྱས་དོན་ཡོད་གྲུབ་པ་གཙོ་འཁོར་སྐུ་མདོག་ལྗང་ཁུ་ཕྱག་ན་རྡོ་རྗེ་རྒྱ་གྲམ་བསྣམས་པ༔ མཁའ་ལྡིང་ཤང་ཤང་གི་ཁྲི་ལ་བཞུགས་པ༔ ཡུམ་དམ་ཚིག་སྒྲོལ་མ་དང་ཞལ་སྦྱོར་ནས་རང་ལ་འཆར་དུ་འོང་ངོ༔ སེམས་དཔའ་ཕྱག་ན་རྡོ་རྗེ་དང༔ སྒྲིབ་པ་རྣམ་པར་སེལ་བ་གཉིས༔ སེམས་མ་གནྡྷེ་མ་དང༔ ནཻ་ཧྱེ་མ་གཉིས་ཀྱིས་བསྐོར་ནས་འཇའ་དང་འོད་ཀྱི་ཀློང་ནས་སངས་རྒྱས་ཀྱི་སྐུ་དྲུག་ཏུ་འཆར་ནས་འོང་ངོ༔

འདུ་བྱེད་ཀྱི་ཕུང་པོ་གནས་སུ་དག་པ་འོད་ལྗང་ཁུ་བྱ་བ་གྲུབ་པའི་ཡེ་ཤེས་ལྗང་ལ་འཚེར་བ་གསལ་ལ་དྭངས་པ༔ བཀྲག་ལ་ཉམ་ང་བ༔ ཐིག་ལེ་དང་ཐིག་ཕྲན་གྱིས་སྤྲས་པ་ཞིག་དོན་ཡོད་གྲུབ་པ་ཡབ་ཡུམ་ཀྱི་ཐུགས་ཀ་ནས་ཁྱོད་རང་གི་སྙིང་གི་ཐད་ཀར་མིག་གིས་བལྟ་མི་བཟོད་པ་ཙམ་དུ་ཟུག་ནས་འོང་ངོ༔

然而，雖經如是引介，仍有眾生因長久熏染業習而無法捨卻習氣，並因嫉妒、惡業力而畏懼聲、光。他們未能被那大悲光鉤所攝受，從而往下漂泊至第五日的中陰。

這時，不空成就如來聖眾的大悲光芒將會蒞臨迎接（亡者）；
（同時，）由嫉妒染污所感之阿修羅光道也會前來引迎。
這時，（爲了）再度引介，應呼喚亡者之名，並作是言：

「善男子（善女人）啊！一心諦聽。

在第五日，清淨風大的綠光將會現起。
這時，不空成就佛主從將自北方的綠色妙行成就佛土*對你顯現而來。
其身色綠，手執十字金剛杵，坐湘湘鳥*座，與誓句度母*雙運。
爲（其聖眷）金剛手、除蓋障二菩薩及塗香女、果女*二女菩薩所環繞。
（如是）六佛身相齊自虹光光明界中現起而來。

不空成就佛的淨土在此所用名稱 ལས་རབ་བརྩེགས་པའི་ཞིང་ཁམས།，意為「妙行密集」。這與常用的名稱 ལས་རབ་རྫོགས་པའི་ཞིང་ཁམས། 有一字之別。後者常譯為「妙行成就淨土」或譯作「事業圓滿淨土」，如本典後文所述。

ཤང་ཤང་། 係鳥名。於此，歷來的中譯本多譯為「共命鳥」。譯者請示的數位上師之中，也有作「鶴」*(crane)* 解的。丹增嘉措仁波切說：在此宜採音譯，此種鳥類今已不復存在。

「誓句度母」或譯作「三昧耶度母」。

果女之「果」係指食物。

行蘊本界清淨之成所作智綠光，將自不空成就如來佛父佛母心間向你心口直射而來。
其光碧綠明燦，瑩澈清亮，鮮明而驚心懾魄，並飾有明點和小明點，致使你雙目無以承受。

དེ་ལ་མ་འཛིགས་པར་ཁྱོད་རང་གི་རང་རིག་པའི་ཡེ་ཤེས་ཀྱི་རང་རྩལ་ཡིན་པས༔ ཆགས་སྡང་ཉེ་རིང་མེད་པའི་བཏང་སྙོམས་བྱུར་མེད་ཆེན་པོའི་ངང་དུ་ཞོག་ཅིག༔

དེའི་མཉམ་དུ་ལྷ་མ་ཡིན་གྱི་འོད་དམར་པོ་ཕྲག་དོག་གི་རྒྱུ་ལས་གྲུབ་པ་བཀྲག་མེད་པ་ཞིག་ཀྱང་ཡེ་ཤེས་ཀྱི་འོད་ཟེར་དང་ལྷན་ཅིག་ཏུ་ཁྱོད་ལ་འཆར་དུ་འོང་ངོ༔ དེ་ལ་ཆགས་སྡང་མེད་པའི་བཏང་སྙོམས་སུ་སྒོམས་ཤིག༔ བློ་དམན་པ་ཡིན་ན༔ དེ་ལ་དགའ་བར་མ་བྱེད་ཅིག༔

དེའི་དུས་སུ་ཁྱོད་ཕྲག་དོག་དྲག་པོའི་དབང་གིས་འོད་ལྗང་ཁུ་བཀྲག་ལ་འཚེར་བ་དེ་ལ་བྲེད་ནས་བྲོས་སུ་འོང་ཞིང༔ ལྷ་མ་ཡིན་གྱི་འོད་དམར་པོ་བཀྲག་མེད་དེ་ལ་དགའ་བ་དང་ཆགས་སེམས་སྐྱེས་ནས་འོང་གི༔ དེ་ཙ་ན་ཁྱོད་འོད་ལྗང་ཁུ་བཀྲག་ལ་འཚེར་བ༔ གསལ་ལ་དྭངས་པ་དེ་ལ་མ་འཛིགས་པར་ཡེ་ཤེས་སུ་ངོ་ཤེས་པར་གྱིས་ཤིག༔

དེའི་ཐོག་ཏུ་རིག་པ་བྱུར་མེད་བློ་འདས་ཀྱི་ངང་དུ་ལྷོད་ལ་ཞོག་ཅིག༔ ཡང་ན་བཅོམ་ལྡན་འདས་དོན་ཡོད་གྲུབ་པའི་ཐུགས་རྗེའི་འོད་ཟེར་ཡིན་ནོ༔ སྐྱབས་སུ་མཆིའོ༔ སྙམ་པའི་མོས་གུས་ཀྱིས་ལ་གསོལ་བ་ཐོབ་ཅིག༔ དེ་ནི་བཅོམ་ལྡན་འདས་དོན་ཡོད་གྲུབ་པའི་ཐུགས་རྗེའི་ལྕགས་ཀྱུའི་འོད་ཟེར་བྱ་བ་གྲུབ་པའི་ཡེ་ཤེས་ཞེས་བྱ་བ་ཡིན་པས༔ དེ་ལ་མོས་པ་གྱིས་ཤིག༔ མ་བྲོས་ཤིག༔

བྲོས་ཀྱང་ཁྱོད་རང་དང་འབྲལ་མེད་དུ་འོང་ངོ༔ དེ་ལ་མ་འཛིགས་ཤིག༔ ལྷ་མ་ཡིན་གྱི་འོད་དམར་པོ་བཀྲག་མེད་དེ་ལ་ཆགས་པར་མ་བྱེད་ཅིག༔ དེ་ནི་ཁྱོད་ཀྱི་ཕྲག་དོག་དྲག་པོས་བསགས་པའི་ལས་ཀྱི་སྲུན་མའི་ལམ་ཡིན་ནོ༔

དེ་ལ་ཆགས་ན་ནི་ཁྱོད་ལྷ་མ་ཡིན་གྱི་གནས་སུ་ལྷུང་བས་འཐབ་རྩོད་ཀྱི་སྡུག་བསྔལ་བཟོད་གླགས་མེད་པ་མྱོང་སྟེ་ཐར་ལམ་འགགས་པའི་བར་ཆད་ཡིན་པས་དེ་ལ་མ་ཆགས་པར་བག་ཆགས་སྤྱོངས་ཤིག༔ མ་ཞེན་ཅིག༔ འོད་ལྗང་ཁུ་གསལ་ལ་འཚེར་བ་དེ་ལ་མོས་པ་གྱིས་ལ་བཅོམ་ལྡན་འདས་དོན་ཡོད་གྲུབ་པ་ཡབ་ཡུམ་ལ་འདུན་པ་རྩེ་གཅིག་ཏུ་གཏོད་ལ་སྨོན་ལམ་འདི་སྐད་དུ་ཐོབ་ཅིག༔

莫畏懼之，那是你覺性本智之自妙力。因此，你要安住在離於愛憎親疏之平等、無作勝境中。

與此智光同時現起的是由嫉妒所感的阿修羅道不明燦紅光，它偕同智光向你現起而來。

對此，你要觀修離於愛憎之平等捨。
你若因心智薄弱(而無法如是觀修)，(至少)不要對那(業)光心生愛樂。

這時，因強烈的嫉妒力故，你對會那明燦的綠光心生怖畏而逃離，卻對阿修羅道不明燦的紅光心生愛樂與貪著。

這時，你切莫畏懼那光燦輝煌、清亮瑩澈的綠光，要認知它即是本智。

(讓)覺性無造作、離心思地放鬆安住於其上；或者心想：『**那是不空成就佛的大悲光芒。我應皈依它！**』以此敬信而爲祈請。

那是不空成就佛名爲成所作智的大悲鉤光，因此你要信受之，莫要逃離！

即便逃離，它也會與你不相分離。莫畏懼之！
切莫貪戀阿修羅道不明燦的紅光，
那是由你強烈的嫉妒所積成的業力引迎道。

若貪戀之，便會墮入阿修羅道，經歷無法忍受的鬥爭之苦。
那是阻斷解脱道的障礙，因此莫貪戀之，要捨離業習，莫執著之。

你要信受那明燦綠光，專注一心於不空成就如來佛父佛母而念誦此祈請文：

ཀྱེ་མ་ཕྲག་དོག་དྲག་པོས་འཁོར་བར་འབྱམས་པའི་ཚེ༔
བྱ་གྲུབ་ཡེ་ཤེས་གསལ་བའི་འོད་ལམ་ལ༔
བཅོམ་ལྡན་དོན་ཡོད་གྲུབ་པས་ལམ་སྣ་དྲོངས༔
ཡུམ་མཆོག་དམ་ཚིག་སྒྲོལ་མས་རྒྱབ་ནས་སྐྱོར༔
བར་དོ་འཇིགས་པའི་འཕྲང་ལས་བསྒྲལ་དུ་གསོལ༔
ཡང་དག་རྫོགས་པའི་སངས་རྒྱས་ས་རུ་སྐྱོལ༔

དེ་ལྟར་མོས་གུས་དྲག་པོས་སྨོན་ལམ་བཏབ་པས༔ བཅོམ་ལྡན་འདས་དོན་ཡོད་གྲུབ་པ་ཡབ་ཡུམ་གྱི་ཐུགས་ཀར་འཇའ་འོད་དུ་ཐིམ་ནས་བྱང་ཕྱོགས་ལས་རབ་རྫོགས་པའི་ཞིང་ཁམས་སུ་ལོངས་སྤྱོད་རྫོགས་པའི་སྐུར་སངས་རྒྱས་པར་འགྱུར་རོ༔

དེ་ལྟར་རིམ་པ་མང་དུ་ངོ་སྤྲོད་པས༔ ལས་འཕྲོ་ཅི་ལྟར་ཞན་ཡང་གཅིག་ལ་ངོས་མ་ཟིན་ཀྱང་གཅིག་ལ་ངོ་འཕྲོད་དེ༔ མི་གྲོལ་མི་སྲིད་དོ༔ ཡང་དེ་ལྟར་ལན་མང་དུ་ངོ་སྤྲད་ཀྱང་བག་ཆགས་ཚན་ཆེ་ལ་འགོགས་ཡུན་རིང་བས་དག་སྣང་ཡེ་ཤེས་སྟར་འདྲིས་མེད་པའི་དབང་གིས༔ ངོ་སྤྲད་ཀྱང་བག་ཆགས་ངན་པས་ཕྱི་ལ་ཁྲིད་དེ༔ ཐུགས་རྗེའི་འོད་ཟེར་གྱི་ལྕགས་ཀྱུས་མ་ཟིན་པར་འོད་དང་ཟེར་ལ་སྐྲག་སྐྲག་སྐྱེས་ནས་མར་ལ་འཁོར་བས༔ དེ་ནས་ཞག་དྲུག་པ་ལ་རིགས་ལྔ་ཡབ་ཡུམ་འཁོར་དང་བཅས་པ་དུས་གཅིག་ལ་འཆར་ནས་འོང་སྟེ༔ དེའི་ཚེ་རིགས་དྲུག་གི་འོད་དྲུག་ཀྱང་དུས་གཅིག་ཏུ་འཆར་ནས་འོང་ངོ༔ ངོ་སྤྲོད་པ་ནི་ཚེ་འདས་ཀྱི་མིང་ནས་བོས་ལ་འདི་སྐད་དོ༔

ཀྱེ་རིགས་ཀྱི་བུ་མ་ཡེངས་པར་ཉོན་ཅིག༔

ཁྱོད་རང་ཁ་སང་ཡན་ཆད་རིགས་ལྔ་སོ་སོའི་སྣང་བ་ཤར་ནས་ངོ་སྤྲད་ཀྱང་ཁྱོད་བག་ཆགས་ངན་པའི་དབང་གིས་དེ་ལ་སྐྲག་སྐྲག་སྐྱེས་པས་ད་ཕན་ཆད་དུ་འདིར་ལུས་པ་ཡིན་ནོ༔

ཁྱོད་ཀྱིས་གོང་དུ་རིགས་ལྔའི་ཡེ་ཤེས་ཀྱི་རང་མདངས་དེ་རྣམས་རང་སྣང་དུ་ངོ་ཤེས་ན་རིགས་ལྔ་སོ་སོའི་སྐུ་ལ་འཇའ་འོད་དུ་ཐིམ་ནས་ལོངས་སྤྱོད་རྫོགས་པའི་སྐུར་འཚང་རྒྱ་རྒྱུ་ཡིན་པ་ལ་ཁྱོད་ཀྱིས་ངོ་མ་

嗟夫！猛烈嫉妒漂泊輪迴時，
祈於成所作智光明道，
不空成就佛於前引路，
誓句度母尊於後支援，
救度我於中有驚險道，
護送臻達正等覺佛地。」

以如是猛厲的虔敬心祈願故，（亡者）便會融入不空成就如來佛父佛母心間的虹光中，於北方妙行成就佛土，依報身（之道）而成佛。

經由如是多次第的引介，（宿善）餘業無論多麼低劣的眾生，即便一回未能認知，另一回總能認知，因此，不可能不獲得解脫。

如是雖經多次引介，（仍有眾生）因習氣深重且熏染長久，故於往昔未曾熟悉淨觀之智慧。因此，雖經引介，仍隨惡習牽引而退卻，未被大悲光鉤所攝受。

他們對（智）光、光芒心生恐懼，從而向下漂泊。

於是，在第六日，五部佛父佛母連同其聖眷將一同現起。這時，六道的六種光也會同時顯現。

（為了）再度引介，應呼喚亡者之名，並作是言：

「善男子（善女人）啊！一心諦聽。

先前*，五部境相對你逐一顯現。雖經引介，你因惡習力故，對之心生恐懼，故而至今依然滯留於此。

在先前，你若已認知五部佛智之彼等自現為自相，你便已融入五部各別的佛身虹光中，依報身（之道）而得證悟*。

ཤེས་པས་དབང་གིས་འདིར་འཁྲུམས་པ་ཡིན་ནོ༔ ད་ནི་མ་ཡེངས་པར་ལྟོས་ཤིག༔

ད་ནི་རིགས་ལྔ་ཡོངས་རྫོགས་ཀྱི་སྣང་བ་དང༔ ཡེ་ཤེས་བཞི་སྦྱོར་གྱི་སྣང་བ་ཞེས་བྱ་བ་ཁྱོད་བསུ་བ་ལ་འོང་ངོ༔ དེ་ངོ་ཤེས་པར་གྱིས་ཤིག༔

ཀྱེ་རིགས་ཀྱི་བུ་འབྱུང་བ་བཞི་རྣམ་པར་དག་པའི་འོད་ཁ་དོག་བཞི་འཆར་དུ་འོང་ངོ༔ དེའི་དུས་སུ་དབུས་ཕྱོགས་ཐིག་ལེ་གདལ་བའི་ཞིང་ཁམས་ནས་སངས་རྒྱས་རྣམ་པར་སྣང་མཛད་ཡབ་ཡུམ་གོང་ལྟར་ཤར་ནས་འོང་ངོ༔ ཤར་ཕྱོགས་མངོན་པར་དགའ་བའི་ཞིང་ཁམས་ནས་སངས་རྒྱས་རྡོ་རྗེ་སེམས་དཔའ་ཡབ་ཡུམ་འཁོར་དང་བཅས་པ་ཤར་ནས་འོང་ངོ༔ ལྷོ་ཕྱོགས་དཔལ་དང་ལྡན་པའི་ཞིང་ཁམས་ནས་སངས་རྒྱས་རིན་ཆེན་འབྱུང་ལྡན་ཡབ་ཡུམ་འཁོར་དང་བཅས་པ་ཤར་ནས་འོང་ངོ༔ ནུབ་ཕྱོགས་པདྨ་བརྩེགས་པ་བདེ་བ་ཅན་གྱི་ཞིང་ཁམས་ནས༔ སངས་རྒྱས་སྣང་བ་མཐའ་ཡས་ཡབ་ཡུམ་འཁོར་དང་བཅས་པ་འཆར་ནས་འོང་ངོ༔ བྱང་ཕྱོགས་ལས་རབ་རྫོགས་པའི་ཞིང་ཁམས་ནས་སངས་རྒྱས་དོན་ཡོད་གྲུབ་པ་ཡབ་ཡུམ་འཁོར་དང་བཅས་པ་འཇའ་འོད་ཀྱི་ཀློང་ནས་ཁྱོད་ལ་ད་ལྟར་འཆར་རོ༔

ཀྱེ་རིགས་ཀྱི་བུ་རིགས་ལྔ་ཡབ་ཡུམ་དེ་རྣམས་ཀྱི་ཕྱི་རོལ་དུ་སྒོ་བ་ཁྲོ་བོ་རྣམ་པར་རྒྱལ་བ་དང༔ གཤིན་རྗེ་གཤེད་པོ་དང༔ རྟ་མགྲིན་རྒྱལ་པོ་དང༔ བདུད་རྩི་འཁྱིལ་བ་དང༔ སྒོ་མ་ལྕགས་ཀྱུ་མ་དང༔ ཞགས་པ་མ་དང༔ ལྕགས་སྒྲོག་མ་དང༔ དྲིལ་བུ་མ་དང༔ ལྷའི་ཐུབ་པ་དབང་པོ་བརྒྱ་བྱིན་དང༔ ལྷ་མ་ཡིན་གྱི་ཐུབ་པ་ཐགས་བཟང་རིས་དང༔ མིའི་ཐུབ་པ་ཤཱཀྱ་སེངྒེ་དང༔ བྱོལ་སོང་གི་ཐུབ་པ་སེངྒེ་རབ་བརྟན་དང༔ ཡི་དྭགས་ཀྱི་ཐུབ་པ་ཁ་འབར་མ་དང༔ དམྱལ་བའི་ཐུབ་པ་ཆོས་ཀྱི་རྒྱལ་པོ་དང༔ བཅོམ་ལྡན་འདས་ཐུབ་པ་དྲུག་ཀྱང་འཆར་དུ་འོང་ངོ༔

ཁ་སང་ཕན་ཆད།「先前」係採意譯，字面直譯為「直至昨日」。

先前，五方佛部的智光是逐一顯現的。亡者只需認知「其一」，便可依之獲得證悟。

(然而，)因你未能認知，故而漂泊至此。現在，你可要一心諦觀啊！

現在，五部佛眾完整的境相和所謂的『四智合光』境相將會前來迎接你。於此，你要認知！」

「善男子(善女人)啊！

清淨四大之四色彩光將會顯現。
這時，一如先前，毗盧遮那佛父佛母將從中央密嚴淨土*現起；

此處仍以「明點周遍淨土」稱之。

金剛薩埵佛父佛母連同其聖眷將從東方現喜淨土現起；
寶生如來佛父佛母連同其聖眷將從南方具德佛土現起；
阿彌陀如來佛父佛母連同其聖眷將從西方蓮花聚極樂淨土現起；
不空成就如來佛父佛母連同其聖眷將從北方妙行成就佛土現起；
——現在，(祂們齊)自虹光光明界中，對你顯現(而來)。」

「善男子(善女人)啊！

在這五部佛父佛母(聖眾)的外圍——
有守門忿怒尊*：無敵明王、能怖金剛明王*、馬頭明王、甘露漩明王；
連同守門忿怒母*：持鉤母、持羂母*、持鏈母、持鈴母；

以及六道能仁薄伽梵：天道能仁帝釋天、阿修羅道能仁淨心天*、人道能仁釋迦獅子、畜生道能仁不動獅子、餓鬼道能仁焰口、地獄道能仁閻羅法王等——(皆)會顯現。

ཀུན་ཏུ་བཟང་པོ་དང༔ ཀུན་ཏུ་བཟང་མོ་དང༔ སངས་རྒྱས་ཐམས་ཅད་ཀྱི་སྤྱི་མེས་ཀུན་བཟང་ཡབ་ཡུམ་གཉིས་ཀྱང་འཆར་དུ་འོང་ངོ༔

ལོངས་སྐུའི་ལྷ་ཚོགས་བཞི་བཅུ་རྩ་གཉིས་རང་གི་སྙིང་ཁའི་ནང་ནས་ཕྱིར་ཐོན་ནས༔ ཁྱོད་རང་ལ་འཆར་དུ་འོང་བས་ཁྱོད་རང་གི་དག་པའི་སྣང་བ་ལ་འཆར་བ་ཡིན་པས་ངོ་ཤེས་པར་གྱིས་ཤིག༔

ཀྱེ་རིགས་ཀྱི་བུ་ཞིང་ཁམས་དེ་དག་ཀྱང་གཞན་ཞིག་ན་ཡོད་པ་ནི་མ་ཡིན་ཏེ༔ ཁྱོད་རང་གི་སྙིང་གི་ཕྱོགས་བཞི་དབུས་དང་ལྔ་ན་གནས་པ་ཡིན་ཏེ༔ སྙིང་གི་ནང་ནས་ད་ལྟར་ཕྱིར་ཐོན་ནས་ཁྱོད་ལ་ཤར་བ་ཡིན་ནོ༔

སྐུ་དེ་རྣམས་ཀྱང་གཞན་ཞིག་ནས་འོང་བ་མ་ཡིན་ཏེ༔ ཁྱོད་རང་གི་རིག་པའི་རང་རྩལ་ལ་ཡེ་ནས་གྲུབ་པ་ཡིན་པས་དེ་ལྟར་ཡིན་པ་ངོ་ཤེས་པར་གྱིས་ཤིག༔

ཀྱེ་རིགས་ཀྱི་བུ་སྐུ་དེ་དག་ཀྱང་མི་ཆེ་བ༔ མི་ཆུང་བ༔ ཆ་མཉམ་པ༔ རྒྱན་ཆ་ལུགས་ཁ་དོག་བཞུགས་ཚུལ་དང༔ གདན་ཁྲི་རང་རང་གི་ཕྱག་རྒྱ་དང་བཅས་ཏེ༔

སྐུ་དེ་དག་ཀྱང་ལྔ་ལྔའི་ཟུང་གིས་ཁྱབ་པ༔ ལྔ་ཚན་རེ་རེ་ལ་འོད་ལྔའི་མུ་ཁྱུད་དང་བཅས་པ༔

(此外，)普賢王如來與普賢王如來佛母——諸佛共祖之普賢佛父佛母也會現起而來。

這四十二尊報身聖眾將從你心口對你顯現而來，(祂們)是你自己的淨相所現。因此，你要認知！」

- 守門忿怒尊、守門忿怒母，或譯作「四門守護明王、四門守護明妃」。

- 「羂」係指「套索」*(lasso)*。

- 能怖金剛明王又名閻摩敵、大威德金剛。
  淨心天又名毗摩質多阿修羅王。

- 為了減輕讀誦難度，文中神眾的梵文名稱，除了必須以音譯標示者外，均採意譯。

「善男子(善女人)啊！

那些佛土也非存在於他處，而是位於你心間的五方——四方與中央。

如今，它們從你心中向外對你顯現(而來)。

那些佛身亦非來自於他處，而是本自存在於你覺性之自妙力。你要如是認知！」

「善男子(善女人)啊！

那些(聖眾的)形體不大不小，對稱均勻。祂們各有其嚴飾、裝束、顏色、坐姿、法座、手印等。

(只見)祂們以五尊爲一組*，每組外圍環繞著五色光圈，(如是)開展成五組。

ཡབ་ཀྱི་ཆ་འཛིན་པའི་རིགས་ཀྱི་སེམས་དཔའ་དང༔ ཡུམ་གྱི་ཆ་འཛིན་པའི་རིགས་ཀྱི་སེམས་མ་དང༔ དཀྱིལ་འཁོར་ཐམས་ཅད་དུས་གཅིག་ལ་རྫོགས་པར་འཆར་དུ་འོང་བས༔

དེ་ཁྱོད་ཀྱི་ཡི་དམ་གྱི་ལྷ་ཡིན་པས་ངོ་ཤེས་པར་གྱིས་ཤིག༔

ཀྱེ་རིགས་ཀྱི་བུ་རིགས་ལྔ་ཡབ་ཡུམ་དེ་དག་གི་ཐུགས་ཀ་ནས་ཡེ་ཤེས་བཞི་སྦྱོར་གྱི་འོད་ཟེར་ཤིན་ཏུ་ཕྲ་ལ་དྭངས་པ༔ ཉི་མའི་འོད་ཟེར་བ་ཐག་སྤྲེལ་བ་ལྟ་བུ་རེ་རེ་ཁྱོད་ཀྱི་སྙིང་ཁར་འཆར་དུ་འོང་སྟེ་དེ་ཡང་དང་པོ་རྣམ་པར་སྣང་མཛད་ཀྱི་ཐུགས་ཀ་ནས་ཆོས་ཀྱི་དབྱིངས་ཀྱི་ཡེ་ཤེས་དཀར་ལ་གསལ་བ༔ བཀྲག་ལ་ཉམ་ང་བའི་འོད་ཟེར་གྱི་སྣམ་བུ་ཞིག་ཁྱོད་རང་གི་སྙིང་ག་དང་འབྲེལ་མར་འཆར་དུ་འོང་ངོ༔

འོད་ཟེར་གྱི་སྣམ་བུ་དེའི་ནང་དུ་ཐིག་ལེ་དཀར་པོ་ཟེར་དང་ལྡན་པ༔ མེ་ལོང་ཁ་སྦུབ་པ་ཙམ་ཤིན་ཏུ་གསལ་བ་བཀྲག་ལ་འཚེར་བ༔

དེ་ཡང་རང་བཞིན་གྱི་ཐིག་ལེ་ལྔ་ལྔས་བརྒྱན་པ༔

དེའི་མཐའ་དང་དབུས་མེད་པར་ཐིག་ལེ་དང་ཐིག་ཕྲན་གྱིས་བརྒྱན་པ་འཆར་དུ་འོང་ངོ༔

屬於佛父部的男菩薩和屬於佛母部的女菩薩等，一切壇城將會同時圓滿顯現而來。

祂們是你的本尊，你要認知！」

「以五尊為一組」意指各佛部的主尊(佛父佛母雙運)為其聖眷(二男菩薩、二女菩薩)所圍繞。「展開成五組」，也即是五方佛部。

此處描繪的是：每一五彩光圈內有一佛部的聖眾，鋪展開來的五個五彩光圈也即是五方佛部。

「善男子(善女人)啊！

自五部佛父佛母心間放射而出的『四智合光』——其光極爲纖細、瑩澈，有若蛛網連結般(呈輻射狀)的太陽光芒——將會一一照射至你心口。

第一*，是從毗盧遮那佛心間放射出的法界體性智光——那光燦懾人的白瑩光帶*，直朝你心口連展而來。

在這光帶內，有著白色的明點*，彷若倒扣的鏡子，極爲明燦。(此一明點)由五個同樣的明點環飾著。

(在這光帶上)無分中、邊*，均由大、小明點莊嚴顯現而來。

譯作「第一」而非「首先」，是為了避免讀者誤解成順序關係。這四智合光是一齊顯現，並非依次出現。

光帶，原文是光的「氆氌」——藏族的一種毛織品。藏人多半將這長長的毛布料捲成一捆來存放。

ཐིག་ལེ།，可解為明點、圓點、圓圈。譯者在此維持其傳統譯詞「明點」，而將詮解權保留給傳講中陰教法的上師們。

རྡོ་རྗེ་སེམས་དཔའི་ཐུགས་ཀ་ནས་མེ་ལོང་ལྟ་བུའི་ཡེ་ཤེས་མཐིང་ལ་གསལ་བ་སྣུམ་བུའི་སྟེང་དུ་ཐིག་ལེ་མཐིང་ག་གཡུའི་ཕོར་པ་ཁ་སྦུབ་པ་ཙམ་ཐིག་ལེ་དང་ཐིག་ཕྲན་གྱིས་བརྒྱན་པ་འཆར་དུ་འོང་ངོ༔

རིན་ཆེན་འབྱུང་ལྡན་གྱི་ཐུགས་ཀ་ནས་མཉམ་པ་ཉིད་ཀྱི་ཡེ་ཤེས་སེར་ལ་གསལ་བ་སྣུམ་བུའི་སྟེང་དུ༔ ཐིག་ལེ་སེར་པོ་གསེར་གྱི་ཕོར་པ་ཁ་སྦུབ་པ་ལྟ་བུ་ཐིག་ལེ་ཐིག་ཕྲན་དང་བཅས་པ་འཆར་དུ་འོང་ངོ༔

སྣང་བ་མཐའ་ཡས་ཀྱི་ཐུགས་ཀ་ནས་སོ་སོར་རྟོག་པའི་ཡེ་ཤེས་དམར་ལ་གསལ་བ་སྣུམ་བུའི་སྟེང་དུ༔ ཐིག་ལེ་དམར་པོ་འོད་ཟེར་དང་ལྡན་པ་དཔེར་ན་བྱི་རུའི་ཕོར་པ་ཁ་སྦུབ་པ་ལྟ་བུ༔ ཡེ་ཤེས་ཀྱི་གཏིང་མདངས་དང་ལྡན་པ༔ ཤིན་ཏུ་གསལ་ལ་འཚེར་བ་དེ་ཡང་རང་བཞིན་གྱི་ཐིག་ལེ་ལྔ་ལྔས་བརྒྱན་པ༔ དེའི་མཐའ་དབུས་མེད་པར་ཐིག་ལེ་དང་ཐིག་ཕྲན་གྱིས་བརྒྱན་པ་འཆར་དུ་འོང་ངོ༔ དེ་རྣམས་ཀྱང་ཁྱོད་རང་གི་སྙིང་ཁ་དང་འབྲེལ་མར་འཆར་དུ་འོང་ངོ༔

ཀྱེ་རིགས་ཀྱི་བུ་དེ་རྣམས་ཀྱང་ཁྱོད་རང་གི་རིག་པའི་རང་རྩལ་ལས་ཤར་བ་ཡིན་ཏེ༔ གཞན་ཞིག་ནས་འོང་བ་མ་ཡིན་པས༔ དེ་རྣམས་ལ་ཆགས་པར་མ་བྱེད་ལ༔ སྐྲག་པར་ཡང་མ་བྱེད་པར༔ རྣམ་པར་མི་རྟོག་པའི་ངང་དུ་སློད་ལ་ཞོག་ཅིག༔ དེའི་ངང་ལ་སྐུ་དང་འོད་ཟེར་ཐམས་ཅད་ཁྱོད་རང་ལ་ཐིམ་ནས་སངས་རྒྱས་པར་འགྱུར་རོ༔

上文是譯者經詠給明就仁波切圖示解說後所作的迻譯。仁波切解道：藏文字面上的「無中無邊」，在此係指「到處都是」，猶如水落地面而水滴四濺一般。

從金剛薩埵心間放射的是大圓鏡智青亮的光帶*，
其上有天青色的明點，彷若倒扣的綠松石碗；
(在這光帶上，無分中、邊，)均由大、小明點莊嚴顯現而來。

先前，當五方佛逐一現起時，毗盧遮那佛顯現的是天青色光，金剛薩埵佛顯現的是白光。如今，當五方佛一齊現起時，毗盧遮那佛顯現的是白光，金剛薩埵佛顯現的是天青色光。

從寶生佛心間放射的是平等性智的黃澄光帶，
其上有黃色的明點，彷若倒扣的金碗；
(在這光帶上，無分中邊，)均由大、小明點莊嚴顯現而來。

從阿彌陀佛心間放射的是妙觀察智的紅亮光帶，
其上有紅色的明點，喻如倒扣的珊瑚碗；具有本智甚深之相，極為明燦。此一明點亦環飾著五個同樣的明點。
(在這光帶上，)無分中、邊，均由大、小明點莊嚴顯現而來。

——它們也(都)會朝你心口連展而來。」

「善男子(善女人)啊！

那些(境相)也是你覺性之自妙力所現，並非來自他處。因此，莫貪戀之，也莫畏懼之；而要鬆坦地安住於無分別中。於此境界中，一切的身像、光和光芒都將融入於你，你便即成佛。」

「善男子(善女人)啊！

ཀྱེ་རིགས་ཀྱི་བུ་བྱ་བ་གྲུབ་པའི་ཡེ་ཤེས་ཀྱི་འོད་ལྗང་ཁུ་ནི་ཁྱོད་ཀྱི་རིག་པའི་ཡེ་ཤེས་ཀྱི་རྩལ་ལ་མ་རྫོགས་པས་མི་སྣང་ངོཿ

ཀྱེ་རིགས་ཀྱི་བུ་དེ་རྣམས་ནི་ཡེ་ཤེས་བཞི་སྦྱོར་གྱི་སྣང་བ་ཞེས་བྱ་སྟེཿ རྡོ་རྗེ་སེམས་དཔའི་ཁོང་སེང་གི་ལམ་ཞེས་བྱའོཿ

དེའི་ཚེ་ཁྱོད་ཀྱིས་སྔར་བླ་མས་ངོ་སྤྲད་པའི་གདམས་ངག་དྲན་པར་གྱིས་ཤིགཿ ཁྱོད་ཀྱིས་ངོ་སྤྲོད་ཀྱི་དོན་དྲན་ན་སྔར་ཤར་བའི་སྣང་བ་དེ་རྣམས་ལ་ཡིད་ཆེས་པསཿ མ་དང་བུ་འཕྲད་པ་ལྟ་བུའམ་སྔར་འདྲིས་པའི་མི་ཕྱིས་མཐོང་བ་ཙམ་གྱིས་ངོ་ཤེས་ཏེ་སྒྲོ་འདོགས་ཆོད་པ་ལྟ་བུཿ

རང་སྣང་ལ་རང་སྣང་དུ་ངོ་ཤེས་པས་ཆོས་ཉིད་རྣམ་པར་དག་པའི་ལམ་འགྱུར་བ་མེད་པ་ཟིན་པར་ཡིད་ཆེས་པས་རྒྱུན་གྱི་ཏིང་ངེ་འཛིན་སྐྱེས་ཏེཿ རིག་པ་ལྷུན་གྲུབ་ཆེན་པོའི་སྐུ་ལ་ཐིམ་ནས་ལོངས་སྤྱོད་རྫོགས་པའི་སྐུར་སངས་རྒྱས་ཏེ་ཕྱིར་མི་ལྡོག་གོཿ

ཀྱེ་རིགས་ཀྱི་བུཿ

ཡེ་ཤེས་ཀྱི་འོད་དང་མཉམ་དུ་མ་དག་འཁྲུལ་པའི་སྣང་བ་རིགས་དྲུག་གི་འོད་འཆར་དུ་འོང་སྟེཿ གང་ཞེ་ནཿ ལྷའི་འོད་དཀར་པོ་བཀྲག་མེད་པ་དངཿ ལྷ་མ་ཡིན་གྱི་འོད་དམར་པོ་བཀྲག་མེད་དངཿ མིའི་འོད་སྔོན་པོ་བཀྲག་མེད་དངཿ དུད་འགྲོའི་འོད་ལྗང་གུ་བཀྲག་མེད་དངཿ ཡི་དྭགས་ཀྱི་འོད་སེར་པོ་བཀྲག་མེད་དངཿ དམྱལ་བའི་འོད་དུད་ཁ་བཀྲག་མེད་དང་དྲུག་ཀྱང་དག་པ་ཡེ་ཤེས་ཀྱི་འོད་དང་གཤིབས་ནས

成所作智的綠光不會顯現。那是由於你覺性之自妙力未圓滿，故而無以顯現。」

「善男子(善女人)啊！

此即名爲『四智合顯』，又名『金剛薩埵空間道』*。

* 金剛薩埵「空間」道，係丹增嘉措仁波切所譯。

猶記2007年夏，譯者在康區五明佛學院以此問題就教時，仁波切謙虛地解道：「這既不能叫作直行道，也不能稱為間隙道。我正好對這問題作了些許的研究——在法性中陰時，尋常人所見的光是刺眼的。修行好的人所見的雖然也是光，但這光內有空間，如同管道一般，因此並不刺眼。或可譯作『金剛薩埵空間道』，並加註說明。」

這時，你要憶念起昔日上師引介的口訣。
若你能憶念起(口訣)引介的要義，便會對之前顯現的那些境相生起確信，而能如母子相逢，或乍見故友隨即認出般地斷除疑惑。

(如此一來，)你便能於自相認知爲自相，從而對執持法性清淨、不變的道路生起確信。

由是，你會生起持續的禪定；便會融入那本覺大任運身，依報身(之道)而成佛，不復退轉。」

「善男子(善女人)啊！

與此智光同時現起的是不淨、幻惑的六道之光。是什麼呢？

(它們是)天道不明燦的白光、阿修羅道不明燦的紅光、人道不明燦的藍光、畜生道不明燦的綠光、餓鬼道不明燦的黃光、地獄道不明燦的煙色之光。

མར་འཆར་དུ་འོང་ངོ༔ དེ་ཙ་ན་ཁྱོད་འོད་གང་ལ་ཡང་འཛིན་པ་དང་ཆགས་པ་མ་བྱེད་ཅིག༔ མི་དམིགས་པའི་ངང་ལ་ལྷོད་ལ་ཞོག་ཅིག༔ ཁྱོད་དག་པ་ཡེ་ཤེས་ཀྱི་འོད་ལ་སྐྲག་ཅིང་མ་དག་པའི་རིགས་དྲུག་འཁོར་བའི་འོད་ལ་ཆགས་ན༔ འགྲོ་བ་རིགས་དྲུག་གི་ལུས་བླངས་ཏེ༔ འཁོར་བ་སྡུག་བསྔལ་གྱི་རྒྱ་མཚོ་ཆེན་པོ་ནས་ཐར་པའི་དུས་མེད་པས་འོ་བརྒྱལ་ལོ༔

ཀྱེ་རིགས་ཀྱི་བུ༔ ཁྱོད་བླ་མའི་གདམས་ངག་གི་ངོ་སྤྲོད་མེད་པ་ཞིག་ཡིན་ན༔ གོང་གི་སྐུ་དང་དག་པའི་ཡེ་ཤེས་ཀྱི་འོད་ལ་འཇིགས་ཤིང་སྐྲག་ནས༔ མ་དག་འཁོར་བའི་འོད་ལ་ཆགས་སུ་འོང་བས༔ དེ་ལྟར་མ་བྱེད་པར་དག་པ་ཡེ་ཤེས་ཀྱི་འོད་བཀྲག་ལ་འཆར་བ་དེ་རྣམས་ལ་མོས་གུས་གྱིས་ཤིག༔ བཅོམ་ལྡན་འདས་རིགས་ལྔ་བདེ་བར་གཤེགས་པའི་ཐུགས་རྗེའི་ཡེ་ཤེས་ཀྱི་འོད་ཟེར་བདག་ཐུགས་རྗེས་འཛིན་པ་ལ་བྱོན་པར་འདུག་གི༔ སྐྱབས་སུ་མཆིའོ་སྙམ་པའི་མོས་པ་མཛོད་ལ༔ འཁྲུལ་པ་རིགས་དྲུག་གི་འོད་ལ་མ་ཆགས་མ་ཞེན་པར་སངས་རྒྱས་རིགས་ལྔ་ཡབ་ཡུམ་ལ་འདུན་པ་རྩེ་གཅིག་ཏུ་གཏོད་ལ་སྨོན་ལམ་འདི་སྐད་དུ་ཐོབ་ཅིག༔

ཀྱེ་མ་དུག་ལྔ་དྲག་པོས་འཁོར་བར་འཁྱམས་པའི་ཚེ༔
ཡེ་ཤེས་བཞི་སྦྱོར་གསལ་བའི་འོད་ལམ་ལ༔
བཅོམ་ལྡན་རྒྱལ་བ་རིགས་ལྔས་ལམ་སྣ་དྲོངས༔
ཡུམ་མཆོག་རིགས་ལྔའི་ཡུམ་གྱིས་རྒྱབ་ནས་སྐྱོར༔
མ་དག་རིགས་དྲུག་འོད་ལམ་བསྒྲལ་དུ་གསོལ༔
བར་དོ་འཇིགས་པའི་འཕྲང་ལས་བསྒྲལ་ནས་ཀྱང༔
དག་པའི་ཞིང་མཆོག་ལྔ་རུ་བསྐྱལ་དུ་གསོལ༔

དེ་ལྟར་དུ་སྨོན་ལམ་བཏབ་པས་རབ་རང་སྣང་དུ་ངོ་ཤེས་ནས་གཉིས་མེད་དུ་ཐིམ་ནས་སངས་རྒྱས་སོ༔ འབྲིང་མོས་གུས་དྲག་པོས་རང་ངོ་ཤེས་ནས་གྲོལ་བ་ཐོབ་བོ༔ ཐ་མས་ཀྱང་སྨོན་ལམ་རྣམ་པར་དག་པའི་མཐུས་རིགས་དྲུག་གི་སྐྱེ་སྒོ་བཀག་ནས་ཡེ་ཤེས་བཞི་སྦྱོར་གྱི་དོན་རྟོགས་ཏེ༔

這六道之光會與清淨智光並行放射而來。

這時，你莫要執取、貪戀任何光(芒)，而要讓心鬆坦地安住於無所緣的境界中。

若你畏懼那清淨智光而貪戀不淨的六道輪迴之光，你便會受取六道之身，於輪迴的大苦海中出脫無期。因此，是很艱辛的啊！」

「善男子(善女人)啊！

你若未曾得到上師的口訣引介，便會畏懼先前所述之(聖眾)身像和清淨智光，貪戀(那)不淨的輪迴之光。

切莫如此！你要信受那明燦的清淨智光，虔誠念想：『**五部世尊——善逝的大悲本智光芒，以其大悲前來攝受我。我要皈依它！**』

切莫貪戀、執著那幻惑的六道之光；

要專注一心於五方佛父佛母而念誦此祈請文：

嗟夫！猛烈五毒漂泊輪迴時，
祈於四智合顯光明道，
五部佛父尊於前引路，
五部佛母眾於後支援，
救護於不淨六趣光道，
度脫自中有恐怖險道，
護送臻達五佛勝妙剎。」

依如是祈願，上等——能認知自相，與之融合無二而成佛。
中等——則能以猛厲的虔敬心認知自己而獲解脫。
下等——亦能依於清淨祈願力，阻斷六道投生之門；從而了悟「四智

ཪོ་རྗེ་སེམས་དཔའི་ཁོང་སེང་གི་ལམ་ལ་འཚང་རྒྱ་བར་འགྱུར་རོ༔

ཡང་དེ་ལྟར་དུ་ཞི་བ་ལ་གསལ་བར་ངོ་སྤྲད་པས༔ འགྲོ་བ་ཤས་ཆེ་བ་ཞིག་ངོ་འཕྲོད་དེ་གྲོལ་བ་མང་དུ་འབྱུང་ངོ༔

ཐ་མའི་ཡང་ཐ་མི་ཡུལ་ལ་ཆོས་ཀྱི་བག་ཆགས་ཡེ་ནས་མེད་པའི་སྡིག་ཅན་དང༔ དམ་ཉམས་ལ་སོགས་པ་འགའ་ཞིག་ལས་ཀྱིས་འཁྲུལ་ནས་ངོ་སྤྲོད་ཀྱང་མ་འཕྲོད་པར་མར་ལ་འཁྱམས་སུ་འོང་བས༔

ཞག་བདུན་པ་ལ་དག་པ་མཁའ་སྤྱོད་ཀྱི་ཞིང་ཁམས་ནས་རིག་འཛིན་གྱི་ལྷ་ཚོགས་རྣམས་ཀྱིས་བསུ་བ་ལ་འོང་བས༔ དེའི་དུས་སུ་ཉོན་མོངས་པ་གཏི་མུག་ལས་གྲུབ་པའི་དུད་འགྲོའི་འོད་ལམ་གྱིས་ཀྱང་བསུ་བ་ལ་འོང་ངོ༔ དེའི་དུས་སུ་ཡང་ངོ་སྤྲད་པ་ནི༔ ཚེ་འདས་ཀྱི་མིང་ནས་བོས་ལ་འདི་སྐད་དོ༔

ཀྱེ་རིགས་ཀྱི་བུ་མ་ཡེངས་པར་ཉོན་ཅིག༔

ཞག་བདུན་པ་ལ་བག་ཆགས་དབྱིངས་སུ་དག་པའི་འོད་ཁྲ་བོ་ཤར་དུ་འོང་ངོ༔ དེའི་དུས་སུ་དག་པ་མཁའ་སྤྱོད་ཀྱི་ཞིང་ཁམས་ནས་རིག་འཛིན་གྱི་ལྷ་ཚོགས་རྣམས་བསུ་བ་ལ་འོང་སྟེ༔

འཇའ་དང་འོད་དུ་འཁྱིལ་པའི་དཀྱིལ་འཁོར་གྱི་དབུས་སུ་རྣམ་པར་སྨིན་པའི་རིག་འཛིན་བླ་ན་མེད་པ་པདྨ་གར་གྱི་དབང་ཕྱུག་ཅེས་བྱ་བ་སྐུ་མདོག་འོད་ལྔའི་མདངས་དང་ལྡན་པ༔

合顯」之諦，經由「金剛薩埵空間道」而得證悟。

經由如是清晰地引介寂靜(尊)*，大多數的眾生都能認知，(當中)許多的眾生也因而獲得解脫。

ཞི་བ།「寂靜」，於此，應是意指寂靜尊——至此，已介紹完四十二位寂靜尊，皆下來即將引介的是半寂半忿的持明尊。唯譯者所參英譯本分別解之為「精確」、「詳細」，應是誤讀為「一點之差」的ཞིབ།所致。

(至於那些)最最下劣之人——在人世間從未熏習佛法的罪人，以及某些退失三昧耶戒之人——因業力而迷惑；雖經引介，依然未能認知，故而向下漂泊。

於是，在第七日，持明聖眾*將會自空行淨土前來迎接(亡者)。
彼時，由愚癡煩惱所感之畜生光道也會前來引迎。
這時，(爲了)再度引介，應呼喚亡者之名，並作是言：

《中陰聞即解脫》中明確說道：四十二位寂靜尊是從亡者的心間顯現；五十八位忿怒尊則是從亡者的腦中顯現。至於持明尊是從何處顯現，並未言明。

一般通說：半寂半忿的持明尊是從亡者的喉部顯現。譯者作此補述，謹供參考。

「善男子(善女人)啊！一心諦聽。

在第七日，習氣本界清淨之五色斑斕光芒將會現起。這時，持明聖眾將從空行淨土前來迎接(亡者)。

名為『蓮花舞自在』之『無上異熟持明』將顯現於虹光密佈的壇城中央；

ཡུམ་མཁའ་འགྲོ་མ་དམར་མོ་སྐྱུ་ལ་འཁྲིལ་བ༔ གྲི་གུག་དང་ཐོད་ཁྲག་གི་གར་མཛད་ཅིང༔ ལྷ་སྟངས་ཀྱི་ཕྱག་རྒྱ་ནམ་མཁའ་ལ་མཛད་པ་ཞིག་ཤར་དུ་འོང་ངོ༔

དཀྱིལ་འཁོར་དེའི་ཤར་ནས་ས་ལ་གནས་པའི་རིག་འཛིན་ཞེས་བྱ་བ༔ སྐྱུ་མདོག་དཀར་ཞིང་འཛུམ་པའི་མདངས་དང་ལྡན་པ༔ ཡུམ་མཁའ་འགྲོ་མ་དཀར་མོ་སྐྱུ་ལ་འཁྲིལ་བ༔ གྲི་གུག་དང་ཐོད་ཁྲག་གི་གར་མཛད་ཅིང་ལྷ་སྟངས་ཀྱི་ཕྱག་རྒྱ་ནམ་མཁའ་ལ་མཛད་པ་ཞིག་འཆར་དུ་འོང་ངོ༔

དཀྱིལ་འཁོར་དེའི་ལྷོ་ནས་ཚེ་ལ་དབང་བའི་རིག་འཛིན་ཞེས་བྱ་བ༔ སྐྱུ་མཆོག་སེར་ཞིང་མཛེས་པའི་དཔེ་བྱད་དང་ལྡན་པ༔ ཡུམ་མཁའ་འགྲོ་མ་སེར་མོ་སྐྱུ་ལ་འཁྲིལ་བ༔ གྲི་གུག་དང་ཐོད་ཁྲག་གི་གར་མཛད་ཅིང་ལྷ་སྟངས་ཀྱི་ཕྱག་རྒྱ་ནམ་མཁའ་ལ་མཛད་པ་ཞིག་འཆར་དུ་འོང་ངོ༔

དཀྱིལ་འཁོར་དེའི་ནུབ་ནས་ཕྱག་རྒྱ་ཆེན་པོའི་རིག་འཛིན་ཞེས་བྱ་བ༔ སྐྱུ་མདོག་དམར་ཞིང་འཛུམ་པའི་མདངས་དང་ལྡན་པ༔ ཡུམ་མཁའ་འགྲོ་མ་དམར་མོ་སྐྱུ་ལ་འཁྲིལ་བ༔ གྲི་གུག་དང་ཐོད་ཁྲག་གི་གར་མཛད་ཅིང༔ ལྷ་སྟངས་ཀྱི་ཕྱག་རྒྱ་ནམ་མཁའ་ལ་མཛད་པ་ཞིག་འཆར་དུ་འོང་ངོ༔

དཀྱིལ་འཁོར་དེའི་བྱང་ནས་ལྷུན་གྱིས་གྲུབ་པའི་རིག་འཛིན་ཞེས་བྱ་བ༔ སྐྱུ་མདོག་ལྗང་ཞིང་ཞལ་ཁྲོ་འཛུམ་དང་ལྡན་པ༔ ཡུམ་མཁའ་འགྲོ་མ་ལྗང་ཁུ་སྐྱུ་ལ་འཁྲིལ་བ༔ གྲི་གུག་དང་ཐོད་ཁྲག་གི་གར་མཛད་ཅིང་ལྷ་སྟངས་ཀྱི་ཕྱག་རྒྱ་ནམ་མཁའ་ལ་མཛད་པ་ཞིག་འཆར་དུ་འོང་ངོ༔

རིག་འཛིན་དེ་རྣམས་ཀྱི་ཕྱི་རིམ་དུ་མཁའ་འགྲོ་མའི་ཚོགས་དཔག་ཏུ་མེད་པ་དང༔ དུར་ཁྲོད་བརྒྱད་ཀྱི་

身具五光之相，擁抱紅空行母，手持彎刀及顱血*而作舞，雙目仰視虛空。

* ཐོད་ཁྲག 英譯版多作「盛滿血的顱器」。藏漢大辭典：顱血——用人頭蓋骨作成容器，內部所盛之血。

所謂的『住地持明』將顯現自壇城東方；
其身色白，帶有笑容，擁抱白空行母，手持彎刀及顱血而作舞，雙目仰視虛空*。

所謂的『壽自在持明』將顯現自壇城南方；
妙身色黃，隨好莊嚴，擁抱黃空行母，手持彎刀及顱血而作舞，雙目仰視虛空。

所謂的『大手印持明』將顯現自壇城西方；
其身色紅，帶有笑容，擁抱紅空行母，手持彎刀及顱血而作舞，雙目仰視虛空。

所謂的『任運持明』將顯現自壇城北方；
其身色綠，面呈半忿半悅之容，擁抱綠空行母，手持彎刀及顱血而作舞，雙目仰視虛空。

* 關於持明尊的眼部表情，坊間譯本各有其形容。例如：某些中譯本描述為「抬頭仰望」或「忿怒瞪視」。某英譯本描述為「結印並凝視虛空」。也有英譯本解作「為其佛母(綠)空行母所擁抱。她以指向虛空之姿高舉彎刀並持盛血顱器而作舞……。」誠可謂「一句藏文，各自表述」。

譯者依於藏典原文和詠給明就仁波切之親自示範——僅仰抬雙眼並專注、穩定地凝視虛空(這本身即是一種「手印」)——而譯作「雙目仰視虛空」。此譯文已經師尊們認可。

在那些持明聖眾的外圍，有無數的空行母眾——八大寒林空行母、四

འཁོར།

མཁའ་འགྲོ༔ རིགས་བཞིའི་མཁའ་འགྲོ༔ གནས་གསུམ་གྱི་མཁའ་འགྲོ༔ གནས་བཅུའི་མཁའ་འགྲོ༔ ཡུལ་ཉི་ཤུ་རྩ་བཞིའི་མཁའ་འགྲོ་མ་རྣམས་དང༔ དཔའ་བོ་དང༔ དཔའ་མོ་དང༔ གིང་དང༔ ཆོས་སྐྱོང་བའི་སྲུང་མ་དང་བཅས་པ་ཐམས་ཅད་རྫུས་པའི་རྒྱན་དྲུག་གསོལ་ནས༔

ཟ་དང༔ རྐང་དུང་དང༔ ཐོད་ཟ་དང༔ ཞིང་ལྤགས་ཀྱི་རྒྱལ་མཚན་དང༔ མི་ལྤགས་ཀྱི་བླ་རེ་དང༔ མི་ལྤགས་ཀྱི་འཕན་དང༔ མི་གསུར་གྱི་དུད་པ་དང༔ རོལ་མོའི་བྱེ་བྲག་དཔག་ཏུ་མེད་པ་དང་བཅས་ཏེ་འཇིག་རྟེན་གྱི་ཁམས་ཐམས་ཅད་ཁེངས་པར་བྱེད༔ ཤིག་ཤིག་ཡོམ་ཡོམ་འགྱུལ་འགྱུལ་དུ་འོང་ངོ༔ རོལ་མོའི་སྒྲ་ཐམས་ཅད་ཀྱང་མགོ་འགགས་པ་ཙམ་དུ་ལྡིར་ནས་འོང་ངོ༔ གར་སྣ་ཚོགས་བྱེད་ཅིང་དམ་ཚིག་ཅན་རྣམས་ཀྱི་བསྲུབ་ལ་འོང་ངོ༔ དམ་ཉམས་རྣམས་ལ་ཆད་པ་གཅོད་དུ་འོང་ངོ༔

ཀྱེ་རིགས་ཀྱི་བུ༔ བག་ཆགས་དབྱིངས་སུ་དག་པ་ལྷན་ཅིག་སྐྱེས་པའི་ཡེ་ཤེས་འོད་ཁ་དོག་ལྔ་དང་ལྡན་པ་ཚོན་སྐུད་བསྒྲིལ་བ་ལྟ་བུ་ཁྲ་ཤིག་ཤིག་པ༔ མེར་མེར་བ༔ ཁྲུམ་ཁྲུམ་པ་ཞིག་གསལ་ལ་དྭངས་པ༔ བཀྲག་ལ་ཉམ་ང་བ་ཞིག་རིག་འཛིན་གྱི་གཙོ་བོ་ལྔའི་ཐུགས་ཀ་ནས་ཁྱོད་རང་གི་སྙིང་གི་ཐད་ཀར་མིག་གིས་མི་བཟོད་པ་ཙམ་དུ་ཟུག་ནས་འོང་ངོ༔

དེ་དང་མཉམ་དུ་དུད་འགྲོའི་འོད་ལྗང་ཁུ་བཀྲག་མེད་ཞིག་ཀྱང་ཡེ་ཤེས་ཀྱི་འོད་དང་མཉམ་དུ་འཆར་ནས་འོང་ངོ༔ དེའི་དུས་སུ་ཁྱོད་བག་ཆགས་འཁྲུལ་པའི་དབང་གིས་འོད་ཁ་དོག་ལྔ་ལྡན་དེ་ལ་སྐྲག་ཅིང་བྲོས་ནས༔ དུད་འགྲོའི་འོད་བཀྲག་མེད་དེ་ལ་ཆགས་སུ་འོང་བས༔ དེ་ཙམ་ན་ཁྱོད་འོད་ཁ་དོག་ལྔ་ལྡན་བཀྲག་མདངས་ཅན་དེ་ལ་མ་འཇིགས་ཤིག༔ མ་སྐྲག་ཅིག༔ ཡེ་ཤེས་སུ་ངོ་ཤེས་པར་གྱིས་ཤིག༔

འོད་ཀྱི་ནང་ནས་ཐམས་ཅད་ཆོས་ཀྱི་རང་སྒྲ་འབྲུག་སྟོང་ལྡིར་བ་ཙམ་འོང་ངོ༔ སྒྲ་དྲག་ལ་ལྡིར་ཆེ་བ༔ ཙུར་སྒྲ༔ བསོ་སྒྲ༔ སྒྲ་དྲག་པོ་དྲག་སྔགས་དང་བཅས་ནས་འོང་ངོ༔ དེ་ལ་མ་འཇིགས་ཤིག༔ མ་བྲོས་ཤིག༔ མ་སྐྲག་ཅིག༔

部空行母、三處空行母、十處空行母、二十四聖地空行母；
連同勇父、勇母、忿怒尊僕從和護法守者等眾。

祂們悉皆身披六種骨飾莊嚴，(執持)鼓、腿骨號筒、顱鼓、惡人全皮勝利幢、人皮華蓋、人皮幡、人脂焦煙以及無可計數的各式樂器。

(如是)遍滿整個世界*，使之撼動、搖晃、擺盪。
(其所執持之)各種樂器發出令人頭裂的隆隆巨響。

(祂們)跳著各式的舞蹈，(如是)前來迎接持守三昧耶戒之士，懲治退失三昧耶戒之徒。」

* 「整個世界」，依於佛教宇宙觀：一世界包含了須彌山、四大洲、八小洲、日、月。

「善男子(善女人)啊！

習氣本界清淨之俱生本智之光——其具五色，一如彩繩絞合——將自五持明主尊心間直射你心口。其光斑斕耀目，潋灩閃爍，清亮瑩澈，鮮明而驚心懾魄，致使你雙目無以承受。

同時，畜生道不明燦的綠光也會與此智光一齊放射。
這時，你因業習迷惑力故，便會畏懼、逃離那五彩(智)光而愛樂畜生道不明燦的綠光。

此際，你對那明燦的五彩智光，莫要畏懼，莫要驚駭，要認知它即是本智。

從那光中，將發出一切法之自聲，一如千龍哮吼，巨響隆隆；(還)伴隨著嘈雜聲、吶喊聲和忿怒咒音。

對此，你莫要畏懼，莫要逃離，莫要驚駭；

ཁྱོད་རང་གི་རང་སྣང་རིག་པའི་རྩལ་དུ་ངོ་ཤེས་པར་གྱིས་ཤིག༔ དུད་འགྲོའི་འོད་ལྗང་ཁུ་བཀྲག་མེད་དེ་ལ་མ་ཆགས་ཤིག༔ མ་ཞེན་ཅིག༔

དེ་ལ་ཆགས་ན་ནི་ཁྱོད་གཏི་མུག་དུད་འགྲོའི་གནས་སུ་ལྷུང་སྟེ་གླེན་ལྐུགས་བཀོལ་སྤྱོད་ཀྱི་སྡུག་བསྔལ་མཐའ་ལས་འདས་པ་མྱོང་སྟེ༔ ཐར་པའི་དུས་མི་འབྱུང་བས་དེ་ལ་མ་ཆགས་ཤིག༔ འོད་ཁ་དོག་ལྔ་ལྡན་གསལ་ལ་འཚེར་བ་དེ་ལ་མོས་པ་གྱིས་ལ་བཅོམ་ལྡན་རིག་འཛིན་སློབ་དཔོན་གྱི་ལྷ་ཚོགས་ལ་འདུན་པ་རྩེ་གཅིག་ཏུ་གཏོད་ལ༔

རིག་འཛིན་གྱི་ལྷ་ཚོགས་དཔའ་བོ་མཁའ་འགྲོ་དང་བཅས་པ་འདི་རྣམས་བདག་དག་པ་མཁའ་སྤྱོད་ཀྱི་གནས་སུ་བསུ་བ་ལ་འབྱོན་པར་འདུག་པས༔

ཁྱེད་རྣམས་རེ་མཁྱེན༔ བདག་ལྟ་བུའི་སེམས་ཅན་ཚོགས་མ་བསགས་པ༔ ད་ཞག་ཕན་ཆད་དུས་གསུམ་གྱི་བདེ་བར་གཤེགས་པ་རིགས་ལྔའི་ལྷ་ཚོགས་དེ་ཙམ་གྱི་ཐུགས་རྗེའི་འོད་ཟེར་གྱིས་བཟུང་ཡང་མ་ཟིན་པ་འདི་བདག་འདྲ་བ་ལ་ཨ་ཙ་མ༔ ད་ནི་རིག་འཛིན་ལྷ་ཚོགས་ཁྱེད་རྣམས་ཀྱིས༔ ད་འདི་མན་ཆད་དུ་ཅི་ནས་ཀྱང་མ་བཏང་ཞིག༔ ཐུགས་རྗེའི་ལྕགས་ཀྱུས་ཟུང་ཞིག༔ དག་པ་མཁའ་སྤྱོད་ཀྱི་ཞིང་དུ་ད་ལྟ་ཁོ་ན་དྲང་དུ་གསོལ༔ སྙམ་པའི་འདུན་པ་རྩེ་གཅིག་ཏུ་གཏོད་ལ༔ སྨོན་ལམ་འདི་སྐད་དུ་ཐོབ་ཅིག༔

ཀྱེ་མ་རིག་འཛིན་ལྷ་ཚོགས་རྣམས་ཀྱང་དགོངས་སུ་གསོལ༔ བརྩེ་བ་ཆེན་པོས་ལམ་སྣ་དྲང་དུ་གསོལ༔
བག་ཆགས་དྲག་པོས་འཁོར་བར་འཁྱམས་པའི་ཚེ༔
ལྷན་སྐྱེས་ཡེ་ཤེས་གསལ་བའི་འོད་ལམ་ལ༔
དཔའ་བོ་རིག་འཛིན་རྣམས་ཀྱིས་ལམ་སྣ་དྲོངས༔
ཡུམ་མཆོག་མཁའ་འགྲོའི་ཚོགས་ཀྱིས་རྒྱབ་ནས་སྐྱོར༔
བར་དོ་འཇིགས་པའི་འཕྲང་ལས་བསྒྲལ་ནས་ཀྱང༔
དག་པ་མཁའ་སྤྱོད་ཞིང་ཁམས་དེ་རུ་སྐྱོལ༔

要認知它是你覺性妙力之自相。
切莫貪戀、執著畜生道不明燦的綠光。

若貪戀之，你便會墮入愚癡的畜生道，遭受愚昧、喑啞、奴役的無邊痛苦而出脫無期。
因此，對之，莫要貪戀。
(你)要信受那明燦的五彩智光，專注一心於世尊持明阿闍梨聖眾而念想：

『持明聖眾連同勇父、空行等已前來迎接我去空行淨土。

請您等鑑知啊！如我這般未積資糧的眾生，至今雖經三時五部如許佛眾以(其)大悲光芒攝受，(我等)卻未能得攝。哎！哎！如我這般(不幸)的眾生啊！

當此，唯願持明聖眾您等切莫放捨我往下沈淪。
祈請您等以大悲之鉤攝受、引領我即登空行淨土！』

你要專注一心(祈求持明聖眾)而念誦此祈請文：

嗟夫！祈請持明聖眾護念我，祈以大悲引領我於道。
猛烈習氣漂泊輪迴時，
祈於俱生本智光明道，
持明勇父尊於前引路，
空行佛母眾於後支援，
救度我於中有驚險道，
護送臻達清淨空行剎。」

以如是猛厲的虔敬心祈願故，(亡者)便會融入持明聖眾心間的虹光中；無疑地，必能往生空行淨土。

ཅེས་མོས་གུས་དྲག་པོས་སྨོན་ལམ་བཏབ་པས༔ རིག་འཛིན་ལྷ་ཚོགས་རྣམས་ཀྱི་ཐུགས་ཀར་འཇའ་འོད་དུ་ཐིམ་ནས་དག་པ་མཁའ་སྤྱོད་ཀྱི་གནས་སུ་སྐྱེ་བར་ཐེ་ཚོམ་མེད་དོ༔ དགེ་བའི་བཤེས་གཉེན་གྱི་རིགས་ཐམས་ཅད་ཀྱང་འདི་ནས་ངོ་འཕྲོད་དེ་གྲོལ་བ་ཤ་སྟག་གོ༔ འདིར་བག་ཆགས་ངན་ཡང་གྲོལ་བར་ངེས་སོ༔

དེ་ཡན་ཆད་ནི་འཆི་ཁའི་བར་དོར་འོད་གསལ་ངོ་སྤྲོད་པ་དང༔ ཆོས་ཉིད་ཞི་བའི་བར་དོར་ངོ་སྤྲོད་པ་ཐོས་གྲོལ་ཆེན་མོ་ཐལ་ལོ༔ ཨིཐི༔ སམཡ༔ རྒྱ་རྒྱ་རྒྱ༔

ད་ནི་ཁྲོ་བོའི་བར་དོ་འཆར་ཚུལ་བསྟན་པར་བྱ་སྟེ༔

དེ་ཡང་གོང་དུ་ཞི་བའི་བར་དོ་ལ་འཕྲང་རིམ་པ་བདུན་ཡོད་དེ༔

དེ་རྣམས་ལ་རིམ་པ་བཞིན་དུ་ངོ་སྤྲོད་པས་གཅིག་ལ་ངོ་མ་འཕྲོད་ཀྱང་གཅིག་ལ་ངོ་འཕྲོད་དེ་གྲོལ་བ་ཐོབ་པ་ནི་དཔག་ཏུ་མེད་པ་འབྱུང་ངོ༔

དེ་ལྟར་གྲོལ་བར་མང་དུ་བྱུང་ཡང༔ སེམས་ཅན་ནི་གྲངས་མང༔ ལས་ངན་ནི་ཚན་ཆེ༔ སྡིག་སྒྲིབ་ནི་ལྗུན་འཐུག༔ བག་ཆགས་ནི་ཡུན་རིང༔ མ་རིག་འཁྲུལ་འཁོར་འདི་ལ་ཟད་ཅིང་འཕྲི་བ་མེད་པས་དེ་ལྟར་ཞིབ་ཏུ་ངོ་སྤྲད་ཀྱང་མ་གྲོལ་བར་ཐུར་དུ་འཁྱམས་པ་ཚན་ཆེ་སྟེ༔

དེ་ཡང་ཞི་བའི་ལྷ་ཚོགས་དང༔ རིག་འཛིན་མཁའ་འགྲོའི་སྣང་མ་འདས་པའི་འོག་ཏུ༔ ཁྲག་འཐུང་ཁྲོ་བོའི་ལྷ་ཚོགས་འབར་བ་ལྔ་བཅུ་རྩ་བརྒྱད༔ གོང་གི་ཞི་བའི་ལྷ་ཚོགས་གནས་འགྱུར་ནས་འཆར་དུ་འོང་ངོ༔ ད་ནི་གོང་དང་མི་འདྲ་སྟེ༔ འདི་ཁྲོ་བོའི་བར་དོ་ཡིན་པས་འཇིགས་སྐྲག་སྔངས་གསུམ་གྱི་དབང་དུ་འགྲོ་སྟེ༔ ངོ་འཕྲོད་པ་ཡང་དཀའ་རུ

凡屬善知識者皆能在此認知而獲解脫。
即便習氣惡劣之徒也必能於此獲得解脫。

以上即為《聞即解脫》——「臨死中陰光明引介」、「法性寂靜中陰引介」竟。

依替 薩瑪雅 賈賈賈*

文終一行ས་མ་ཡ༔ རྒྱ་རྒྱ་རྒྱ༔係伏藏空行符號文字，不需念誦、譯出。

༔係伏藏標點。

現在，應教示忿怒中陰的顯現樣態。

之前，(共)有七個次第的寂靜中陰險道(現起)。

依於那些(險道而作)的次第引介，(亡者)即便在一處未能認知，也能於另一處認知。無數的眾生已如是獲得解脫。

雖然已有許多眾生如是獲得解脫，然而有情的數量極多，惡業強猛，罪障稠重，習氣長久，無明迷惑之輪無有減損*。

因此，雖經如是詳盡引介，仍有許多眾生未能獲得解脫而向下漂泊。

德格印經院版刻作：ཟད་ཅིང་འཕེལ་བ་མེད་པ།「無有窮盡亦無增盛」，實難與上文融貫。

承蒙圖登諾布仁波切查對康區金龍寺版本，修正一字之誤ཟད་ཅིང་འཕྲི་བ་མེད་པ།，譯者遂得依之作譯如上。

(於是，)在寂靜聖眾、持明空行的引迎過後，五十八位熾燃的飲血忿怒聖眾將會顯現——祂們是從先前的寂靜尊轉化而來的。
(然而，)現在(的祂們)和先前不同，這是(所謂的)忿怒中陰。

འགྲོའོ༔ རིག་པ་རང་དབང་མི་ཐོབ་པར་བཀྲུལ་ནས་ཁོར་ཡུག་ཏུ་འོང་སྟེ་ཉུང་ཟད་ཙིག་ངོས་ཟིན་ན་གྲོལ་བར་སླ་སྟེ༔

དེ་ཅིའི་ཕྱིར་ཞེ་ན༔ སྣང་སྐྲག་འཇིགས་གསུམ་གྱི་སྣང་བ་ཤར་པས་རིག་པ་ཡེངས་ལོང་མེད་དེ༔ རིག་པ་རྩེ་གཅིག་ཏུ་བསྒྲིམས་ནས་ཡོད་པའི་ཕྱིར་རོ༔

འདིའི་སྐབས་སུ་འདི་ལྟ་བུའི་གདམས་པ་དང་མ་འཕྲད་ན༔ ཐོས་པ་རྒྱ་མཚོ་ལྟ་བུ་ཡོད་ཀྱང་འདིར་ཕན་པ་མེད་དོ༔

འདུལ་བ་འཛིན་པའི་མཁན་པོ་དང༔ མཚན་ཉིད་པའི་སྟོན་པ་ཆེན་པོ་རྣམས་ཀྱང་སྐབས་འདིར་འཁྲུལ་ནས་ངོ་མ་འཕྲོད་དེ༔ འཁོར་བར་འཁྱམས་པ་ཡང་ཡོད་དོ༔

སྐྱེ་བོ་ཐ་མལ་པ་རྣམས་ནི་ཁ་ཙང་ཡང་ཆེ་སྟེ༔ སྣང་སྐྲག་འཇིགས་གསུམ་ལ་བྲོས་པས་ངན་སོང་གི་གཡང་ལ་ལྷུང་ནས་སྡུག་བསྔལ་ལོ༔

གསང་སྔགས་ལ་སྤྱོད་པའི་རྣལ་འབྱོར་པ་ཐ་མའི་ཡང་ཐ་མ་ཞིག་ཡིན་ན་ཡང་ཁྲག་འཐུང་གི་ལྷ་ཚོགས་མཐོང་མ་ཐག་ཏུ་སྔར་འདྲིས་ཀྱི་མི་དང་འཕྲད་པ་ལྟ་བུར་ཡི་དམ་གྱི་ལྷ་ཡིན་པར་ངོ་ཤེས་པས་ཡིད་ཆེས་ཏེ༔ གཉིས་སུ་མེད་པར་ཐིམ་ནས་སངས་རྒྱས་པར་འགྱུར་རོ༔

དེ་ཡང་མི་ཡུལ་དུ་ཁྲག་འཐུང་གི་སྐུ་འདི་རྣམས་ལ་མངོན་རྟོགས་བསྒོམས་པ་དང༔ མཆོད་བསྟོད་བྱས་པ་དང༔ ཐ་ན་སྐུ་གཟུགས་རིས་སུ་བྲིས་པ་དང༔ འབུར་དུ་རྡོད་པ་ལ་སོགས་པ་མཐོང་བ་ཙམ་ཞིག་ཡིན་པས་ཀྱང་འདིར་སྐུ་གཟུགས་ཤར་བ་དང་ངོ་ཤེས་ནས་གྲོལ་བ་ཐོབ་པའི་གནད་ཀྱང་དེ་ལྟར་ཡིན་ནོ༔

ཡང་མི་ཡུལ་དུ་འདུལ་འཛིན་གྱི་མཁན་པོ་དང༔ མཚན་ཉིད་ཀྱི་སྟོན་པ་ཆོས་སྤྱོད་ལ་ཅི་ལྟར་བརྩོན་ཞིང༔ བཤད་པའི་ཆོས་ལ་ཇི་ལྟར་མཁས་ཀྱང་གྲོངས་པའི་ཚེ༔ གདུང་དང་རིང་བསྲེལ་དང་འཇའ་འོད་ལ་སོགས་པའི་རྟགས་མི་འབྱོན་ཏེ༔

因此，(亡者)將受制於畏懼、驚駭、恐慌，認知也會變得愈加困難。其心不能自主而不斷地昏厥。

(即便如此，亡者)若能有些微的認知，解脫是容易的。

爲什麼呢？那是因爲恐慌、驚駭、畏懼的境相(一旦)現起，(亡者的)心便了無馳散的空暇，其心(自然)變得專注。

這時，(亡者)若未值遇這般口訣，縱然博學如海，也了無助益。

即便是持律堪布、法相學大法師*，於此際，也是會心生迷惑而無法認知，從而流轉於輪迴。

對於凡夫而言，更是如此。他們因恐慌、驚駭、畏懼而奔逃，從而墮入惡道懸崖受苦。

法相師，採用辯論方式研究佛教法相學之人。(藏漢大辭典)

(然而，)即便是一名最最劣等的密乘行者，當他一見到飲血聖眾時，便能如逢故友般地立即認知祂們是本尊，從而生起信心，(與之)融合無二而成佛。

箇中關鍵在於——當他在人世時，曾從事此等飲血聖眾形相之現觀*修持，並行供養、禮讚；甚至，僅僅是看過祂們的畫像或雕像等，(於中陰時，)他便能認知飲血尊顯現於此際的身形而獲解脫。

現觀，密乘生起次第修持法。(藏漢大辭典)

(那些)持律堪布和法相學法師在人世時，不論多麼精勤於法行*或多麼擅於講授佛法；當他們亡故時，(並)不會有金剛舍利、舍利、虹光等徵象產生。

དེ་ནི་གསོན་པོའི་དུས་སུ་གསང་སྔགས་བློར་མ་ཤོང་བ་དང༔ གསང་སྔགས་ལ་གཤེ་སྐུར་བཏབ་པ་དང༔ གསང་སྔགས་ཀྱི་ལྷ་ཚོགས་རྣམས་རྒྱུས་མེད་པའི་དབང་གིས་བར་དོར་ཤར་ཡང་ངོ་མ་ཤེས་ཏེ༔

སྔར་མ་མཐོང་བ་ཞིག་གློ་བུར་དུ་མཐོང་བ་དེ་དགྲར་སོང་ནས༔ དེ་ལ་སྡང་སེམས་སྐྱེས་ནས་དེས་རྐྱེན་བྱས་ནས་ངན་སོང་དུ་འགྲོ་བས་དེའི་ཕྱིར་འདུལ་བ་འཛིན་པ་དང༔ མཚན་ཉིད་པ་ཇི་ལྟར་བཟང་ཡང་ནང་ན་གསང་སྔགས་ཀྱི་ཉམས་ལེན་མེད་པས༔ གདུང་དང༔ ཤ་རཱི་རམ་དང་རིང་བསྲེལ་དང༔ འཇའ་འོད་ལ་སོགས་པའི་རྟགས་མི་འབྱུང་པའི་མཚན་ཉིད་དེ་ལྟར་རོ༔

法行，丹增嘉措仁波切解道：此處不作「法行儀軌」解，而是指「十法行」之類的行持。

十法行：於佛經繕寫、供養、施贈、聽聞、受持、披讀、開演、諷誦、思維和修習。(藏漢大辭典)

這是因爲他們在生前無法納受密乘，謗責密乘，未能熟悉密乘佛眾；因此，當這些佛眾於中陰顯現時，他們也無從認知。

突然看到昔日未曾見過的事物，便會視爲仇敵，對它生起瞋心，從而趨入惡道。

因此，不論(那些)持律之士和法相師(生前)多麼優異；於內在，若不具密乘修持，(死時)就不會有金剛舍利*、夏日禳金剛舍利*、舍利*、虹光等類的徵象產生。

文中所列種種徵象，譯者係依丹增嘉措仁波切指導而迻譯。仁波切以中文解道：

「གདུང་། 金剛舍利，有五種顏色，狀作圓形，屬無為法，不可摧壞。

一般而言，係修行者於臨死中陰時證得法身成就所顯徵象。因此金剛舍利可謂成佛之象徵，為大圓滿心性修持者之所證。

ཤ་རི་རམ།屬於五種金剛舍利當中的一種。仁波切指示：此處宜採音譯——夏日禳金剛舍利。

རིང་བསྲེལ། 舍利，可摧壞，係一般修行者可得之道行徵象。一般而言，乃化身成就之徵象。」

此外，詠給明就仁波切也曾枚舉密續中所述之五種金剛舍利藏文名稱。除了 ཤ་རི་རམ། 夏日禳金剛舍利之外，還有 པཉྩ་རི་རམ། 班匝日禳金剛舍利、

གསང་སྔགས་པ་ཐ་མའི་ཡང་ཐ་ཞིག་ཡིན་ན་ཡང་འཕྲུལ་དུ་སྤྱོད་ལམ་རྒྱིང་བ་དང༔ མི་བཙུན་པ་དང༔ མི་མཁས་པ་དང༔ ཚུལ་དང་མི་མཐུན་པའི་སྤྱོད་ལམ་མི་མཛེས་པ་ཅི་ལྟར་འདུག་ཀྱང་དེས་གསང་སྔགས་ཀྱི་ཆོས་ཉམས་སུ་ལེན་མ་ཐུབ་ཀྱང༔ དེ་ལ་ལོག་ལྟ་མ་སྐྱེས་པ་དང༔ ཐེ་ཚོམ་མེད་པ་དང༔ གསང་སྔགས་ལ་མོས་པ་བྱས་པ་པོ་ནས་ཀྱང་སྐབས་འདིར་གྲོལ་བ་ཐོབ་པ་ཡིན་ནོ༔

མི་ཡུལ་དུ་སྤྱོད་ལམ་མ་མཛེས་ཀྱང་ཤི་བའི་ཚེ་ན༔ གདུང་དང༔ རིང་བསྲེལ་དང༔ སྐུ་གཟུགས་དང༔ འཇའ་འོད་ལ་སོགས་པའི་རྟགས་སྣ་རེ་ཙེས་ཀྱང་འབྱུང་བར་འགྱུར་ཏེ༔ དེ་ནི་གསང་སྔགས་འདི་བྱིན་རླབས་ཤིན་ཏུ་ཆེ་བའི་ཕྱིར་རོ༔

གསང་སྔགས་ཀྱི་རྣལ་འབྱོར་པ་འཁྲིད་ཡན་ཆད༔ བསྐྱེད་རྫོགས་བསྒོམས་པ་དང༔ སྙིང་པོ་བཟླས་པ་ལ་སོགས་ཉམས་སུ་བླངས་པ་རྣམས་ནི་ཆོས་ཉིད་བར་དོ་འདི་ཙམ་དུ་མར་ལ་འཁྲུམས་མི་དགོས་ཏེ་

ཉི་རི་རམ། 娘日禳金剛舍利、མི་རི་རམ། 美日禳金剛舍利和ཆུ་རི་རམ། 秋日禳金剛舍利。

即便是一名最最劣等的密乘行者，不論他眼前*的行止威儀如何地粗率，(品德)如何地不敦肅、學識如何地淺薄，悖離世情的行止又是如何地不雅正；

縱使他無法修持密乘教法，僅憑他對密乘不生邪見、不起懷疑、虔誠信受，便能於此際獲得解脫。

* 此段文中有一關鍵詞འཕྲལ་དུ།，歷來譯者多半未能精確譯出。圖登諾布仁波切解道——འཕྲལ་དུ།「眼前」，意指「表面上看起來是……其實非然」。文中所言之密乘行者，表面上看起來低劣，實則不然。

需要了解的是，此處是以對比的方式來強調密乘教法於中陰解脫的重要性，並非對各教派行褒貶、分軒輊。密乘教法本是普攝小、大、密三乘的教法，於戒、定、慧三學自然是缺一不可的。

雖然他在人世間的行爲不雅正，當他死時，至少會有一個徵象產生。例如：金剛舍利、舍利、聖骨瑞相*、虹光等等。這是因爲密乘具有極大的加持力。

* སྐུ་གཟུགས། 一詞，在此譯作「聖骨瑞相」，係依丹增嘉措仁波切之解説而作譯。

仁波切解道：「སྐུ་གཟུགས། 是指修行者的聖骨，其上有佛像、壇城等相狀顯現。一般而言，這是修持生起次第本尊法成就者的徵象。聖骨上所顯現的佛像，往往就是該行者生前所觀修的本尊。

(至於)中等以上的密乘行者，(於生前曾)從事生起次第、圓滿次第、持誦心咒等修持。他們不需要往下漂泊這麼遠而來到法性中陰。

དབུགས་ཆད་མ་ཁད་དུ་རིག་འཛིན་དང་དཔའ་བོ་མཁའ་འགྲོ་ལ་སོགས་པས་དག་པ་མཁའ་སྤྱོད་དུ་དེས་པར་གདན་དྲངས་པར་འགྱུར་ཏེ༔

དེའི་རྟགས་སུ་ནམ་མཁའ་གཡའ་དག་པ་དང༔ འཇའ་དང་འོད་དུ་འཁྱིལ་བ་དང༔ མེ་ཏོག་གི་ཆར་པ་དང༔ སྤོས་དྲི་དང༔ ནམ་མཁའ་ལ་རོལ་མོའི་སྒྲ་དང༔ ཟེར་དང༔ གདུང་དང༔ རིང་བསྲེལ་དང༔ སྐུ་གཟུགས་ལ་སོགས་པ་འབྱུན་པ་ནི་དེའི་རྟགས་ཡིན་ནོ༔

དེའི་ཕྱིར་དུ་འདུལ་པ་འཛིན་པ་དང༔ མཚན་ཉིད་སྟོན་པ་དང༔ དམ་ཚིག་ཉམས་པའི་ཐུགས་པ་དང༔ སྐྱེ་བོ་ཐ་མལ་པ་ཐམས་ཅད་ལ་ཐོས་གྲོལ་ཆེན་མོ་འདི་མེད་པའི་ཐབས་མེད་དོ༔

རྫོགས་པ་ཆེན་པོ་དང་ཕྱག་རྒྱ་ཆེན་པོ་བསྒོམས་པ་ལ་སོགས་པའི་སྒོམ་ཆེན་པ་དག་ནི་འཆི་ཁའི་བར་དོ་འོད་གསལ་ངོས་ཟིན་ནས་ཆོས་སྐུ་ཐོབ་པར་འགྱུར་བས་ཐོས་གྲོལ་ཆེན་མོ་འདི་བཀླག་མི་དགོས་པ་ཤ་སྟག་འོང་ངོ༔

དེ་ཡང་འཆི་ཁའི་བར་དོ་འོད་གསལ་ངོས་ཟིན་ན་ཆོས་སྐུ་ཐོབ་བོ༔ ཆོས་ཉིད་བར་དོར་ཞི་ཁྲོའི་སྣང་བ་ཤར་བའི་དུས་སུ་ངོས་ཟིན་ན་ལོངས་སྤྱོད་རྫོགས་པའི་སྐུ་ཐོབ་བོ༔

སྲིད་པ་བར་དོར་ངོས་ཟིན་ན་སྤྲུལ་སྐུ་ཐོབ་པ་དང༔ གནས་མཐོ་རིས་སུ་སྐྱེས་ཏེ་ཆོས་འདི་དང་འཕྲད་ནས་སྐྱེ་བ་ཕྱི་མ་ལ་སྤྱོད་པའི་ལས་འཕྲོ་ཡོད་པས་དེའི་ཕྱིར་ཐོས་གྲོལ་འདི་ནི༔

མ་བསྒོམ་པར་སངས་རྒྱས་པའི་ཆོས༔
ཐོས་པ་ཙམ་གྱིས་གྲོལ་བ་ཐོབ་པའི་ཆོས༔
སྡིག་པོ་ཆེ་གསང་ལམ་ལ་འཁྲིད་པའི་ཆོས༔

當他們(外)氣才剛息止，持明、勇父、空行等聖眾就必然會迎接他們到空行淨土去。

所顯徵象諸如：晴空無翳，虹、光籠罩，天降花雨，熏香(瀰漫)，空出樂音，出現光芒、金剛舍利、舍利、聖骨瑞相等。

因此，對於持律之士、法相學法師*、退失三昧耶戒的咒師以及所有的凡夫眾生而言，《聞即解脫》便是不可或缺的*了。

此處的「持律之士、法相學法師」係指前文所言「未曾值遇中陰口訣」、「在生前無法納受密乘，謗責密乘，不熟悉密乘佛眾」等類的學修者。

譯者嘗見某些較為早期的英、中譯本將མེད་པའི་ཐབས་མེད་དོ། 誤譯作「(除《聞即解脫》之外)別無他法」。其原意實為「必不可少、不可或缺」。

此處是在強調《聞即解脫》對此類人等的必要性，並未帶有獨尊、排他的意涵。

(至於)那些從事大圓滿、大手印等修持的大修行者，他們會因認知「臨死中陰光明」而證入法身，因此一概不需讀誦《聞即解脫》。

(總而言之，)若於臨死中陰時認知光明，便能證得法身。
若於法性中陰寂靜、忿怒尊顯現時認知，便能證得報身。
若於投生中陰時認知，便能證得化身，或者投生善趣而(於彼趣)值遇此(《聞即解脫》)教法，具備於(彼)來生能事修行之善根。

也因此，此《聞即解脫》是——

不經修持即得成佛的教法；
僅憑聽聞即得解脫的教法；
引領大罪人行於密道的教法；

སྐད་ཅིག་གཅིག་གིས་བྲེ་བྲག་ཕྱེད་པའི་ཆོས༔
སྐད་ཅིག་གཅིག་གིས་རྫོགས་སངས་རྒྱས་པའི་ཆོས་ཟབ་མོ་ཡིན་ནེ༔
འདིས་སྐྱེབ་པའི་སེམས་ཅན་ངན་སོང་དུ་སོང་བ་མི་སྲིད་དོ༔

འདི་དང་བཏགས་གྲོལ་གཉིས་བསྒྲགས་པས་གསེར་གྱི་མཆྲུལ་ལ་གཡུའི་ཕྲ་བཀོད་པ་དང་འདྲ་བས་བསྒྲགས་པར་གྱིས་ཤིག༔

一剎那分明差別*的教法；
一剎那圓證佛果的甚深教法。
因此，已值遇此法*的眾生，是不可能趨向惡道的。

此處的ཁྱེ་བྲག་ཕྱེད།，譯為「分明差別」。譯者係依慈怙 廣定大司徒仁波切解為 *"difference is made"* 之意境而作譯。

若依藏漢大辭典，則可解之為「分辨差別」或「分明/顯出差別」。

於此，英譯本各作其解；譯者所就教的上師們也各有其闡述與遣詞。

當譯者遭逢此瓶頸時，正值印度智慧林大寶伏藏灌頂期間，主法上師大司徒仁波切以英文複述其藏文開示。譯者速記了相關片段：「當我們的業、福德與修持 *(karma, merit and practice)* 和合時，就會如同當年悉達多太子在菩提樹下，不必等到日升或日落，就在那一剎那，圓滿證悟了佛果。在那一剎那之前，還是有情眾生；在那一剎那之後，即釋迦牟尼佛。」接著，他所引述的二句偈語正好與本文相合。他說：སྐད་ཅིག་གཅིག་གིས་ཁྱེ་བྲག་ཕྱེད༔ སྐད་ཅིག་གཅིག་གིས་རྫོགས་སངས་རྒྱས༔ *"Difference is made by one moment. Buddhahood is attained by one moment."*（這是完全依照藏文文法所作的直譯）。

於此，譯者的理解是：眾生與佛在本質上雖無差別(以「基」或「根」而言），但眾生是沉睡中的佛，在睡夢中經歷著輪、涅的幻境。當其業、福德與修持(所謂的「道」)和合時，就在那一剎那，眾生覺醒，便即成佛(於「果」而言)——基於根，依於道，而於果上形成如此分明的差別。故而譯作「一剎那分明差別；一剎那圓證佛果。」

འདིས་སླེབ། 詠給明就仁波切解道：此乃方言，表意為「(此法)若到來」，在此意指「若值遇或得到(此法)」。

（再者，）要朗讀《聞即解脫》和《繫即解脫》*二者——（其間的關連，）就如同金製的曼荼羅鑲嵌著綠松石飾件一般，因此，要(一併地)朗讀啊！

དེ་ལྟར་ཐོས་གྲོལ་གྱི་དགོས་ཆེད་བསྟན་ནས་ད་ནི་ཁྲོ་བོའི་བར་དོ་འཆར་ཚུལ་ངོ་སྤྲོད་པར་བྱ་སྟེ༔

ཡང་ཚེ་འདས་ཀྱི་མིང་ནས་ལན་གསུམ་བོས་ལ་འདི་སྐད་དོ༔

ཀྱེ་རིགས་ཀྱི་བུ་མ་ཡེངས་པར་ཉོན་ཅིག༔

ཁྱོད་ཀྱི་གོང་དུ་ཞི་བའི་བར་དོ་ཤར་ཡང་ངོས་མ་ཟིན་པས་ད་དུང་འདིར་འཁྱམས་པ་ཡིན་ནོ༔ ད་ནི་ཞག་བརྒྱད་པ་ལ་ཁྲག་འཐུང་ཁྲོ་བོའི་ལྷ་ཚོགས་ཤར་དུ་འོང་ངོ༔ མ་ཡེངས་པར་ངོས་ཟིན་པར་གྱིས་ཤིག༔

密乘中有所謂的「六解脫」——藉眼、耳、鼻、舌、身、意(等六根)，緣色、聲、香、味、觸、法(等六塵)，依見、聞、嗅、嚐、繫、念而種下解脫的種子。

《繫即解脫》或譯為《佩即解脫》。唯此處所說的《繫即解脫》並非意指佩帶用的「繫即解脫咒輪」，而是《聞即解脫》之外獨立成篇的《繫即解脫》文。內含《聞即解脫》中佛眾的梵文名稱及諸多咒語。

《聞即解脫》的目的已教示如上。現在，應引介忿怒中陰的顯現樣態。

再次，應三呼亡者之名，並作是言：

「善男子(善女人)啊！一心諦聽：

先前寂靜中陰已顯現，但你未能認知，故而還得漂泊至此。
現在，於第八日，飲血忿怒聖眾*將會顯現，你要心無散亂地加以認知！」

在法性忿怒中陰顯現的本尊神眾，關於其顏色、頭面、手幟、行止的描述，僅就噶瑪林巴發掘之中陰伏藏而言，不只在各藏版的《聞即解脫》中，彼此差異甚大，甚至在同版中陰伏藏中的各篇所述，亦有出入。例如：《聞即解脫》和《繫即解脫》、《法行儀軌——習氣自解脫》當中所述互有出入。

再者，譯者為尋得適切的中陰唐卡，曾遍訪印度、尼泊爾、不丹、康區等地，發現各寺所繪製的中陰唐卡亦互有差別。歷經數年，譯者仍未覓得與德格印經院版或其他版本完全吻合之唐卡。

在未尋得德格印經院刻本之前，譯者曾隨文作註，逐一比對三版藏典差異。今則一律以此德格版為準。

ཀྱེ་རིགས་ཀྱི་བུ་དཔལ་ཆེན་བཛྲ་ཧེ་རུ་ཀ་ཞེས་བྱ་བ་སྐུ་མདོག་སྨུག་ནག་དབུ་གསུམ་ཕྱག་དྲུག་ཞབས་བཞི་བསྐྲད་པ་གཡས་ཞལ་དཀར་བ་གཡོན་དམར་བ་དབུས་སྨུག་ནག་ཏུ་ཡོད་པ་སྐུ་འོད་ཀྱི་ཕུང་པོར་འབར་བ༔ སྤྱན་དགུ་འཇིགས་པའི་སྟང་མིག་ཏུ་གཟིགས་པ༔ སྨིན་མ་གློག་བཞིན་དུ་འཁྱུག་པ༔ མཆེ་བ་ཟངས་ཡག་ཏུ་འབར་བ༔

ཨ་ལ་ལ་དང༔ ཧ་ཧེའི་གད་རྒྱངས་སྒྲོག་པ༔ ཤུའུ་ཞེས་པ་དང་བཤུག་པའི་སྒྲ་ཆེན་པོ་སྒྲོགས་པ༔ དབུ་སྐྲ་དམར་སེར་གྱེན་དུ་འཕྱོ་ཞིང་འབར་བ༔ ཉི་ཟླ་དང་ཐོད་སྐམ་གྱིས་དབུ་བརྒྱན་པ༔ སྦྲུལ་ནག་དང༔ ཐོད་རློན་གྱིས་སྐུ་ལ་བརྒྱན་པ༔

ཕྱག་དྲུག་གཡས་ཀྱི་དང་པོ་ན་འཁོར་ལོ༔ བར་པ་ན་དགྲ་སྟ༔ ཐ་མ་ན་རལ་གྲི༔ གཡོན་གྱི་དང་པོ་ན་དྲིལ་བུ༔ བར་པ་ན་ཐོང་བཤོལ༔ ཐ་མ་ན་ཧྲཀྵ་བསྣམས་པ༔

「善男子(善女人)啊！

所謂的『大吉祥布達*嘿汝嘎*』——
身色紅棕泛黑*，三頭六臂，四足叉開而立；
右臉色白，左臉色紅，中臉紅棕泛黑。
其身光暈熾燃，九眼以懾人的忿怒眼神看視。
雙眉如電掣，獠牙(如)良銅閃耀*。

- 「布達」係梵音中譯，在本文中為藏式拼音，意為「佛陀」。

- ཧེ་རུ་ཀ 嘿汝嘎(*Heruka*)，為求易懂易誦，除了專有名詞保留音譯「嘿汝嘎」之外，其餘均採意譯「飲血忿怒尊」。

- སྨུག་ནག 紅棕「泛黑」，詠給明就仁波切解道：此係指於偏紅的咖啡色面上，零散泛著暗黑。

- མཆེ་བ་ཟངས་ཡག 德格印經院版原作 ཟང་ཡག——藏漢大辭典：「一大數名」。

  譯者參閱英譯本所解，མཆེ་བ་ཟང་ཡག་ཏུ་འབར་བ། 一作「獠牙閃耀如銅」，另一作「獠牙外露而閃耀」。

  其後圖登諾布仁波切查對康區金龍寺版，依之修改為 ཟངས་ཡག，並解道：美好之銅，於此意指其牙根粗狀如銅而牙尖銳利。

發出『阿—拉—拉 』、『哈—嘿』等遠揚的巨笑聲，並發出「咻—」(一般的)哨音巨響。
其髮色紅黃，逆豎飛揚熾燃。
日、月、乾顱嚴飾其頂；黑蛇、鮮顱莊嚴其身。

其六臂：
右側上臂持輪，中臂執鉞斧，下臂持劍*；
左側上臂持鈴，中臂持犁，下臂執顱器。

ཡུམ་བཛྲ་ཀྲོ་དྷཱི་ཤྭ་རི་མ་སྐུ་ལ་འཁྱིལ་བ༔ གཡས་པས་ཡབ་ཀྱི་མགུལ་ནས་འཁྱུད་པ༔ གཡོན་པས་དུང་དམར་ཞལ་དུ་སྟོབ་པ༔

ཀན་སྒྲ་ཐུག་ཆོམ་དང་འུར་སྒྲ་འབྲུག་ལྡིར་བ་ཙམ་སྒྲོག་པ༔ རྡོ་རྗེ་འབར་བའི་སྤྱི་གསེབ་ནས་ཡེ་ཤེས་ཀྱི་མེ་འབར་བ༔ ཁྲུང་གིས་བརྡེག་པའི་གདན་ལ་བརྒྱང་བསྐུམ་དུ་བཞུགས་པ༔

རང་གི་ཀློད་པའི་ནང་ནས་ཐོན་ནས་རང་ལ་མངོན་སུམ་དུ་དེ་ཀར་འཆར་རོ༔

此處藏文用詞為「第一、中間、最後」。

大司徒仁波切、詠給明就仁波切等上師皆說：「臂部手幟順序是由上往下數的。」。

為利讀誦，譯者逕譯為「上臂、中臂、下臂」——唯此須從其肩部觀察延伸出的臂肢，方能確定何者為「第一、中間、最後」或「上、中、下」。

在藏文中，「手」與「臂」往往共用一詞。依上述緣由，此處只能譯為「臂」，不能譯作「手」。若如多數英、中譯本所譯「上手、中手、下手」，便會與經文所述、唐卡所繪的手幟順序不符。詳參後續系列《飛越鐵達尼II 法性中陰靜忿百尊藏・中・英圖文對照》。

佛母『佛陀法界自在忿怒母*』擁抱佛父之身——右手環抱其頸，左手呈獻血顱*於尊口。

Buddhakrodhesvarī，梵音中譯為「布達克羅蒂索利」，意為「佛陀法界自在忿怒母」。

為利讀誦，各部之佛母「克羅蒂索利」，均採意譯。

དུང་དམར། 藏文表義為「赤紅海螺」，此處則意指「盛滿鮮血的顱器」。為利讀誦，簡譯為「血顱」。

(祂)發出爆裂的咂顎聲和雷鳴般的隆隆巨響；
自其忿怒金剛(身)毛的間隙燃起*本智之火；
(一雙腿)伸直，(另一雙腿)弓屈，(如是)立於大鵬鳥所撐舉的法座上。

——將自你腦中化現而出，現量顯現於你面前。

དེ་ལ་མ་འཛིགས་ཤིག༔ མ་སྐྲག་ཅིག༔ མ་སྔངས་ཤིག༔ རང་རིག་པའི་སྐུར་ངོ་ཤེས་པར་གྱིས་ཤིག༔ ཁྱོད་རང་གི་ཡི་དམ་གྱི་ལྷ་ཡིན་པས་མ་སྐྲག་ཅིག༔

དོན་ལ་བཅོམ་ལྡན་འདས་རྣམ་པར་སྣང་མཛད་ཡབ་ཡུམ་དངོས་ཡིན་པས་མ་སྐྲག་ཅིག༔ ངོ་ཤེས་པ་དང་གྲོལ་བ་དུས་མཉམ་དུ་འོང་ངོ༔

ཞེས་བསྒྲགས་པས་ཡི་དམ་དུ་ངོ་ཤེས་ནས་གཉིས་སུ་མེད་པར་ཐིམ་ནས་ལོངས་སྤྱོད་རྫོགས་པའི་སྐུར་སངས་རྒྱས་པར་འགྱུར་རོ༔

ཡང་དེ་ལ་སྔངས་སྐྲག་སྐྱེས་ཞིང་བྲོས་ནས་ངོ་མ་འཕྲོད་ན༔ ཡང་ཞག་དགུ་པ་ལ༔ ཁྲག་འཐུང་རྡོ་རྗེ་རིགས་ཀྱིས་བསུ་བ་ལ་འོང་བས༔ ཡང་ངོ་སྤྲད་པ་ནི༔ ཚེ་འདས་ཀྱི་མིང་ནས་བོས་ལ་འདི་སྐད་དོ༔

ཀྱེ་རིགས་ཀྱི་བུ་མ་ཡེངས་པར་ཉོན་ཅིག༔

ཞག་དགུ་པ་ལ་ཁྲག་འཐུང་རྡོ་རྗེའི་རིགས་ཀྱི༔ བཅོམ་ལྡན་འདས་བཛྲ་ཧེ་རུ་ཀ་ཞེས་བྱ་བ༔ སྐུ་མདོག་མཐིང་ནག་ཞལ་གསུམ་ཕྱག་དྲུག་ཞབས་བཞི་བརྒྱད་པ༔ གཡས་དཀར་བ༔ གཡོན་དམར་བ༔ དབུས་མཐིང་བ༔

圖登諾布仁波切解道：འབར་བ། 在此，除了可解作「燃燒」之外，也意指「忿怒」。火、顱血等皆表忿怒尊。

對之，你莫要畏懼，莫要驚駭，莫要恐慌。

要認知那是你的本覺之身。

那是你的本尊，故而莫要驚駭。

(彼)實爲毗盧遮那佛父佛母*；因此，莫要畏懼。

(在你)認知的同時，便即獲得解脫。」

佛父、佛母實為一體之二面，並非二元對立的存在，遑論男、女分別之個體。也因此，涉及代名詞時，應避免譯為「祂們」及使用複數動詞。(這也正是英譯的難處)

經如是朗讀，(亡者)便能認知本尊，(與之)融合無二，即依報身(之道)而成佛。

然而，若(亡者)對之心生恐懼而逃離，故而未能認知；

則於第九日，金剛部(化現)的飲血聖眾便會前來迎接(亡者)。

(爲了)再次引介，應呼喚亡者之名，並作是言：

「善男子(善女人)啊！一心諦聽：

在第九日，名爲『薄伽梵班雜*嘿汝嘎』的金剛部飲血尊——

身色青黑，三面六臂，四足叉開而立。

右臉色白，左臉色紅，中臉青(黑)*。

「班雜」係梵文藏音中譯，意為「金剛」。

青黑，係指青中泛黑——在天青色面上，零散泛著暗黑。

又其「中臉」的顏色，有的藏文版本刻作「青色」，有的則作「青黑」。

ཕྱག་དྲུག་གཡས་ཀྱི་དང་པོ་ན་རྡོ་རྗེ༔ བར་མ་ན་ཟླན་ཟླ༔ ཐ་མ་ན་དགྲ་སྟ༔ གཡོན་གྱི་དང་པོ་ན་དྲིལ་བུ༔ བར་མ་ན་ཟླན་ཟླ༔ ཐ་མ་ན་མཐོང་གསོལ༔

ཡུམ་བཛྲ་ཀྲོ་དྷི་ཤྭ་རི་མ་ཡབ་ཀྱི་སྐུ་ལ་འཁྲིལ་བ༔ གཡས་པས་མགུལ་ནས་འཁྱུད་ཅིང༔ གཡོན་པས་དུང་དམར་ཞལ་དུ་སྟོབ་པ༔

རང་གི་ཀླད་པའི་ནང་ནས་ཤར་ནས་ཐོན་ནས་རང་ལ་འཆར་དུ་འོང་ངོ༔

དེ་ལ་མ་འཇིགས་ཤིག༔ མ་སྐྲག་ཅིག༔ མ་སྔངས་ཤིག༔ རང་རིག་པའི་སྐྱུར་ངོ་ཤེས་པར་གྱིས་ཤིག༔ ཁྱོད་རང་གི་ཡི་དམ་གྱི་ལྷ་ཡིན་པས་མ་སྐྲག་ཅིག༔ དོན་ལ་བཅོམ་ལྡན་འདས་རྡོ་རྗེ་སེམས་དཔའ་ཡབ་ཡུམ་དངོས་ཡིན་པས་མོས་གུས་གྱིས་ཤིག༔ ངོ་ཤེས་པ་དང་གྲོལ་བ་དུས་མཉམ་དུ་འོང་ངོ༔

ཞེས་བསྒྲགས་པས་ཡི་དམ་དུ་ངོ་ཤེས་ནས་གཉིས་སུ་མེད་པར་ཐིམ་ནས་ལོངས་སྤྱོད་རྫོགས་པའི་སྐུར་སངས་རྒྱས་པར་འགྱུར་རོ༔

ཡང་ལས་སྒྲིབ་ཆེ་བ་དེ་རྣམས་དེ་ལ་སྔངས་སྐྲག་སྐྲེས་ནས་བྲོས་པས་ངོ་མ་འཕྲོད་ན༔ ཡང་ཞག་བཅུ་པ་ལ་ཁྲག་འཐུང་རིན་ཆེན་རིགས་ཀྱིས་བསུ་བ་ལ་འོང་བས༔ ཡང་ངོ་སྤྲད་པ་ནི༔ ཚེ་འདས་ཀྱི་མིང་ནས་བོས་ལ་འདི་སྐད་དོ༔

ཀྱེ་རིགས་ཀྱི་བུ་མ་ཡེངས་པར་ཉོན་ཅིག༔

ཞག་བཅུ་པ་ལ་ཁྲག་འཐུང་རིན་ཆེན་རིགས་ཀྱི་བཅོམ་ལྡན་འདས་རཏྣ་ཧེ་རུ་ཀ་ཞེས་བྱ་བ༔ སྐུ་མདོག་སེར་ནག་ཞལ་གསུམ་ཕྱག་དྲུག་ཞབས་བཞི་བརྒྱད་པ༔ གཡས་དཀར་བ༔ གཡོན་དམར་བ༔ དབུས་སེར་ནག་འབར་བ༔

德格印經院版在此雖作「青色」，譯者鑑於五部飲血佛尊的「中臉」顏色皆同其身色，故權譯為「青(黑)」。

其六臂：
右側上臂執金剛杵，中臂執顱器，下臂執鉞斧；
左側上臂持鈴，中臂執顱器，下臂持犁。

佛母『金剛法界自在忿怒母』擁抱佛父之身——右手環抱其頸，左手呈獻血顱於尊口。

——將自你腦內東隅化現在你面前。

對之，你莫要畏懼，莫要驚駭，莫要恐慌。
要認知那是你的本覺之身。
那是你的本尊，故而莫要驚駭。

(彼)實爲金剛薩埵佛父佛母；因此，你要心生虔敬。
(在你)認知的同時，便即獲得解脫。」

經如是朗讀，(亡者)便能認知本尊，(與之)融合無二，即依報身(之道)而成佛。

然而，那些業障深重的眾生若對之心生恐懼而逃離，因而未能認知；
則於第十日，寶生部(化現)的飲血聖眾便會前來迎接(亡者)。
(爲了)再次引介，應呼喚亡者之名，並作是言：

「善男子(善女人)啊！一心諦聽：

在第十日，名爲『薄伽梵慈那*嘿汝嘎』的寶生部飲血尊——
身色黃黑，三面六臂，四足叉開而立。
右臉色白，左臉色紅，中臉爲熾烈的黃黑色。

ཕྱག་དྲུག་གཡས་ཀྱི་དང་པོ་ན་རིན་པོ་ཆེ༔ བར་པ་ན་ཁ་ཊྭཱཾ་ག༔ ཐ་མ་ན་བེ་ཅོན་བསྣམས་པ༔ གཡོན་གྱི་དང་པོ་ན་དྲིལ་བུ༔ བར་མ་ན་རྣ་དྣ༔ ཐ་མ་ན་ཏྲི་ཤུལ་བསྣམས་པ༔

ཡུམ་རཏྣ་ཀྲོ་དྷཱི་ཤྭ་རི་མ་ཡབ་ཀྱི་སྐུ་ལ་འཁྲིལ་བ༔ གཡས་པས་མགུལ་ནས་འཁྱུད་ཅིང་གཡོན་པས་དུང་དམར་ཞལ་དུ་སྟོབ་པ༔

རང་གི་གླུད་པའི་ལྷོ་ནས་རང་ལ་ཤར་དུ་འོང་བས༔

དེ་ལ་མ་འཇིགས་ཤིག༔ མ་སྐྲག་ཅིག༔ མ་སྔངས་ཤིག༔ རང་གི་རིག་པའི་སྐྱུར་ངོ་ཤེས་པར་གྱིས་ཤིག༔ ཁྱོད་རང་གི་ཡི་དམ་གྱི་ལྷ་ཡིན་པས་མ་སྐྲག་ཅིག༔ དོན་ལ་བཅོམ་ལྡན་འདས་རིན་ཆེན་འབྱུང་ལྡན་ཡབ་ཡུམ་དངོས་ཡིན་པས་མོས་པ་གྱིས་ཤིག༔ ངོ་ཤེས་པ་དང༔ གྲོལ་བ་དུས་མཉམ་དུ་འོང་ངོ༔

ཞེས་བསྒྲགས་པས་ཡི་དམ་དུ་ངོ་ཤེས་ནས་གཉིས་སུ་མེད་པར་ཐིམ་ནས་སངས་རྒྱས་པར་འགྱུར་རོ༔

ཡང་དེ་ལྟར་ངོ་སྤྲོད་ཀྱང་བག་ཆགས་ངན་པས་ཕྱིར་ཁྲིད་དེ་སྔངས་སྐྲག་སྐྱེས་ནས་ཕྱིར་བྲོས་པས༔ ཡི་དམ་དུ་ངོ་མ་ཤེས་པར་གཤིན་རྗེར་མཐོང་ནས་ངོ་མ་འཕྲོད་པས༔

「惹那」為梵文藏音中譯，意為「寶」。

其六臂：
右側上臂持寶，中臂執天杖*，下臂持棒；
左側上臂持鈴，中臂執顱器，下臂執三叉戟*。

ཁ་ཊྭཾ་ག 梵文藏音中譯「喀章噶」，意譯「天杖」——佛教密宗本尊手幟之一。在長杖頂端有三重頭顱，其上有三支鐵尖為誌(並不是三叉戟)。

譯者嘗見某些較為早期的英、中譯本將它譯作「其上串有三顆頭顱的三叉戟」，應屬誤譯。

ཏྲེ་ཤུལ། 三叉戟——在長杖頂端有著三支利刃的兵器。

佛母『寶(部)法界自在忿怒母』擁抱佛父之身——右手環抱其頸，左手呈獻血顱於尊口。

——將自你腦內南隅化現在你面前。

對之，你莫要畏懼，莫要驚駭，莫要恐慌。
要認知那是你的本覺之身。
那是你的本尊，故而莫要驚駭。

(彼)實爲寶生如來佛父佛母；因此，你要心生虔敬。
(在你)認知的同時，便即獲得解脫。」

經如是朗讀，(亡者)便能認知本尊，(與之)融合無二而成佛。

雖經如是引介，(亡者)因惡習牽引而退卻，心生恐懼而逃離；
未能認知爲本尊而視之爲閻王。

ཡང་ཞག་བཅུ་གཅིག་པ་ལ་ཁྲག་འཐུང་པདྨ་རིགས་ཀྱིས་བསུ་བ་ལ་འོང་སྟེ༔ ཡང་ངོ་སྤྲོད་པ་ནི༔ ཚེ་འདས་ཀྱི་མིང་ནས་བོས་ལ་འདི་སྐད་དོ༔

ཀྱེ་རིགས་ཀྱི་བུ་མ་ཡེངས་པར་ཉོན་ཅིག༔ ཞག་བཅུ་གཅིག་པ་ལ་ཁྲག་འཐུང་པདྨ་རིགས་ཀྱི་བཅོམ་ལྡན་འདས་པདྨ་ཧེ་རུ་ཀ་ཞེས་བྱ་བ་སྐུ་མདོག་དམར་ནག་ཞལ་གསུམ་ཕྱག་དྲུག་ཞབས་བཞི་བསྒྲད་པ༔ གཡས་དཀར་གཡོན་སྔོ༔ དབུས་དམར་ནག༔

ཕྱག་དྲུག་གཡས་ཀྱི་དང་པོ་ན་པདྨ༔ བར་པ་ན་ཁ་ཊྭཾ་ག༔ ཐ་མ་ན་དབྱུག་ཏོ༔ གཡོན་གྱི་དང་པོ་ན་དྲིལ་བུ༔ བར་པ་ན་ཐྣན་ཐྣ་དམར་གྱིས་བཀང་བ༔ ཐ་མ་ན་ཛེའུ་ཆུང་བསྣམས་པ༔

ཡུམ་པདྨ་ཀྲོ་དྷི་ཤྭ་རི་མ་སྐུ་ལ་འཁྲིལ་བ༔ གཡས་པས་མགུལ་ནས་འཁྱུད་ཅིང༔ གཡོན་པས་དུང་དམར་ཞལ་དུ་སྟོབ་པ༔

ཡབ་ཡུམ་ཞལ་སྦྱོར་མངོན་སུམ་རང་གི་ཀླད་པའི་ནང་ནས་ཐོན་ནས་རང་ལ་ཤར་དུ་འོང་བས

དེ་ལ་མ་འཇིགས་ཤིག༔ མ་སྐྲག་ཅིག༔ དེ་ལ་མ་སྔངས་ཤིག༔ བྲོད་པ་སྐྱེད་ཅིག༔ རང་གི་རིག་པའི་སྐུར་ངོ་ཤེས་པར་གྱིས་ཤིག༔ ཁྱོད་རང་གི་ཡི་དམ་གྱི་ལྷ་ཡིན་པས་མ་སྐྲག་ཅིག༔ མ་སྔངས་ཤིག༔

དོན་ལ་བཅོམ་ལྡན་འདས་སྣང་བ་མཐའ་ཡས་ཡབ་ཡུམ་དངོས་ཡིན་པས་མོས་པ་གྱིས་ཤིག༔ ངོ་ཤེས་པ་དང་གྲོལ་བ་དུས་མཉམ་དུ་འོང་ངོ༔

ཞེས་བསྒྲགས་པས་ཡི་དམ་གྱི་ལྷ་ཡིན་པར་ངོ་ཤེས་ནས་གཉིས་སུ་མེད་པར་ཐིམ་ནས་སངས་རྒྱས་པར་འགྱུར་རོ༔

由於(亡者)未能認知，於是，在第十一日，蓮花部(化現)的飲血聖眾便會前來迎接。
(爲了)再次引介，應呼喚亡者之名，並作是言：

「善男子(善女人)啊！一心諦聽：

在第十一日，名爲『薄伽梵貝瑪*嘿汝嘎』的蓮花部飲血尊——
身色紅黑，三面六臂，四足叉開而立。
右臉色白，左臉色藍，中臉紅黑。

「貝瑪」係梵文藏音中譯，意為「蓮花」。

其六臂：
右側上臂持蓮，中臂執天杖，下臂執短杵；
左側上臂持鈴，中臂執血顱，下臂執小鼓。

佛母『蓮花法界自在忿怒母』擁抱佛父之身——右手環抱其頸，左手呈獻血顱於尊口。

——將自你腦內(西隅)化現，以佛父佛母雙運相，現量顯現於你面前。

對之，你莫要畏懼，莫要驚駭，莫要恐慌。
要鼓起興趣，並認知那是你的本覺之身。
那是你的本尊，故而莫要驚駭，莫要恐慌。

(彼)實爲阿彌陀如來佛父佛母；因此，要信受之。
(在你)認知的同時，便即獲得解脫。」

經如是朗讀，(亡者)便能認知本尊，(與之)融合無二而成佛。

ཡང་དེ་ལྟར་ཪྫོ་སྒྲུབ་ཀྱང་བག་ཆགས་ངན་པས་ཕྱིར་ཁྲིད་དེ༔ སྟངས་སྒྲག་སྐྱེས་ནས་བྲོས་པས་ཡི་དམ་རྫོ་མ་འགྲོད་པ་སྲིད་པས༔

ཡང་ཞག་བཅུ་གཉིས་པ་ལ༔ ཁྲག་འཐུང་ལས་ཀྱི་རིགས་ཀྱི་ལྷ་ཚོགས་དང༔ ཀོའུ་རྣིམ་དང༔ ཕྲ་མེན་མ་དང༔ དབང་ཕྱུག་མ་རྣམས་བསུ་བ་ལ་འོང་སྟེ༔

རྫོ་མ་ཤེས་པས་སྐྲག་ཏུ་འོང་བས༔ རྫོ་སྒྲུབ་པ་ནི༔ ཡང་ཚེ་འདས་ཀྱི་མིང་ནས་བོས་ལ་འདི་སྐད་དོ༔

ཀྱེ་རིགས་ཀྱི་བུ༔ མ་ཡེངས་པ་ཉོན་ཅིག༔

ཞག་བཅུ་གཉིས་སོང་བའི་དུས་སུ༔ ཁྲག་འཐུང་ལས་ཀྱི་རིགས་ཀྱི་བཅོམ་ལྡན་འདས་ཀརྨ་ཧེ་རུ་ཀ་ཞེས་བྱ་བ༔ སྐུ་མདོག་ལྗང་ནག་ཞལ་གསུམ་ཕྱག་དྲུག་ཞབས་བཞི་བསྒྲད་པ༔ གཡས་དཀར་གཡོན་དམར་དབུས་ལྗང་ནག་རྔམ་པ༔

ཕྱག་དྲུག་གཡས་ཀྱི་དང་པོ་ན་རལ་གྲི༔ བར་པ་ན་ཁ་ཊྭཾ་ག༔ ཐ་མ་ན་དབྱུག་ཏོ༔ གཡོན་གྱི་དང་པོ་ན་དྲིལ་བུ༔ བར་པ་ན་ནྲྀན་ནྲྀ༔ ཐ་མ་ན་ཐོད་གཞོལ་བསྣམས་པ༔

雖經如是引介，(亡者)因惡習牽引而退卻，心生恐懼而逃離，因此有可能無法認知本尊。

於是，在第十二日，羯磨部(化現)的飲血聖眾和寒林女神、異合女神*、自在天母等，便會前來迎接(亡者)。

* ཕྲ་མེན་མ།，此處權譯為「異合女神」。譯者係參合丹增嘉措仁波切的詮解及藏文詞義而迻譯。仁波切解道：「原本不相干的二種事物融合為一體。表徵本智與法界融合為一、顯與空融合為一……等意境。」

在此處，那是專指法性中陰顯現的一群女神或天母，不可譯作「魔女、化作人形的女鬼」(藏漢大辭典)。

需知法性中陰所顯境相皆是清淨的法性境相——覺性妙力之所顯，並非輪迴業力之所現。至於亡者在主觀上將祂們感知成什麼，則另當別論。當亡者能如實認知時，祂們便是本尊；反之，就會因畏懼而將其感知成恐怖的境相。

(亡者若)不能認知，便會心生驚駭。
因此，(為了)引介，應再次呼喚亡者之名，並作是言：

「善男子(善女人)啊！一心諦聽：

至第十二日之時，名為『薄伽梵噶瑪*嘿汝嘎』的羯磨部飲血尊——
身色綠黑，三面六臂，四足叉開而立。
右臉色白，左臉色紅，中臉為威猛的綠黑色。

* 「噶瑪」係梵文藏音中譯，古音譯作「羯磨」，意為「業、事業、功業」。

其六臂：
右側上臂持劍，中臂執天杖，下臂執短杵；
左側上臂持鈴，中臂執顱器，下臂持犁。

ཡུམ་ཀུན་ཏུ་བཟང་མོ་ཞབས་རྗེས་ཡབ་ཀྱི་སྐུ་ལ་འཁྲིལ་བ༔ གཡས་པས་ཡབ་ཀྱི་མགུལ་ནས་འཁྱུད་ཅིང་གཡོན་པས་དུང་དམར་ཞལ་དུ་སྟོབ་པ༔

ཡབ་ཡུམ་ཞལ་སྦྱོར་མདོན་སུམ་དུ་རང་གི་ཀླད་པའི་བྲང་ནས་ཐོན་ནས་རང་ལ་འཆར་རོ༔

དེ་ལ་མ་འཇིགས་ཤིག༔ མ་སྐྲག་ཅིག༔ མ་སྔངས་ཤིག༔ རང་གི་རིག་པའི་སྐྱུར་ངོ་ཤེས་པར་གྱིས་ཤིག༔ ཁྱོད་རང་གི་ཡི་དམ་གྱི་ལྷ་ཡིན་པས་མ་སྐྲག་ཅིག༔ དོན་ལ་ནི་བཅོམ་ལྡན་འདས་དོན་ཡོད་གྲུབ་པ་ཡབ་ཡུམ་དངོས་ཡིན་ནོ༔ མོས་པ་དང་གུས་པ་དུང་དུང་གྱིས་ཤིག༔ ངོ་ཤེས་པ་དང་གྲོལ་བ་དུས་མཉམ་དུ་འོང་ངོ༔

ཞེས་བསྒྲགས་པས་ཡི་དམ་དུ་ངོ་ཤེས་ནས་གཉིས་སུ་མེད་པར་ཐིམ་ནས་སངས་རྒྱས་པར་འགྱུར་རོ༔

དེ་དག་བླ་མའི་གདམས་ངག་གིས་རང་སྣང་རིག་པའི་རྩལ་དུ་ངོ་ཤེས་པས༔ དཔེར་ན་སེང་གེའི་གསོབ་མཐོང་བ་ལྟ་བུར་གྲོལ་ཏེ༔

དེ་ཡང་སེང་གེའི་གསོབ་དེ་འདི་ལྟར་ཡིན་གྱི་དོན་མ་རྟོགས་ན་སྔངས་སྐྲག་སྐྱེ་ཏེ༔ མི་གཅིག་གིས་འདི་ལྟར་ཡིན་གྱི་ངོ་སྤྲོད་པས་མཚང་རིག་སྟེ་འཇིགས་པ་དང་བྲལ་པ་འདྲ་བར་འདིར་ཡང་ཁྲག་འཐུང་གི་ལྷ་ཚོགས་སྐུ་ཆེ་བ་ཡན་ལག་རགས་པ༔ ནམ་མཁའི་ཁམས་དང་མཉམ་པ་འཆར་བའི་ཚེ༔ ངེས་པར་སྔངས་སྐྲག་སྐྱེ་སྟེ༔

ངོ་སྤྲོད་འདི་ཐོབ་མ་ཐག་ཏུ་རང་སྣང་ངམ་ཡི་དམ་དུ་ཤེས་ཏེ༔ སྔར་གོམས་པའི་འོད་གསལ་དང་ཕྱིས་ཤར་བའི་རང་བྱུང་གི་འོད་གསལ་གཉིས་མ་བུ་འདྲེས་ཏེ༔ རང་ལ་རང་ཤར་རང་གྲོལ་དུ་སྔར་འདྲིས་ཀྱི་མི་དང་འཕྲད་པ་ལྟར་རང་རིག་རང་གསལ་རང་གྲོལ་ལོ༔

佛母『羯磨法界自在忿怒母』擁抱佛父之身——右手環抱其頸，左手呈獻血顱於尊口。

——將自你腦內北隅化現，以佛父佛母雙運相，現量顯現於你面前。

對之，你莫要畏懼，莫要驚駭，莫要恐慌。
要認知那是你的本覺之身。
那是你的本尊，故而莫要驚駭。

(彼)實為不空成就如來佛父佛母。你要生起殷切的虔敬心。
(在你)認知的同時，便即獲得解脫。」

經如是朗讀，(亡者)便能認知本尊，(與之)融合無二而成佛。

(亡者)依於上師(昔日授予)的口訣，便能認知(彼等皆)為自相覺性之妙力，從而能如見到獅子標本真相般地獲得解脫。

彼獅子標本(之喻)係如是——若不了解實情，便會心生恐懼。經由某人加以引介，知曉(自己先前誤解之)過失，便能因而遠離怖畏。

同樣地，此際，當飲血聖眾以碩大的身軀、粗大的肢體，遍滿整個虛空而顯現時，(亡者)必然會心生恐懼。

(然而，)一經領受此一引介，(他)便能立即認知(那是)自相或本尊。
因此，他昔日熟諳的光明和之後現起的自生光明二者母、子融合*。
(亡者一旦認知那)對他現起的(母)光明，便自然獲得解脫。一如故友重逢*。
(如是，)其本來覺性和現起的心性光明(合一)，(亡者)便自然得獲解脫。

「亡者生前從事心性禪修所熟諳的心性本然光明」是謂「子光明」；

འདིའི་ངོ་སྤྲོད་མ་ཐོབ་ན༑ གང་ཟག་བཟང་པོ་ཡིན་ཀྱང་འདི་ནས་ཕྱིར་ལོག་སྟེ་འཁོར་བར་འཁྱམ་མོ༑ དེ་ནས་ཀོའུ་རི་བརྒྱད་ཀྱི་ཁྲོ་མོ་དང༑ ཕྲ་མེན་མགོ་བརྙན་སྣ་ཚོགས་རང་གི་ཀླད་པའི་ནང་ནས་ཐོན་ནས་རང་ལ་ཤར་དུ་འོང་བས༑

ཡང་ངོ་སྤྲད་པ་ནི༑ ཚེ་འདས་ཀྱི་མིང་ནས་བོས་ལ་འདི་སྐད་དོ༑

ཀྱེ་རིགས་ཀྱི་བུ་མ་ཡེངས་པར་ཉོན་ཅིག༑

རང་གི་ཀླད་པའི་ནང་ནས་ཀོའུ་རྀ་མ་མོ་བརྒྱད་ཐོན་ནས་རང་ལ་འཆར་དུ་འོང་ངོ༑ དེ་ལ་མ་འཇིགས་

「於其中陰現起的心性本然光明」是謂「母光明」。此二者原本即是一，不是二，皆是心性的本然光明。

亡者依於生前對心性光明的熟諳(子光明)，便不難於中陰時認知心性光明(母光明)。也因此，密續中常以母子相會，故友重逢作喻。

於此，八蚌確傑喇嘛　噶瑪貢措解道：「རང་ལ་རང་ཤར་རང་གྲོལ་དུ་སྔར་འདྲིས་ཀྱི་མི་དང་འཕྲད་པ་ལྟར་རང་རིག་རང་གསལ་རང་གྲོལ་ལོ༔ 當中的前後二句，皆在說明：依於子光明而認知現起的母光明，一如故友重逢。

若一定要依文解義，可大致解作：前句 རང་ལ་རང་ཤར་རང་གྲོལ་དུ། 是說：(母光明)對我(亡者)現起，(我依子光明便能認知、融合無二)，便自然獲得解脫。後句 རང་རིག་རང་གསལ་རང་གྲོལ་ལོ༔ 是說：我的心性明覺(指生前從事心性禪修所體證的子光明)與那在中陰時現起的母光明相會，便自然獲得了解脫。

文中以連續的『རང(自)』表達，便是強調『本然是一』的意境，這與束縛於二元分別概念的凡夫心識正好成一對比。這就好比一滴水落入一片湖水中，本來一味，相融無別。若能如是認知，當即解脫；依然迷於二元分別，便會繼續受縛於自心所顯的幻境中。」

若未領受此一引介，即便是善人，也會從此處回返而漂泊於輪迴。
於是，八位寒林忿怒女神和八位各具不同(鳥獸)頭面的異合女神將自(亡者)腦中化現在其面前*。

譯者嘗見某些中譯本在此標示為「第十三日」，唯藏典原文並未如是言明。譯者謹從詠給明就仁波切所示：「法性所顯，非可理推。」故未作此標示。

(為了)再次引介，應呼喚亡者之名，並作是言：

「善男子(善女人)啊！一心諦聽：

八位寒林女神將自你腦中化現在你面前；對之，莫要驚駭。

ཤོག

ཤོག༔ རང་གི་ཀླད་པའི་ཤར་ནས་ཀོའུ་རྡི་མ་དཀར་མོ༔ གཡས་ན་ཞིང་གི་དབྱུག་ཏོ་ཐོགས་པ༔ གཡོན་ན་རྐྟན་རྐྟ་དམར་གྱིས་བཀང་བ་བསྣམས་ནས་རང་ལ་ཤར་དུ་འོང་ངོ༔ མ་འཛིགས་ཤོག༔

ལྷོ་ནས་ཙོའུ་རྡི་སེར་མོ་མདའ་གཞུ་འགེངས་པ་དང༔

ནུབ་ནས་པྲ་མོ་དམར་མོ་ཆུ་སྲིན་གྱི་རྒྱལ་མཚན་བསྣམས་པ་དང༔

白寒林女神勾莉，將自你腦內東方化現在你面前。
其右手持人屍棒，左手執盛滿鮮血的顱器。莫畏懼之。

在藏典中，這八位寒林女神的梵文名字係以藏式拼音標示。其發音與梵文原音相去甚遠，再加上各版藏典的拼音多有出入；因此，譯者並未以藏音為依，而是直接依照梵音中譯其名稱。譯者嘗見之梵文藏音中譯如下，謹供參考：

白寒林女神勾莉——古熱白母；黃寒林女神鄒莉——卓熱黃母；紅寒林女神普拉嫫哈——扎莫紅母；黑寒林女神維達莉——貝達黑母；紅黃寒林女神普卡西——布嘎紅黃母；綠黑寒林女神噶絲瑪莉——給瑪綠黑母；黃白寒林女神珍達莉——贊達黃白母；青黑寒林女神絲瑪莎妮——美夏青黑母。

化現自(你腦內)南方的黃寒林女神鄒莉，張弓。

化現自(你腦內)西方的紅寒林女神普拉嫫哈，手持摩羯魚*勝利幢。

ཆུ་སྲིན། 摩羯魚，藏文字義「水中怪物」。梵文作：摩羯，摩伽羅。

傳說中這一種狀似魚類的動物，是古印度商船在尋找摩尼寶時可能遭遇的一種障礙。藏英辭典多作「鱷魚」解。

丹增嘉措仁波切解道：摩羯魚有可能是鯨魚、鯊魚……之類的動物，牠有一特性：一旦抓(咬)到獵物，就會緊抓(咬)不放。

八蚌確傑喇嘛 噶瑪貢措認為：在傳說中，那是一種狀似魚類的大型動物，生活在海洋中，有時會撞毀商船。因此，不太可能是鱷魚。由於藏域未臨海，傳統上，藏人只能憑藉想像而將牠畫成像龍一般的水怪。

藏漢大辭典：鯨魚，巨鰲。傳說中海裡的大鰲魚。

當譯者埋首研參諸般說法之際，突生一想：數千年以來，多少物種已然

བྱང་ནས་བེ་ཏ་ལི་ནག་མོ་རྡོ་རྗེ་དང་ཧྣན་ཧྣ་དམར་གྱིས་བཀང་བ་བསྣམས་པ་དང༔

ཤར་ལྷོ་ནས་པུཀྐ་སི་དམར་སེར་གཡས་རྒྱུ་མ་བཟུང་ནས་གཡོན་པས་ཞལ་དུ་གསོལ་བ༔

ལྷོ་ནུབ་ཏུ་གསྨ་རི་ལྗང་ནག་གཡོན་པས་ཧྣན་ཧྣ་ཁྲག་གིས་བཀང་བ་བཟུང་ནས་

གཡས་པས་རྡོ་རྗེས་དཀྲུག་ཅིང་ཞལ་དུ་གསོལ་བ་དང༔

ནུབ་བྱང་ནས་ཙན་ཌ་ལི་སེར་སྐྱ་མགོ་ལུས་ཕྲལ་བ༔ གཡས་པས་ཙིཏྟ་བསྣམས་ནས་གཡོན་པས་ལུས་པོ་ཟ་བ་དང༔

བྱང་ཤར་ནས་སྨེ་ཤ་ནྲི་མཐིང་ནག་ཞིང་གི་མགོ་ལུས་ཕྲལ་ནས་ཟ་བ་དང༔

གནས་ཀྱི་གཽའུ་རི་མ་བརྒྱད་པོ་ཡང་ཁྲག་འཐུང་ཡབ་ལྷ་ལ་བསྐོར་ནས་རང་གི་ཀླད་པའི་ནང་ནས་ཐོན་ནས་རང་ལ་འཆར་རོ༔ དེ་ལ་མ་འཇིགས་ཤིག༔

ཀྱེ་རིགས་ཀྱི་བུ་མ་ཡེངས་པར་ཉོན་ཅིག༔

དེའི་ཕྱི་རིམ་ནས་ཡུལ་གྱི་ཕྲ་མེན་བརྒྱད་ཐོན་ནས་རང་ལ་ཤར་དུ་འོང་ངོ༔

ཤར་ན་སིཾ་ཧ་མུ་ཁ་སྨུག་ནག་སེང་མགོ་ཅན་ལག་པ་གཉིས་བྲང་ཁར་བསྣོལ་ནས་ཁའི་ནང་དུ་རོ་ཐོགས་ཏེ་རལ་པ་བསིགས་པ་དང༔

絕跡，摩羯魚未必是現存物種之一。既然那是源自於印度的傳説，採梵音中譯「摩羯」，應是較為穩妥的譯法。

化現自(你腦内)北方的黑寒林女神維達莉，手持金剛杵和盛滿鮮血的顱器。

化現自(你腦内)東南隅的紅黃寒林女神普卡西，右手提腸，左手進食。

化現自(你腦内)西南隅的綠黑寒林女神噶絲瑪莉，左手捧持盛滿鮮血的顱器，右手以金剛杵攪拌而飲。

化現自(你腦内)西北隅的黃白寒林女神珍達莉，分離身、首；右手持心，左手取食屍身。

化現自(你腦内)東北隅的青黑寒林女神絲瑪莎妮，分離身、首而食。

——圍繞著五部飲血父尊的聖地八位寒林女神，將自你腦中化現在你面前。莫畏懼之。」

「善男子(善女人)啊！一心諦聽：

在此外圍，聖地的八位異合女神將會化現在你面前。

化現自(你腦内)東方的是紅棕泛黑的獅頭女神[*]，雙手交疊於胸前，口啣屍體，抖振獅鬃。

在原典中，這八位異合女神的梵文名字係採藏式拼音。譯者鑑於這些名字其實是以各自所具的動物頭面命名，為利讀誦，均採意譯。其梵文羅馬拼音如次：

獅頭女神：Siṃhamukhī、虎頭女神：Vyāghrīmukhī、狐頭女神：

ལྷོ་ནས་བྱ་ཀྱི་མྱུ་ཁ་དམར་མོ་སྣག་གི་མགོ་ཅན༑ ལག་གཉིས་མཐུར་དུ་བསྐོལ་ནས་མིག་འབྲུ་ཚུགས་སུ་བལྟ་ཞིང་མཆེ་བ་གཉེར་པ་དང༑

ནུབ་ནས་སྲི་ལ་མྱུ་ཁ་ནག་མོ་ཕྱ་མགོ་ཅན༑ གཡས་པས་སྐྱུ་གྲི་ཐོགས་ནས་གཡོན་པས་རྒྱུ་མ་བཟུང་ཞིང་ཟ་བ་དང༑ ཁྲག་བལྡག་པ༑

བྱང་ནས་ཤྭ་ན་མྱུ་ཁ་མཐིང་ནག་སྤྱང་མགོ་ཅན༑ ལག་པ་གཉིས་ཀྱིས་རོ་ཁར་ཁྱེར་ནས་མིག་འབྲུ་ཚུགས་སུ་བལྟ་བ་དང༑

ཤར་ལྷོར་ཀྱི་ཏ་མྱུ་ཁ་དཀར་སེར་བྱ་རྒོད་མགོ་ཅན་ཞིང་ཆེན་ཕྲག་ལ་ཁུར་ནས་ཀེང་རུས་ལག་ཏུ་ཐོགས་པ་དང༑

ལྷོ་ནུབ་ནས་ཀང་ཀ་མྱུ་ཁ་དམར་ནག་དུར་བྱའི་མགོ་ཅན་ཞིང་ཆེན་ཕྲག་ལ་ཁུར་བ་དང༑

ནུབ་བྱང་ནས་ཁ་ཁྭ་མྱུ་ཁ་ནག་མོ་བྱ་རོག་མགོ་ཅན་གཡོན་དུ་ཐྭན་ཐྲ་ཐོགས་ནས༑ གཡས་པས་རལ་གྲི་ཐོགས་ཏེ་གློ་སྙིང་ཟ་བ་དང༑

བྱང་ཤར་ནས་ཧུ་ལུ་མྱུ་ཁ་མཐིང་ནག་འུག་པའི་མགོ་ཅན༑ གཡས་སུ་རྡོ་རྗེ་ཐོགས་ནས་གཡོན་པས་རལ་གྲི་ཐོགས་ཤིང་ཤ་ཟ་བ་དང༑

ཡུལ་གྱི་ཕྲ་མེན་བརྒྱད་པོ་དེ་ཡང་ཁྲག་འཐུང་ཡབ་ལྷ་ལ་བསྐོར་ནས་རང་གི་ཀླད་པའི་ནང་ནས་ཐོན་ནས་རང་ལ་འཆར་རོ༑ དེ་ལ་མ་འཇིགས་ཤིག༑ གང་ཤར་ཐམས་ཅད་རང་སྣང་རིག་པའི་རྩལ་དུ་ངོ་ཤེས་པར་གྱིས་ཤིག༑

Śṛgālamukhī、狼頭女神：Śvanamukhī、鷲頭女神：Gṛdhramukhī、天葬台鳥頭女神：Kaṅkamukhī、鴉頭女神：Kākamukhī、梟頭女神：Ulūkamukhī。(以上拼音已依梵文辭典校正)

化現自(你腦內)南方的是紅色的虎頭女神，雙臂交叉朝下，凝神注視，齜牙咧嘴。

化現自(你腦內)西方的是黑色的狐頭女神，右手執利刃*，左手持腸並噉腸、舐血。

གྲི 利刃，原義為「剃刀」，係古印度一種利刃般的兵器，和現代「剃刀」相去甚遠。

化現自(你腦內)北方的是青黑色的狼頭女神，雙手執屍就口，凝神注視。

化現自(你腦內)東南隅的是黃白色的鷲頭女神，肩荷巨屍，手持骸骨。

化現自(你腦內)西南隅的是紅黑色的天葬台鳥頭女神，肩荷巨屍。

化現自(你腦內)西北隅的是黑色的鴉頭女神，左手執顱器，右手持劍，食心與肺。

化現自(你腦內)東北隅的是青黑色的梟頭*女神，右手執金剛杵，左手持劍而食肉。

「梟」即貓頭鷹。

——圍繞著五部飲血父尊的聖地八位異合女神，將自你腦中化現在你面前。莫畏懼之。不論顯現何等境相，你都要能認知其爲自相覺性之妙力。」

ཀྱེ་རིགས་ཀྱི་བུ༔

སྒོ་མ་བཞི་ཡང་རང་གི་ཀླད་པའི་ནང་ནས་ཐོན་ནས་རང་ལ་འཆར་དུ་འོང་བས་ངོ་ཤེས་པར་གྱིས་ཤིག༔

རང་གི་ཀླད་པའི་ཤར་ནས་རྟ་གདོང་དཀར་མོ་ལྕགས་ཀྱུ་མ་གཡོན་པས་ ཧྲན་ཧྲ་དམར་གྱིས་བཀང་བ་ཞིག་ཐོན་ནས་ཤར་དུ་འོང་ངོ༔

ལྷོ་ནས་ཕག་གདོང་མ་སེར་མོ་ཞགས་པ་འཛིན་པ་དང༔

ནུབ་ནས་སེང་གདོང་མ་དམར་མོ་ལྕགས་སྒྲོག་འཛིན་པ་དང༔

བྱང་ནས་སྤྲུལ་གདོང་མ་ལྗང་གུ་དྲིལ་བུ་འཛིན་པ་དང༔

སྒོ་མ་བཞི་ཡང་རང་གི་ཀླད་པའི་ནང་ནས་ཐོན་ནས་རང་ལ་ཤར་དུ་འོང་ངོ༔ ཡི་དམ་གྱི་ལྷ་ཡིན་པས་ངོ་ཤེས་པར་གྱིས་ཤིག༔

ཀྱེ་རིགས་ཀྱི་བུ༔

ཧེ་རུ་ཀ་དྲག་པོའི་ལྷ་སུམ་ཅུ་ཐམ་པའི་ཕྱི་རིམ་དུ་དབང་ཕྱུག་མ་ཉི་ཤུ་རྩ་བརྒྱད་མགོ་བརྙན་སྣ་ཚོགས་དང་ བཅས་ཏེ༔

མཚོན་ཆ་སྣ་ཚོགས་པ་ཐོགས་ནས་ཀླད་པའི་ནང་ནས་ཐོན་ནས་རང་ལ་ཤར་དུ་འོང་ངོ༔ དེ་ལ་མ་

「善男子(善女人)啊！

四位守門天母也會從你腦中化現在你面前*；你要能認知。

此處，譯者並未自行標示「第十四日」，理由同於前註。

化現自你腦內東方的是白色的馬面持鉤母，左手捧持盛滿鮮血的顱器*。

化現自(你腦內)南方的是黃色的豬面持羂母。

化現自(你腦內)西方的是紅色的獅面持鏈母。

化現自(你腦內)北方的是綠色的蛇面持鈴母。

這四位守門天母也將從你腦中化現在你面前。祂們是本尊，你要(如是)認知。」

在譯者嘗見之中陰唐卡中，其所描繪的四位守門天母，均是左手捧持盛血顱器，右手執持與其同名之手幟。然而，在《聞即解脫》中，僅僅描述其中一位左手捧持盛血顱器。

一般而言，伏藏所作之種種描述，皆係法性所顯，聖者們於淨觀中所見，非邏輯或常理所得推測。唯此處，關於守門天母之手幟，譯者依《法行儀軌——習氣自解脫篇》所述，得以確認此四位天母均是左手捧持盛血顱器。

「善男子(善女人)啊！

在這三十位忿怒飲血尊的外圍，將會有二十八位自在天母*自你腦中化現在你面前。

祂們各具不同的(鳥獸)頭面，執持各式的兵器，莫畏懼之。

འཇིགས་པར་གང་ཤར་ཐམས་ཅད་རང་སྣང་རིག་པའི་རྩལ་དུ་ངོ་ཤེས་པར་གྱིས་ཤིག༔ དོན་ཆེན་འགག་ལ་ཐུག་པའི་དུས་ཚོད་འདིར༔ བླ་མའི་གདམས་ངག་དྲན་པར་གྱིས་ཤིག༔

ཀྱེ་རིགས་ཀྱི་བུ༔

ཤར་ནས་སྲིན་མོ་སྨུག་ནག་གཡག་མགོ་མ་ལག་ན་རྡོ་རྗེ་ཐོགས་པ༔

ཚངས་པ་དམར་སེར་སྦྲུལ་མགོ་མ་ལག་ན་པདྨ་འཛིན་པ་དང༔

ལྷ་ཆེན་ལྗང་ནག་གཟིག་མགོ་མ་ལག་ན་ཏྲི་ཤུལ་ཐོགས་པ་དང༔

གཏོགས་འདོད་སྔོན་མོ་སྲེ་མོང་མགོ་ཕྱག་ན་འཁོར་ལོ་འཛིན་པ་དང༔

གཞོན་ནུ་དམར་མོ་དྲེད་མགོ་མ་ལག་ན་མདུང་ཐུང་འཛིན་པ་དང༔

不論顯現何等境相，你都要能認知其爲自相覺性之妙力。
值此緊要關鍵之刻，你可要憶念起上師的口訣啊！」

དབང་ཕྱུག་མ། 汪秋瑪——自在天母。此處說：將會有二十八位「自在天母」化現。然而，下文列舉時卻說是「瑜伽天母」。其實，此二者在此係指同一類女神，唯譯者仍舊依照藏典原詞作譯。

再者，《法行儀軌——習氣自解脫篇》中也說道：從(亡者腦內)的東、南、西、北方化現而出的瑜伽自在母，分別是息業、增業、懷業、誅業之瑜伽自在母。

「善男子(善女人)啊！

從東面會有：

紅棕泛黑的犛牛首羅剎天母，手持金剛杵。

紅黃色的蛇首梵天天母，手持蓮花。

綠黑色的豹首摩訶天母，手持三叉戟。

藍色的鼬首貪婪天母，手中持輪。

紅色的馬熊首*童女天母，手持短矛。

此處的དྲེད། 應是དྲེད་མོང་། 的簡稱——馬熊(藏漢大辭典)。

嘗見的英譯本或譯為 *yellow bear*（黃熊），或譯作 *brown bear*（棕熊）。

譯者在西藏動物記錄片中所見到的馬熊，其毛色為半身淡黃，半身灰白。在康區宗薩寺所見到的標本則呈深棕褐色。據說那是藏地常見的熊類，其毛皮厚而保暖。在藏地有一相關歇後語：馬熊捉雪豬——得後忘前。

བརྒྱ་བྱིན་དཀར་མོ་དོམ་མགོ་མ་ལག་ན་རྒྱ་ཞགས་ཐོགས་པ་དང༔

ཤར་གྱི་རྣལ་འབྱོར་མ་དྲུག་ཀླད་པའི་ནང་ནས་ཐོན་ནས་རང་ལ་འཆར་རོ༔ དེ་ལ་མ་འཇིགས་ཤིག༔

ཀྱེ་རིགས་ཀྱི་བུ༔

ལྷོ་ནས་རྡོ་རྗེ་སེར་མོ་ཕག་མགོ་མ་ལག་ན་སྤུ་གྲི་ཐོགས་པ་དང༔

ཞི་བ་དམར་མོ་ཆུ་སྲིན་མགོ་ལག་ན་བུམ་པ་ཐོགས་པ་དང༔

བདུད་རྩི་དམར་མོ་སྡིག་པའི་མགོ་ལག་ན་པདྨ་ཐོགས་པ་དང༔

ཟླ་བ་དཀར་མོ་ཁྲའི་མགོ་ལག་ན་རྡོ་རྗེ་ཐོགས་པ་དང༔

བེ་ཅོན་ལྗང་ནག་ཞྭའི་མགོ་ལག་ན་དབྱུག་ཏོ་ཕྱར་བ་དང༔

སྲིན་མོ་སེར་ནག་སྟག་གི་མགོ་ལག་ན་ཐོད་ཁྲག་ཐོགས་པ་དང༔

ལྷོའི་རྣལ་འབྱོར་མ་དྲུག་ཀླད་པའི་ནང་ནས་ཐོན་ནས་རང་ལ་འཆར་དུ་འོང་ངོ༔ དེ་ལ་མ་འཇིགས་ཤིག༔

ཀྱེ་རིགས་ཀྱི་བུ༔

ནུབ་ནས་ཟ་བ་ལྗང་ནག་བྱ་རྒོད་མགོ་ལག་ན་བེ་ཅོན་ཐོགས་པ་དང༔

དགའ་བ་དམར་མོ་རྟའི་མགོ་ལག་ན་ཕོག་ཆེན་ཐོགས་པ་དང༔

སྟོབས་ཆེན་དཀར་མོ་ཁྱུང་གི་མགོ་ལག་ན་དབྱུག་ཏོ་ཐོགས་པ་དང༔

སྲིན་མོ་དམར་མོ་ཁྱིའི་མགོ་ལག་ན་རྡོ་རྗེ་སྤུ་གྲིས་གཅོད་པ་དང༔

白色的熊首帝釋天母，手持腸套索。

——這六位東面的瑜伽天母，將從你腦中化現在你面前；莫畏懼之。」

「善男子(善女人)啊！

從南面會有：

黃色的豬首金剛天母，手持利刃。

紅色的摩羯魚首寂靜天母，手中持瓶。

紅色的蠍首甘露天母，手持蓮花。

白色的鷂首月天母，手持金剛杵。

綠黑色的狐首橛天母，手舉短杵。

黃黑色的虎首羅剎天母，手持盛血顱器。

——這六位南面的瑜伽天母，將從你腦中化現在你面前；莫畏懼之。」

「善男子(善女人)啊！

從西面會有：

綠黑色的鷲首食者天母，手持棍棒。

紅色的馬首歡喜天母，手持巨大體腔。

白色的鵰首大力天母，手持短杵。

ལ་སྟོད

འདོད་པ་དམར་མོ་ཕྱུ་ཤུད་མགོ་ལག་ན་མདའ་གཞུ་འགེངས་པ་དང༔

ནོར་སྲུང་དམར་ལྷང་ཤ་བའི་མགོ་ལག་ན་བུམ་པ་འཛིན་པ་དང༔

ནུབ་ཀྱི་རྣལ་འབྱོར་མ་དྲུག་ཀླད་པའི་ནང་ནས་ཐོན་ནས་རང་ལ་འཆར་རོ༔ དེ་ལ་མ་འཛིགས་ཤིག༔

ཀྱེ་རིགས་ཀྱི་བུ༔

བྱང་ནས་རླུང་ལྷ་སྔོན་མོ་སྤྱང་ཀིའི་མགོ་ལག་ན་བ་དན་ཕྱར་བ་དང༔

མི་མོ་དམར་མོ་སྐྱིན་གྱི་མགོ་ལག་ན་གསལ་ཤིང་འཛིན་པ་དང༔

紅色的犬首羅刹天母，手持金剛利刃而切砍。

紅色的戴勝鳥首愛染天母，張弓。

紅綠色的鹿首護財天母，手中持瓶。

——這六位西面的瑜伽天母，將從你腦中化現在你面前；莫畏懼之。」

「善男子(善女人)啊！

從北面會有：

藍色的狼首風神天母，手舉飛幡。

紅色的雪蛙首*婦人天母，手持弗戈*。

* 譯者嘗見早期的英譯本將སྐྱིན། 譯作「水牛」，應屬誤譯。近版英譯則解作「野山羊」。

丹增嘉措仁波切於審校時解道：「སྐྱིན། 在此不是野山羊，而是一種蜥蜴類，或說雪山青蛙。」

藏漢大辭典：སྐྱིན། 野山羊；སྐྱིན་གོར། 水蜥蜴，亦名雪蛙，可入藥。

參諸上述説法，譯者認為此處的སྐྱིན། 應是སྐྱིན་གོར། 的簡稱。一如之前的དྲེད། 是དྲེད་མོང་། (馬熊)的簡稱。

* གསལ་ཤིང་། 弗戈——貫穿人體肛門至頂門的利戈，古代酷刑之一。(藏漢大辭典)

「弗」音同「懺」。

ཕག་མོ་ནག་མོ་ཕག་གི་མགོ་ལག་ན་མཆེ་ཞགས་བསྣམས་པ་དང༔

རྡོ་རྗེ་དམར་མོ་ཁ་ཏའི་མགོ་ལག་ན་ཞིང་ཆུང་འཛིན་པ་དང༔

སྣ་ཆེན་ལྗང་ནག་གླང་ཆེན་མགོ་ལག་ན་བམ་ཆེན་ཐོགས་ཤིང་ཐོད་ཁྲག་འཐུང་བ་དང༔

ཆུ་ལྷ་སྔོན་མོ་སྦྲུལ་གྱི་མགོ་ལག་ན་སྦྲུལ་ཞགས་བསྣམས་པ་དང༔

བྱང་གི་རྣལ་འབྱོར་མ་དྲུག་ཀླད་པའི་ནང་ནས་ཐོན་ནས་རང་ལ་འཆར་རོ༔ དེ་ལ་མ་འཇིགས་ཤིག༔

ཀྱེ་རིགས་ཀྱི་བུ༔ སྒོ་མའི་རྣལ་འབྱོར་མ་བཞི་ཀླད་པའི་ནང་ནས་ཐོན་ནས་རང་ལ་འཆར་དུ་འོང་ངོ༔

ཤར་ནས་རྡོ་རྗེ་དཀར་མོ་ཁུ་བྱུག་གི་མགོ་ཅན་ལག་ན་ལྕགས་ཀྱུ་འཛིན་པ་དང༔

ལྷོ་ནས་རྡོ་རྗེ་སེར་མོ་ར་མགོ་མ་ལག་ན་ཞགས་པ་འཛིན་པ་དང༔

ནུབ་ནས་རྡོ་རྗེ་དམར་མོ་སེང་མགོ་མ་ལག་ན་ལྕགས་སྒྲོག་འཛིན་པ་དང༔

བྱང་ནས་རྡོ་རྗེ་ལྗང་ནག་སྦྲུལ་མགོ་མ་ལག་ན་དྲིལ་བུ་འཛིན་པ་དང༔

རྣལ་འབྱོར་མ་སྒོ་མ་བཞི་ཀླད་པའི་ནང་ནས་ཐོན་ནས་རང་ལ་འཆར་དུ་འོང་ངོ༔

དབང་ཕྱུག་མ་ཉི་ཤུ་རྩ་བརྒྱད་ཀྱང༔ ཧེ་རུ་ཀ་དྲག་པོའི་ལྷ་རང་བྱུང་གི་སྐུའི་རྩལ་ལས་རང་ཤར་བ་ཡིན་པས་ངོ་ཤེས་པར་གྱིས་ཤིག༔

ཀྱེ་རིགས་ཀྱི་བུ༔ ཆོས་སྐུ་སྟོང་པའི་ཆ་ལས་ཞི་བའི་ལྷ་རུ་ཤར་བ་ཡིན་ནོ༔ ངོ་ཤེས་པར་གྱིས་ཤིག༔

ལོངས་སྐུ་གསལ་བའི་ཆ་ལས་ཁྲོ་བོའི་ལྷ་རུ་འཆར་བ་ཡིན་པས་ངོ་ཤེས་པར་གྱིས་ཤིག༔

黑色的豕首亥母天母，手持獠牙套索。

紅色的鴉首金剛天母，手持小屍體。

綠黑色的象首巨鼻天母，手持巨屍，飲顱血。

藍色的蛇首水神天母，手持蛇套索。

——這六位北面的瑜伽天母，將從你腦中化現在你面前；莫畏懼之。」

「善男子(善女人)啊！

四位守門瑜伽天母將自你腦中化現在你面前：

從東方有杜鵑鳥頭的白金剛天母，手持鐵鉤。

從南方有山羊頭的黃金剛天母，手持套索。

從西方有獅頭的紅金剛天母，手持鐵鏈。

從北方有蛇首的綠黑金剛天母，手中持鈴。

——這四位守門瑜伽天母將從你腦中化現在你面前。

這二十八位自在天母也是從飲血忿怒尊自生身之妙力自顯的，你要能認知。」

「善男子(善女人)啊！

法身空分現爲寂靜尊，你要能認知。

報身明分現爲忿怒尊，你要能認知。

རང་གི་ཀླད་པའི་ནང་ནས་ཁྲག་འཐུང་ལྔ་བཅུ་རྩ་བརྒྱད་ཀྱི་ལྷ་ཚོགས་ཐོན་ནས་རང་ལ་འཆར་བའི་དུས་
འདི་ར་གང་ཤར་ཐམས་ཅད་རང་གི་རིག་པའི་རང་མདངས་ལས་ཤར་བ་ཤེས་ན༔ དེ་མ་ཐག་ཏུ་ཁྲག་
འཐུང་གི་སྐུ་དང་གཉིས་སུ་མེད་པར་སངས་རྒྱའོ༔

ཀྱེ་རིགས་ཀྱི་བུ༔

དེ་ལྟར་ངོ་མ་ཤེས་ན་ཁྱོད་དེ་རྣམས་ལ་ཞེད་ཅིང་བྲོས་པས་སླར་སྡུག་བསྔལ་གྱི་སྔོན་མར་འགྲོའོ་དེ་ལྟར་
ངོ་མ་ཤེས་ན་ཁྲག་འཐུང་གི་ལྷ་ཚོགས་ཐམས་ཅད་གཤིན་རྗེ་རུ་མཐོང་ནས་ཁྲག་འཐུང་གི་ལྷ་ལ་འཇིགས་
སོ༔ སྐྲངས་སོ༔ སྐྲག་གོ༔ བརྒྱལ་ལོ༔ རང་སྣང་བདུད་དུ་སོང་ནས་འཁོར་བར་འཁྱམ་མོ༔ མ་ཞེན་མ་
སྐྲག་ན་འཁོར་བར་མི་འཁྱམ་མོ༔

ཀྱེ་རིགས་ཀྱི་བུ༔

ཞི་བ་དང་ཁྲོ་བོའི་སྐུ་དེ་རྣམས་ཀྱང་ཆེ་བ་ནི་ནམ་མཁའི་མཐའ་དང་མཉམ་པ༔ འབྲིང་རྣམས་རི་རབ་ཙམ་
པ༔ ཐ་མ་ཡང་རང་ལུས་བཅོ་བརྒྱད་བརྩེགས་པ་ཙམ་འབྱུང་བས་དེ་ལ་མ་སྐྲག་ཅིག༔

སྣང་སྲིད་ཐམས་ཅད་འོད་དང་སྐུ་རུ་འཆར་རོ༔

སྣང་བ་ཐམས་ཅད་འོད་དང་སྐུ་རུ་འཆར་བ་དེ་རང་རིག་པའི་རང་མདངས་སུ་ངོ་ཤེས་པས༔
རང་མདངས་རང་འོད་དང་སྐུ་གཉིས་སུ་མེད་པར་ཐིམ་ནས་སངས་རྒྱས་སོ༔

當(這)五十八位飲血聖眾從你腦中化現在你面前時，無論顯現爲何(等境相)，皆是由覺性的自現所顯。

你若能如是認知，當下便能和飲血尊身融合無二而成佛。」

「善男子(善女人)啊！

你若不能如是認知，便會畏懼彼等而逃離，因而繼續承受更多的痛苦。

你若不能如是認知，便會將所有的飲血聖眾視爲閻王，對之心生畏懼、恐慌、驚駭而昏厥。這便是自相成魔而漂泊輪迴。

然而，你若能不貪著、不畏懼，也就不會漂泊於輪迴了。」

「善男子(善女人)啊！

那些寂靜尊、忿怒尊的身形，(最)大的如同整個虛空，中等的如同須彌山，最小的也有我們自身重疊十八層那麼高。對之，莫要驚駭。

(這時，)一切萬象皆顯現爲光和身像。

你若能認知那顯現爲光和身像的一切境相皆是你覺性之自現，你便會與那(覺性)自現之自光、身像融合無二而成佛*。

… རང་མདངས་རང་འོད་དང་སྐུ་གཉིས་སུ་མེད་པར་ཐིམ་ནས་སངས་རྒྱས་སོ༔

此段若依文表義而迻譯，則應作「……那自現、自光便會與身像融合無二，你便即成佛。」

如此一來，便與法性中陰的基本法理風牛馬不相及也。

བུ་ཁྱོད་མཐོང་སྣང་འཇིགས་སྐྲག་གི་སྣང་བ་གང་བྱུང་ཡང་རང་སྣང་དུ་ངོ་ཤེས་པར་གྱིས་ཤིག༔ འོད་གསལ་རང་རིག་རང་མདངས་སུ་ངོ་ཤེས་པར་གྱིས་ཤིག༔ དེ་ལྟར་ངོ་ཤེས་ན་ད་ལྟ་རང་ལ་སངས་རྒྱས་པ་ལ་ཐེ་ཚོམ་མེད་དོ༔ སྐད་ཅིག་གཅིག་གིས་རྫོགས་སངས་རྒྱས༔ ཞེས་བྱ་བ་དེ་ད་རེས་འབྱུང་བ་ཡིན་ནོ༔ ཡིད་ལ་དྲན་པར་གྱིས་ཤིག༔

ཀྱེ་རིགས་ཀྱི་བུ༔

རང་གིས་ད་ལྟ་ངོ་མ་ཤེས་ནས་སྐྲག་ན༔ ཞི་བའི་སྐུ་ཐམས་ཅད་མགོན་པོ་ནག་པོའི་སྐུར་ཤར་རོ༔ ཁྲོ་བོའི་སྐུ་ཐམས་ཅད་གཤིན་རྗེ་ཆོས་ཀྱི་རྒྱལ་པོའི་སྐུ་རུ་ཤར་ནས་རང་སྣང་བདུད་དུ་སོང་ནས་འཁོར་བར་འཁྱམ་མོ༔

實則，此段係意指文中省略的主詞「亡者(中陰身)」與其覺性自現之自光、身像融合而成佛。譯者所參之其他刻版中，有文義較為明朗者，例如：…འོད་དང་སྐུ་གཉིས་སུ་མེད་པར་ཐིམ་ནས་སངས་རྒྱའོ༔「……(你)便會與那光和身(像)融合無二而成佛。」

讀者諸君若回溯此法性中陰篇，便會發現其大多數的段落皆以此類描述作結。例如：「當(這)五十八位飲血聖眾從你腦中化現在你面前時，無論顯現為何(等境相)，皆是由覺性的自現所顯。你若能如是認知，當下便能和飲血尊身融合無二而成佛。」

詠給明就仁波切於此特別提示譯者：法性中陰所顯之一切境相——本尊、聲、光、光芒……等——皆係中陰身之覺性所現。所謂「在法性中陰時，亡者認知本尊等顯相而與之融合」，實則係指「與他自己的覺性合而為一」。

此一貫串法性中陰之法理內義甚深，譯者擬於上部文末作註闡論，詳見後文。

孩兒啊！不論你見到如何的恐怖境相現起，都要能認知那是你的自相；要認知那是光明覺性之自現。
你若能如是認知，無疑地，必能於當下成佛。
此際正在發生的，即是所謂的『一剎那圓證佛果』。你可要憶持於心啊！」

「善男子(善女人)啊！

若你現在未能認知而心生驚駭，所有的寂靜尊便會顯現爲怙主黑袍護法的身像*；所有的忿怒尊便會顯現爲閻羅法王的身形，自相成魔，你便會漂泊於輪迴。」

「顯現為怙主黑袍護法的身像」，在字面上雖可解為「變成護法瑪哈嘎拉」，此處實為一種譬喻。

ཀྱེ་རིགས་ཀྱི་བུ༔

རང་སྣང་ངོ་མ་ཤེས་ན༔ བཀའ་མདོ་རྒྱུད་ཐམས་ཅད་ལ་མཁས་ཤིང་བསླབ་པར་ཆོས་བྱས་ཀྱང་སངས་མི་རྒྱའོ༔

རང་སྣང་ངོ་ཤེས་ན་གནད་གཅིག་དང་ཚིག་གཅིག་གིས་སངས་རྒྱས་སོ༔

རང་སྣང་ངོ་མ་ཤེས་ན་ཤི་མ་ཐག་ཏུ་ཆོས་ཉིད་བར་དོར་གཤིན་རྗེ་ཆོས་ཀྱི་རྒྱལ་པོའི་སྐྱུར་འཆར་རོ༔

གཤིན་རྗེ་ཆོས་ཀྱི་རྒྱལ་པོ་སྐུ་ཆེ་བ་ནི་ནམ་མཁའ་དང་མཉམ༔ འབྲིང་པོ་ནི་རི་རབ་ཙམ་གྱིས་འཇིག་རྟེན་གྱི་ཁམས་ཁེངས་ནས་འོང་ངོ༔

དེ་ཡང་ཡ་སོས་མ་མཆུ་མནན་པ༔ མིག་ཤེལ་མིག་དུ་ཡོད་པ༔ སྐྲ་སྤྱི་བོར་བཅིངས་པ༔ གསུས་པ་ཆེ་བ༔ སྐེ་ཕྲ་བ༔ ལག་ན་ཁྲམ་ཤིང་ཐོགས་པ་ཁ་ནས་རྒྱོབ་སོད་ཀྱི་སྒྲ་སྒྲོག་ལ༔ ཀླད་པ་འཐུང་བ༔ མགོ་ལུས་ཕྲལ་བ༔ དོན་སྙིང་འདོན་པ༔ དེ་ལྟ་བུས་འཇིག་རྟེན་གྱི་ཁམས་ཁེངས་ནས་འོང་ངོ༔

詠給明就仁波切解道：那是意指「你所見到的一切都會變得不同，而且會是恐怖的境相。」這就好比藏人見到某人時說：「你簡直就像是瑪哈嘎拉！」他其實是在說：「你看起來真是恐怖，活像個鬼啊！」

「善男子(善女人)啊！

你若不能認知自相，即便你通曉佛陀教示的顯經密續，即便你長劫以來一直修持佛法，你也不會成佛。

(然而，)你若能認知自相，但憑一要點、一字詞，你便能成佛。

你若不能認知自相，在你歿後不久，於法性中陰時，祂們便會顯現爲閻羅法王的身形*。

「祂們便會顯現為閻羅法王的身形」，詠給明就仁波切解道：「法性中陰顯現的寂靜尊與忿怒尊，其實都是佛，也都是亡者的自相。亡者若能認知祂們是佛或自相，當下便能成佛。亡者若未能如是認知，就會將祂們感知為閻羅法王。因此，這時他所見到的本尊聖眾就都成了閻羅法王的身形。」

這些閻羅法王的身形，大的等同虛空，中的如同須彌山；
(祂們)將會充塞整個世界而來。

(只見祂們)上牙咬著下唇，眼如玻璃，髮盤頂上，腹大頸細，手執(拘召鬼神的)令牌*，吶喊著：『砍呀！』『殺呀！』
(祂們)吞飲腦漿，撕裂身、首，掏拔心臟
——如是充塞整個世界而來。

ཁྲམ་ཤིང་།，令牌、鱗文板：宗教儀式中用以拘召鬼神的一種木牌，上面畫有鱗紋格條紋。(藏漢大辭典)

ཀྱེ་རིགས་ཀྱི་བུ༔

དེ་ལྟ་བུའི་སྣང་བ་ཤར་ནས་བྱུང་བའི་ཚེ༔ ཁྱོད་འཇིགས་དང་སྐྲག་པར་མ་བྱེད་ཅིག༔ ཁྱོད་རང་བག་ཆགས་ཡིད་ཀྱི་ལུས་ཡིན་པས༔ བསད་པ་དང༔ གཏུབས་པ་བྱུང་ཡང་འཆི་རྒྱུ་མེད་དོ༔ དོན་ལ་ཁྱོད་སྟོང་པའི་རང་གཟུགས་ཡིན་པས་བྲེད་སྐྲངས་མི་དགོས་སོ༔

གཤིན་རྗེ་རྣམས་ཀྱང་རང་གི་རིག་པའི་རང་མདངས་ལས་ཤར་བ་ཡིན་པས༔ དངོས་པོ་ཅན་དུ་གྲུབ་པ་མེད་དོ༔ སྟོང་པ་ཉིད་ལ་སྟོང་པ་ཉིད་ཀྱིས་གླགས་མི་རྙེད་དོ༔

ཁྱོད་རང་གི་རིག་པའི་རང་རྩལ་ལས་ཤར་བ་མ་གཏོགས་པ༔ ཕྱི་རོལ་ན་ཞི་བ་དང༔ ཁྲོ་བོ་དང༔ ཁྲག་འཐུང་དང༔ མགོ་རྣན་དང༔ འཇའ་འོད་དང༔ གཤིན་རྗེའི་གཟུགས་འཇིགས་འཇིགས་ལ་སོགས་དངོས་སུ་གྲུབ་པ་མེད་པར་ཐག་ཆོད་དོ༔

དེ་ལྟར་ཤེས་ན་འཇིགས་སྐྲག་ཐམས་ཅད་རང་སར་གྲོལ་ནས་གཉིས་སུ་མེད་པར་ཐིམ་ནས་སངས་རྒྱས་པར་འགྱུར་རོ༔

དེ་ལྟར་མ་ཤེས་ནའང་ཡི་དམ་གྱི་ལྷ་ཡིན་ནོ༔ བདག་བར་དོའི་འཕྲང་ལ་བསུ་བ་ལ་འབྱོན་བར་འདུག་གོ༔ སྐྱབས་སུ་མཆིའོ༔ སྣམ་པའི་མོས་པ་དྲུང་དྲུང་མཇོད་ཅིག༔

「善男子(善女人)啊！

當如是顯相出現時，你莫要畏懼、驚駭。
你(此際擁有的)是業習(所感)的意生身，即使被殺、被剁也不會死亡。
你實爲空性之身*，因此，毋需驚惶。

✽ 此處所謂的「空性之身」，係指其「無實如幻」。

那些閻王也是由你覺性之自現所顯，並非實物所成。
(畢竟，)空性是無法傷害空性的。

(總之，)那些(顯現於)外的寂靜尊、忿怒尊、飲血尊、具不同(鳥獸)頭面的神眾、虹光、相狀恐怖的閻王等等，都只不過是你覺性之妙力所顯，了無實有性——你要能如是確定。

若能如是認知*，當下你便能解脫於一切恐懼，(與諸顯相)融合無二而成佛。

✽ དེ་ལྟར་ཤེས་ན། 一版英譯解作「若了解之」，另版英譯解成「若能於此確然果決」。譯者依於下文而解為「若能如是認知」——經圖登諾布仁波切確認。

若未能如是認知，你也要殷切地虔誠念想：『(祂們)即是本尊，前來中陰險道迎接我。我要皈依(祂們)！』*

✽ 德格印經院版及譯者所參各藏版皆刻作དེ་ལྟར་ངོ་ཤེས་ན་ཡི་དམ་གྱི་ལྷ་ཡིན་ནོ༔ བདག་བར་དོའི་འཕྲང་ལ་བསུ་བ་ལ་འབྱོན་པར་འདུག་གོ༔ སྐྱབས་སུ་མཆིའོ༔ སྙམ་པའི་མོས་པ་དུང་དུང་མཛོད་ཅིག༔ 中譯可作「若能如是認知，(祂們)即是本尊。你要殷切地虔誠念想：『祂們前來中陰險道迎接我，我要皈依祂們！』。」

འཕོ་བ

དཀོན་མཆོག་གསུམ་རྗེས་སུ་དྲན་པར་གྱིས་ཤིག༔ ཁྱོད་རང་གི་ཡི་དམ་གྱི་ལྷ་གང་ཡིན་པ་དེ་དྲན་པར་གྱིས་ཤིག༔ མཚན་ནས་བོས་ཤིག༔ བདག་བར་དོ་ལ་འཁྲུམས་ནས་ཡོད་པས་ར་མདའ་མཛོད་ཅིག༔ ཐུགས་རྗེས་བཟུང་ཞིག་ཡི་དམ་རིན་པོ་ཆེ༔ ཞེས་བོས་ལ་གསོལ་བ་ཐོབ་ཅིག༔

ཁྱོད་རང་གི་བླ་མའི་མཚན་ནས་བརྗོད་ལ༔ བར་དོར་འཁྲུམས་ནས་ཡོད་པས་ར་མདའ་མཛོད་ཅིག༔ ཐུགས་རྗེས་མ་བཏང་གྱིས་ལ་གསོལ་བ་ཐོབ་ཅིག༔

ཁྲག་འཐུང་གི་ལྷ་ཚོགས་རྣམས་ལ་མོས་པ་གྱིས་ལ་གསོལ་བ་ཐོབ་ཅིག༔ སྨོན་ལམ་འདི་ཡང་ཐོབ་ཅིག༔

ཀྱེ་མ་བག་ཆགས་དྲག་པོས་འཁོར་བར་འཁྲུམས་པའི་ཚེ༔
སྡངས་སྐྲག་འཇིགས་སྣང་སྤྲངས་པའི་འོད་ལམ་ལ༔
བཅོམ་ལྡན་ཞི་ཁྲོའི་ཚོགས་ཀྱིས་ལམ་སྣ་དྲོངས༔
དབྱིངས་ཕྱུག་ཁྲོ་མོའི་ཚོགས་ཀྱིས་རྒྱབ་ནས་སྐྱོར༔
བར་དོ་འཇིགས་པའི་འཕྲང་ལས་བསྒྲལ་དུ་གསོལ༔
ཡང་དག་རྫོགས་པའི་སངས་རྒྱས་ས་རུ་སྐྱོལ༔

དགའ་བའི་གྲོགས་དང་བྲལ་ནས་གཅིག་པུར་འཁྲུམས༔
རང་སྣང་སྟོང་པའི་གཟུགས་བརྙན་འཆར་དུས་འདིར༔
སངས་རྒྱས་རྣམས་ཀྱི་ཐུགས་རྗེས་ཤུགས་ཕྱུང་ནས༔
སྡངས་སྐྲག་བར་དོའི་འཇིགས་པ་མི་འབྱུང་ཤོག༔

然而，這般陳述便與上段所述互為矛盾——上段說：「若能如是認知，當下你便能解脫於一切恐懼，(與諸顯相)融合無二而成佛。」既然認知即已成佛，又何需再作這般念想……？

此一疑難，承蒙圖登諾布仁波切依典修正首句藏文而得化解：དེ་ལྟར་མ་ཤེས་ནའང་ཡི་དམ་གྱི་ལྷ་ཡིན་ནོ༔ བདག་བར་དོའི་འཕྲང་ལ་བསུ་བ་ལ་འབྱོན་བར་འདུག་གོ༔ …「若未能如是認知，你也要殷切地虔誠念想：『(祂們)即是本尊，前來中陰險道迎接我。我要皈依(祂們)！』」此一修正與譯文經詠給明就仁波切確認。

你要憶念三寶，要憶念你自己的本尊，呼喚其名號：**『我正漂泊於中陰，請您援救我，以慈悲攝受我。我尊貴的本尊！』**
(你)要如是呼喚而祈請！

你要稱念上師名號並如是祈請：**『我正漂泊於中陰，請您援救我，秉於慈悲而不棄捨我。』**

(你)要虔敬地祈請飲血聖眾，並念誦此祈請文：

嗟夫！猛烈習氣漂泊輪迴時，
祈於怖畏盡捨光明道，
寂靜忿怒佛眾前引路，
法界自在忿母後支援，
救度我於中有驚險道，
護送臻達正等覺佛地。

別離摯友孤身獨漂泊，
自顯空之形影現起時，
願諸佛眾施放慈悲力，
恐怖中陰驚懼不生現。

ཡེ་ཤེས་གསལ་བའི་འོད་ལྔ་འཆར་དུས་འདིར༔
མི་འཇིགས་མི་སྐྲག་རང་ངོ་ཤེས་གྱུར་ཤོག༔
ཞི་དང་ཁྲོ་བོའི་སྐུ་གཟུགས་འཆར་དུས་དེར༔
མི་འཇིགས་གདེང་ཐོབ་བར་དོ་ངོ་ཤེས་ཤོག༔

ལས་ངན་དབང་གིས་སྡུག་བསྔལ་མྱོང་ཙ་ན༔
ཡི་དམ་ལྷ་ཡིས་སྡུག་བསྔལ་སེལ་བར་ཤོག༔
ཆོས་ཉིད་རང་སྒྲ་འབྲུག་སྟོང་ལྡིར་ཙ་ན༔
ཐམས་ཅད་ཡིག་དྲུག་སྒྲ་རུ་འགྱུར་བར་ཤོག༔

སྐྱབས་མེད་ལས་ཀྱི་རྗེས་སུ་འབྲང་དུས་འདིར༔
ཐུགས་རྗེ་ཆེན་པོས་བདག་ལ་བསྐྱབ་ཏུ་གསོལ༔
བག་ཆགས་ལས་ཀྱི་སྡུག་བསྔལ་མྱོང་དུས་འདིར༔
འོད་གསལ་བདེ་བའི་ཏིང་འཛིན་འཆར་བར་ཤོག༔
འབྱུང་ལྔའི་ཁམས་རྣམས་སྒྲ་རུ་མི་ལྡང་ཞིང༔
སངས་རྒྱས་རིགས་ལྔའི་ཞིང་ཁམས་མཐོང་བར་ཤོག༔

ཅེས་དེ་སྐད་མོས་གུས་དྲག་པོ་དང་བཅས་པས་སྨོན་ལམ་ཐོབ་ཅིག༔ འཇིགས་སྐྲག་ཐམས་ཅད་ཡལ་ནས་ངེས་པར་ལོངས་སྐུར་སངས་རྒྱས་པར་འགྱུར་བས་གལ་ཆེའོ༔ མ་ཡེངས་ཤིག༔

ཅེས་ལན་གསུམ་མམ་བདུན་གྱི་བར་དུ་བརྗོད་དོ༔ དེས་ནི་སྡིག་པ་ཅི་ལྟར་ཆེ་ཞིང་ལས་འཕྲོ་ཅི་ལྟར་ངན་ཡང་མི་གྲོལ་མི་སྲིད་དོ༔

འདི་རྣམས་ལ་ཅི་ལྟར་བྱས་ཀྱང་ངོ་མ་འཕྲོད་ན༔ བར་དོ་གསུམ་པ་སྲིད་པ་བར་དོར་འཁྲུམས་དགོས་པས༔ དེའི་ངོ་སྤྲོད་འོག་ཏུ་ཞིབ་པར་བསྟན་ཏོ༔

本智清明五光現起時，
願無怖畏認知自本面。
靜忿諸尊形影現起時，
願無驚懼確信*認中陰。

* 「確信」係指「對於自己能認知中陰，具確信、有把握！」

因惡業力受諸苦難時，
祈願本尊泯除諸苦厄。
法性自聲千龍嘯吼時，
願皆化成六字明咒聲。

無依無怙隨業流轉時，
祈願靜忿佛眾救護吾。
遭受業與習氣之苦時，
願現光明喜樂之禪定。
願諸五大種莫成怨仇，
令我得見五方佛剎土。

你要以猛厲的虔敬心念誦此祈請文。
一切的恐懼盡皆消散，你必能依報身(之道)而成佛。
因此，這是至爲重要的，切莫散亂啊！」

應如是引介三至七遍。
如此一來，不論其人罪業有多深重，宿世餘業有多惡劣，都不可能不獲得解脫。

然而，儘管做了這一切，(亡者)若不能認知，就得漂泊至第三中陰——投生中陰。
因此，以下將詳細教示其(相關)引介：

སྤྱིར་གོམས་འདྲིས་ཆེ་ཆུང་གང་ལྟར་འཆི་ཁར་བག་རེ་ཙམ་འཁྲུལ་པ་མང་བས་ཐོས་གྲོལ་འདི་མེད་པའི་ཐབས་མེད་དོ༔

གོམས་པ་ཆེ་བ་རྣམས་ལ་ཐེམ་རིག་བྲལ་ནས་ཆོས་ཉིད་ལམ་གྱི་འོད་དོ༔ གསོན་པོའི་དུས་སུ་རིག་ཐོག་ཏུ་ངོ་འཕྲོད་པ་དང༔ ཉམས་མྱོང་ཡོད་པ་རྣམས་འཆི་ཁའི་བར་དོར་འོད་གསལ་ཤར་བའི་དུས་སུ༔ སྟོབས་ཤིན་ཏུ་ཆེ་བས༔ གསོན་པོའི་དུས་སུ་ཉམས་ལེན་གལ་ཆེའོ༔

ཡང་གསོན་པོའི་དུས་སུ་གསང་སྔགས་ཀྱི་ལྷའི་བསྐྱེད་རྫོགས་བསྒོམ་པ་རྣམས་ནི་ཆོས་ཉིད་བར་དོ་ལ་ཞི་ཁྲོའི་སྣང་བ་ཤར་བའི་དུས་སུ་སྟོབས་ཤིན་ཏུ་ཆེ་བར་ཡོད་དོ༔

དེ་བས་ན་གསོན་པོའི་དུས་སུ་ཡང་ཁྱད་པར་བར་དོ་ཐོས་གྲོལ་འདི་ཡིད་ལ་ཤིན་ཏུ་བྱང་བར་བྱེད་པ་ནི་གལ་ཆེའོ༔

འདི་བཅང་བར་བྱའོ༔ ཀུན་ཆུབ་པར་བྱའོ༔ བཀླག་པར་བྱའོ༔ ཚུལ་བཞིན་དུ་ཡིད་ལ་བྱའོ༔ དུས་གསུམ་དུ་མ་ཆག་པར་བཀླག་པར་བྱའོ༔ ཚིག་དོན་ཡིད་ལ་ཤིན་ཏུ་གསལ་བར་བྱའོ༔ གཤེད་མ་བརྒྱས་དེད་ནས་བྱུང་ཡང་འདིའི་ཚིག་དོན་ཡིད་ལ་མ་བརྗེད་པར་བྱའོ༔

འདི་ནི་ཐོས་གྲོལ་ཆེན་མོ་ཞེས་བྱ་བ་ཡིན་པས༔ མཚམས་མེད་པ་ལྔ་བསགས་པའི་མིའི་རྣ་ལམ་དུ་ཐོས་ན་ཡང་ངེས་པར་གྲོལ་བར་འགྱུར་རོ༔

དེའི་ཕྱིར་ཁྲོམ་ཆེན་པོའི་ནང་དུ་བཀླག་པར་བྱའོ༔ སྤེལ་བར་བྱའོ༔ དེ་ལྟར་ལན་གཅིག་ཙམ་ཐོས་ནས་དོན་མ་རྟོགས་ཀྱང༔ བར་དོའི་རིག་པ་དགུ་འགྱུར་གྱིས་གསལ་དུ་འགྲོ་བས༔ དེའི་དུས་སུ་ཚིག་གཅིག་ཀྱང་མ་བརྗེད་པར་དྲན་པར་འགྱུར་རོ༔

一般而言，不論(其人在禪修上)有或深或淺的熏習，在臨死時，都會十分迷惑。
因此，《聞即解脫》便是不可或缺的了。

(至於)那些熟諳(心性)禪修之人，在身、心分離後，法性(境相)便會頓然現起。
那些在生前已認知心性和那些(於心性)修持具有覺受之行者，當臨死中陰光明現起時，他們會是極強而有力的。
因此，生前的實修至爲重要。

此外，那些在生前即從事密乘本尊「生起次第」和「圓滿次第」觀修之行者，當法性中陰寂靜、忿怒的顯相現起時，他們(也)會是極強而有力的。

因此，在生前好好修持自心——特別是將《中陰聞即解脫》熟諳於心——至爲重要。

(吾人)應執持之，通達之，讀誦之，如理憶持之。
要經常*讀誦(無有懈廢)，並於詞義明明了了。
即便被一百名索命鬼催迫追趕，也不應忘卻其詞義(啊)！

* 葱瓊仁波切解道：དུས་གསུམ་དུ་མ་ཆག་པར།「三時無間」，意為「經常」，並非「一日三次」。

此(典)既名爲《聞即解脫》，即便是造作了五無間罪之人，若聽聞之，也必能獲得解脫。
因此，應於人群聚集處讀誦之，並廣爲流布。

縱然(其人)僅如是聽聞一回而未能領會其涵義；
由於人在中陰時的心識會變得(比生時)清明九倍，因此，在那時便能一字不忘地憶念起來。

དེའི་ཕྱིར་ན་གསོན་པོའི་དུས་སུ་ཀུན་གྱི་རྣ་བར་བསྒྲག་པར་བྱའོ༔ ནད་པ་ཀུན་གྱིས་ཐོས་སུ་བཀླག་པར་བྱའོ༔ ཤི་བའི་རོ་ཐམས་ཅད་ཀྱི་རྩར་བཀླག་པར་བྱའོ༔ རྒྱ་ཆེར་སྤེལ་བར་བྱའོ༔

འདི་དང་འཕྲད་པ་ནི་སྐལ་པ་ཤིན་ཏུ་བཟང་བ་ཡིན་ནོ༔ ཚོགས་བསགས་ཤིང་སྒྲིབ་པ་བྱང་བ་རྣམས་མ་གཏོགས་པ་འདི་དང་འཕྲད་པར་དཀའོ༔ གལ་ཏེ་འཕྲད་ན་ཡང་བློར་ཤོང་པ་དཀའ་འོ༔ འདི་ཐོས་ནས་ལོག་ལྟ་མ་སྐྱེས་པ་ཁོ་ནས་གྲོལ་བར་འགྱུར་རོ༔ དེའི་ཕྱིར་འདི་ལ་ཤིན་ཏུ་གཅེས་སྤྲས་སུ་བྱའོ༔ འདི་ནི་ཆོས་ཐམས་ཅད་ཀྱི་བཅུད་ཡིན་ནོ༔

བར་དོའི་གདམས་པ་ཐོས་པ་ཙམ་གྱིས་གྲོལ་བ་བལྟས་པ་ཙམ་གྱིས་གྲོལ་བ༔ བར་དོ་ཐོས་གྲོལ་ཆེན་མོ་ཞེས་བྱ་བ་ཆོས་ཉིད་བར་དོའི་ངོ་སྤྲོད་རྫོགས་སོ༔

གྲུབ་ཐོབ་ཀརྨ་གླིང་པས་ཆུ་བོ་གསེར་ལྡན་གྱི་འགྲམ༔ སྒམ་པོ་གདར་གྱི་རི་བོ་ནས་གདན་དྲངས་པའོ༔ སརྦ་མངྒ་ལཾ༔

༄ ངན་སོང་ཐམས་ཅད་ཡོངས་སུ་སྦྱོང་བའི་གཟུངས་ནི།

ཏདྱ་ཐཱ། ཨོཾ་ཤོདྷ་ནེ་ཤོདྷ་ནེ་སརྦ་པཱ་པཾ་བི་ཤོདྷ་ནེ། ཤུད་དྷེ་བི་ཤུད་དྷེ། སརྦ་ཀརྨ་ཨཱ་ཝ་ར་ཎ་བི་ཤོདྷ་ནེ་སྭཱ་ཧཱ།

ལན་བདུན་བཟླས་པས་སེམས་ཅན་ཐམས་ཅད་ཀྱི་སྡིག་སྒྲིབ་བག་ཆགས་བྱང་ཞིང་འདག་གོ།

是故，應於眾人生時，朗讀而令其聽聞；
應於所有病患枕邊，讀誦之；
應於所有亡者遺體旁，念誦之；
應將其廣為流布。

（能）值遇此（法）是極大的善福。
（需知）此法實難值遇，唯有積聚福德並淨除覆障之人，方得值遇。
即便值遇，要能納受於心，也非易事。

（吾人若得）聽聞此法，但憑聞而不起邪見，便能獲得解脫。
以是之故，應善加珍惜。
它是一切法的精粹（啊）！

此名為《中陰聞即解脫》——僅憑聞即得解脫、見即得解脫之中陰口訣——於法性中陰引介竟。

大成就者噶瑪林巴掘發（此伏藏）於瑟爾典河附近的崗波達爾山。
薩爾瓦芒噶浪

全然淨治一切惡道陀羅尼：

ཏདྱ་ཐཱ། ཨོཾ་ཤོདྷ་ནེ་ཤོདྷ་ནེ་སརྦ་པཱ་པཾ་བི་ཤོདྷ་ནེ། ཤུདྡྷེ་བི་ཤུདྡྷེ།
碟雅塔 嗡木 修大餒 修大餒 薩爾瓦 巴棒木 琵修大餒 咻碟 比咻碟
TE YA THA OM SHO DHA NE SHO DHA NE SARVA PA PAM BI SHO DHA NE SHU DHE BI SHU DHE

སརྦ་ཀརྨ་ཨཱ་ཝ་ར་ཎ་བི་ཤོ་དྷ་ནེ་སྭཱ་ཧཱ།
薩爾瓦 噶爾瑪 阿瓦饒那 比修大餒 嗖哈
SARVA KARMA A VA RA NA BI SHO DHA NE SO HA

持誦此咒七遍，一切有情之罪障業習悉皆清淨。

སྡིག་པ་ཐམས་ཅད་ཞི་བར་བྱེད་པའི་གཟུངས་ནི།

ཨོཾ་ཀུ་མཱ་ར་རུ་པ་ཏྲཱ་ར་ཧི་བི་ཤཱ་སབླཱ་ཕ་ཨཱ་གཙྪ་ཨཱ་གཙྪ། ལ་ཧྲུ་ལ་ཧྲུ་ཧྲཱུཾ་ཧྲཱུཾ་ཧུཾ་ཧུཾ།
ཛོ་ན་ཛོ་གླཱུ་ལྷཱ་བྲི་ཡེ། ཏཱ་ར་ཡ་མཾ་སརྦ་དུཿ ཁེ་བྷྱཿ ཕཊ་ཕཊ།
ས་མ་ཡ་ས་མ་ས་ཨ་མི་ཧོཏྲཱ་བོཏྲཱ་བ་པཱ་པཾ་མེ་ནཱ་ཤ་ཡ་སྭཱ་ཧཱ།

གང་གིས་བཟླས་ན་སྡིག་པའི་ཕུང་པོ་རི་རབ་ཙམ་བྱང་བར་འགྱུར་རོ།

དུང་ཕྱུར་དུ་འགྲོ་བའི་གཟུངས་སྔགས་ནི།

ཨོཾ་དྷུ་རུ་དྷུ་རུ་ཛ་ཡ་མུ་ཁེ་སྭཱ་ཧཱ།

འདི་ནང་སྐྱ་ལ་ལན་བདུན་བཟླས་ན་དེའི་ཉིན་པར་འདོན་པ་གང་བྱས་དུང་ཕྱུར་དུ་འགྱུར་བ་འཁོར་ལོ་དང་དུས་འཁོར་གྱི་རྒྱུད་ནས་གསུངས་སོ།

平息一切罪業陀羅尼：

ༀ་ཀུ་མཱ་ར་རཱུ་པ་དྷཱ་ར་ཎི་བི་ཤྭ་སམྦྷ་ཝ་ཨཱ་གཙྪ་ཨཱ་གཙྪ།

嗡木 固瑪饒 如巴大饒匿 比修 嗓巴瓦 阿給匝 阿給匝

OM KU MA RA RU PA DHA RA NI BI SHO SAM BHA VA A GE TSA A GE TSA

ལ་གྷུ་ལ་བྷུ་ཌྷྲཱུཾ་ཌྷྲཱུཾ་ཧྲཱུཾ་ཧྲཱུཾ། ཛྀ་ན་ཛྀཀ་མཉྫུ་ཤྲཱི་ཡེ།

拉固 拉布 忠木忠木 吽吽 自以拿自以噶 曼殊師利耶

LA GU LA BHU DUM DUM HUNG HUNG DZI NA DZIG MAN DZU SHRI YE

ཏཱ་ར་ཡ་མཾ་སརྦ་དུཿ ཁེ་བྷྱཿ ཕཊ་ཕཊ།

大饒雅曼木 薩爾瓦突 喀也貝 呸呸

TARA YA MAM SARVA DU KHE BE PHE PHE

ས་མ་ཡ་ས་མ་ས་ཨ་མི་ཏོདྦྷ་བོདྦྷ་བ་པཱ་པཾ་མེ་ནཱ་ཤ་ཡ་སྭཱ་ཧཱ།

薩瑪雅 薩瑪雅 阿彌兌巴 貝巴瓦 巴棒木美 拿夏雅 嗖哈

SAMAYA SAMAYA A MI TÖT BHA BÖT BHA VA PA PAM ME NA SHA YA SO HA

無論何人持誦此咒，皆得清淨如須彌山聚之罪業。

增盛億倍陀羅尼：

ༀ་དྷུ་རུ་དྷུ་རུ་ཛ་ཡ་མུ་ཁེ་སྭཱ་ཧཱ།

嗡木 篤汝 篤汝 雜雅母喀也 嗖哈

OM DHU RU DHU RU ZA YA MU KHE SO HA

《時輪金剛續》云：若於清晨持誦此咒七遍，白晝所作任何念誦，皆得增盛億倍。

།ཨོཾ་ཧྲཱིཿ པདྨ་ཨེ་ར་ཧེ་ཤྲ་ར་ཧཱུྃ་ཧཱུྃ་ཕཊ། ཧ་ནུ་བྷ་ཤ་བ་ར་ཧྲི་ད།
འདི་འདོན་པ་གང་ཐུས་པའི་མཐར་བཟླས་ན་དུང་ཕྱུར་འགྱུར་བ་པདྨ་དྲྭ་བ་དང་པདྨ་ཅོད་པན་གྱི་རྒྱུད་ནས་གསུངས་སོ།

ཤ་ཟོས་པའི་ཉེས་པ་མི་འབྱུང་བའི་གཟུངས་ནི།

སཾ་བྷཱ་ར་ཨོཾ། བྲ་བྷཱ་ར་སྭཱ་ཧཱ། ཨོཾ་ཨ་ཧྲི་ར་ཁེ་ཙར་ཧཱུྃ།

འདི་ལན་བདུན་བཟླས་ནས་ཤའམ་རུས་པ་ལ་བཏབ་ན་ཉེས་པ་མི་འབྱུང་ཞེས་འཇམ་དཔལ་རྩ་རྒྱུད་ནས་གསུངས་སོ།

།ཨོཾ་ཁེ་ཙ་ཀ་ན། ཨོཾ་ཨ་ཧྲི་ར་ཧཱུྃ། ཁ་ཙ་རཾ། ཞེས་བརྒྱ་རྩ་བརྒྱད་བཟླས་ན་རྐང་འོག་ཏུ་སྲོག་ཆགས་ཤི་ཚད་རྣམ་པར་ཐར་པའི་ས་བོན་ཅན་དུ་ཐོབ་པ་འཇམ་དཔལ་རྩ་རྒྱུད་ནས་གསུངས་སོ།

།ཨོཾ་སྨྲ་ར་སྨྲ་ར། བི་མན་སྐ་ར་མ་ཧཱ་ཛ་བ་ཧཱུྃ།

འདི་བཟླས་ན་བསྔོ་བ་རྒྱ་ཆེ་བར་འགྱུར་རོ། །སརྦ་མངྒ་ལཾ། དགེའོ། །དགེའོ། །དགེའོ།། །།

།ཨོཾ་ཧྲཱིཿ པདྨ་ནིར་ཏེ་ཤྭ་ར་ཧཱུྃ་ཧཱུྃ་ཕཊ། ཧ་ནུ་པྷ་ཤ་བ་ར་ཧྲི་ད།

嗡木 釋以 貝瑪 尼爾碟 修饒 吽吽呸 哈奴 巴夏 瓦饒 釋以達

OM HRI PEMA NIR TE SHO RA HUNG HUNG PHE HA NU PA SHA WA RA HRI DA

《蓮花網與蓮花冠續》云：無論作何念誦，若於其後持誦此咒，能使彼念誦增盛億倍。

食肉過患不生陀羅尼：

སཾ་བྷ་ར་ཨོཾ། ཏྲ་བྷ་ར་སྭཱ་ཧཱ། ཨོཾ་ཨ་བྷིར་ཁེ་ཙར་ཧཱུྃ།

桑木巴饒嗡木 乍巴饒嗖哈 嗡木 阿比爾喀也匝爾 吽

SAM BHA RA OM TRA BHA RA SO HA OM A BIR KHE TSAR HUNG

《文殊根本續》云：若(吾人)持誦此咒七遍，之後以口呼出此咒於肉或骨上，食肉過患即得不生。

།ཨོཾ་ཁེ་ཙ་ཀ་ན། ཨོཾ་ཨ་བྷི་ར་ཧཱུྃ། ཁ་ཙ་རཾ།

嗡木 喀也匝嘎拿 嗡木 阿比饒吽 喀匝讓木

OM KHE TSA KA NA OM A BHI RA HUNG KHA TSA RAM

《文殊根本續》云：若持誦此咒一百零八遍，足下死亡諸蟲類，皆得獲具解脫之種子。

།ཨོཾ་སྨ་ར་སྨ་ར། བི་མན་སྐ་ར་མ་ཧཱ་ཛ་བ་ཧཱུྃ།

嗡 薩瑪饒 薩瑪饒 琵綿卡饒 瑪哈 雜瓦 吽

OM SA MA RA SA MA RA BHI MAN KA RA MA HA DZA WA HUNG

若(吾人)持誦此咒，得成廣大迴向。薩爾瓦芒噶浪 給哦 給哦 給哦(吉祥！善！善！善！)

涵蓋臨死中陰引介、法性中陰明示的《中陰聞即解脫上部》至此完結。

在之前的註解中，譯者曾引述詠給明就仁波切針對法性中陰證悟關要所作的提示：

法性中陰所顯之一切境相——本尊、聲、光、光芒……等——皆係中陰身之覺性所現。所謂「在法性中陰時，亡者認知本尊等顯相而與之融合」，實則係指「與他自己的覺性合而為一」。

這即是所謂的「自明(覺)、自相(顯、現)本非二元」之理。它不僅是法性寂靜、忿怒中陰的成佛之要，也是臨死中陰第二階段的成佛關要——此際的亡者若能認知外顯之光明境相實為心性顯相，便即成佛。

由於臨死、法性中陰階段之境相皆是法性所顯、心性所現，中陰身即便到了法性中陰，其業力仍未粗顯化，所具之意生身微細，故能「認知即融合而成佛」。

在以下的《投生中陰篇》，讀者將不復見此「認知即融合」的描述。

這是因為投生中陰階段業力作用已然粗顯化。此際，中陰身心識所感知的境相，係其業力之投射(實為空性，如幻)。其所具之意生身粗顯，即便認知心性，也鮮能直接證悟成佛。

此一「認知自明、自相本非二元」的要理，不僅是臨死、法性中陰的解脫之道，更是佛陀所示還珠之旅、醒夢之程的根本關要。值得藉此篇幅，加以闡論。

譯者謹此，引述第三世大寶法王之《了義大手印祈願文》四句偈為例證：

ཡོད་མ་མྱོང་བའི་རང་སྣང་ཡུལ་དུ་འཁྲུལ།
མ་རིག་དབང་གིས་རང་རིག་བདག་ཏུ་འཁྲུལ།
གཉིས་འཛིན་དབང་གིས་སྲིད་པའི་ཀློང་དུ་འཁྱམས།

མ་རིག་འཁྲུལ་པའི་རྩད་དང་ཆོད་པར་ཤོག

譯者對此偈文第一句的理解，有別於所參英、中譯本。改譯為：

"Self-manifestation is mistaken to be objects although they never ever existed."

——經詠給明就仁波切確認。

「誤以自相為境未曾有，(此「未曾有」所修飾的並非「自相」而是「境」，)

因無明謬以自明為我，

二取故而流轉輪迴界，

幻惑之根無明願斷除。」

在第一世詠給明就仁波切所發掘的《噶瑪巴西上師相應法》中，也有類似的偈文，其以「了證此義則一生成佛」作結！

第七世(今世)詠給明就仁波切在教授《密勒日巴道歌》、《四部宗義》……等課程中，曾作如下闡釋：

如來藏具備空、明、明空雙運等三種特質……。

當中的明性又包含了自明(自覺)和自相(自顯、自現)二面向。

所謂輪迴幻惑根源的無始無明，即是將如來藏本自具足的明覺之性(自明)誤認為「我」，將其能顯之性的所顯境相(自相)誤認為獨立實存於外的「他」。由此二元執取(二取)而衍生煩惱、業、苦等輪迴境相。

吾人一旦能了悟自明為自明、自相為自相，經持續修持而證悟究竟，便得當生成佛(或名之為涅槃)。

值得一提的是：所謂的「輪迴、涅槃源自明性」之「源自*(from)*」，應如上作解。再如「何期自性，能生萬法」之「生」，也非如母之生子，而是如水晶球之映現彩光。

正文下部

Teaching on Bardo (Intermediate State)

Great Liberation through Hearing states that:

It is a teaching that enlightens without meditation,
a teaching which liberates just by being heard,
a teaching which leads evil doers on the secret path,
a teaching which makes a difference in one instance,
a profound teaching which gives perfect enlightenment in one moment.

Instructed by Guru Rinpoche
Revealed by a Tibetan Terton, Karma Lingpa

《中陰聞即解脫》是——
不經修持即得成佛的教法；
僅憑聽聞即得解脫的教法；
引領大罪人行於密道的教法；
一剎那分明差別的教法；
一剎那圓證佛果的甚深教法。

Calligraphy by Lama Karma Phuntsok

ཧཱུྃ༔ ༔ཟབ་ཆོས་ཞི་ཁྲོ་དགོངས་པ་རང་གྲོལ་ལས༔

སྲིད་པ་བར་དོའི་ངོ་སྤྲོད་གསལ་འདེབས་ཐོས་གྲོལ་ཆེན་མོ་ཞེས་བྱ་བ་བཞུགས་སོ༔

བླ་མ་ཡི་དམ་མཁའ་འགྲོའི་ལྷ་ཚོགས་ལ༔ གུས་པའི་ཡིད་ཀྱིས་ཕྱག་འཚལ་ལོ༔ བར་དོར་གྲོལ་བར་མཛད་དུ་གསོལ༔

བར་དོ་ཐོས་གྲོལ་ཆེན་མོ་ལས༔ ཆོས་ཉིད་བར་དོ་གོང་དུ་བསྟན༔ འདི་ནས་སྲིད་པ་བར་དོ་ཡི༔ གསལ་འདེབས་བྱ་བ་འདི་སྐད་དོ༔

དེའང་གོང་དུ་ཆོས་ཉིད་བར་དོའི་ངོ་སྤྲོད་མང་དུ་བྱས་ཀྱང༔ ཆོས་ཀྱི་གོམས་འདྲིས་ཆེ་བ་དང༔ ལས་འཕྲོ་ཆེ་བ་རྣམས་མ་གཏོགས་པ༔ གོམས་འདྲིས་མེད་པ་དང༔ སྡིག་ཆེན་རྣམས་ལ་ནི་འཇིགས་སྐྲག་དང༔ ལས་ངན་གྱི་དབང་གིས་ངོ་འཕྲོད་པ་དཀའ་བས༔

ཞག་བཅུ་མན་ཆད་དུ་སླེབས་ནས་ཡང་འདི་སྐད་དུ་གསལ་འདེབས་པར་བྱ་སྟེ༔ དཀོན་མཆོག་ལ་མཆོད་པ་འབུལ༔ སངས་རྒྱས་དང་བྱང་ཆུབ་སེམས་དཔའ་རྣམས་ལ་ར་མདའ་སྦྲན་ལ་སྨོན་ལམ་གདབ༔ དེ་ནས་ཡང་ཚེ་འདས་ཀྱི་མིང་ནས་ལན་གསུམ་མམ༔ བདུན་དུ་འབོད་ལ་འདི་སྐད་དོ༔

《深法靜忿密意自解脫》
聞即解脫——投生中陰*引介明示(篇)

「投生中陰」，若依藏文字義，可直譯為「生死輪迴的中陰」或「有中陰」。藏漢大辭典：有，業煩惱習氣為因，於未來世，投生三界。

與死亡相關的中陰三階段中，這是最後的階段——中陰身趨近、面臨投胎轉世、生死流轉的階段，故多譯為「投生中陰」。

明示，白話即「提醒」之意。

恭敬頂禮上師、本尊、空行聖眾；祈請令於中陰獲解脫。

《中陰聞即解脫》於法性中陰已教示如前。其後，是(關於)投生中陰之明示。

先前，於法性中陰雖已引介多(回)，然而，除了那些於法熟諳或具宿善餘業者之外，對於那些未曾熏習佛法或罪業深重之人，因恐懼、惡業力故，要認知*是很難的。

此處末句：要「認知」是很難的。德格印經院版原刻作ངོ་སྤྲོད་པ།「引介」，譯者所參另二版藏典則是刻作ངོ་འཕྲོད་པ།「認知」。譯者依於上下文義，認定此處應採「認知」，已經師尊們認可。

因此，屆臨第十日之後*，應再作是言，以為提醒。
這時，要再向三寶行供養，並向諸佛菩薩祈請救援。
(是故，)應再度呼喚亡者之名三或七遍，並作是言：

譯者嘗見某些中譯本於此譯為「第十四日」，然而諸版藏文原典皆刻作「第十日之後」。

ཀྱི་རིགས་ཀྱི་བུ༔ ཁྱོད་ལེགས་པར་ཉོན་ལ་ཡིད་ལ་ཟུང་ཞིག༔ དམྱལ་བ་དང༔ ལྷ་དང༔ བར་དོའི་ལུས་ནི་རྫུས་སྐྱེས་སུ་འབྱུང་བ་ཡིན་ནོ༔ དེ་ཡང་ཁྱོད་ཆོས་ཉིད་བར་དོ་ལ་ཞི་ཁྲོའི་སྣང་བ་ཤར་དུས་སུ་རང་ངོ་མ་ཤེས་པས༔ ཞག་ཕྱེད་དང་ཚ་ལྔ་སོང་བ་དང༔ སྐྲག་པས་བརྒྱལ་ནས་འགྲོ་སྟེ༔ བརྒྱལ་སངས་ཅན་ཤེས་པ་ཧེ་གསལ་དུ་སོང་སྟེ༔ ལུས་སྔ་མ་ལྟ་བུ་ཞིག་ཀྱང་དེ་སྐྱེའོ༔ དེ་ཡང་རྒྱུད་ལས༔

སྔོན་འབྱུང་སྲིད་པའི་ཤ་ཚུགས་ཅན༔
དབང་པོ་ཀུན་ཚང་ཐོགས་མེད་རྒྱུ༔
ལས་ཀྱི་རྫུ་འཕྲུལ་ཤུགས་དང་ལྡན༔
རིགས་མཐུན་ལྷ་མིག་དག་པས་མཐོང༔

ཞེས་གསུངས་པས༔ དེ་ཡང་སྔོན་འབྱུང་ཞེས་པ་ནི༔ ཁྱོད་སྔ་མའི་བག་ཆགས་ཀྱིས་ཤ་ཁྲག་གི་ལུས་ཅི་ལྟ་བ་ཞིག་འོང་སྟེ༔

དེ་ཡང་བསྐལ་པ་བཟང་པོའི་ལུས་བཞིན་མཚན་དཔེ་ཅུང་ཟད་དང་འོད་ཡོད་པ༔ ཡིད་ལུས་ཀྱི་སྣང་བ་ཡིན་པས༔ བར་དོའི་སྣང་བ་ཡིད་ཀྱི་ལུས་ཞེས་བྱའོ༔

誠如詠給明就仁波切等上師所教示：此處的「第十日之後」和以下的「四天半之後」、「三天半以來」……，就如同五方佛和六道的光色，皆非人智所能推論。

「善男子(善女人)啊！你要細心聆聽並憶持於心。

地獄眾生、神眾和中陰身皆是化生。
當寂靜、忿怒尊的顯相出現於法性中陰時，你未能認知。
因此，在四天半之後，你因恐懼而昏厥。
當你從昏迷中甦醒，意識會變得清晰，並現起如往昔般的身軀。

密續中如是云：

『過往、將現輪迴身形具，
諸根齊全(通行)無阻礙，
具足業感神通變化力，
同類清淨天眼所得見。』

所謂『過往』、『將現』係指：
由於你過往的習氣，(現在)你會有一個和(生前)血肉之軀相似的身形。

它還具有圓滿劫時*身形般些許的相好及光華。
這是意生身的顯相，所謂中陰境相中的意生身。

* 此處的 བསྐལ་པ་བཟང་པོ། 係特指「圓滿劫時」，並非一般所謂有千佛出世的「賢劫」。

佛教中有所謂的四劫時：圓滿劫時、三分劫時、二分劫時和鬥爭劫時。

圓滿劫時：成劫初，人壽萬年，日食地味及香稻等不耕之穀以度時日的年代。(藏漢大辭典)

དེའི་དུས་སུ་ལྷར་སྐྱེ་ན་ནི་ལྷ་ཡུལ་གྱི་སྣང་བ་འབྱུང༔ ལྷ་མིན་དང༔ མི་དང༔ དུད་འགྲོ་དང༔ ཡི་དྭགས་དང༔ དམྱལ་བ་དང༔ གང་ལ་སྐྱེ་བ་དེ་ཉིད་ཀྱི་སྣང་བ་ཁྱོད་ལ་འབྱུང་ངོ༔

དེའི་ཕྱིར་ན་སྔོན་ཞེས་བྱ་བ་ནི༔ ཞག་ཕྱེད་དང་བཞི་ཚུན་ཆད་སྔ་མའི་བག་ཆགས་སྲིད་པའི་ཤ་ཚུགས་ཡོད་པ་སྣམ་བྱེད་ལ༔

འབྱུང་ཞེས་བྱ་བ་ནི༔ དེ་ཕྱིན་ཆད་ཕྱི་མའི་གནས་གང་དུ་སྐྱེ་བའི་སྣང་བ་འབྱུང་བས་ན༔ སྔོན་འབྱུང་ཞེས་བྱའོ༔

དེ་ཙམ་ན་སྣང་བ་གང་བྱུང་བའི་རྗེས་སུ་མ་འབྲངས་ཤིག༔ མ་ཆགས་ཤིག༔ མ་ཞེན་ཅིག༔ ཞེན་ཅིང་ཆགས་ན་ནི༔ ཁྱོད་རིགས་དྲུག་ཏུ་འཁྱམས་ཤིང་སྡུག་བསྔལ་བར་འགྱུར་བས༔

ཁ་སང་ཕན་ཆད་ཆོས་ཉིད་བར་དོའི་སྣང་བ་ཤར་ཡང་ངོས་མ་ཟིན་པས་འདིར་འཁྱམས་དགོས་བྱུང་བ་ཡིན་ནོ༔

ད་ནི་མ་ཡེངས་ཁྱོད་རང་ལ་ངོ་བོ་བསྐྱང་རྒྱུ་ཡོད་ན་ནི་བླ་མས་ངོ་སྤྲོད་པའི་རིག་པ་འོད་གསལ་སྟོང་སང་ངེ་བ་རྗེན་ནེ་ཅེ་རེ་བ༔ དེའི་ཐོག་ཏུ་འཛིན་མེད་བྱར་མེད་ཀྱི་ངང་དུ་ལྷོད་ལ་ཞོག་ཅིག༔ མངལ་སྒོ་མི་འགྲིམ་པར་ཐར་པ་ཐོབ་བོ༔

這時，你若將投生天道，便會現起天道的境相。
阿修羅、人、畜生、餓鬼、地獄(等道亦然)——不論你將投生哪一道，那一道的境相便會對你顯現*。

「那一道的境相便會對你顯現」亦可譯為「你便會經驗到那一道的境相」。

以是之故，所謂的『過往』係指：
三天半以來，由於過往的習氣，你認爲自己擁有輪迴的身軀。

所謂的『將現』係指：
在那之後，不論你未來『將』投生何趣，該趣的境相就會『出現』。
故說『過往』和『將現』。

這時，不論何種境相現起，你都不要跟隨、貪戀、執著。
若貪著之，你便會漂泊六道而受苦。

先前，法性中陰的境相現起，因你未能認知，故須漂泊至此。

現在，你若能心無散亂地保任心性(禪修)——要無執、無作而放鬆地安住於上師曾經指引的純然赤裸之明、空覺性上——你便能免於入胎而獲解脫*。

མངལ་སྒོ་མི་འགྲིམ་པར་ཐར་པ་ཐོབ་པོ༔ 譯者所參之英譯本皆解作「便能獲得解脫而免於入胎」。

此處的「解脫」究何所指？若係指「於當下的投生中陰境相，獲得暫時的解脫。」，英譯者的思維邏輯便可成立。然而，依於中陰教法，譯者認為此處是指「解脫於六道」，故依原文譯作「便能免於入胎而獲解脫」——經師尊們確認。

在這《投生中陰引介明示篇》中，譯者遭逢了不少境意深遠的

ཁྱོད་རང་གིས་ངོ་མ་ཤེས་ན་ནི་ཡི་དམ་གང་ཡིན་ནམ༔ ཁྱེད་རང་གི་བླ་མ་སྤྱི་བོར་བསྒོམ་ལ་མོས་གུས་དྲག་པོ་དུང་ངེ་བ་གྱིས་ཤིག༔ ག་ལ་ཆེའོ༔ ག་ལ་ཆེའོ༔

ཡང་ཡང་མ་ཡེངས་པར་མཛོད་ཅིག༔

ཅེས་བརྗོད་དོ༔ དེ་ལ་ངོས་ཟིན་ན་རིགས་དྲུག་ཏུ་མི་འཁྱམས་པར་གྲོལ་ཏེ༔ ཡང་ལས་ངན་གྱི་དབང་གིས་ངོ་ཤེས་པ་དཀའ་བས་འདི་སྐད་དུ་བརྗོད་དོ༔

ཀྱེ་རིགས་ཀྱི་བུ་ཡིད་མ་ཡེངས་པར་ཉོན་ཅིག༔

དེ་ཡང་དབང་པོ་ཀུན་ཚང་ཐོགས་མེད་རྒྱུ༔ ཞེས་བྱ་བ་ཁྱོད་གསོན་པོའི་དུས་སུ༔ མིག་ལོང་བ་དང༔ འོན་པ་དང༔ ཞ་བ་ལ་སོགས་པ་ཡིན་ཡང༔ ད་ལྟ་བར་དོར་མིག་གིས་གཟུགས་གསལ༔ རྣ་བས་སྒྲ་ཐོས་པ་ལ་སོགས་པ་དབང་པོ་ལ་སྐྱོན་མེད་པར་གསལ་ཞིང་ཚང་བར་འོང་བས་དེའི་ཕྱིར་དབང་པོ་ཀུན་ཚང་ཞེས་གསུངས་པས༔

ཁྱོད་རང་ཤི་ནས་བར་དོར་འཁྱམས་པའི་རྟགས་ཡིན་པས་ངོ་ཤེས་པར་གྱིས་ཤིག༔ གདམས་ངག་དྲན་པར་གྱིས་ཤིག༔

ཀྱེ་རིགས་ཀྱི་བུ༔ ཐོགས་མེད་རྒྱུ་ཞེས་བྱ་བ་ཁྱོད་ཡིད་ཀྱི་ལུས་ཡིན་ཏེ༔ རིག་པ་རྟེན་དང་བྲལ་བས་གདོས་བཅས་ཀྱི་ལུས་མེད་དོ༔ དེའི་ཕྱིར་རི་རབ་དང༔ ཁང་ཁྱིམ་དང་ས་རྡོ་རི་བྲག་ཐམས་ཅད་ལ་

引介文——蓮師對於那些已然流轉至投生中陰階段的中陰身，依然引介了十分深奧的心性禪修。

於此，圖登諾布仁波切解道：蓮師於臨死、法性、投生等中陰階段都做了心性指引，畢竟眾生皆具佛性。至於中陰身能否依其引介而認知，則在個人。

你若不能認知，就要觀想任一本尊或你自己的上師顯現在頭頂上方，並殷殷生起猛厲的虔敬心。這是很重要、很重要的啊！

你要一再地持心無散啊！」

應如是告之。
於此，(亡者)若能認知，便不會流轉於六道而得獲解脫。
然而，因惡業力故，要認知是很難的。
是故，應再作是言：

「善男子(善女人)啊！一心諦聽：

所謂『諸根齊全(通行)無阻礙』係指：
即使你生前是盲人、瘸子或殘障……，如今在中陰，你眼能視物，耳能聞聲……，所有的感官都是了無缺陷、清晰而齊全，故說：『諸根齊全』。

那是你已然死亡、正漂泊於中陰的徵象。
因此，你要認知，要憶念起口訣啊！」

「善男子(善女人)啊！

所謂的『無阻礙』係指：
你(現在)是意生身——心與所依(之色身)已然分離，故而無有實體之軀。

ཐོགས་པ་མེད་པར་ཟང་ཐལ་དུ་འགྲོ་ནུས་པ་ཞིག་ད་ལྟ་ཁྱོད་ལ་ཡོད་དོ༔

འོན་ཀྱང་མའི་མངལ་དང་རྡོ་རྗེ་གདན་མ་གཏོགས་པ༔ རིའི་རྒྱལ་པོ་རི་རབ་ལ་ཡང་ཕར་ཐལ་ཚུར་ཐལ་དུ་འགྲོ་བ་ཞིག་ད་ལྟ་ཁྱོད་ལ་ཡོད་དོ༔

དེ་ཡང་སྲིད་པ་བར་དོར་འཁྲུམས་པའི་རྟགས་ཡིན་པས༔ བླ་མའི་གདམས་ངག་དྲན་པར་གྱིས་ཤིག༔ ཇོ་བོ་ཐུགས་རྗེ་ཆེན་པོ་ལ་གསོལ་བ་ཐོབ༔

ཀྱེ་རིགས་ཀྱི་བུ༔

ལས་ཀྱི་རྫུ་འཕྲུལ་ཤུགས་དང་ལྡན་ཞེས་བྱ་བ་ནི༔ ཁྱོད་ལ་ད་ལྟ་ཡོན་ཏན་ནམ༔ ཏིང་ངེ་འཛིན་གྱི་རྫུ་འཕྲུལ་གང་ཡང་མ་ཡིན་པའི་ལས་ཀྱི་ཤུགས་ལས་བྱུང་བའི་རྫུ་འཕྲུལ་ལས་དང་མཐུན་པ་སྐད་ཅིག་ཙམ་ལ་གླིང་བཞི་རི་རབ་དང་བཅས་པ་འཁོར་ནས༔ གང་འདོད་པའི་གནས་དེར་དྲན་པ་ཙམ་གྱིས་སྐད་ཅིག་མ་དེ་ཉིད་ལ་སླེབས་ཐེན་པ༔ སྐྱེས་བུའི་ལག་པ་བརྐྱང་བསྐུམ་ཙམ་དུ་སླེབས་པའི་ཤུགས་ཡོད་པས་རྫུ་འཕྲུལ་ཡ་མ་ཟུང་རྣམ་པ་སྣ་ཚོགས་པ་མ་དྲན་ན་མ་དྲན༔ དྲན་པ་ཐམས་ཅད་འདི་དང་འདི་སྟོན་ནུས་དང་མི་ནུས་བྱ་བ་མེད་དེ༔ ཐོགས་པ་མེད་པར་སྟོན་ནུས་པ་ཞིག་ད་ལྟ་ཁྱོད་ལ་ཡོད་པས༔ ངོ་ཤེས་པར་གྱིས་ལ་བླ་མ་ལ་གསོལ་བ་ཐོབ་ཅིག༔

因此，現在你能無礙地穿透須彌山、房舍、土石、岩山等一切(處所)。

你甚至能往來穿透須彌山王，唯母親的子宮和金剛座*除外。

* 金剛座是佛陀成道之地，在今之北印度菩提迦耶。

那也是你正在投生中陰漂泊的徵象。
你要憶念起上師的口訣，並向大悲觀世音菩薩祈請。」

「善男子(善女人)啊！

所謂的『具足業感神通變化力』係指：
你現在所具備的並非依於功德或禪定而有的神通，
而是業力所生、相應於業的神通。

你能在一剎那間環繞須彌山和四大洲。
任何你想去的地方，在你想到的同時，你便到了那兒。
(一如)士夫屈伸其臂(那般迅速)。
而(這)各式各樣的神通是離奇而非同尋常的*——
你若未想到，它就不展現*；
任何你所想到的事，沒有不能成辦的。

現在，你有能力無礙地施展神通。
因此，你要(如是)認知並祈請上師。」

* 德格印經院版與譯者所參各藏版皆刻作 རྫུ་འཕྲུལ་ཡ་མ་ཟུང་རྣམ་པ་སྣ་ཚོགས་པ་དྲན་ན་མ་དྲན༔ དྲན་པ་ཐམས་ཅད་འདི་དང་འདི་སྟོན་ནུས་དང་མི་ནུས་བྱ་བ་མེད་དེ༔

此一藏文表述文意不甚明確，譯者依於中陰法理解作「而(這)各式各樣的神通是離奇而非同尋常的——(取決於)念及與否。任何你所想到的事，沒有不能成辦的。」經師尊們認可。

ཀྱེ་རིགས་ཀྱི་བུ༔

རིགས་མཐུན་ལྷ་མིག་དག་པས་མཐོང་ཞེས་བྱ་བ་རིགས་མཐུན་ཞེས་བྱ་བ་ནི༔ བར་དོར་སྐྱེ་བ་རིགས་མཐུན་པའི་ནང་ཚན་རྣམས་གཅིག་གིས་གཅིག་མཐོང་ནས་འོང་བས༔ དེ་ཡང་ལྷར་སྐྱེ་བ་རིགས་མཐུན་པ་ཡོད་ན༔ གཅིག་གིས་གཅིག་མཐོང་ངོ༔ དེ་བཞིན་དུ་རིགས་དྲུག་གང་དུ་སྐྱེ་བའི་རིགས་མཐུན་ཡིན་པ༔ གཅིག་གིས་གཅིག་མཐོང་ནས་འོང་བས༔ དེ་ལ་མ་ཞེན་པར་ཐུགས་རྗེ་ཆེན་པོ་སྒོམས་ཤིག༔

དེ་ཡང་ལྷ་མིག་དག་པས་མཐོང་ཞེས་བྱ་བ་ནི༔ ལྷ་ལ་སོགས་པའི་བསོད་ནམས་ཀྱི་མཐུ་ལས་བྱུང་བ་མ་ཡིན་ཏེ༔ བསམ་གཏན་ཡང་དག་པར་བསྒོམ་པའི་ལྷའི་མིག་རྣམ་པར་དག་པས་མཐོང་བའང་ཡོད་དོ༔

དེ་ཡང་དུས་ཐམས་ཅད་དུ་མཐོང་བ་ནི་མ་ཡིན་ཏེ༔
ལྟ་བའི་འདུན་པ་བཏང་ན་མཐོང་ལ༔

其後，承蒙圖登諾布仁波切依金龍寺版校正為⋯མ་དྲན་ན་མ་དྲན༔⋯。

此一藏文與上述藏文在法義上無別，在文意上則較為明朗。譯者依之修改譯文如上——經詠給明就仁波切等師尊確認。

譯者嘗見之英、中譯本，即便於此理解各異，但幾乎都將此段解為「莫要耽執於這種業力神通」。這固然是出於未能掌握ཡ་མ་ཟུང་། 一詞的涵義，但主要還是因其未能了解業力神通對中陰身的正面性。

ཡ་མ་ཟུང་། 丹增嘉措仁波切以中文解道：非同尋常。藏漢大辭典：離奇。

詠給明就仁波切於中陰教授中說道：業力神通是中陰身於投生中陰得獲解脫的優勢之一。一方面，它是中陰身得以認知自己已然死亡、已在中陰的徵象之一。另一方面，中陰身一旦認知自己已在中陰、有此業力神通，便可善加利用而獲解脫。例如：他若能至心祈願往生極樂淨土，他便能應念往生彼土⋯⋯。

「善男子(善女人)啊！

所謂『同類清淨天眼所得見』的『同類』係指：
『將投生爲同類的中陰眾生』能彼此互見。
因此，將要投生天道的同類眾生，彼此能互見。
同樣地，將投生六道當中不論哪一道的同類眾生，彼此能互見。
莫貪執之而應觀修大悲觀世音菩薩。

所謂『清淨天眼所得見』係指：
並非天人*等福德力所感得的(天眼所得見)，
而是(近似於)*修持清淨禪定的清淨天眼所得見。

然而，並非隨時都能看得見。
唯有當(你)提起『想看』的意念時，方能看得見；

མ་བཏང་ན་མི་མཐོང་སྟེ་བསམ་གཏན་གྱིས་གཡེངས་ནས་འགྲོ་བ་ཡང་ཡོད་དོ༔

若不提起，也就看不見——因其專注馳散(，故而未能提起『想看』的意念，也就看不見了。)

- 譯者所就教的師尊們皆說：此處的ལྷ應解作「天道眾生(天人)」，不宜解為「神眾」。

- 乍看此段藏文，似不難解，然若深究其內義，則不易融通。也因此，歷來英譯所解各異，諸師所詮亦各具特色。眾等既依所解而作譯，所出譯文也就各個有別了。

然而，要能解到既契合中陰教法，又吻合藏文文義，並且貫通上下理諦，實非易事。譯者幾經參究，最後經詠給明就仁波切指導而得作譯如上。

譯者原先所依藏版刻文中，有一關鍵出入：「所謂『清淨天眼所得見』係指：並非天人等福德力所感得的(天眼所得見)，**亦非**修持清淨禪定的清淨天眼所得見……」。

若以中陰身天眼之「有」而解之，此段陳述是合理的：中陰身所具天眼是業力的自然產物，既非因福德而有，也非依禪定而生……。

然而，德格印經院版及多數英譯所依之藏版皆與上述刻文有別：「所謂『清淨天眼所得見』係指：並非天人等福德力所感得的(天眼所得見)，**而是**(近似於)修持清淨禪定的清淨天眼所得見。然而，並非隨時都能看得見。唯有當(你)提起『想看』的意念時，方能看得見；若不提起，也就看不見……。」譯者在參究的過程中，領會到此版所述的引介文並非在談中陰身天眼之「有」，而是談天眼之「用」——只要淪入中陰階段的眾生就必然具備中陰身特有的有漏業力神通，這是無庸置言的。但能不能用得上，如何用得上，才是此段重點所在。

參究至此，譯者仍有一處未解：此四句偈是在描述中陰身於投生中陰階段的情境，應是泛指所有的中陰身。然而，中陰身的心識是飄忽不定的——就如蓮師在後文中所述「由於你被飄動的業風所驅趕，無法

ཀྱེ་རིགས་ཀྱི་བུ༔

དེ་འདྲའི་ལུས་ཅན་དེ་ཡུལ་དང་ཉེ་དུ་འབྲེལ་བ་རྣམས་དང་རྨི་ལམ་དུ་འཕྲད་པ་ལྟ་བུ་འབྱུང་སྟེ༔ ཁྱོད་ཀྱིས་ཉེ་བ་དང་འབྲེལ་བ་ཚོ་ལ་གཏམ་སྨྲས་ཀྱང་གཏམ་ལན་མི་འོང་བ་དང༔ ཉེ་བ་དང་བཟའ་ཚང་དུ་བ་མཐོང་བས༔

ང་ཤི་འདུག་པས་ཅི་ལྟར་བྱེད་སྙམ་ནས་སྡུག་བསྔལ་དྲག་པོ་ཉ་བྱེ་ཚན་ལ་བསྒྲེ་བ་ལྟ་བུའི་སྡུག་བསྔལ་ཞིག་ཁྱོད་ལ་ད་ལྟ་ཡོད་པས༔ ད་ཁྱོད་རང་སྡུག་བསྔལ་བྱས་ཀྱང་ཕན་པ་མེད་དོ༔

自主。心識無有所依，如同翎羽被風所襲捲一般……。」——又豈有「禪定」可言？

詠給明就仁波切解道：沒錯，上述的四句偈，包含此段經文在內，其所描述的是投生中陰階段所有中陰身共有的情境。所有的中陰身都具備業力的神通，此與有無福德無關，與生前禪修與否無涉，也不限於將要投生至天道的中陰身，亦非另談天道眾生所具之天眼。在此階段的中陰身，其業力神通無關「有、沒有」的問題，只關乎「用、不用得上」的問題。

仁波切繼續解道：此段經文其實說明了中陰身要能「用得上」這業力天眼所需具備的二個要件：

1. 中陰身必須認知自己具備這樣的神通：在投生中陰階段認知了中陰，雖然無法像在前二階段中因認知而獲解脫，但在認知的當下，中陰身會自然安住在一種近似於禪定的狀態中(俱生禪定之能)。文中…མཐོང་བའང་ཡོད་དོ༔當中的བའང།，即帶有「類似」之意。

2. 在此狀態中，他還提起了「想看」的意念——他便能看得見。若不提起，也就看不見。當這種專注的心識馳散時，自然無法提起此念，也就看不見了。

「善男子(善女人)啊！

具有這般身軀之人會生起一如在夢中遇見故鄉和親人(般的感知)。
然而，你和親人說話，卻得不到回應。
你也會看到親人和配偶在哭泣。
於是你會想：『**我已經死了，該怎麼辦？**』

因此，此際的你會感到萬分痛苦，如同一條在熱沙上翻滾的魚一般。
然而，現在縱使你(再怎麼)痛苦，也無濟於事。

ཁྱོད་རང་གི་བླ་མ་ཡོད་ན་བླ་མ་ལ་གསོལ་བ་ཐོབ༔ ཡང་ན་ཡི་དམ་ཐུགས་རྗེ་ཆེན་པོ་ལ་གསོལ་བ་ཐོབ་ཅིག༔ ཁྱོད་ནི་འཁྲིལ་ལ་ཆགས་ཀྱང་ཕན་པ་མེད་པས་མ་ཆགས་ཤིག༔

ཁྱོད་རང་གིས་ཐུགས་རྗེ་ཆེན་པོ་ལ་གསོལ་བ་ཐོབ་ཅིག་དང༔ སྡུག་བསྔལ་དང་སྐྲག་སྣང་མི་འོང་ངོ༔

ཀྱེ་རིགས་ཀྱི་བུ༔

ཁྱོད་གཡོ་བ་ལས་ཀྱི་རླུང་གིས་དེད་པས༔ རང་དབང་མེད་པར་རིག་པ་རྟེན་མེད་བྱ་སྒྲོ་རླུང་གིས་ཁྱེར་བ་ལྟ་བུའི་དབུགས་ཀྱི་རྟ་ལ་ཞོན་ནས༔ ཕྱུད་ཕྱོད་ལང་ལོང་དུ་འགྲོ་ཞིང༔

ངུ་བ་ཀུན་ལ་ང་འདི་ན་ཡོད་མ་ངུ་བྱས་ཀྱང༔ དེ་ཁོང་ཚོས་མ་ཚོར་བས་ང་ཤི་ནས་འདུག་སྙམ་ནས་སྡུག་བསྔལ་ཤིན་ཏུ་ཆེ་བ་ཞིག་ད་ལྟ་ཁྱོད་ལ་ཡོད་དེ༔ ཁྱོད་དེ་ལྟ་བུའི་སྡུག་བསྔལ་མ་བྱེད་ཅིག༔

ཉིན་མཚན་མེད་པ་སྟོན་ནམ་སྐྱ་འོད་ལྟ་བུའི་སྐྱ་ཐོམ་མེ་བ་ཞིག་རྒྱུན་དུ་འོང་ངོ༔ དེ་ལྟ་བུའི་བར་དོ་ལ་ཞག་བདུན་ཕྲག་གཅིག་གམ༔ གཉིས་སམ༔ གསུམ་མམ༔ བཞིའམ༔ ལྔའམ༔ དྲུག་གམ༔ བདུན་ཕྲག་བདུན་ལ་སོགས་ཞག་བཞི་བཅུ་ཞེ་དགུའི་བར་དུ་འོང་བ་ཡང་ཡོད་དོ༔

ཕལ་ཆེར་ནི༔ སྲིད་པ་བར་དོར་སྡུག་བསྔལ་བ་ཞག་ཉི་ཤུ་རྩ་གཅིག་འོང་བར་གསུངས་ཏེ༔ ལས་ཀྱི་དབང་གིས་ཅིག་ཏུ་མ་ངེས་སོ༔

你若有上師，就要向上師祈請；或者向本尊大悲觀世音菩薩祈請。
即便你貪著親人，也了無助益；因此，莫要貪著。

你應向大悲觀世音菩薩祈請。如此一來，你就不會感受到痛苦和恐懼。」

「善男子(善女人)啊！

由於你被飄動的業風所驅趕，無法自主。

心識無有所依，如同翎羽被風所襲捲一般；騎在『氣之馬』上[*]，無有方所、飄飄蕩蕩地遊移著。

心、氣關係——氣如馬，心如騎師，故說「騎在氣之馬上」。

你會對所有在哭泣的人說：『**我在這兒，不要哭啊！**』他們卻無法聽到。

因此，你會想：『**我已經死了！**』而感到痛苦萬分。你莫要這樣痛苦啊！

無晝無夜，經常像是秋夜天空的白光那般白茫茫的[*]。
這樣的中陰將會持續一或二或三或四或五或六或七週等，直至四十九日。

據說投生中陰的痛苦，一般而言，將會持續二十一日。
(唯此一期間仍)依業力而定，因此不是確定的。」

སྟོན་ནམ།，藏漢大辭典：1.秋夜2.秋天天空。譯者嘗見之英譯版或譯為 *autumn dawn*（秋天的黎明），或譯為 *autumn twilight*（秋天的黃昏或黎明）。丹增嘉措仁波切和圖登諾布仁波切均解為「秋夜的天空」。

ཀྱེ་རིགས་ཀྱི་བུ༔

དུས་དེ་ཙམ་ན་ལས་ཀྱི་རླུང་དམར་ཆེན་པོས་ཤིན་ཏུ་འཇིགས་ཤིང་མི་བཟོད་པ་དྲག་ཏུ་འཚུབས་པས་རྒྱབ་ནས་འཕུལ་དུ་འོང་ངོ༔

དེ་ལ་མ་འཇིགས་ཤིག༔ ཁྱོད་རང་གི་འཁྲུལ་སྣང་ཡིན་ནོ༔

ཤིན་ཏུ་འཇིགས་པའི་མུན་ནག་ཆེན་པོ་རབ་ཏུ་མི་བཟོད་པས་མདུན་ནས་བསུ་ཞིང༔ རྒྱོབ་ཅིག༔ སོད་ཅིག༔ ཅེས་པའི་ཀུ་སྒྲ་སྣ་ཚོགས་ཀྱིས་ཤིན་ཏུ་འཇིགས་པ་འོང་སྟེ༔ དེ་རྣམས་ལ་ཁྱོད་མ་འཇིགས་ཤིག༔

གཞན་སྡིག་པོ་ཆེ་རྣམས་ལ་ནི༔ ལས་ཀྱི་ཤ་ཟ་སྲིན་པོ་མཚོན་ཆ་སྣ་ཚོགས་ཐོགས་པ་མང་པོས༔ སོད་སོད༔ རྒྱོབ་རྒྱོབ༔ ལ་སོགས་པའི་ཀུ་སྒྲ་ཏི་རི་རི་ཏབ་ཤ་བྱེད་དུ་འོང་ངོ༔

གཅན་གཟན་འཇིགས་སུ་རུང་བ་སྣ་ཚོགས་པས་དེད་པའི་སྣང་བ་ཡང་འོང་ངོ༔ ཁ་ཆར་བུ་ཡུག་དང༔ མུན་ནག་དང་དམག་མང་པོས་དེད་པའི་སྣང་བའང་འབྱུང་ངོ༔ རི་ཉིལ་བའི་སྒྲ་དང༔ མཚོ་ལུད་པའི་སྒྲ་དང༔ མེ་མཆེད་པའི་སྒྲ་དང༔ རླུང་ཆེན་ལྡང་བའི་སྒྲ་འབྱུང་སྟེ༔

དེ་རྣམས་ལ་བྲེད་ནས་གང་བབས་སུ་བྲོས་པས༔ མདུན་དུ་གཡང་ས་གསུམ་གྱིས་ཆོད་དོ༔ དཀར་པོ་དམར་པོ་ནག་པོ་གཏིང་རིང་བ༔ ཉམ་ང་བ་བྲུལ་ལ་ཁད་པ་འབྱུང་ངོ༔

ཀྱེ་རིགས་ཀྱི་བུ༔

「秋夜天空的白光那般白茫茫的」，係依圖登諾布仁波切之指導而作譯。

臨死、法性、投生等三階段中陰的時長都不是確定的，它會依個人修持和業力而有差別。唯法性中陰和投生中陰的總長不會超過四十九日。亡者若不能在這期間內獲得解脫，便會投生到六道當中的一道。

「善男子(善女人)啊！

正當此際，彌漫著的是恐怖、劇烈、教人無以忍受的業(力)狂風，它將自背後驅趕你。

莫畏懼之！(需知)那是你(自心)迷惑的幻相。

在前方迎迓的則是萬分恐怖、令人極難堪受的深重黑暗，(夾雜著)極度駭人的『打啊！』、『殺呀！』等各種喧嚷聲。對此，你(也)莫要畏懼。

此外，對於那些罪業深重的人，將會有許多業之食肉羅剎顯現——執持著各式兵器，(吶喊著)『殺呀！』、『打啊！』等喧嚷聲來搶奪(罪人)。

(也會有)被各種恐怖猛獸追逐的境相現起。
(還)會覺得自己在雨雪暴風中和黑暗中，被許多的軍旅所驅趕。
(乃至)群山崩塌、湖泊氾濫、(大)火蔓延、狂風飆起等聲響湧現。

由於對那諸般(境相)心生恐懼，(他們)便會逃向任何能逃往的處所；卻被前方白、紅、黑三大深而恐怖的斷崖所阻絕，瀕臨墜落(的險境)。」

「善男子(善女人)啊！

(其實，)那些並不是眞實的斷崖，而是貪、瞋、癡(的化現)。

དེའང་ཡང་དག་པ་ན་གཡང་ས་མ་ཡིན་ཏེ༔ ཞེ་སྡང་དང༔ འདོད་ཆགས་དང༔ གཏི་མུག་དང་གསུམ་ཡིན་ནོ༔

དེའི་ཚེ་སྲིད་པ་བར་དོ་ཡིན་པ་ངོ་ཤེས་པར་གྱིས་ལ༔ ཐུགས་རྗེ་ཆེན་པོའི་མཚན་ནས་བརྗོད་དེ༔ ཇོ་བོ་ཐུགས་རྗེ་ཆེན་པོ་བླ་མ་དཀོན་མཆོག་བདག་མིང་འདི་ཞེས་བྱ་བ་ངན་སོང་དུ་མ་བཏང་ཞིག༔

གྱིས་ལ་གསོལ་བ་དྲག་ཏུ་ཐོབ་ཅིག༔ མ་བརྗེད་པར་གྱིས་ཤིག༔

གཞན་ཡང་ཚོགས་བསགས་ཤིང་དགེ་སྦྱོར་དང་ཆོས་གཤའ་མར་བྱས་པ་རྣམས་ལ་ནི༔ ལོངས་སྤྱོད་ཕུན་སུམ་ཚོགས་པ་སྣ་ཚོགས་ཀྱིས་བསུས་ནས༔ བདེ་སྐྱིད་ཕུན་སུམ་ཚོགས་པ་སྣ་ཚོགས་མྱོང་བར་འགྱུར་རོ༔

དགེ་སྡིག་གང་ཡང་མ་བྱས་པའི་བཏང་སྙོམས་གཏི་མུག་པ་རྣམས་ལ་ནི༔ བདེ་སྡུག་གང་ཡང་མི་མྱོང་ཞིང༔ གཏི་མུག་བཏང་སྙོམས་འབའ་ཞིག་ཏུ་འཆར་བར་འགྱུར་རོ༔

དེ་ལྟར་གང་བྱུང་ཡང༔

ཀྱེ་རིགས་ཀྱི་བུ༔ ཁྱོད་འདོད་ཡོན་དང་བདེ་སྐྱིད་གང་བྱུང་ཡང་དེ་ལ་མ་ཆགས་ཤིག༔ མ་ཞེན་ཅིག༔ བླ་མ་དཀོན་མཆོག་མཆོད་ཅིག༔ སྙམ་དུ་སེམས་ལ་ཆགས་ཞེན་སྤོངས་ཤིག༔

སྐྱིད་སྡུག་གི་སྣང་བ་མེད་པར་བཏང་སྙོམས་ཀྱི་སྣང་བ་ཤར་ནས་བྱུང་ཡང་རིག་པ་སྒོམ་མེད་ཡེངས་མེད་ཕྱག་རྒྱ་ཆེན་པོའི་ངང་ལ་ཞོག་ཅིག༔ དེ་གལ་ཆེའོ༔

ཀྱེ་རིགས་ཀྱི་བུ༔ དུས་དེ་ཙ་ན་ཟམ་རྒྱུད་དང༔ ལྷ་ཁང་དང༔ གཙུག་ལག་ཁང་དང་སྟུ་སྦྱིལ་དང༔ མཆོད་རྟེན་ལ་སོགས་པར་ཡུད་ཙམ་རེ་བརྟེན་ཏེ༔ ཡང་ཡུན་རིང་པོར་ནི་མི་ཆགས་ཏེ༔ རིག་པ་ལུས་དང་བྲལ་

你要認知現在是投生中陰，並稱念大悲觀世音菩薩的名號：『**至尊大悲上師三寶***啊！切莫放捨我某某(名字)墮入惡趣！』

你要如是猛厲祈請，切莫忘卻啊！」

「至尊大悲上師三寶」，慈瓊仁波切解道：這並非意指要向那三位分別的對象祈請，而是一種口語表現。藏人不論涉及什麼，舉凡爭吵、驚訝……，都會來上這麼一句。一如西方人："My God!"*。

此外，對於那些已積聚資糧、造作善行並切實修法之人，迎接(他們)而來的便會是各式豐盛的受用。(他們)將會經驗到各種豐美的喜樂。

對於那些無記愚癡之人，(他們)既未行善也未造罪，便不會經驗到喜樂或痛苦，只會有無記愚癡的境相現起。

如是，無論生起怎樣的境相，

「善男子(善女人)啊！無論怎樣的妙欲、喜樂現前，你都莫要貪戀、執著；要心想：『**我要將它供養給上師、三寶！**』而於心中捨棄貪執。

若是不苦、不樂的平等境相現起，你就將心安住於無修、無散的大手印境界中。

這是至爲重要的啊！」

「善男子(善女人)啊！

這時，橋樑、神廟、佛寺、草蓬、佛塔等(處)雖能供(你)依止片刻，(你)卻無法久留。

(你的)心已與身分離，因此無法安定下來而會感到忿怒、驚悸、落

བའི་དབང་གིས་སྡོད་མི་ཚུགས་པར་བག་གྲང་ཞིང་ཚིག་པ་ཟ་བ༔ སྐྱི་ཟིང་ཟིང་བྱེད་ཤེས་པ་ཐུན་ཐུན༔ ཕྱིད་ཕྱོད༔ ཡིད་ཡུད་བྱེད་དུ་འོང་ངོ༔

དེའི་དུས་བསམ་བློ་ཞིག་བཏང་བས༔ ཨ་ཁ་ང་ཤི་བ་ཡིན་པར་འདུག་པས་ད་ཅི་བྱེད་བསམ་པའི་ཤེས་པ་སྐྱོ་ཞིང་སྙིང་གྲང་ལྷང་གིས་འགྲོ༔ སྡུག་བསྔལ་དྲག་པོ་དཔག་ཏུ་མེད་པ་འོང་ངོ༔

ས་གཅིག་ཏུ་མི་ཆགས་པར་འགྲོ་དགོས་པས་ཡིད་ཀྱིས་དྲན་པ་སྣ་ཚོགས་པ་མ་བྱེད་པར་རིག་པ་རྣལ་དུ་ཕོབ་ཅིག༔

ཟྲོད་ལ་ཟས་ཀྱང་བསྔོས་པ་མ་གཏོགས་པ་བཟར་མེད་ཅིང་གྲོགས་ལ་ངེས་པ་མེད་པའི་དུས་འབྱུང་ངོ༔

དེ་སྲིད་པ་བར་དོར་ཡིད་ལུས་འཚམས་པའི་རྟགས་ཡིན་ནོ༔ དེ་ཙམ་ན་སྐྱིད་སྡུག་ཀྱང་ལས་ཀྱི་རྗེས་སུ་འབྲང་ངོ༔

རང་གི་ཡུལ་འཁོར་ཉེ་དུ་རང་གི་ནོར་ལ་སོགས་པ་ཡང་མཐོང་ནས༔ ད་ནི་ང་ཤི་བར་འདུག་པས་ཅི་དྲག་སྙམ་སྟེ༔

魄、迷茫、恍惚。

這時，你便會生起(這樣的)念頭：『**哎呀呀！*我已經死了！現在，該如何是好？』**

你會變得悲傷、悽涼，感到無邊的強烈痛苦。

德格印經院版原刻作ཨ་ཡ།「爹呀！」。這可是方言俗語？

八蚌智慧林的堪布和確傑喇嘛在校正原版藏文時，於此標記為ཨ་ཁ།。圖登諾布仁波切在末校時也註記：此為誤刻，應作ཨ་ཁ།「哎呀呀！」

既然你無法安定於一處，必須遊移，就不要胡思亂想，而要讓心平靜下來*。

རིག་པ། 一詞在此文中，有時意指本覺、覺性，有時則指心、覺知……，其所涵蓋的層次或高或低，需依上下文義而定。以此處的 རིག་པ་རྣལ་དུ་ཕོབ་ཅིག 為例，當中的 རིག་པ།，各譯版多解之為「心」或「覺知」。於該句的詮解則各具其見：某英譯版解作「要將心安住於心之本然中」。另一版則解作「讓覺知安住於無散的境界中」。譯者斟酌其文義與法義之後，譯為「要讓心平靜下來」——已得師尊們確認。

除了人們迴向給你的食物之外，你將別無可食，也不會有固定的朋友。

凡此(種種)皆是意生身漂泊於投生中陰的徵象。
這時，(不論你所感知的是)喜樂或痛苦，它都是隨業而有的。

你也會看到鄉里、親友以及自己的遺體……，於是你會想：『**現在，我已經死了。該如何是好？』**

那意生身會感到極度的悲傷，便會想：『**現在，我若能得到一個身**

ཡིད་ལུས་དེ་ནས་སྙིང་སྐྱོ་བ་ཡང་འབྱུང་སྟེ༔ ད་ལུས་ཅིག་ཐོབ་ན་ཅི་མ་རུང་སྙམ་ནས༔

ཐམས་ཅད་དུ་ལུས་ཚོལ་དུ་འགྲོ་བའི་སྣང་བ་འཁྲིད་ལ་འོང་ངོ༔

རང་གི་རོ་དེ་ལ་ལན་དགུའི་བར་དུ་འཇུག་པར་བྱེད་ཀྱང༔ ཆོས་ཉིད་བར་དོ་ཡུན་རིང་བའི་གནད་ཀྱིས༔ དགུན་ནི་འཁྱགས༔ དབྱར་ནི་རུལ༔ དེ་མ་ཡིན་ནའང་ཉེ་དུས་མེས་བསྲེག་གམ༔ དོང་དུ་སྦས་སམ༔ བྱ་གཅན་ལ་བྱིན་ནས་ཚུར་ཞུགས་ས་མ་རྙེད་པས༔

ཤིན་ཏུ་སྙིང་མ་དགའ་ནས་བྲག་དང་ས་རྡོ་ཐམས་ཅད་ཀྱི་བར་དུ་བཙྭངས་པའི་སྣང་བ་འཁྲིད་ལ་འོང་སྟེ༔

དེ་ལྟར་སྡུག་བསྔལ་བྱུང་བ་དེ་སྲིད་པ་བར་དོ་ཡིན་པས༔ ཁྱོད་ལུས་ཚོལ་ཡང་སྡུག་བསྔལ་ལས་མི་འོང་གི༔ ལུས་ཀྱི་ཞེན་པ་ཆོད་ལ་བྱར་མེད་ཀྱི་ངང་ལ་ཞོག་ལ་མ་ཡེངས་པར་གྱིས་ཤིག༔

དེ་ལྟར་ངོ་སྤྲད་པས་བར་དོར་གྲོལ་བ་ཐོབ་པ་ཡིན་ནོ༔
ཡང་གལ་ཏེ་ལས་ངན་གྱི་དབང་གིས་དེ་ལྟར་ངོ་སྤྲད་ཀྱང་མི་འཕྲོད་པ་སྲིད་པས༔
ཡང་ཚེ་འདས་ཀྱི་མིང་ནས་འབོད་ལ་འདི་སྐད་བརྗོད་དོ༔

ཀྱེ་རིགས་ཀྱི་བུ༔ ཚེ་གེ་མོ་ཁྱོད་ཉོན་ཅིག༔

ཁྱོད་དེ་ལྟར་སྡུག་བསྔལ་བར་གྱུར་པ་དེ་ཁྱོད་རང་གི་ལས་ཡིན་པས་གཞན་སུས་ཀྱང་ལན་པ་མེད་དོ༔ རང་གི་ལས་ཡིན་པས་ད་ནི་དཀོན་མཆོག་གསུམ་ལ་གསོལ་བ་དྲག་ཏུ་ཐོབ་ཅིག༔ དེས་སྐྱོབ་པར་འགྱུར་རོ༔ དེ་ལྟར་གསོལ་བ་ཡང་མ་བཏབ་ཅིང༔ ཕྱག་རྒྱ་ཆེན་པོའང་སྒོམ་མ་ཤེས་ཡི་དམ་ལྷ་ཡང་མ་སྒོམ་ན༔

體，該有多好啊？』

於是，對你現起的便會是(你)到各處覓尋身體的境相。

然而，縱使(你試圖)進入自己的遺體達九次之多——由於(之前)法性中陰的期間太長，(若是)冬天已將它凍僵，夏天已使其腐化。再不然你的親人也已將其火化、土葬或施捨給鳥獸——(任你怎麼試也)找不到(得以)進入之處。

(這時)你內心極不痛快，感覺自己(像是)要擠入諸般的山岩、土石縫中一般。

(你會)生起這般的痛苦，這即是投生中陰(啊！)
以是之故，縱使你要找尋一個身體，除了痛苦之外，將無所獲。

(因此，)你要斷除對身體的執著，心無散亂地安住於無造作的境界中。」

經如是引介，(亡者)便能於中陰獲得解脫。
倘若(亡者)因惡業力故，雖經如是引介，依然有可能無法認知。
故應再度呼喚亡者之名，並作是言：

「善男子(善女人)某某(逝者名)啊！諦聽！

你這樣受苦，這是你自己的業，不是他人的罪咎。
這是你自己的業，因此，現在你要猛厲地向三寶祈請，祂們將會救護你。

若你既不如是祈請，也不知曉大手印禪修，又不觀修本尊；

這時，你與生俱來的『善神』*將會集聚你所有的善行之量，以白石子

ད་ནི་ལྷན་ཅིག་སྐྱེས་པའི་ལྷས་དགེ་བ་བྱས་ཚད་ཐམས་ཅད་བསགས་ནས་རྡེའུ་དཀར་པོ་འདྲེན་དུ་འོང་ངོ༔

མཉམ་པོར་འོང་བའི་འདྲེས་ཀྱང་སྡིག་པ་བྱས་ཚད་ཐམས་ཅད་བསགས་ནས་རྡེའུ་ནག་པོ་འདྲེན་དུ་འོང་ངོ༔

དེའི་དུས་སུ་ཁྱོད་ཤིན་ཏུ་བྲེད་པ་དང༔ སྔངས་པ་དང༔ སྐྲག་པ་དང༔ འདར་བར་བྱས་ནས་ངས་སྡིག་པ་མ་བྱས་ཟེར་ནས་རྫུན་སླས་ཀྱང༔

དེར་གཤིན་རྗེ་ན་རེ་ངས་ལས་ཀྱི་མེ་ལོང་ལ་བལྟའོ་ཟེར་ནས༔ མེ་ལོང་ལ་བལྟས་པས་དགེ་སྡིག་ཐམས་ཅད་མེ་ལོང་ནང་དུ་བཀྲ་ལམ་མེ༔ གསལ་ལམ་གྱི་བྱུང་བས་རྫུན་བྱས་ཀྱང་མ་ཕན་ནས༔

གཤིན་རྗེས་སྐེ་ལ་ཐག་པ་བཏགས་ཏེ་ཁྲིད་ནས༔ སྐེ་བྲེགས༔ སྙིང་འདོན༔ རྒྱུ་མ་སྤྱུང༔ ཀླད་པ་ལྡག༔ ཁྲག་འཐུང༔ ཤ་ཟ༔ རུས་པ་མུར་ཡང༔ འཆིར་མི་བཏུབ་པས༔

計算之；

你與生俱來的『惡靈』*將會集聚你所有的罪業之量，以黑石子計算之。

此處的「神」、「靈」，在藏典中的用詞分別為ལྷ།「神」、འདྲེ།「鬼」。譯者在請示詠給明就仁波切等上師之後，權譯為「神」、「靈」。

在藏族的傳統信仰中，認為每個人皆有「俱生善神」和「俱生惡靈」——此二者是有情眾生，不是魂魄。

惹瓊仁波切解道：在西藏，有些地區稱之為ལས་ཀྱི་བུ་ཆུང་དགེ་པོ།善童子、ལས་ཀྱི་བུ་ཆུང་ངན་པོ།惡童子，前者色白，後者色黑，並有如下的說法：

善、惡童子是我們每個人與生俱來的有情眾生，分別代表著個人的善業、惡業。從我們出生以來，他們就一直分別在計算著我們所造作的善業、惡業。我們在生時不知道有他們存在，死時才會見到他們——若我們生前所造作的惡業較多，那麼黑色的惡童子就會很開心地來到閻王面前；若是善業較多，那麼白色的善童子便會很開心地來到閻王面前……。在藏戲中，也常有這樣的戲碼演出。

這時，你會極度地畏懼、恐慌、驚駭，顫抖地撒謊道：**『我沒有造作罪業！』**

於此，閻王會說：**『我會瞧一瞧業鏡。』**
之後，他看著業鏡，你一切的善行與罪業都會清清楚楚地顯露在業鏡中，任你(如何)撒謊也沒用。

於是，閻王便會以繩索拴住你的頸子，將你帶走。
然後砍你的頭，掏你的心，抽你的腸，舔你的腦，飲你的血，吃你的肉，嚼你的骨——你卻無法死去。

ལུས་དུམ་བུར་གཏུབས་ཀྱང་ཡང་སོས་ནས་འོང་ངོ༔ ཡང་ཡང་གཏུབས་པས་སྡུག་བསྔལ་ཆེན་པོ་འོང་པས༔

དེ་ཙམ་ན་ཧེའུ་དཀར་པོ་བགྲངས་ནས་འོང་ཀྱང༔ ཁྱོད་རང་མ་ཞེད་ཅིག༔ མ་སྐྲག་ཅིག༔ རྫུན་མ་ཟེར༔ གཤིན་རྗེ་ལ་མ་སྐྲགས་ཤིག༔

ཁྱོད་རང་ཡིད་ལུས་ཡིན་པས་བསད་པ་དང་གཏུབས་པ་བྱུང་ཡང་འཆི་རྒྱུ་ནི་མེད་དོ༔ དོན་ལ་ཁྱོད་སྟོང་པའི་རང་གཟུགས་ཡིན་པས་ཞེད་མི་དགོས༔ གཤིན་རྗེ་རྣམས་རང་སྣང་འཁྲུལ་པ་སྟོང་པའི་རང་གཟུགས་ཡིན་ནོ༔

ཁྱོད་རང་བག་ཆགས་ཡིད་ཀྱི་ལུས་སྟོང་པ་ཡིན་པས༔ སྟོང་པ་ཉིད་ཀྱིས་སྟོང་པ་ཉིད་གླགས་མི་རྙེད་པའོ༔ མཚན་མ་མེད་པས་མཚན་མ་མེད་པ་ལ་གླགས་མི་རྙེད་པའོ༔

རང་གི་འཁྲུལ་སྣང་མ་ཡིན་པའི་ལོགས་ན༔ ཕྱི་རོལ་དུ་གཤིན་རྗེ་དང༔ ལྷ་དང་འདྲེ་དང༔ རཀྵ་གླང་མགོ་ཅན་ལ་སོགས་པ་དངོས་སུ་གྲུབ་པ་མེད་པས་ངོ་ཤེས་པར་གྱིས་ཤིག༔ དེ་ཙམ་ན་ཐམས་ཅད་བར་དོ་ཡིན་པར་ངོ་ཤེས་པར་གྱིས་ཤིག༔

ཕྱག་རྒྱ་ཆེན་པོའི་ཏིང་ངེ་འཛིན་སྒོམས་ཤིག༔ སྒོམ་མ་ཤེས་ན་ཡང་ཁྱོད་རང་གི་འཇིགས་སྐྲག་སྐྱེ་མཁན་གྱི་ངོ་བོ་དེ་ལ་ཅེར་གྱིས་ལྟོས་དང༔ ངོ་བོ་ཅིར་ཡང་མ་གྲུབ་པའི་སྟོང་པ་ཞིག་མཐོང༔ དེ་ནི་ཆོས་སྐུ་ཞེས་བྱ་བ་ཡིན་ནོ༔

སྟོང་པ་དེ་ཡང་ཕྱལ་ཆད་དུ་མ་སོང་སྟེ༔ སྟོང་པའི་ངོ་བོ་འཇིགས་སོ་སྐམ་པའི་རིག་པ་ཧྲིག་གེ་གསལ་ལེ་བ་ཞིག་ཡོད་ཀྱི༔ དེ་ནི་ལོངས་སྤྱོད་རྫོགས་སྐུའི་དགོངས་པ་ཡིན་ནོ༔

縱然你的身體被剁成碎塊，你也會復原。
(如是)一再地被切砍，便會引生極大的痛苦。

因此，當他們在計算白石子時，你莫要懼怕，莫要驚駭，莫要撒謊，莫畏懼閻王。

你是意生身，即便被殺、被砍，也不會死亡。
你實爲空性之身*，因此無需懼怕。
閻王們是你自心迷惑的幻相，亦爲空性之身。

空性之身，無實如幻也。下文之「若夏」為梵音中拼，意為「羅剎」。

你是業習的意生身、是空性的。
(畢竟，)空性是無法傷害空性的；無相是無法傷害無相的。

你要認知——那外在的閻王、神眾、鬼魅、牛頭若夏*等，離於你自心迷惑的幻相之外，別無實體！
(你)要能認知此時所有一切皆是中陰(的顯相)！

(這時，)你應修持大手印三摩地。
你若不知如何(作此)修持，就直觀『能生恐懼』之自性，你便會見到那了無實有性的『空』。這即是所謂的『法身』。

(然而，)此空並非單空。
此空之自性——能感受恐懼的那種覺知是極其清晰的*。
這即是『圓滿受用(報身)之密意』。

譯者於此段文字的理解與所參英譯本全然不同，在徵詢師尊們確認後，作譯如上。

一版英譯解作「此空並非斷滅空，其本質是令人驚愕的，心具備了覺知與清明。」

སྟོང་པ་དང་གསལ་བ་གཉིས་ཡ་མ་བྲལ་བ་སྟོང་པའི་ངོ་བོ་གསལ་བ༔ གསལ་བའི་ངོ་བོ་སྟོང་པ༔ གསལ་སྟོང་དབྱེར་མེད་པའི་རིག་པ་རྗེན་པ་ཐེར་ལ་བུད་པ་ཞིག་ད་ལྟ་རང་ལ་བཟོ་མེད་ཀྱི་ངང་ལ་གནས་ནས་ཡོད༔ དེ་ནི་ངོ་བོ་ཉིད་ཀྱི་སྐུ་ཡིན་ནོ༔

དེ་ཡང་དེ་ཉིད་ཀྱི་རང་རྩལ་མ་འགགས་པ་ཅིར་ཡང་ཤར་བ་ཞིག་ཡོད་ཀྱི༔ དེ་ནི་ཐུགས་རྗེ་སྤྲུལ་པའི་སྐུ་ཡིན་ནོ༔

ཀྱེ་རིགས་ཀྱི་བུ༔ དེ་ལྟར་མ་ཡེངས་པར་ལྟོས་ཤིག༔ ངོ་ཤེས་པ་ཙམ་གྱིས༔ སྐུ་བཞི་ཡོངས་རྫོགས་སུ་འཚང་རྒྱ་བར་ངེས་སོ༔ མ་ཡེངས་ཤིག༔ སངས་རྒྱས་དང་སེམས་ཅན་གཉིས་ཀྱི་ས་མཚམས་འདི་ནས་ཕྱེད་པ་ཡིན་ནོ༔

དུས་ད་ལྟ་གལ་པོ་ཆེ་འདིའི་དུས་ཡེངས་ན་ནི༔ དུས་རྟག་ཏུ་སྡུག་བསྔལ་གྱི་འདམ་ནས་ཐོན་པའི་དུས་མི་ཡོང་ངོ༔

སྐད་ཅིག་གཅིག་གིས་ཐ་དད་ཕྱེད༔ སྐད་ཅིག་གཅིག་གིས་རྫོགས་སངས་རྒྱས༔ ཞེས་པ་ད་རེས་ཡོད་པ་ཡིན་ནོ༔

另版英譯解爲「此空並非斷滅空，此空之本質是令人敬畏、直接、明耀的覺知。」

譯者認為這二位藏學前輩似乎都忽略了 སྣམ་པའི། 一詞已指出此段是和前段相關連的——此處所描述的是「能生恐懼」的那種覺知，不是獨立地在談「心」或「覺知」。

至於「單空」，已註解於前。

(這)空、明二者是不相分離的。空的自性是明，明的自性是空。
這明、空不二、赤裸無遮而坦露的覺性，
當下，即住於無造作的狀態中。
這即是『自性身』。

再者，此一自性的本然妙力能無礙地顯現一切。
這即是『大悲應化身』。

善男子(善女人)啊！你要如是一心觀照。
一經認知，就必能成就『圓滿四身』的佛果。

切莫散亂啊！佛與眾生的分界將由此而分明。
你若在這緊要關頭分了心，便會失去從(那)痛苦泥淖出脫的時機*。

* 「便會失去從(那)痛苦泥淖出脫的時機」係採意譯。字面直譯應作「從(那)痛苦泥淖出脫的時機將不會一再地到來。」譯者鑑於此處帶有一種斷然、決然的文義與文氣，故而作譯如上——經詠給明就仁波切認可。

此際，即是所謂的：

一剎那分明差別；

一剎那圓證佛果。

འཕོ་བ།

ཁྱོད་རང་ལ་ཁ་སང་ཕན་ཆད་ཡིངས་ཤོར་བས་བར་དོ་དེ་ཙམ་ཞིག་ཤར་ཡང་ངོ་མ་འཕྲོད་པས༔ འཇིགས་སྐྲག་དེ་ཙམ་ཞིག་བྱུང་བ་ཡིན་མོད༔

ད་ནི་ཡིངས་ཤོར་ན་ཐུགས་རྗེའི་དཔྱང་ཐག་ཆད་ནས་ཐར་མེད་ཀྱི་གནས་སུ་འགྲོ་བས་གཟབ་ཅིག༔

ཅེས་ངོ་སྤྲད་པས་གོང་དུ་ངོ་མ་འཕྲོད་ཀྱང༔ འདིར་ངོ་འཕྲོད་ནས་གྲོལ་བ་ཐོབ་པོ༔

དེ་ལྟར་སྒོམ་མི་ཤེས་པའི་མི་ནག་ཡིན་ན༔ འདི་སྐད་བརྗོད་དོ༔

ཀྱེ་རིགས་ཀྱི་བུ༔

དེ་ལྟར་སྒོམ་མ་ཤེས་ན༔ སངས་རྒྱས་དང༔ ཆོས་དང༔ དགེ་འདུན་དང༔ ཐུགས་རྗེ་ཆེན་པོ་རྣམས་དྲན་པར་གྱིས་ལ་གསོལ་བ་ཐོབ་ཅིག༔

འཇིགས་སྐྲག་གི་སྣང་བ་ཐམས་ཅད་ཐུགས་རྗེ་ཆེན་པོའམ༔ ཁྱོད་རང་གི་ཡི་དམ་དུ་སྒོམས་ཤིག༔

མི་ཡུལ་དུ་དབང་གང་ཞུས་པའི་གསང་མཚན་གང་འདོགས་དང༔ བླ་མ་དྲན་པར་གྱིས་ལ་གཤིན་རྗེ་ཆོས་ཀྱི་རྒྱལ་པོ་ལ་ཤོད་ཅིག༔

གཡང་སར་བྱུལ་ཡང་མི་གནོད་པས་སྔངས་སྐྲག་སྤོངས་ཤིག༔

ཅེས་བརྗོད་ཅིང་ངོ་སྤྲོད་པས་ཀྱང༔ གོང་དུ་མ་གྲོལ་ཡང་འདིར་གྲོལ་བར་འགྱུར་རོ༔

先前，中陰境相雖已如許地顯現，你因散亂而未能認知，故而生起了如許的恐懼。

現在，你若(依然)散亂，那大悲吊索將會斷絕*，你便會走向無有解脫的境地。

因此，務必當心！」

經如是引介，即便（亡者）之前未能認知；在此，他也能認知而獲解脫。

* 譯者嘗見之英、中譯本皆解為「被截斷」。然而，藏文原詞 འཆད་པ། 實為自動詞——吊索自行斷絕，並非他動詞——被(人)截斷。譯者認為譯作「自動詞」方能符合法理，故而不惜在此吹毛求疵。

若（亡者）是一名不知曉如是禪修之在家俗人，則應作是言：

「善男子(善女人)啊！

你若不知曉如是禪修，就要憶念並祈請佛、法、僧三寶和大悲觀世音菩薩。

你要將一切恐怖的顯相觀修爲大悲觀世音或是你的本尊。

憶念起你在人世間領受任一灌頂時的密名和上師，並告知閻羅法王(此一密名)。

(如此一來，)縱使你墜入斷崖，也不會受傷。因此，你要捨離恐懼！」

經如是宣說、引介，即便(亡者)之前未能解脫；在此，也能獲得解脫。

ཡང་ངོ་མ་འཁྲིད་མ་གྲོལ་བར་སྲིད་པས་ནན་ཏན་གལ་ཆེ་བའི་ཕྱིར༑

ཡང་ཚེ་འདས་ཀྱི་མིང་ནས་འབོད་ལ་འདི་སྐད་དོ༑

ཀྱེ་རིགས་ཀྱི་བུ༑

ད་ལྟའི་སྣང་བ་ཡུད་ཙམ་རེས་བདེ་སྡུག་གི་གནས་རྣམ་པོ་ཆེར་འཕེན་ནས་འོང་སྟེ༑ དཔེར་ན་སྒྱོགས་ཀྱི་འཁྲུལ་འཁོར་དང་འདྲ་བས༑

ད་ལྟ་ཆགས་སྡང་གི་སྣང་བ་ཡེ་ནས་མ་བྱེད་ཅིག༑

ཁྱོད་མཐོ་རིས་སུ་སྐྱེ་རྒྱུ་ཡིན་ན༑ མཐོ་རིས་སྣང་བ་འཆར་བའི་ཚེ༑ ཤུལ་དུ་ཉེ་བ་རྣམས་ཀྱིས་གཤིན་པོའི་དོན་དུ་བསྔོས་ནས༑ སེམས་ཅན་མང་པོའི་སྲོག་བཅད་དེ་མཆོད་སྦྱིན་བྱས་པས༑

ཁྱོད་ལ་མ་དག་པའི་སྣང་བ་འཆར་ནས་ཞེ་སྡང་དྲག་པོ་བསྐྱེད་དེ༑ དེས་མཚམས་སྦྱར་ནས་དམྱལ་བར་སྐྱེ་བར་འགྱུར་བས༑

ཤུལ་དུ་ལས་ཅི་བྱས་ནས་འདུག་ཀྱང་ཁྱོད་ཀྱིས་ཞེ་སྡང་མ་བསྐྱེད་པར་བྱམས་པ་སྒོམས་ཤིག༑

ཡང་ཁྱོད་ཀྱིས་ཁྱོད་རང་གི་ཤུལ་གྱི་ནོར་རྫས་ལ་ཆགས་སེམས་སྐྱེ་བའམ༑ ཁྱོད་ཀྱི་ནོར་རྫས་ལ་གཞན་དག་གིས་དབང་བྱས་ནས་སྤྱོད་ཅིང་འདུག་པ་ཤེས་ཏེ་ཁྱོད་ནོར་རྫས་དེ་རྣམས་ལ་ཆགས་ཤིང་ཤུལ་མི་རྣམས་ལ་ཞེ་སྡང་སྐྱེས་པས༑

然而（亡者）仍有可能無法認知而未獲解脫。因此，精勤致力(於引介)是極爲重要的。

故應再次呼喚亡者之名而作是言：

「善男子(善女人)啊！

當前的瞬間境相便能(將你)拋向強猛的苦、樂境地，就如同發砲機一般*。

因此，你現在切莫生起任何的貪、瞋之相。

* 此段包含了數個修飾詞，其所修飾的詞句為何？歷來譯者所解頗有差別。這也正好呈顯了藏文的妙處與難處。較為早期的英譯：「這些當前的經驗會於(每)一瞬間，輪番地將你拋向苦、樂的境地，就如同發砲機一般。」近版英譯：「你當前的感知會如發砲機一般，於一瞬間將你拋向強猛的境地——或苦或樂。」譯者係經圖登諾布仁波切指導而作譯如上。

若你將投生善道，當善道的境相現起時，你遺留在世間的親人們，爲了利益亡者而迴向，故而宰殺許多牲畜以行供施。

以是之故，不淨的境相會對你現起而使你生起強烈的瞋心；以彼連結，(你)便會投生至地獄。

因此，人們在你死後不論造作了怎樣的業，你都莫要心生瞋恚而應觀修慈愛。

或說，你對遺留在世間的財物心生貪戀，或是你知曉他人正擁有並享用著你的財物；你因貪著於那些財物，便會對遺留在世間的人們生起瞋心。

དེས་མཚམས་སྦྱར་ནས་མགོ་རིས་ཐོབ་རྒྱུར་ཡང་དམྱལ་བའམ༔ ཡི་དྭགས་སུ་ངེས་པར་སྐྱེ་བར་འགྱུར་བས༔

དེ་བས་ན་ཁྱོད་རང་ཞུལ་གྱི་ནོར་རྫས་ལ་ཆགས་སེམས་སྐྱེས་ཀྱང་ཐོབ་དབང་ནི་མེད༔ ཁྱོད་རང་ལ་ཕན་མི་ཐོགས་པས༔ ཞུལ་གྱི་ནོར་རྫས་ལ་ཆགས་པ་དང་ཞེན་པ་སྤོངས་ལ་ལིང་གིས་སྐྱུར༔

ཁོ་ཐག་ཆོད༔ ཁྱོད་རང་གི་ནོར་ལ་སུས་སྤྱོད་ནས་འདུག་ཀྱང༔ སེར་སྣ་མ་བྱེད་ལ་བློས་ཐོང་པར་གྱིས་ཤིག༔

བླ་མ་དཀོན་མཆོག་གསུམ་ལ་འབུལ་སྙམ་པའི་འདུན་པ་རྩེ་གཅིག་ཏུ་གྱིས་ལ་ཆགས་མེད་ཞེན་མེད་ཀྱི་ངང་ལ་གནས་པར་གྱིས་ཤིག༔

ཡང་ཁྱོད་ཀྱི་ཕྱིར་དུ་གཤིན་པོའི་ཆོག་གཾ་ག་ནི་འདོན་པ་དང༔ ངན་སོང་སྦྱོང་བ་ལ་སོགས་ཁྱོད་ཀྱི་དོན་དུ་བྱས་ཀྱང༔

དེས་མ་དག་པ་དང༔ གཉིད་པ་དང༔ ཡེངས་པ་ལ་སོགས་པ་བྱས་པ་དང༔ དམ་ཚིག་སྡོམ་པ་མི་གཙང་བ་བག་མེད་པའི་སྤྱོད་པ་དེ་རྣམས་ཁྱོད་ཀྱི་ལས་ཀྱི་མངོན་ཤེས་ཕྲ་མོས་མཐོང་ནས་འོང་གི༔

དེ་ལ་ཁྱོད་མ་དད་པ་དང༔ ལོག་ལྟ་སྐྱེས་པ་དང༔ འཇིགས་ཤིང་སྐྲག་ནས་ལས་ནག་པོ་ལ་སོགས་པ་དང༔

ཆོས་སྤྱོད་ཆོ་ག་མ་དག་པ་རྣམས་ཀྱང་ཤེས་འོང་གིས༔ དེར་ཁྱོད་ཀྱི་བསམ་པ་ལ༔ ཀྱེ་མ་འདི་རྣམས་ཀྱིས་བདག་བསླུས་སོ༔ ངེས་པར་བསླུས་སོ༔ སྙམ་ནས་ཤིན་ཏུ་ཡི་མུག་སྟེ༔

ཡིད་མི་དགའ་བ་ཆེན་པོ་དང་བཅས་ནས༔ དག་སྣང་མོས་གུས་མི་སྐྱེས་ཀྱི་སྟེང་དུ༔ ལོག་ལྟ་དང་མ་དད་པ་སྐྱེ་བ་འོང་བས༔

(如此一來，)縱使你原本會投生善道，以彼連結，(你)便會投生至地獄或餓鬼道。

因此，即便你對遺物心生貪戀，你也沒有獲得的權力，(它)對你毫無利益可言。

是故，你要捨棄你對遺物的貪戀和執著。
要完全放下！要下定決心！不論是誰在享用你的遺物，都不要心生慳吝，要能放捨！

(你)要專一決志而念想：『**我要將它供養給上師和三寶！**』(將心)安住於無貪、無執的境界中。

再者，當不動如來(等)度亡儀軌正爲你而念誦，淨除惡道等修法正爲你而誦修；

這時，你依於微細的業感神通，看到(法事)是在不清淨、昏沈、散亂等(狀態)下誦修；

(行法之人)於三昧耶、戒律(的持守)不清淨、行止放逸。

對此，你不具信心、生起邪見。

你可能會驚懼地知悉(他們的)惡業等等以及(他們)於法行儀軌(行持得)不清淨；

於是你會想：『**唉！這些人在欺騙我！**』『**他們確實是在欺騙我！**』

你這麼想著，便會深感懊惱沮喪。
在內心極度不悅(之下)，你不但無法生起清淨的虔敬心，還會心生邪見、不信。

དེས་མཚམས་སྦྱོར་ནས་ངེས་པར་ངན་སོང་དུ་འགྲོ་བས༔ དེས་ན་ཕན་པ་བས་གནོད་པ་ཆེ་བ་ཡིན་གྱིས༔

ཁྱོད་རང་གི་ཤུལ་གྱི་བཤེས་གཉེན་རྣམས་ཀྱིས་ཆོས་སྤྱོད་མ་དག་པ་ཅི་ལྟར་བྱེད་ནས་འདུག་ཀྱང༔ ག་རེ་ང་རང་གི་སྣང་བ་མ་དག་པ་ཡིན༔ རྒྱལ་བའི་གསུང་ལ་མ་དག་པ་ག་ལ་སྲིད༔

རང་གི་བྱད་ཀྱི་གྲིབ་མ་མེ་ལོང་ལ་ཤར་པ་དང་འདྲ༔ བདག་རང་སྣང་མ་དག་པའི་སྟོབས་ཀྱིས་འདི་དག་བྱུང་གི༔

འདི་རྣམས་ནི་སྐུ་དགེ་འདུན༔ གསུང་དམ་ཆོས༔ ཐུགས་སངས་རྒྱས་ཀྱི་ངོ་བོ་ཡིན་པས་སྐྱབས་སུ་མཆིའོ༔

སྙམ་པའི་མོས་པ་དང༔ དག་སྣང་ཞེ་ཐག་པ་ནས་གྱིས་ཤིག༔
དེས་ཁྱོད་རང་གི་ཤུལ་ནས་ཅི་བྱས་པ་རྣམས་ཁྱོད་རང་ལ་ཕན་པར་ངེས་པས༔ དེ་ལྟར་དག་སྣང་བྱེད་པ་གལ་ཆེ་བས་མ་བརྗེད་པར་གྱིས་ཤིག༔

ཡང་ཁྱོད་ངན་སོང་གསུམ་དུ་སྐྱེ་རྒྱུ་ཡིན་ན༔ ངན་སོང་གི་སྣང་བ་འཆར་བའི་ཚེ༔ ཤུལ་དུ་ཉེ་དུ་རྣམས་ཀྱིས་སྡིག་པ་དང་མ་འདྲེས་པའི་དཀར་པོ་དགེ་བའི་ཆོས་སྤྱོད་བྱེད་པ་དང༔ བླ་མ་སློབ་དཔོན་རྣམས་ཀྱིས་ཀྱང་ལུས་ངག་ཡིད་གསུམ་གྱིས་དགེ་བའི་ཆོས་རྣམ་པར་དག་པ་བྱེད་པ་དེ་མཐོང་ནས༔

ཁྱོད་ཀྱིས་དེ་ལ་དགའ་སྤྲོ་ཆེན་པོ་སྐྱེས་པ་ཙམ་གྱིས་ཀྱང་དེས་མཚམས་སྦྱོར་བྱས་ནས་ངན་སོང་གསུམ་དུ་ལྟུང་རྒྱུ་ཡང་མཐོ་རིས་སུ་ངེས་པར་ལྡོག་པའི་ཕན་པ་ཡོད་པས༔

以彼連結，(你)必然會投生至惡道。
如此一來，不但無有助益，反成大害。

因此，無論你生前的法友們在你死後所作的法行儀軌是如何地不清淨，你都要虔誠地念想：

『啊！是我自心的顯相不清淨！佛說的話怎可能不清淨呢？

就如同自己臉龐的陰影*投射在鏡面上，這些(也)都是因爲我自心的顯相不清淨而有的啊！。

(至於)這些(行持法儀的)人，其身是僧伽，其語是正法，其意是佛陀之自性。

因此，我要皈依(他們)。』

* 德格印經院版刻作གྲིབ་མ།「陰影」，另有版本刻作དྲི་མ།「污點」。

你要由衷生起(如是的)淨觀。
如此一來，不論人們在你死後造作了什麼，肯定於你皆是助益。
因此，如是生起淨觀是至爲重要的，切莫忘卻啊！

再者，若你將投生三惡道，當惡道的境相現起時，
你看到你遺留在世上的親人們(於你死後)，行持純淨無垢的善法行儀軌。

上師和阿闍黎們也以(其)身、語、意清淨地行持善法。

你會對此生起極大的歡喜心。

縱使你(原本)即將墮入三惡道，僅憑此(心生歡喜)，以彼連結，(你)必定能返回善道——有如此之助益。

ཁྱོད་རང་མ་དག་པའི་སྣང་བ་མེད་པར་དག་སྣང་མོས་གུས་ཕྱོགས་མེད་དུ་བྱེད་པ་ཤིན་ཏུ་གལ་ཆེ་བས་གཟོབ་ཅིག༔

ཀྱེ་རིགས་ཀྱི་བུ༔

མདོར་ན་ད་ལྟ་ཁྱོད་བར་དོའི་རིག་པ་ལ་རྟེན་མེད་པས་ཡང་ཞིང་གཡོ་བ་དེ་ལ་དགེ་མི་དགེ་བའི་སྣང་བ་གང་ཤར་བ་དེ་སྟོབས་ཆེ་བ་ཡིན་པས་མི་དགེ་བའི་ལས་གང་ཡང་ཡིད་ལ་མ་བསམ་པས་ཁྱོད་རང་དགེ་སྦྱོར་ཡོད་ན་དྲན་པར་གྱིས་ཤིག༔

དགེ་སྦྱོར་མེད་ན་ཡང་དག་སྣང་དང་མོས་གུས་ཀྱིས༔ ཡི་དམ་ལྷ་དང་ཐུགས་རྗེ་ཆེན་པོ་ལ་གསོལ་བ་ཐོབ་ཅིག༔ འདུན་པ་དྲག་པོས་སྨོན་ལམ་འདི་ཡང་ཐོབ་ཅིག༔

ཀྱེ་མ་དགའ་བའི་གྲོགས་དང་བྲལ་ནས་གཅིག་པུར་འཁྱམས༔
རང་སྣང་སྟོང་པའི་གཟུགས་བརྙན་འཆར་དུས་འདིར༔
སངས་རྒྱས་རྣམས་ཀྱིས་ཐུགས་རྗེའི་ཤུགས་ཕྱུངས་ལ༔
སྡངས་སྐྲག་བར་དོའི་འཇིགས་པ་མི་འབྱུང་ཤོག༔

ལས་ངན་དབང་གིས་སྡུག་བསྔལ་མྱོང་ཙ་ན༔
ཡི་དམ་ལྷ་ཡིས་སྡུག་བསྔལ་སེལ་བར་ཤོག༔
ཆོས་ཉིད་རང་སྒྲ་འབྲུག་སྟོང་ལྡིར་ཙ་ན༔
ཐམས་ཅད་ཡིག་དྲུག་སྒྲ་རུ་འགྱུར་བར་ཤོག༔

སྐྱབས་མེད་ལས་ཀྱི་རྗེས་སུ་འབྲང་དུས་འདིར༔
ཐུགས་རྗེ་ཆེན་པོས་བདག་ལ་བསྐྱབ་ཏུ་གསོལ༔
བག་ཆགས་ལས་ཀྱི་སྡུག་བསྔལ་མྱོང་དུས་འདིར༔

是故，你莫要(心)懷不淨的感知，而要生起無有偏私的淨觀與虔敬，這是至為重要的。

因此，(你)要當心啊！」

「善男子(善女人)啊！

總而言之，現在你在中陰的心識是了無依靠的，因此它是輕而浮動的。

不論怎樣的感知在心中生起，善或不善，都會是強而有力的。
也因此，莫要心想任何不善之業；若有善行，當憶念之。

若無善行，(你)仍要以淨觀、虔敬祈請本尊和大悲觀世音菩薩，並以猛厲的決志念誦此祈請文：

別離摯友孤身獨漂泊，
自顯空之形影現起時，
願諸佛眾施放慈悲力，
恐怖中陰驚懼不生現。

因惡業力受諸苦難時，
祈願本尊泯除諸苦厄。
法性自聲千龍嘯吼時，
願皆化成六字明咒聲。

無依無怙隨業流轉時，
祈願大悲觀音救護吾。
遭受業與習氣之苦時，
願現光明喜樂之禪定。

འོད་གསལ་བདེ་བའི་ཏིང་འཛིན་འཆར་བར་ཤོག༔
དེ་སྐད་དུ་སྨོན་ལམ་དྲག་པོ་ཐོབ་ཅིག༔ ལམ་སྣ་འདྲེན་ངེས་སོ༔
མི་སླུ་ངེས་པ་ཐག་ཆོད་ཀྱིས་ཤིན་ཏུ་གལ་ཆེའོ༔

ཞེས་བརྗོད་པས༔ དྲན་པ་རྙེད་ནས་ངོས་ཟིན་ཏེ་གྲོལ་བ་ཐོབ་པར་འགྱུར་རོ༔
ཡང་དེ་ལྟར་ལན་མང་དུ་བྱས་ཀྱང༔ ལས་ངན་པ་ཤས་ཆེ་བའི་སྟོབས་ཀྱིས་ངོ་འཕྲོད་པ་དཀའ་བས༔
ད་རུང་ལན་མང་དུ་བསྐྱར་ན་ཕན་ཡོན་ཆེ་བས༔ ཡང་ཚེ་འདས་ཀྱི་མིང་ནས་བོས་ལ་འདི་སྐད་བརྗོད་དོ༔

ཀྱེ་རིགས་ཀྱི་བུ༔

གོང་གི་དེ་རྣམས་ལ་དྲན་པས་མ་ཟིན་ན༔ དུས་འདི་ནས་ཚེ་སྔ་མའི་ལུས་དེ་མི་གསལ་དུ་འགྲོ་ཞིང༔ ཕྱི་མའི་ལུས་དེ་ཇེ་གསལ་དུ་འོང་བས༔

དེ་ལ་སྐྱོ་ནས་ང་འདི་ལྟ་བུའི་སྡུག་བསྔལ་བ༔ ད་ལུས་ཅི་འདྲ་ཞིག་བྱུང་ཡང་ཆོལ་སྙམ་ནས༔ གང་བྱུང་དུ་ཕྱད་ཕྱོད་ལང་ལིང་དུ་ཕྱིན་པས༔

འགྲོ་བ་རིགས་དྲུག་གི་འོད་དྲུག་འཆར་ཏེ༔ ལས་ཀྱིས་གང་དུ་སྐྱེ་བ་དེ་གཙོ་ཆེར་འཆར་ནས་འོང་ངོ༔

ཀྱེ་རིགས་ཀྱི་བུ་ཉོན་ཅིག༔

འོད་དྲུག་པོ་གང་ཞེ་ན༔ ལྷའི་འོད་དཀར་པོ་བཀྲག་མེད་འཆར་ནས་འོང་ངོ༔ དེ་བཞིན་དུ་ལྷ་མ་ཡིན་གྱི་འོད་དམར་པོ༔ མིའི་འོད་སྔོན་པོ༔ དུད་འགྲོའི་འོད་ལྗང་ཁུ༔ ཡི་དྭགས་ཀྱི་འོད་སེར་པོ༔ དམྱལ་བའི་འོད་དུད་ཁ་བཀྲག་མེད་དང༔ འོད་དྲུག་པོ་དེ་དག་འབྱུང་ངོ༔

དེ་ཙ་ན་ལུས་ཀྱི་མདོག་ཀྱང་གང་དུ་སྐྱེ་བའི་འོད་ཀྱི་མདོག་ཏུ་འོང་ངོ༔

如是猛厲地祈願，必然能引領你於道。
能確信其(眞實)無欺，是至爲重要的。」

經如是宣說，(亡者)便能憶起而認知，因而獲得解脫。
然而，雖經如是多次引介，(亡者)因強勢之惡業力故，要認知是困難的。

因此，若能重複(引介)多回，(對其)將會大有助益。
是故，應再次呼喚亡者之名，並作是言：

「善男子(善女人)啊！

若(你)未能記住之前(引介的種種口訣)，從此刻起，(你)前世的身形將會變得愈加模糊而未來的身形則會變得愈加清晰。

你因而對此感到悲傷，便會想：『**我受著這樣的苦！現在我要去找一個身體——不論出現的是怎樣的身體都好。**』而任自漂泊地遊走著。

於是，六道的六種光將會現起。
依於業力，你將投生哪一道，那一道的光便會特別顯著地照射而來。」

「善男子(善女人)啊！諦聽。

這六種光是什麼呢？
天道不明燦的白光會現起。同樣地，阿修羅道的紅光、人道的藍光、畜生道的綠光、餓鬼道的黃光、地獄道的煙色之光——會有這六種不明燦的(業)光照射。

這時，你將投生哪一道，你的身體就會顯現爲那一道的光色。」

ཀྱེ་རིགས་ཀྱི་བུ་དེའི་དུས་སུ་གདམས་ངག་གནད་ཤིན་ཏུ་ཆེ་བས༔ འོད་གང་ཤར་བ་དེ་ཐུགས་རྗེ་ཆེན་པོར་སྒོམས་ཤིག༔ འོད་ནམ་བྱུང་དུས་ཐུགས་རྗེ་ཆེན་པོ་ཡིན་སྙམ་དུ་སྒོམས་ཤིག༔

འདི་ཤིན་ཏུ་གནད་ཟབ་མོ་ཡིན་ཏེ༔ འདི་གལ་ཆེ་སྟེ་སྐྱེ་བ་ཁེགས་པར་འགྱུར་རོ༔

ཡང་ཁྱོད་རང་གི་ཡི་དམ་གྱི་ལྷ་གང་ཡིན་པ་དེ་སྒྱུ་མ་ལྟ་བུ་སྣང་ལ་རང་བཞིན་མེད་པ་ཡུན་རིང་དུ་སྒོམས་ཤིག༔ དེ་ནི་དག་པའི་སྒྱུ་ལུས་ཞེས་བྱའོ༔

དེ་ནས་ཡི་དམ་དེ་མཐའ་ནས་ཡལ་ཏེ༔ ཅིར་ཡང་མ་གྲུབ་པའི་སྟོང་གསལ་འཛིན་པ་མེད་པའི་ངང་ལ་དར་ཅིག་ཞོག་ཅིག༔ ཡང་ཡི་དམ་སྒོམས་ཤིག༔ ཡང་འོད་གསལ་སྒོམས༔ དེ་ལྟར་དུ་རེས་མོས་སུ་སྒོམས་ལ་དེའི་རྗེས་རིག་པ་ཡང་མཐའ་ནས་ཡལ་ཏེ་ནམ་མཁས་གར་ཁྱབ་དུ་རིག་པས་ཁྱབ༔ རིག་པས་གར་ཁྱབ་དུ་ཆོས་སྐུས་ཁྱབ༔ ཆོས་སྐུ་འགགས་མེད་སྤྲོས་བྲལ་གྱི་ངང་ལ་ཞྱམ་མེ་ཞོག་ཅིག༔ དེའི་ངང་ནས་སྐྱེ་བ་ཁེགས་ནས་སངས་རྒྱས་པར་འགྱུར་རོ༔

དེ་ཡང་སྦྱངས་པ་ཤིན་ཏུ་ཞན་ནས་གོམས་འདྲིས་མེད་པ་རྣམས་ཀྱིས་མི་ཟིན་པས༔ ཡང་འཁྲུལ་ཏེ་མངལ་སྒོ་འགྲིམ་པར་འགྱུར་བས༔

མངལ་སྒོ་བགགས་པའི་གདམས་ངག་གལ་ཆེ་བས༔ ཚེ་འདས་ཀྱི་མིང་ནས་བོས་ལ་འདི་སྐད་དོ༔

「善男子(善女人)啊！

這時，口訣的關要是極其重要的：不論怎樣的光顯現，你都要將它觀想爲大悲觀世音。

(你)要觀修此念：『**不論光何時顯現，它即是大悲觀世音！**』
這是至爲深奧的關要，極爲重要，(因爲它)能遮止投生。

或者，不論你的本尊是誰，
你要恆時觀想：『**如幻一般顯而無自性。**』
這即是所謂的『清淨幻身』。

之後，(讓)本尊從邊緣消融，
(你即)於了無實有的明空無執境界中安住片刻。
(隨後，)再度觀想本尊，再度觀修光明……。如是輪番修持。

其後，(讓)心也從邊緣消融。
凡虛空周遍處，心亦周遍；心周遍處，法身亦周遍。
讓心如其本然地*安住於法身無滅、離戲的境界中。
在那樣的狀態中安住，投生即爲遮止而得成佛。」

* 此處的སྙམས།在譯者所參之英譯本中，一版未譯出，另一版解作「赤裸地」。藏漢大辭典所解近於「平整」。藏英辭典多作「平等」解。譯者經確傑喇嘛 噶瑪貢措指導而譯作「如其本然地」——經師尊們認可。

然而，那些實修低劣而未曾熟諳之人便無法把握而依然迷惑，(也)就會趨向胎門。

因此，阻斷胎門的口訣是至爲重要的。
故應再次呼喚亡者之名而作是言：

ཀྱེ་རིགས་ཀྱི་བུ༔

གོང་ལྟར་ངོས་མ་ཟིན་ན༔ འདིའི་དུས་སུ་ལས་ཀྱི་དབང་གིས་གྱེན་ལ་འགྲོ་བ་དང༔ ཐྲེད་ལ་འགྲོ་བ་དང༔ མགོ་ཐུར་དུ་བསྟན་ནས་འགྲོ་བའི་སྣང་བ་འཆར་ཏེ་དེ་ཙམ་ན་ཁྱོད་རང་ཐུགས་རྗེ་ཆེན་པོ་སྒོམས་ཤིག༔ དྲན་པར་གྱིས་ཤིག༔

དེ་ནས་གོང་དུ་བཤད་པ་ལྟར༔ རླུང་འཚུབས་མ་དང༔ བུ་ཡུག་དང༔ སེར་བ་དང༔ མུན་རུབ་པ་དང༔ མི་མང་པོས་དེད་པའི་སྣང་བ་ཤར་ནས་དེ་ལ་བྲོས་དང༔

བསོད་ནམས་དང་མི་ལྡན་པ་རྣམས་སྡུག་བསྔལ་གྱི་གནས་སུ་བྲོས་པའི་སྣང་བ་འབྱུང༔ བསོད་ནམས་དང་ལྡན་པ་རྣམས་ནི་བདེ་བ་དང་ལྡན་པའི་གནས་སུ་སླེབས་པའི་སྣང་བ་འབྱུང་བས༔

དུས་དེ་ཙམ་ན་རིགས་ཀྱི་བུ་གླིང་གང་དུ་སྐྱེ་བ་དང༔ གནས་གང་དུ་སྐྱེ་བའི་རྟགས་ཐམས་ཅད་དུས་འདིར་འཆར་དུ་འོང་བས༔ འདིའི་དུས་སུ་གདམས་ངག་གི་གནད་ཤིན་ཏུ་ཟབ་པ་མང་པོ་ཡོད་པས་མ་ཡེངས་པར་ཉོན་ཅིག༔

གོང་གི་ངོ་སྤྲོད་ཀྱི་གནད་དེ་རྣམས་མ་ཟིན་ནའང༔ འདིར་སྦྱངས་པ་ཤིན་ཏུ་ཆུང་བར་གྱུར་པས་ཀྱང་གནད་ངོས་ཟིན་ཏུ་འོང་བས་ཉོན་ཅིག༔ ད་ནི་འདིའི་དུས་སུ་མངལ་སྒོ་བཀག་པའི་ཐབས་ཤིན་ཏུ་གཟབ་པ་གལ་ཆེ་བས༔

「善男子(善女人)啊！

若你未能(依於)如前(之口訣而)認知，這時，因業力故，將會顯現你正往上或橫越或朝下行走的境相*。

亦可譯作「這時，因業力故，你會感知自己正往上或橫越或朝下行走。」

這時，你要觀修大悲觀世音菩薩。要記得啊！

之後，會顯現如前所述*——狂風、暴風雪、冰雹、天黑、許多人於後追趕——的境相。你便會逃離它。

亦可譯作「然後，你會感知或經驗如前所述……。」文中凡涉及投生中陰之相關段落皆然。

在投生中陰階段中，一切的顯相其實都是自心的投射。因此，可以就客體而言「會顯現怎樣的境相」，也可依主體而說「會感知或經驗到怎樣的情境」。

不具福德之人，會有逃向苦難之處的境相顯現；
具福德者，則會有抵達安樂之地的境相現起。

這時，善男子(善女人)，無論你將投生何洲、何處，所有的徵象都會在此時顯現。故於此際，將會有許多極爲深奧的口訣關要。
因此，你要一心諦聽啊！

縱使之前你未能掌握那些(口訣)引介的關要，
在此，即便是實修極差之人也能認知其要。
因此，你要諦聽啊！

這時，關注阻斷胎門之方法，是極其重要的。

དེ་བགགས་ཐབས་གཉིས་ཡིན་ཏེ༔ འཇིག་བྱེད་ཀྱི་གང་ཟག་བགགས་པ་དང༔ འཇིག་བྱའི་མངལ་སྒོ་བགགས་པ་གཉིས་ཡོད་དོ༔

དེ་ལ་འཇིག་བྱེད་ཀྱི་གང་ཟག་བགགས་པའི་གདམས་ངག་ནི༔ ཀྱེ་རིགས་ཀྱི་བུ༔ ཚེ་གེ་མོ་ཁྱོད་རང་གི་ཡི་དམ་གང་བྱེད་པ་དེ་ཉིད་སྒྱུ་མ་ལྟ་བུ་སྣང་ལ་རང་བཞིན་མེད་པ་ཆུ་ནང་གི་ཟླ་བ་ལྟ་བུར་ཞལ་གྱིས་སྒྲིད་ཅིག༔

ཡི་དམ་ངེས་པ་མེད་ན་ཇོ་བོ་ཐུགས་རྗེ་ཆེན་པོ་རང་ཡིན་ནོ༔ སྣམ་དུ་ཞལ་གྱིས་སྒོམས་ཤིག༔

དེ་ནས་ཡི་དམ་མཐའ་ནས་ཡལ་ནས༔ ཅི་ཡང་མི་དམིགས་པ་འོད་གསལ་སྟོང་པར་སྒོམས་ཤིག༔ དེ་ནི་གནད་ཟབ་མོ་ཡིན་ནོ༔ དེས་མངལ་དུ་མི་འཇུག་གསུངས་པས་དེ་ལྟར་དུ་སྒོམས་ཤིག༔

གལ་ཏེ་དེས་ཀྱང་མ་ཁེགས་པར་མངལ་དུ་འཇུག་པའི་གྲབས་བྱུང་ཡང༔ འཇིག་བྱའི་མངལ་སྒོ་བགགས་པའི་གདམས་ངག་ཟབ་མོ་ཡོད་པས་ཁྱོད་རང་ཉོན་ཅིག༔ བར་དོའི་རྩ་ཚིག་གི་ནང་ནས་འདི་སྐད་དུ་གསུངས་ཏེ༔ ཁྱོད་རང་ངཡི་ལད་མོ་གྱིས་ཤིག༔

ཀྱེ་མ་བདག་ལ་སྲིད་པ་བར་དོ་འཆར་དུས་འདིར༔
འདུན་པ་རྩེ་གཅིག་སེམས་ལ་བཟུང་བྱས་ནས༔
བཟང་པོ་ལས་ཀྱི་འཕྲོ་ལ་ནན་གྱིས་མཐུད༔
མངལ་སྒོ་བགགས་ནས་རུ་ལོག་དྲན་པར་བྱ༔
སྙིང་རུས་དག་སྣང་དགོས་པའི་དུས་ཤིག་ཡིན༔
མིག་སེར་སྤྲོངས་ལ་བླ་མ་ཡབ་ཡུམ་སྒོམས༔

ཞེས་ཁ་ནས་ཀྱང་དེ་སྐད་ལྷང་ལྷང་བརྗོད་ལ་དྲན་བསྐུལ་གྱིས་ཤིག༔ དེའི་དོན་བསྒོམ་ལ་ཉམས་སུ་བླང་བར་གལ་ཆེའོ༔

阻斷的方法有二：遮止能入之人、阻斷所入之胎門。

遮止能入者之口訣：

善男子(善女人)某某(逝者名)啊！不論你的本尊是誰，你要鮮明地觀想祂自身如同幻相一般——顯現而了無自性，一如水中月。

你若沒有一定的本尊，就念想祂即是至尊大悲觀世音自身而了然觀修之。

之後，(讓)本尊從邊緣消融，(隨即)於無所緣的光明空性中安住。

這是一深奧的關鍵要點，如云：『此(一關要)能遮止入胎。』

因此，你要如是觀修！

倘若此(關要)未能予以遮止而你行將入胎，(於此，尚)有阻斷所入胎門之深奧口訣。

你要諦聽，《中有根本頌》中如是云，(且)隨我複誦之：

嗟夫！投生中陰現起之此時，
當以專一決志而持心，
精勤接續諸宿善餘業，
阻斷胎門當思回返修*，
堅毅淨觀亟需之此際，
捨嫉觀修上師佛父母。

「當思回返修」，應當憶念起「回返」的修持。

至爲重要的是：你要朗朗讀誦此一偈語，(以此)提醒自己*，參修其義，並付諸行持。

此處的དྲན་བསྐུལ།在譯者所參之英譯本中，一版解作「喚起記憶」，另版解為「喚起(昔日善行)的記憶」，譯者則解為「提醒自己」——已得師尊們確認。

ད་དེའི་དོན་ནི༑ བདག་ལ་སྲིད་པ་བར་དོ་འཆར་དུས་འདིར༑ ཞེས་པ་ནི༑ ཁྱོད་ད་ལྟ་སྲིད་པ་བར་དོར་འཁྲུམས་ནས་ཡོད་པ་ཡིན་ཏེ༑

དེའི་རྟགས་སུ་ཁྱོད་རང་ཆུ་ནང་དུ་ལྟོས་དང༑ ཁྱོད་རང་གི་གྲིབ་གཟུགས་མི་མཐོང༑ ལུས་ལ་གྲིབ་མ་ཡང་མེད་དོ༑ དེ་ནི་གདོས་བཅས་ཤ་ཁྲག་གི་ལུས་མེད་པར༑ སྲིད་པ་བར་དོར་ཡིད་ལུས་འཁྲུམས་པའི་རྟགས་ཡིན་པས༑ ད་ནི་འདུན་པ་རྩེ་གཅིག་དུ་མ་ཡེངས་པར་སེམས་ལ་བཟུང་དགོས་ཏེ༑

ད་ལྟ་ནི་འདུན་པ་རྩེ་གཅིག་ཁོ་ན་གཙོ་ཆེ་བ་ཡིན་ནོ༑ རྟ་ཁ་སྲབ་ཀྱིས་བསྒྱུར་བ་དང་འདྲའོ༑ འདུན་པ་གང་གཏད་པ་དེ་འགྲུབ་ནས་འོང་བས་ངན་པའི་ལས་རྣམས་ཡིད་ལ་མ་འགྱུ་བར༑

མི་ཡུལ་དུ་ཆོས་དང་གདམས་ངག་དབང་དང་བཀའ་ལུང༑ བར་དོ་ཐོས་གྲོལ་ལ་སོགས་གང་དང་འབྲེལ་བ་དེ་ད་ལྟ་དྲན་པར་གྱིས་ལ༑ བཟང་པོ་ལས་ཀྱི་འཕྲོ་ལ་ནན་གྱིས་མཐུད་ཅིག༑ ཤིན་ཏུ་གལ་ཆེའོ༑ མ་བརྗེད་ཅིག༑ མ་ཡེངས་ཤིག༑

ཡར་འགྲོ་མར་འགྲོའི་ས་མཚམས་དུས་ད་རེས་ཡིན་ནོ༑ ལེ་ལོ་དར་ཅིག་ཤོར་བས་སྡུག་བསྔལ་གཏན་དུ་འོང་བའི་དུས་ད་རེས་ཡིན་ནོ༑ འདུན་པ་རྩེ་གཅིག་བཟུང་བས་བདེ་བ་གཏན་དུ་འོང་བའི་དུས་ད་རེས་ཡིན་ནོ༑ འདུན་པ་རྩེ་གཅིག་སེམས་ལ་ཟུང་ཞིག༑ བཟང་པོ་ལས་ཀྱི་འཕྲོ་ལ་ནན་གྱིས་མཐུད་ཅིག༑

ད་ནི་མངལ་སྒོ་བཀག་པའི་དུས་ལ་བབ་བོ༑ མངལ་སྒོ་བཀག་ནས་རུ་ལོག་དྲན་པར་བྱ༑ སྙིང་རུས་དག་སྣང་དགོས་པའི་དུས་ཤིག་ཡིན༑ ཞེས་གསུངས་པ་དེ་ད་ལྟར་དུས་ལ་བབ་པས༑ དང་པོ་མངལ་སྒོ་བཀག་པར་བྱ་སྟེ༑

དེ་ཡང་བཀག་ཐབས་རྣམ་པ་ལྔ་ཡོད་པས༑ སེམས་ལ་ལེགས་པར་ཟུང་ཞིག༑

所謂『投生中陰現起之此時』，其涵義是說：
你現今正漂泊於投生中陰。

其徵象是：
若你觀看水中，你不會看到自己的面貌和身形。
你的身體也沒有影子。
這些即是表徵：現在，你已不具血肉形質之軀，而是(以)意生身漂泊於投生中陰。
因此，你現在『當專一決志而持心』，令心無散。

現在，唯專一決志最爲首要。
這就如同以馬嚼繩御馬，不論你專注於什麼，它就會發生。
因此，莫讓心中生起諸般惡業。

現在，你要憶念起你在人世時曾經結過緣的聖法、口訣、灌頂、口傳，以及諸如《中陰聞即解脫》等(法)。
(還)要『精勤接續諸宿善餘業』。
這是至爲重要的。切莫忘記，切莫散亂啊！

向上、往下的分界之際，是現在；
剎那的懈怠將導致永久受苦的，是現在；
專一決志而持心便能長久安樂的，(也)是現在。
你可要專一決志地持心；要殷殷不懈地接續宿善餘業啊！

現在，阻斷胎門的時刻已然到來。
偈云：『阻斷胎門當思回返修，堅毅淨觀亟需之此際。』的時刻，今已到來。
因此，你首先要(能)阻斷胎門。

此阻斷胎門的方法有五種，你可要好好地執持於心啊！」

ཀྱེ་རིགས་ཀྱི་བུ༔

འདིའི་དུས་སུ་ཕོ་མོ་ཆགས་པ་སྤྱོད་པའི་སྣང་བ་ཁྱོད་ལ་འོང་ངོ༔ དེ་མཐོང་བའི་དུས་སུ་དེའི་བར་ན་མ་འཇུག་པར༔ དྲན་པས་ཟུང་ལ་ཕོ་མོ་གཉིས་བླ་མ་ཡབ་ཡུམ་གཉིས་སུ་བསྒོམ་ལ་ཕྱག་འཚལ་ཡིད་ཀྱིས་མཆོད་པ་འབུལ༔ མོས་གུས་དྲག་པོ་གྱིས་ལ་ཆོས་ཞུ་སྙམ་པའི་འདུན་པ་དྲག་པོ་གཏད་པ་ཙམ་གྱིས་མངལ་སྒོ་ངེས་པར་ཁེགས་པར་འགྱུར་རོ༔

གལ་ཏེ་དེས་ཀྱང་མ་ཁེགས་པར་མངལ་དུ་འཇུག་པའི་གྲབས་བྱུང་ན་བླ་མ་ཡབ་ཡུམ་གཉིས་ཡི་དམ་གང་ཡང་རུང་བའམ༔ ཡི་དམ་ཐུགས་རྗེ་ཆེན་པོ་ཡབ་ཡུམ་དུ་བསྒོམ་ལ་དེ་ལ་མཆོད་པ་ཡིད་ཀྱིས་སྤྲུལ་པ་འབུལ༔

བདག་ལ་དངོས་གྲུབ་ཞུ་སྙམ་པའི་མོས་པ་དྲག་པོ་གྱིས་ཤིག༔ དེས་མངལ་སྒོ་ཁེགས་པར་འགྱུར་རོ༔

ཡང་དེས་ཀྱང་མ་ཁེགས་ནས་མངལ་དུ་འཇུག་པའི་གྲབས་བྱུང་ན༔ གསུམ་པ་ཆགས་སྡང་བཟློག་པའི་གདམས་པ་བསྟན་པ་ནི༔

དེ་ཡང་སྐྱེ་བ་རྣམ་པ་བཞི་ཡོད་པ་ལས༔ སྒོང་སྐྱེས་དང༔ མངལ་སྐྱེས་དང༔ རྫུས་སྐྱེས་དང༔ དྲོད་གཤེར་ལས་སྐྱེས་པ་དང་བཞི་ཡོད་དོ༔ དེ་ཡང་སྒོང་སྐྱེས་དང་མངལ་སྐྱེས་གཉིས་ཆ་མཐུན་ཏེ༔

「善男子(善女人)啊！

這時，男女交合的情境將會對你現起。
當你看到這(般情境)時，切莫進入其間。
你要提起正念而將此男女二人觀想爲上師佛父佛母*。

向其頂禮，以心意獻供，並以猛厲的虔敬心向其求法。
但憑專心致志於此念，胎門必定被阻絕。

詠給明就仁波切解道：此處所謂的「上師」，一般而言，係指「本尊」(如下文所述)。至於上師有佛母的弟子，若他確實能視上師與佛無二無別，對上師具有完全清淨的信心；他在這時(投生中陰階段)，確實可以將此情境觀想成自己的上師佛父佛母。

倘若以此(觀修，亦)未能阻絕胎門而你行將入胎；
(這時，)就要將上師佛父佛母觀想爲任一本尊*或本尊大悲觀世音佛父佛母。

向其獻上心意化現的供養，並以猛厲的虔敬心念想：『**請求(您賜予)成就！**』
依此(觀修)，便能阻絕胎門。

此處藏文只說「任一本尊」，唯譯者所參英譯皆解成「亡者自己的本尊」。譯者依文作譯——已得師尊們確認。

然而，若那也未能阻絕胎門，而你行將入胎；
(現在，就)要教示(你)第三(種方法)——扭轉貪、瞋之口訣：
「生」有四類：由卵、胎、化、濕而生等四(類)。
(此中，)卵生和胎生是類似的*。

ཆ་མཐུན། 藏漢大辭典：相同、一致、同分。然觀其文義，實應解作「類似」——藏英辭典列有此義，師尊們亦皆認可。

གོང་ལྷར་ཕོ་མོ་གཉིས༔ འཁྲིག་པ་སྤྱོད་པར་མཐོང་ནས་འོང་སྟེ༔ དེའི་དུས་སུ་ཆགས་སྡང་གི་དབང་གིས་མངལ་དུ་འཇུག་ནས༔ རྟ་དང་བྱ་ཁྱི་མི་ལ་སོགས་པ་གང་སྐྱེས་ཀྱང་རུང་སྟེ༔

གལ་ཏེ་ཕོར་སྐྱེས་ན་ནི༔ རང་ཉིད་ཕོའི་སྣང་བ་འཆར་ཏེ་ཕ་ལ་ཞེ་སྡང་དྲག་པོ་སྐྱེ་ཞིང༔ མ་ལ་མིག་སེར་དང་ཆགས་པ་སྐྱེ་བའི་སྣང་བ་འོང་ངོ༔

གལ་ཏེ་མོར་སྐྱེ་ན་ནི༔ རང་ཉིད་མོའི་སྣང་བ་འཆར་ཏེ༔ མ་ལ་ཕྲག་དོག་དང་མིག་སེར་དྲག་པོ་སྐྱེ་ཞིང༔ ཕ་ལ་ཆགས་བ་དང་གདུང་སེམས་དྲག་པོ་སྐྱེས་པ་དང༔

དེས་རྐྱེན་བྱས་ནས་མངལ་གྱི་ལམ་ལ་ཞུགས་ཏེ༔ ཐིག་ལེ་དཀར་དམར་འཕྲོད་པའི་དབུས་སུ་ལྷན་ཅིག་སྐྱེས་པའི་དགའ་བ་ཉམས་སུ་མྱོང་ནས༔ བདེ་བའི་ངང་ནས་ཤེས་པ་བརྒྱལ་ལོག་གི་སོང་སྟེ༔

མེར་མེར་པོ༔ ནུར་ནུར་པོ༔ ལ་སོགས་པས་ལུས་སྨིན་ནས༔ མའི་མངལ་ནས་ཕྱིར་ཐོན་པའམ༔

如前(所述)，你將會看到男女交合的情境。
這時，(你若)因貪、瞋之力而入胎，不論你出生爲馬、鳥、狗、人等任何一處——

倘若(你)將投生爲男性，你便會顯現爲男子；
並且會有對父親生起強烈瞋心而對母親生起嫉妒、貪慾的境相現起*。

亦可譯為「倘若將投生為男性，你便會感知或經驗自己是男子；並且會對父親生起強烈的瞋心，對母親生起嫉妒、貪慾。」

倘若(你)將投生爲女性，你便會顯現爲女子；
並且會對母親生起強烈的嫉妒、醋意，對父親則生起強烈的貪戀、愛慕。

那會致使你趨入胞宮之道*，而於白、紅明點*合會的中央，體驗到俱生之喜樂。
之後，神識即於喜樂中失去知覺。

在此德格印經院版中，是以「(母親的)胞宮之道」為喻。譯者嘗見某一藏版刻作「父親的下門之道」。

詠給明就仁波切解道：此二者所指的，皆非生理上的管道，而是隱喻「成爲投胎之因」。

此處的「白明點和紅明點」係指父精和母卵。

(之後，)從疱位、凝酪位*等(過程)而孕育成體，而後從母胎出生。

疱，遏部壇，佛教密乘入胎經所說胎兒住胎第一位。

凝酪位，羯羅藍位，胎藏五位之第一位或結胎之第一七日。父精母血初成，凝酪尚未形成薄膜。亦名芥子位。(藏漢大辭典)

མིག་བྲེ་བ་དང༔ ཁྲི་གུ་ཞིག་ཏུ་ལོག་གིས་སོང་སྟེ༔ དང་པོ་མི་ཡིན་པ་ལས༔ དེ་དུས་ཁྲིར་སོང་སྟེ་ཁྲིའི་ཚང་ན་སྡུག་བསྔལ་བའམ༔

དེ་བཞིན་དུ་ཕག་གི་ཚང་ངམ༔ གྲོག་སྦུར་གྱི་ཚང་ངམ༔ འབུ་སྲིན་གྱི་ཚང་ངམ༔ བ་གླང་ངམ༔ ར་ལུག་ལ་སོགས་པའི་ཕྲུ་གུར་སྐྱེས་ཏེ༔ ཕྱིར་ལོག་པ་ནི་མེད༔ ཤིན་ཏུ་བླུན་ཞིང་གཏི་མུག་པའི་ངང་ནས་སྡུག་བསྔལ་རྣམ་པ་སྣ་ཚོགས་ཉམས་སུ་མྱོང་བར་འགྱུར་རོ༔

དེ་ལྟར་དམྱལ་བ་དང་ཡི་དྭགས་ལ་སོགས་འགྲོ་བ་རིགས་དྲུག་ཏུ་འཁོར་ཏེ༔ སྡུག་བསྔལ་དཔག་ཏུ་མེད་པས་ཉམ་ཐག་པར་འགྱུར་རོ༔ འདི་བས་སྟོབས་ཆེ་བའམ༔ འདི་བས་ཞེ་འཇིགས་མེད་ན༔ ཨ་ཙེ༔ འཇིགས་པ༔ ཨ་ཙེ་ཙེ༔ ཨ་ཙེ་ཙེ༔

དེ་བས་ན་བླ་མ་དམ་པའི་གདམས་ངག་མེད་པ་རྣམས་ཚུལ་དེ་ལྟར་འཁོར་བའི་གཡང་ས་ཆེན་པོར་ལྷུང་སྟེ༔ སྡུག་བསྔལ་རྒྱུན་ཆད་མེད་པས་བཟོད་པའི་གླགས་མེད་པར་མནར་བར་འགྱུར་བས༔

དེ་བས་ན་ངའི་ཁ་ལ་ཉོན་ཅིག༔ ངའི་གདམས་ངག་འདི་ཡིད་ལ་ཟུང་ཞིག༔

ད་ནི་ཆགས་སྡང་བཟློག་ནས་མངལ་སྒོ་བགགས་པའི་གདམས་ངག་ཞིག་བསྟན་ནོ༔ ཉོན་ལ་ཡིད་ལ་ཟུང་ཞིག༔ དེ་ཡང་མངལ་སྒོ་བགགས་ནས་རུ་ལོག་དྲན་པར་བྱ༔ སྙིང་རུས་དག་སྣང་དགོས་པའི་དུས་ཤིག་ཡིན༔ མིག་སེར་སྤྱོངས་ལ་བླ་མ་ཡབ་ཡུམ་སྒོམས༔ ཞེས་གསུངས་པ་ཡིན་པས༔

གོང་ལྟར་ཕོ་རུ་སྐྱེ་ན་མ་ལ་ཆགས་ཤིང་ཕ་ལ་སྡང༔ མོ་རུ་སྐྱེ་ན་ཕ་ལ་ཆགས་ཤིང་མ་ལ་སྡང༔ མིག་སེར་སྐྱེ་བའི་སྣང་བ་འོང་སྟེ༔ དེའི་དུས་སུ་གདམས་ངག་ཟབ་མོ་ཞིག་ཡོད་དོ༔

ཀྱེ་རིགས་ཀྱི་བུ༔ དེ་ལྟ་བུའི་ཆགས་སྡང་བྱུང་བའི་དུས་སུ་འདི་ལྟར་སྒོམས་ཤིག༔ ཀྱེ་མ་བདག་ལྟ་བུའི་སེམས་ཅན་ལས་ངན་པ་འདི་ལྟ་བུ་དེ་སྔ་འཁོར་བར་འཁྱམས་པ་ཡང་ཆགས་སྡང་གཉིས་ལ་བརྟེན་ནས

(這時，你)或者睜開雙眼，已然變成一隻狗崽。從最初是人，如今卻變成了狗，在狗窩中受苦；

或者，如那般地出生在豬圈裡、蟻塚內、虫穴中；
或是出生爲牛犢、山羊羔、綿羊羔等而回返無途。
你將處於極爲蠢笨愚癡的狀態中，承受著各式各樣的痛苦。

如是輪迴於地獄、餓鬼等六道，因無邊的痛苦而處於悲慘的境地中。
沒有什麼會比這還厲害、還恐怖的啊！哎呀！恐怖啊！哎呀呀！哎呀呀！

因此，那些無有上師殊勝口訣之人，便會那般地墜入輪迴的大斷崖中，承受無有間斷而無法忍受的折磨。

因此，(你)要聽我的話，將我這口訣執持於心啊*！

隨著亡者愈來愈迫近輪迴投生之門，蓮師的諄諄告誡、循循善誘也愈加殷切。助亡者念誦引介文時，當體會亡者的處境和蓮師的悲心，將其適切地表露於念誦語調中。

現在，(我)要教示你扭轉貪、瞋以阻斷胎門的口訣。
你要諦聽並執持於心！
偈云：『**阻斷胎門當思回返修，堅毅淨觀亟需之此際，捨嫉觀修上師佛父母。**』

如前(所述)，若(你)將投生爲男性，你便會愛戀母親並憎厭父親；
若(你)將投生爲女性，你便會愛戀父親並憎厭、嫉妒母親。
這時，有一深奧之口訣。

善男子(善女人)啊！當貪、瞋那般生起時，你要如是觀修：
『**嗟夫！我是如此的惡業眾生！過去即因貪、瞋而如是流轉於輪迴。**

འཁྲུལ་བར་འགྱུར་ལྟ་བུ་ཆགས་སྣང་བྱས་ན༔ འཁོར་བ་མཐའ་མེད་པར་འཁྱམ་ནས་སྡུག་བསྔལ་གྱི་རྒྱ་མཚོར་ཡུན་རིང་དུ་བྱིངས་ཉེན་ཡོད་པས༔

དེ་ནི་ཆགས་སྣང་ཡེ་ནས་མི་བྱེད་དོ༔ ཨ་ཙ་མ༔ དེ་ནི་ཆགས་སྣང་བྱེད་རེ་ཀན་སྙམ་པའི་འདུན་པ་རྩེ་གཅིག་སེམས་ལ་དྲག་པོས་བཟུང་བས༔

དེ་རང་གིས་མངལ་སྒོ་ཁེགས་པར་རྒྱུད་ནས་གསུངས་པས༔ ཀྱེ་རིགས་ཀྱི་བུ༔ མ་ཡེངས་ཤིག༔ འདུན་པ་རྩེ་གཅིག་སེམས་ལ་ཟུང་ཞིག༔

ཡང་དེ་ལྟར་བྱས་ཀྱང་མངལ་སྒོ་མ་ཁེགས་པར་མངལ་དུ་འཇུག་པའི་གྲབས་བྱུང་ན༔ ཡང་བདེན་མེད་སྒྱུ་མ་ལྟ་བུའི་གདམས་ངག་གིས་མངལ་སྒོ་བཀག་པར་བྱ་སྟེ༔ དེ་ཡང་འདི་ལྟར་བསྒོམ་པར་བྱའོ༔

ཀྱེ་མ༔ ཕ་མ་ཡབ་ཡུམ་གཉིས་དང༔ ཆར་ནག་དང༔ རླུང་འཚུབས་དང༔ ཤུར་ཅེམ་དང༔ འཇིགས་སྐྲག་གི་སྣང་བ་དང༔ སྣང་ཞིང་སྲིད་པའི་དངོས་པོ་འདི་རྣམས་རང་བཞིན་སྒྱུ་མ་ལྟ་བུ་ཡིན༔

ཅི་ལྟར་ཤར་ཡང་བདེན་པ་མེད༔ དངོས་པོ་ཐམས་ཅད་མི་བདེན་རྫུན་པ་ཡིན༔ སྨིག་རྒྱུ་དང་འདྲ༔ རྟག་པ་མ་ཡིན༔ ཐེར་ཟུག་པ་མ་ཡིན༔ ཆགས་ནས་ཅི་བྱེད༔ སྡངས་སྐྲག་ནས་ཅི་བྱེད༔ མེད་པ་ལ་ཡོད་པར་མཐོང་བ་ཡིན༔

འདི་རྣམས་ཐམས་ཅད་རང་གི་སེམས་ཀྱི་སྣང་བ་ཡིན༔ སེམས་ཉིད་རང་སྒྱུ་མ་ལྟ་བུ་ཡེ་ནས་མེད་པ་ལ༔ ཕྱི་རོལ་ནས་དེ་ལྟ་བུ་གང་ནས་འོང༔

བདག་གིས་སྔོན་ཆད་དེ་ལྟ་བུ་མ་རྟོགས་པས༔ མེད་པ་ལ་ཡོད་པར་བཟུང༔ མི་བདེན་པ་ལ་བདེན་པར་བཟུང༔ སྒྱུ་མ་ལྟ་བུ་ལ་བདེན་དུ་བཟུང་བས་ཡུན་འདི་སྲིད་ཅིག་འཁོར་བར་འཁྱམས་པ་ཡིན༔ ད་རུང་ཡང་སྒྱུ་མར་མ་ཤེས་ན་འཁོར་བར་ཡུན་རིང་དུ་འཁྱམས་ནས་སྡུག་བསྔལ་སྣ་ཚོགས་ཀྱི་འདམ་ལ་ལྟུང་པར་ངེས༔

(現在，)我若依然這般地心懷貪、瞋，也就會有漂泊於無邊輪迴中而長期沈淪於苦海的危險。

因此，現在，我絕不心起貪、瞋。
哎！現在，我絕不心生貪、瞋。』

專一決志於此念，猛厲執持於心。『**此(觀修)本身便能阻絕胎門。**』密續中如是云。

是故善男子(善女人)啊！莫要散亂！要專一決志而執持於心！」

「然而，若經如是觀修，依然未能阻絕胎門而你行將入胎。
(這時，)就應以『非眞如幻』之口訣來阻斷胎門而如是觀修：

『嗟夫！父母雙親、黑雨狂風、喧囂巨響、駭人境相，以及世間萬物之自性盡皆如幻。

無論如何顯現，均非眞實。
一切事物皆是虛假不實的，一如陽焰，不是常的，不是恆常的。
(那麼，)貪愛它做什麼？恐懼它做什麼？這便是把無看成有。

(實則，)這一切皆是自心之顯相。
而心自身本自如幻，本來無有。
如這般的外在(世間萬象又)從何而來？

在此之前，我未能如是體認，因而將無執爲有，非眞執爲諦實，如幻執爲眞實。
也因此，我在輪迴中漂泊了如許時長。

若(我)現在依然未能了悟幻相，便會長久流轉於輪迴中，而必定淪入各種痛苦的泥淖中。

ད་ནི་འདི་རྣམས་ཐམས་ཅད་རྨི་ལམ་ལྟ་བུ༔ སྒྱུ་མ་ལྟ་བུ༔ བྲག་ཆ་ལྟ་བུ༔ དྲི་ཟའི་གྲོང་ཁྱེར་ལྟ་བུ༔ གློག་རྒྱུ་ལྟ་བུ༔ གཟུགས་བརྙན་ལྟ་བུ༔ མིག་ཡོར་ལྟ་བུ༔ ཆུ་ཟླ་ལྟ་བུ༔ བདེན་པ་སྐད་ཅིག་ཙམ་ཡང་གྲུབ་པ་མེད༔ ངེས་པར་མི་བདེན་རྫུན་པ་ཡིན་སྙམ་པའི་འདུན་པ་རྩེ་གཅིག་ཏུ་བཟུང་བས་བདེན་འཛིན་ཞིག་ནས༔

དེ་ལྟར་དུ་རྒྱུད་ལ་ཁེལ་ནས་བདག་འཛིན་ལྡོག༔ དེ་ལྟར་རྫུན་པ་ཞེ་ཐག་པ་ནས་ཤེས་ན༔ ངེས་པར་མངལ་སྒོ་ཁེགས་ཏེ་འགྱུར་རོ༔

ཡང་དེ་ལྟར་བྱས་ཀྱང་བདེན་འཛིན་མ་ཞིག་ནས་མངལ་སྒོ་མ་ཁེགས་པར་མངལ་དུ་འཇུག་པའི་གྲབས་བྱུང་ན༔ ཡང་གདམས་ངག་ཟབ་མོ་ཞིག་ཡོད་དོ༔

ཀྱེ་རིགས་ཀྱི་བུ༔ དེ་ལྟར་བྱས་ཀྱང་མངལ་སྒོ་མ་ཁེགས་ན༔ ད་ནི་ལྷ་པ་འོད་གསལ་བསྒོམ་ལ་མངལ་སྒོ་བཀག་པར་བྱ་སྟེ༔

དེ་ཡང་སྒོམ་ལུགས་འདི་ལྟར་བྱའོ༔ ཀྱེ་དངོས་པོ་ཐམས་ཅད་རང་གི་སེམས་ཡིན་ལ༔ སེམས་འདི་སྐྱེ་འགགས་དང་བྲལ་བའི་སྟོང་པ་ཡིན་ནོ༔ སྙམ་དུ་བསམ་ལ་སེམས་ལ་བཅོས་བསླད་མི་བྱ་བར༔ དཔེར་ན་ཆུ་ལ་ཆུ་བཞག་པ་བཞིན་དུ་སེམས་ཁོ་རང་གི་ཐོག་ཏུ་རང་ལུགས་སུ་ཅན་ནེ༔ རང་བབས་སུ་ལྷོད་དེ༔

而今，這一切皆如夢、如幻、如響、如乾達婆城、如陽焰、如影、如光影、如水月*，就連一剎那的眞實也沒有。
(這一切)肯定不是眞的，是虛假的！』

此八種譬喻皆是比喻「無而顯似有者」。
夢：夢境，睡眠中所現的幻像。
幻：幻術，魔術，戲法。
響：回聲、回響。
乾達婆城：尋香城，海市蜃樓。
尋香、食香者：欲界中陰或中陰身，各依因緣善惡，吸食種種香、臭氣味，故名尋香。梵音譯作乾達婆。
陽焰：夏季日照沙灘，反光映成如流水的幻景。
影：影像，影子。
光影：眼花撩亂所見二重像。
水月：水底月，水中月影。(藏漢大辭典)

專一決志執持於此念，『執實』即爲摧壞。
於心續中如是確信，『我執』即爲破除。
若能如是由衷了悟『非眞』，胎門必定被阻絕。」

「然而，雖經如是觀修，執實仍未壞滅，故而胎門未被阻絕，而你行將入胎；(於此，)仍有一深奧之口訣。

善男子(善女人)啊！雖經如是觀修，若未能阻絕胎門；現在，你就要以第五(種方法)『觀修光明』來阻斷胎門。

其修法如是：
『啊！一切事物是我心，而此心是離於生、滅的空性。』
如是想而(任)心無造作。這就好比水融入於水一般。

讓心了了地休歇於其自然的狀態中*，
了然、自在地鬆歇於其本然的境界中*。

ཡེ་རེ༔ ཤིག་གེ༔ མ་བཅོས་པར་ལྷོད་དེ་བཞག་པས༔ སྐྱེ་བ་རྣམ་བཞི་ཀུན་གྱི་མངལ་སྒོ་ངེས་པར་ཁེགས་པར་ཐག་ཆོད་དོ༔ དེ་ལྟར་ཡང་ནས་ཡང་དུ་མ་ཁེགས་ཀྱི་བར་དུ་སྒོམས་ཤིག༔

དེ་ཡན་ཆད་དུ་མངལ་སྒོ་བགགས་པའི་གདམས་ངག་ཟབ་མོ་ཡང་དག་པ་མང་དུ་སོང་ངོ༔

དེ་རྣམས་ཀྱིས་གང་ཟག་དབང་པོ་རབ་འབྲིང་ཐ་གསུམ་གང་ཡང་མི་གྲོལ་མི་སྲིད་དོ༔ དེ་ཅིའི་ཕྱིར་ཞེ་ན༔

བར་དོའི་རྣམ་ཤེས་ལ་ཟག་བཅས་ཀྱི་མངོན་ཤེས་ཡོད་པས་བདག་གིས་ཅི་སྨྲས་ཁོས་ཐོས་ནས་ཡོད་པ་དང་གཅིག༔

འོན་ལོང་ཡིན་ཡང་དེའི་དུས་སུ་དབང་པོ་ཚང་ནས་ཅི་སྨྲས་གོ་བ་དང་གཉིས༔

འཇིགས་སྐྲག་གིས་རྟག་ཏུ་བདས་ནས་ཅི་དྲག་ན་སྙམ་པའི་དྲན་པ་ཡེངས་མེད་དུ་ཡོད་པས་བདག་གིས་ཅི་སྨྲ་ཉན་ནས་ཡོད་པ་དང་གསུམ༔

རྣམ་ཤེས་རྟེན་མེད་པས་འདུན་པ་གར་གཏད་དུ་ཐལ་གྱིས་སླེབས་ཏེ་ཁ་ལོ་སྒྱུར་སླ་བ་དང་བཞི༔

དྲན་པ་དགུ་འགྱུར་གྱིས་གསལ་བས་ལྐུགས་པ་ཡིན་ཀྱང་དེ་ཡི་དུས་སུ་ལས་ཀྱི་དབང་གིས་རིག་པ་རྗེ་གསལ་དུ་སོང་ནས་ཅི་བསྟན་པ་ཐམས་ཅད་བསྒོམ་ཤེས་པའི་ཡོན་ཏན་དང༔ གནད་དེ་ལྟ་བུ་ཡོད་པའི་ཕྱིར༔ དེས་ན་གཤིན་པོའི་ཆོ་ག་བྱས་པས་ཕན་ཡོན་ཡོད་པའི་རྒྱུ་མཚན་ཡང་དེ་ལྟར་ཡིན་ནོ༔

(如是)安住於無整、鬆坦中，必能阻絕四生之胎門。
你要如是反覆修持，直至(胎門)阻絕爲止。」

起初譯者無法區分 རང་ལུགས། 與 རང་བབས། 二者之間存在的微細差別，故而以此就教於八蚌確傑喇嘛 噶瑪貢措。他解道：此二者皆是指心本身的狀態，唯前者是從外而後者是從內來作描述。譯者依其所解而作譯如上，經師尊們認可。

以上，(已教示了)許多阻斷胎門的深奧、眞實口訣。

依於那些(口訣)，任何上、中、下根器的士夫都不可能不獲得解脫。何以故？

一者，中陰神識具備有漏神通。因此，無論我說什麼，他都能聽見。

二者，即便(其生前)耳聾眼盲，他於此際諸根齊全。因此，無論我說什麼，他都能懂得。

三者，(中陰身)恆常爲恐懼所催迫，故而專注一心想著該如何是好。因此，無論我說什麼，他都會聽從。

四者，(中陰身之)意識無有依靠，因此(其)心專注在哪兒，意識就會直接到達那兒。因此，易於駕御。

(此外，中陰身的)念心比(生前)清明九倍。因此，即便他(原本)是個笨瓜，這時依於業力，他的覺知(也)會變得更加清明。

以是之故，(中陰身)具備了凡所教示皆能修持的功德——因其具(足)如上之關要。

行持度亡儀軌何以能有助益的理由亦然。

དེ་བས་ན་ཞག་ཞེ་དགུའི་བར་དུ༔ བར་དོ་ཐོས་གྲོལ་ཆེན་མོ་འདི་བཀླག་པ་ལ་ནན་ཏན་དུ་བྱ་བ་གལ་ཤིན་ཏུ་ཆེའོ༔

ངོ་སྤྲོད་གཅིག་ལ་མ་གྲོལ་ན་ཡང་གཅིག་ལ་གྲོལ་ཐུབ་པ་ཡིན༔ ངོ་སྤྲོད་མི་གཅིག་པ་མང་དུ་དགོས་པའི་དོན་ཡང་དེ་ལྟར་ཡིན་ནོ༔

དེ་ནས་ཡང་དགེ་བའི་ལས་ལ་གོམས་འདྲིས་ཆུང་བ་དང༔ མི་དགེ་བའི་ལས་ལ་ཡེ་ཐོག་མའི་དུས་ནས་གོམས་འདྲིས་ཆེ་དྲག་པ་དང༔ སྡིག་སྒྲིབ་སྟོབས་དང་དཔུང་ཆེ་བའི་དབང་གིས༔ གོང་གིས་ངོ་སྤྲོད་དང་དམིགས་པ་དེ་ཙམ་ཞིག་ཐོག་ཀྱང༔ མི་གྲོལ་བའི་རིགས་མང་པོ་ཡོད་པས༔

ད་ནི་གོང་དུ་མངལ་སྒོ་མ་ཁེགས་ན༔ དེ་ནས་འདི་ནས་མར་ལ་མངལ་སྒོ་གདམ་པའི་གདམས་ངག་ཟབ་མོ་ཞིག་ཀྱང་བསྟན་པར་བྱ་སྟེ༔ སངས་རྒྱས་དང་བྱང་ཆུབ་སེམས་དཔའ་རྣམས་ལ་ར་འདའ་སྨྲན༔ སྐྱབས་འགྲོ་བྱས་ལ༔ ཡང་ཚེ་འདས་ཀྱི་མིང་ནས་ལན་གསུམ་བོས་ལ་འདི་སྐད་བརྗོད་དོ༔

ཀྱེ་རིགས་ཀྱི་བུ༔ ཚེ་ལས་འདས་པ་ཆེ་གེ་མོ་ཁྱོད་ཉོན་ཅིག༔ ཁྱོད་ལ་གོང་དུ་གདམས་པའི་ངོ་སྤྲོད་དེ་ཙམ་ཞིག་བཏབ་ཀྱང་མ་གོ་བར་འདུག་གི༔ ད་ནི་མངལ་སྒོ་མ་ཁེགས་ན་ལུས་བླང་རན་པའི་དུས་ལ་བབ་པས༔ ཁྱོད་མངལ་སྒོ་གདམ་པའི་གདམས་ངག་ཟབ་མོ་ཡང་དག་པ་རིགས་མི་གཅིག་པ་མང་དུ་ཡོད་པས༔ དྲན་པ་ཟུང་ཞིག༔ མ་ཡེངས་ཤིག༔ འདུན་པ་དྲག་པོས་ལེགས་པར་ཉོན་ལ་ཡིད་ལ་ཟུང་ཞིག༔

ཀྱེ་རིགས་ཀྱི་བུ༔

ད་ནི་གླིང་གང་དུ་སྐྱེ་བ་ཡང་རྟགས་དང་མཚན་མ་འོང་བས་ངོ་ཤེས་པར་གྱིས་ཤིག༔ དེ་ཡང་གང་དུ་སྐྱེ་བ་བརྟག་ལ་གླིང་ཡང་གདམ་པར་བྱའོ༔

ཤར་ལུས་འཕགས་པོར་སྐྱེ་ན་ནི༔ ངང་པ་ཕོ་མོས་བརྒྱན་པའི་མཚོ་འདུག་པ་མཐོང་ངོ༔ དེར་ཡང་མ་འགྲོ་བར་ཟློག་དྲན་པ་བྱའོ༔

因此，（助亡者）應精勤不懈地念誦《聞即解脫》，直至四十九日為止，這是至為重要的。

即便（亡者）於一引介未得解脫，他也能於另一引介獲得解脫。
需以許多不同方式引介（亡者）之理由亦然。

即便如此，仍有許多種人，於善業的熏習微小，於作惡則自無始以來即甚為嫻熟，所具罪障多而有力。以是之故，之前雖已給予如許的引介和觀修境，依然無法獲得解脫。

因此，現在，若之前（亡者）未能阻絕胎門，以下便應教示『選擇胎門』之深奧口訣。

（這時，應）呼喚諸佛菩薩救助，皈依（三寶），再次三呼亡者之名，並作是言：

「善男子（善女人）啊！亡者某某（逝者名）諦聽：

之前，雖已給予你如許的口訣引介，而你未能領會。
現在，胎門若未阻絕，你受取身體的時刻便已到來。
是故，於選擇胎門，（我）將（引介你）許多不同的深奧、真實口訣。
因此，你要提起正念，莫要散亂。
要以猛厲的決志善加諦聽並執持於心！」

「善男子（善女人）啊！

現在，你將投生至哪一洲，那一洲的徵象和標記便會顯現。
因此，你要能認知；並應審視你將投生何處而選洲。

若你將投生東勝身洲，你便會看到飾有雄雁、雌雁之湖。
莫要走去那兒，務必記得返回！

དེར་སྐྱེ་ན་བདེ་སྐྱིད་འཛོམ་ཡང་ཆོས་མི་དར་བའི་གླིང་ཡིན་པས་དེར་ཡང་མ་འཇུག་ཅིག༔

ལྷོ་འཛམ་བུ་གླིང་དུ་སྐྱེ་ན་ཁང་བཟང་ཉམས་དགའ་བ་མཐོང་ནས་འོང་ངོ༔ གལ་ཏེ་འཇུག་ན་དེར་འཇུག་པར་གྱིས་ཤིག༔

ནུབ་བ་ལང་སྤྱོད་དུ་སྐྱེ་ན་རྟ་ཕོ་མོས་བརྒྱན་པའི་མཚོ་འདུག་པ་མཐོང་ངོ༔ དེར་ཡང་མ་འགྲོ་བར་ཚུར་ལོག་ཅིག༔ ལོངས་སྤྱོད་ཆེ་ཡང་ཆོས་མི་དར་བའི་གླིང་ཡིན་པས་དེར་མ་འཇུག་ཅིག༔

བྱང་སྒྲ་མི་སྙན་དུ་སྐྱེ་ན་བ་གླང་གིས་བརྒྱན་པའི་མཚོའམ༔ ལྗོན་ཤིང་གིས་བརྒྱན་པའི་མཚོ་འདུག་པ་མཐོང་ངོ༔ དེ་དག་ཏུ་སྐྱེ་བ་ལེན་པའི་ལྟས་སུ་ངོ་ཤེས་པར་གྱིས་ཤིག༔ དེར་ཡང་མ་འཇུག་ཅིག༔ ཚེ་དང་བསོད་ནམས་ཡོད་ཀྱང༔ དེར་ཡང་ཆོས་མི་དར་བས་མ་འཇུག་ཅིག༔

ལྷར་ སྐྱེ་ ན་ ནི་ རིན་ པོ་ ཆེ་ སྣ་ ཚོགས་ པས་ གྲུབ་ པའི་ ལྷ་ཁང་ བརྩེགས་ མ་ ཉམས་ དགའ་ བ་ མཐོང་ ངོ༔ དེར་ཞུགས་ཀྱང་རུང་གིས་ཞུགས་པར་གྱིས་ཤིག༔

ལྷ་མ་ཡིན་དུ་སྐྱེ་ན༔ ནགས་ཚལ་ཉམས་དགའ་བ་དང༔ འགལ་མེའི་འཁོར་ལོ་འཁོར་བ་ལྟར་དུ་མཐོང་ངོ༔ དེར་ཅི་ནས་ཀྱང་མ་འཇུག་པར་རུ་ལོག་དྲན་པར་གྱིས་ཤིག༔

དུད་འགྲོ་སྐྱེ་ན༔ བྲག་ཕུག་དང༔ གྲོག་ཕུག་དང༔ སྤྱིལ་པོ་དང༔ ན་བུན་གྱི་ཚུལ་དུ་མཐོང་ངོ༔ དེར་ཡང་མ་འཇུག་ཅིག༔

ཡི་དྭགས་སུ་སྐྱེ་ན༔ སྡོང་དུམ་དང༔ ནག་བྲང་དེ་བའམ༔ གྲོག་པོ་ཕུག་རྡུགས་སམ༔ ནག་ལིང་དེ་བར་མཐོང་ངོ༔ དེར་ཕྱིན་ན་ཡི་དྭགས་སུ་སྐྱེས༔ བཀྲེས་སྐོམ་གྱི་སྡུག་བསྔལ་སྣ་ཚོགས་ཉམས་སུ་མྱོང་བར་འགྱུར་བས༔ དེར་ཅི་ནས་མ་འགྲོ་བར་རུ་ལོག་དྲན་པར་གྱིས་ཤིག༔ སྙིང་རུས་དྲག་པོ་གྱིས་ཤིག༔

若投生那兒，雖然福樂具足，卻無有佛法[*]，因此莫要進入。

詠給明就仁波切解道：此處是說四大洲當中除了南贍部洲之外，其他三洲「沒有佛法」，並非「佛法不興盛」。唯於某些密續中，仍有「四大洲皆有佛法」之說。

若你將投生南贍部洲，你便會看到怡人良宅。
你若能進去，就要進入那兒。

若你將投生西牛貨洲，你便會看到飾有雄馬、雌馬之湖。
你也莫要進去那兒，應(即)返回！
雖然那兒受用豐饒，卻無佛法，因此莫要進入。

若你將投生北俱盧洲，你便會看到飾有牛或樹之湖。
你要認知彼等皆爲受生之徵象，也莫進去那兒。
雖然那兒壽量、福德具足，卻無佛法，因此莫要進入。

若你將投生天道，你便會看到由各種珍寶所成的怡人神殿樓閣。
你若適合進去那兒，就要進入。

若你將投生阿修羅道，你便會看到怡人的森林或迴旋火輪般的景象。
你千萬莫要進去那兒，要記得返回！

若你將投生畜生道，你便會看到猶如岩洞、崖窟、茅蓬、薄霧般的景象。
你也莫要進入那兒！

若你將投生餓鬼道，你便會看到成段圓木、黑影幢幢、山溝盡頭和黑晃晃的形影。
你若進入，便會投生爲餓鬼而蒙受各種饑渴之苦。
因此，你千萬莫要進去那兒，要記得返回，要意志堅定！

དམྱལ་བར་སྐྱེ་ན༔ ལས་ངན་པས་གླུ་དབྱངས་སུ་ཐོས་པའམ༔ དབང་མེད་དུ་འཇུག་དགོས་པའམ༔ མུན་ནག་གི་གླིང་དང༔ ཁང་པ་ནག་པོ་དང༔ ཁང་པ་དམར་པོ་དང༔ ས་དོང་ནག་པོ་དང༔ ལམ་ནག་པོ་ལ་སོགས་པ་ལ་ཕྱིན་པའི་སྣང་བ་འོང་ངོ༔ དེར་ཕྱིན་ན་དམྱལ་བར་ཚུད་དོ༔ ཚ་གྲང་གི་སྡུག་བསྔལ་བཟོད་གླགས་མེད་པ་མྱོང་ནས་ཐོན་པའི་དུས་མི་འོང་བས༔ དེའི་གསེབ་ཏུ་མི་འགྲོ་བར་ཅི་ནས་ཀྱང་མ་ཚུད་པར་གཟབ་པར་བྱའོ༔

མངལ་སྒོ་བཀག་ནས་རུ་ལོག་དྲན་པར་བྱའོ༔ ཞེས་གསུངས་པ་དེ་ད་རེས་དགོས་པ་ཡིན་ནོ༔

ཀྱེ་རིགས་ཀྱི་བུ༔

ཁྱོད་མི་འགྲོ་བར་འདོད་ཀྱང་རང་དབང་མེད་པར་གྲུབ་ནས་ལས་ཀྱི་གཤེད་མས་དེད་ནས་མི་འགྲོ་བའི་དབང་མེད་པ་འགྲོ་དགོས་པ་དང༔ མདུན་ནས་གཤེད་མ་དང༔ སྲོག་གཅོད་ཀྱིས་ཁྲིད་པ་དང༔

མུན་ནག་རླུང་དམར་འཚུབས་མ་ཆེན་པོ་དང༔ ཀུ་སྒྲ་དང༔ ཁ་ཆར་དང༔ སེར་བ་དྲག་པོ་དང༔ བུ་ཡུག་འཚུབས་ནས༔ བྲོས་པའི་སྣང་བ་ཁྱོད་ལ་འོང་ངོ༔

若你將投生地獄道，你便會因惡業而聽到歌曲*。
或者，(感到)身不由己地非得進入不可。
或者，會有走入黑洲、黑屋、紅屋、黑坑、黑路等境相現起。
你若走入那兒，便會墮入地獄，
蒙受無法忍受的寒熱之苦而出脫無期。
因此，莫要走入其間。當心啊！千萬別進入(唷)！

偈云：『阻斷胎門當思回返修』。現在，需要的正是這個！」

* ལས་ངན་པས་གླུ་དབྱངས་སུ་ཐོས་པའམ༔ 一版英譯(依德格印經院版 ལས་ངན་པས།)解為「聽到惡業者所唱之歌」，另版英譯(依於他版藏典 ལས་ངན་པ།)解為「聽到惡業者之歌」。

譯者經確傑喇嘛 噶瑪賁措指正而譯作「因惡業而聽到歌曲」——經圖登諾布仁波切確認。

「善男子(善女人)啊！

縱使你不想走，你也無以自主而不得不走。
在業之閻羅鬼卒*的驅趕下，(也)由不得你不走。
在前方，(則)會有閻羅鬼卒和劊子手帶領你走。

* 業之閻羅鬼卒，此處的「業」或可如是作解：在中陰階段，亡者因自身之業力，故而感知到閻羅鬼卒等境相。這也正是業律(因果律法)之下的自然結果。

(此外，還會有你因置身於)黑暗、狂風、沙塵暴、喧囂、雪雨、劇烈的冰雹、彌漫的暴風雪*(中)而逃逸的境相對你現起。

* 此處的 འཚུབས། 譯者所參英譯皆理解為——係修飾前述列舉的所有境相——全都「襲捲著你」。譯者於此存疑而請示確傑喇嘛 噶瑪賁措，他解道：འཚུབས། 在此只修飾最末一詞，意為「瀰漫的暴風雪」，因它無法用於修飾其他列舉之境相。上段譯文已得圖登諾布仁波切確認。

དེར་ཁྱོད་བྱེད་ཅིང་སྐྱབས་ཚོལ་བ་ལ་ཕྱིན་པས༑ གོང་དུ་བཤད་པའི་ཁང་བཟང་ངམ༑ བྲག་སྐྱིབས་དང༑ ས་ཕུག་དང༑ ནགས་གསེབ་དང༑ མེ་ཏོག་པདྨ་ལ་སོགས་ཁ་ཟླུམ་པའི་ནང་དུ་ཐར་བ་དང༑

དེ་ན་གབ་སྙེ་ཕྱིར་དོན་གྱི་དོགས་ནས༑ ང་འདི་ནས་ཕྱིར་དོན་ན་མི་རུང་ངོ་སྙམ་ནས༑ དེ་དང་བྲལ་གྱི་དོགས་པས་གནས་དེ་ལ་ཞེན་ཅུ་ཆགས་པར་འགྱུར་རོ༑

ཕྱི་རོལ་དུ་དོན་ན་བར་དོའི་འཇིགས་སྐྲག་དེ་རྣམས་དང་ཕྲད་ཀྱི་དོགས་ནས༑ དེ་དག་ལ་འཇིགས་ཤིང་སྐྲངས་པ་དང༑ ནང་དུ་གབ་པས་གང་ཡང་མིན་པའི་ལུས་ངན་པ་ཞིག་བླང་ནས་སྡུག་བསྔལ་སྣ་ཚོགས་ཉམས་སུ་མྱོང་དུ་ཡོད་པས༑

དེ་ནི་ཁྱོད་ལ་འདྲེ་སྲིན་གྱིས་བར་དུ་གཅོད་པའི་རྟགས་ཡིན་པས༑ དེའི་ཚེ་གདམས་ངག་གི་གནད་ཟབ་མོ་ཞིག་ཡོད་པས་ཁྱོད་རང་ཉོན་ལ་ཡིད་ལ་ཟུང་ཞིག༑

དེའི་དུས་སུ་གཤེད་མས་དབང་མེད་དུ་དེད་པ་དང༑ འཇིགས་སྐྲག་ནམ་བྱུང་བའི་དུས་སུ༑ སྐད་ཅིག་དྲན་རྫོགས་སུ་བཅོམ་ལྡན་འདས་ཆེ་མཆོག་ཧེ་རུ་ཀའམ༑ རྟ་མགྲིན་ནམ༑ ཕྱག་ན་རྡོ་རྗེ་ལ་སོགས་པའམ༑

ཁྱོད་རང་གི་ཡི་དམ་ཡོད་ན་དེ་ཉིད་སྐུ་ཆེ་ལ་ཡན་ལག་རགས་པ༑ བགེགས་རིགས་ཐལ་བར་རློག་པར་བྱེད་པའི་ཁྲོ་བོ་འཇིགས་སུ་རུང་བ་ཞིག་ཀྲོང་གིས་སྐྱེད་ཅིག༑

དེའི་བྱིན་རླབས་དང་ཐུགས་རྗེས་གཤེད་མ་དང་བྲལ་ཏེ༑ མངལ་སྒོ་གདམ་པའི་དབང་ཐོབ་པ་ཡིན༑

受驚(之餘)，你便會尋求庇護。
因此，你會進入之前所述之良屋、岩穴、地洞、樹林間或蓮花等閉合(的空間)內(以求脫險)。

(當你)躲藏在那兒(時)，你會害怕出去。因此，你會想：『**我不宜從這兒出去！**』由於你對離開那兒心存疑慮，便會萬般地貪戀那個(躲藏)處。

你擔憂若一出去，便會遇上那些中陰的恐怖(情境)。
由於懼怕那些(情境)而藏匿在裡邊，你便會受取一個不論多麼低劣的身體，而遭受各種的痛苦。

這正是你被非人、羅剎障礙的徵象！
於此際，有一深奧的口訣關要。
因此，你要諦聽並執持於心啊！

這時，當你被閻羅鬼卒所驅趕而無力(逃脫)，在此驚惶之際，你要能於剎那間圓成觀想*——大至勝嘿嚕嘎佛或馬頭明王或金剛手等(本尊)。

「於剎那間圓成觀想」，確傑喇嘛　噶瑪貢措解道：觀想有二種方式，一是逐區觀想而漸現，另一則是於剎那間圓滿觀現整個所觀境。

譯者在《藏漢大辭典》中查到其同義詞「སྐད་ཅིག་དྲན་རྫོགས། 剎那頓生」：密乘中，於一剎那頃清晰現起本尊身形和全部壇場的觀想法。

或者，你若有自己的本尊，就觀想祂具有碩大的身軀、粗大的肢體，以能粉碎一切魔障的忿怒恐怖(姿態)挺立著。

(如此一來，)其加持、大悲(之力)便能將你和閻羅鬼卒隔開，你(也)就能自主地選擇胎門。

དེ་ནི་གདམས་ངག་གི་གནད་ཟབ་མོ་ཡང་དག་པ་ཡིན་གྱི་ཡིད་ལ་ཟུང་ཞིག༔

ཀྱེ་རིགས་ཀྱི་བུ༔

གཞན་ཡང་བསམ་གཏན་གྱི་ལྷ་ལ་སོགས་པ་རྣམས་ནི་ཏིང་ངེ་འཛིན་གྱི་དབང་གིས་སྐྱེ་བ་ལེན་ནོ༔

ཡི་དྭགས་ལ་སོགས་པ་གདོན་རིགས་ཚན་ཆེ་བ་ཞིག་ནི༔ བར་དོ་ཉིད་དུ་འདུ་ཤེས་འགྱུར་ནས་ཡི་དྭགས་དང༔ འདྲེ་སྲིན་གྱི་ལུས་རྫུ་འཕྲུལ་སྣ་ཚོགས་སྟོན་ནུས་པ༔ ཡིད་ལུས་དེ་ཀར་འགྱུར་ནས་འོང་བ་ཡིན་ནོ༔

བྱིང་ལ་གནས་པའི་ཡི་དྭགས་དང༔ མཁའ་ལ་རྒྱུ་བའི་ཡི་དྭགས་དང༔ བགེགས་རིགས་སྟོང་ཕྲག་བརྒྱད་ཅུ་ལ་སོགས་པ་ཡིད་ལུས་དེ་ཉིད་དུ་འདུ་ཤེས་འགྱུར་ནས་འགྲོའོ༔

དེའི་དུས་སུ་སྟོང་ཉིད་ཕྱག་རྒྱ་ཆེན་པོའི་དོན་དྲན་ན་མཆོག་ཏུ་འགྱུར་ཏེ༔

這是深奧而眞實的口訣關要，你可要執持於心啊！」

「善男子(善女人)啊！

除此之外，禪定之天道眾生*等係依三摩地而受生。

丹增嘉措仁波切解道：此處係指六道眾生之一的天道眾生，不宜譯為「神眾」。神眾包含範圍較廣，除了天道眾生之外，還包含護法神、鬼神…等等。

(如)餓鬼等之大多數的魑魅類(則如是而受生)*：
(那些將投生爲彼類的眾生)在中陰之當下，其想蘊轉變，故而(轉爲)餓鬼、魔眾、羅刹等能展現各種神變之身。
(他們皆是由)意生身本身轉變而來的。

詠給明就仁波切在指導作譯時補充道：但這並不表示所有的餓鬼道眾生皆是依此方式而有的。

*隱住餓鬼和空遊餓鬼，以及八萬種魔障等，皆是由意生身本身想蘊轉變而來的。

譯者嘗見之英、中譯本大多譯為：居於深海的餓鬼和飛行(或遊走)於虛空的餓鬼。其允正度有待商榷。

譯者先後以此就教於惹瓊仁波切和確傑喇嘛 噶瑪貢措，他們的看法頗為一致。仁波切解道：「這是說餓鬼有二種，一是居住於餓鬼本道，一是遊走於本道之外。」確傑喇嘛則引證藏漢大辭典中的相關說明：「二種餓鬼：餓鬼住處，有聚居餓鬼世界及散居人世界中二種。」

圖登諾布仁波切進一步以中譯專有名詞解道：「餓鬼有二大類，所謂的『隱住餓鬼』和『空遊餓鬼』。」

這時，你若能憶念起空性大手印之諦義，會是最好的。

དེ་ལྟར་མ་བྱུང་ན་སྒྱུ་མ་ལྟ་བུར་རྒྱལ་སྒྲོང་གྱིས་ཤིག༔ དེ་ལྟར་མ་བྱུང་ན་གང་ལ་ཆགས་སེམས་མ་བྱེད་པར༔ ཡི་དམ་ཐུགས་རྗེ་ཆེན་པོ་བསྒོམས་པས་བར་དོར་ལོངས་སྐུར་སངས་རྒྱས་པར་འགྱུར་རོ༔

ཀྱེ་རིགས་ཀྱི་བུ༔

དེ་ལྟར་གལ་ཏེ་ལས་ཀྱི་དབང་གིས་མངལ་དུ་འཇུག་དགོས་པ་བྱུང་ན༔ ད་ནི་མངལ་སྒོ་གདམ་པའི་གདམས་ངག་བསྟན་པར་བྱའོ༔

ཉོན་ཅིག༔ དེ་ཡང་མངལ་སྒོ་གང་བྱུང་དུ་མ་འགྲོ་ཞིག༔ གཤེད་མ་བྱུང་ནས་མི་འགྲོ་བའི་དབང་མ་བྱུང་ན༔ རྟ་མགྲིན་སྒོམས་ཤིག༔

དེ་ཡང་ཁྱོད་ལ་ད་ལྟ་མངོན་ཤེས་ཕྲ་མོ་ཡོད་པས༔ གནས་ཐམས་ཅད་རིམ་པ་ལྟར་ཤེས་ནས་འོང་བས་གདམ་པར་གྱིས་ཤིག༔

དེ་ཡང་དག་པ་སངས་རྒྱས་ཀྱི་ཞིང་དུ་འཕོ་བ་དང༔ མ་དག་འཁོར་བའི་མངལ་སྒོ་གདམ་པའི་གདམས་ངག་གཉིས་ཡོད་པས༔ འདི་ལྟར་གྱིས་ཤིག༔

དང་པོ་རབ་དག་པ་མཁའ་སྤྱོད་ཀྱི་གནས་སུ་འཕོ་བ་ནི༔ དེ་ཡང་འཕེན་པ་འདི་ལྟ་བུ་བཏང་སྟེ༔

若無法如是修持，就觀修『如幻』。
若也無法如是修持，
就捨離於一切事物的貪執心而觀修本尊大悲觀世音。
如此一來，你將能於中陰成就報身佛。」

「善男子(善女人)啊！

如是，倘若因業力故，你不得不入胎；
現在，便應教示(你)『選擇胎門』之口訣。

諦聽！於任何顯現的胎門，莫要(逕行)趨入。
若閻羅鬼卒已然顯現而你不得不(隨)行，你就觀修馬頭明王！

由於你現在擁有微細的神通，你能依次知悉所有的(投生)處。
因此，你要做出抉擇！

(於此，)口訣有二：
一為往生清淨佛土之口訣，
一為選擇不淨輪迴胎門之口訣。
是故，你要如是觀修：

首先，最好*是往生空行淨土。於此，(你應)發如是心*：

རབ། 某些英譯版理解為「上等根器者」或「上士夫」，實有待商榷。依於中陰教法，於投生中陰階段往生淨土，並無根器之限。譯者解為「上等的情況」或「最好」——經師尊們認可。

此處的 འཕེན་པ་བཏང་། 可解為「引發心念」或「發心」。

圖登諾布仁波切解道：「引發力」，可以說是一種動機，也可以說是一種發心。

ཀྱེ་མ༔ བདག་བསྐལ་པ་གྲངས་མེད་ཚད་མེད་ཐོག་མ་མེད་པའི་དུས་རིང་པོ་དེ་ཙམ་ཞིག་ནས༔ ད་རུང་ཡང་འཁོར་བའི་འདམ་འདིར་འདུག་པ་ནི་སྐྱོ་བ་ལ༔

སྔོན་གྱི་དེ་སྐད་ཅིག་སངས་རྒྱས་པའི་རིང་ལ་བདག་མ་གྲོལ་བ་འདི་ཨ་ཙ་མ༔

དེ་རིང་ནས་འཁོར་བ་འདི་སྐྱུག་རེ་ལོག༔ ཞེ་རེ་འཇིགས༔ གཡུགས་རེ་བུད༔ ད་ནི་བྲོས་པའི་གྲབས་བྱེད་རན་ནས་འདུག་པས༔ བདག་རང་ནུབ་ཕྱོགས་བདེ་བ་ཅན་གྱི་ཞིང་ཁམས་སངས་རྒྱས་སྣང་བ་མཐའ་ཡས་ཀྱི་ཞབས་དྲུང་དུ་མེ་ཏོག་པདྨའི་ཁ་ལ་རྫུས་ཏེ་སྐྱེ་བ་ཞིག་བྱེད་དགོས་སྙམ་པས༔

ནུབ་དེ་བ་ཅན་གྱི་ཞིང་ཁམས་སུ་འདུན་པ་དྲག་ཏུ་གཏོད་ལ་བརྩོན་འགྲུས་བྱེད་པ་གཅེས་སོ༔

གཞན་ཡང་རང་གང་མོས་པའི་ཞིང་ཁམས་རྣམ་པ་དག་པའམ༔ མངོན་པར་དགའ་བའམ༔ སྟུག་པོ་བཀོད་པའམ༔ ལྕང་ལོ་ཅན་ནམ༔ རི་བོ་ཏ་ལའམ༔ པདྨ་འོད་ཀྱི་གཞལ་ཡས་སུ་ཨོ་རྒྱན་གྱི་དྲུང་ངམ༔ གང་མོས་པའི་ཞིང་ཁམས་སུ་འདུན་པ་དྲག་ཏུ་གཏད་དེ་རྩེ་གཅིག་ཏུ་མ་ཡེངས་པར་བྱས་ན༔ དེ་མ་ཐག་ཏུ་ཞིང་ཁམས་དེར་སྐྱེ་བར་འགྱུར་རོ༔

譬如：你必須在明天清晨五點起床，那麼在今晚入睡時，你先下定決心：「明晨五點，我一定起床！」一旦下了這樣的決心，即使不用鬧鐘，次晨你也會自動醒來。

又如：阿羅漢要入滅定時，同樣需要「引發力」。假設他想入五日的滅定而於第六日出定，他必須預先發心。不然，入了滅定之後，便不會生起任何的意念，又怎能於第六日出定呢？因此，這一點是很重要的啊！

『嗟夫！無始以來我歷經了無數、無量劫如許漫長的歲月，至今依然(陷)在這輪迴的泥淖中，悲哀啊！

之前，已歷經如許的成佛期間，而我尚未獲得解脫。哎呀呀！

從今起，這輪迴已令我作嘔、畏懼、心灰意冷。
現在，是到了準備逃離的時候了。
因此，我必須從西方極樂淨土阿彌陀佛足前的蓮花中化生。』

以此念想，猛厲專注於西方極樂淨土並精勤(觀修)，是至爲重要的。

除此之外，任何你所希求的淨土——(諸如)現喜淨土、密嚴淨土、楊柳宮淨土、普陀山淨土、蓮花光淨土*越量宮鄔金蓮師尊前——你若能猛厲專注其上，一心無散，便能立即往生彼土。

* 現喜淨土是東方不動佛的淨土。密嚴淨土是中央毗盧遮那佛的淨土。楊柳宮是金剛手和多聞天子所居宮殿。普陀山(布達拉山)淨土是觀世音菩薩的淨土。蓮花光淨土即是蓮花生大士的銅色山淨土。

詠給明就仁波切補述道：此處只是列舉一些淨土為例。這些淨土的往生條件高低不一。於投生中陰時，中陰身能否如願往生，仍是依於個人修持層次而定。

གཞན་ཡང་དགའ་ལྡན་དུ་བྱམས་པ་མགོན་པོའི་དྲུང་དུ་འགྲོ་བར་འདོད་ན་ཡང༔ བདག་བར་དོའི་སྐབས་འདིར༔ དགའ་ལྡན་ན་མི་ཕམ་ཆོས་ཀྱི་རྒྱལ་པོའི་དྲུང་དུ་འགྲོ་བའི་དུས་ལ་བབས་པས་འགྲོ་བར་བྱའོ༔ སྨྲ་པའི་འདུན་པ་གཏད་ལ་བྱམས་པའི་དྲུང་དུ་པདྨའི་སྙིང་པོ་ལ་རྫུས་ཏེ་སྐྱེའོ༔

གཞན་ཡང་དེ་ལྟར་མ་བཏུབ་ཅིང་མངལ་དུ་འཇུག་པར་སྦྲེ་བའམ༔ འཇུག་དགོས་པར་བྱུང་ན༔ མ་དག་འཁོར་བའི་མངལ་སྒོ་གདམ་པའི་གདམས་པ་ཡོད་པས༔ ཉོན་ཅིག༔

དེ་ཡང་གོང་ལྟར་གླིང་ཡང་གདམ་པར་བྱ་སྟེ༔ མངོན་ཤེས་ཀྱིས་བལྟས་ལ༔ ཆོས་དར་སར་འཇུག་པར་བྱའོ༔ དེ་ཡང་མི་གཙང་བའི་རྫས་ལྡན་ལྡིན་ཞིག་ལ་རྫུས་ཏེ་སྐྱེ་བ་ཡིན་ན༔ མི་གཙང་བའི་གོང་བུ་དེ་ལ་དྲི་ཞིམ་པའི་འདུ་ཤེས་སྐྱེས་ནས་དེར་ཆགས་ཏེ་སྐྱེ་བར་འགྱུར་བས༔

དེ་རྣམས་གང་དང་གང་གི་སྣང་བ་ཤར་བ་དེ་དང་དེར་འཛིན་པ་མི་བྱེད་པར་ཆགས་སྡང་གི་མཚན་མ་མེད་པར་བྱས་ལ༔ མངལ་སྒོ་བཟང་པོ་གདམ་པར་བྱའོ༔ དེ་ཡང་འདུན་པ་གལ་ཆེ་བས་འདི་ལྟར་བྱའོ༔

ཀྱེ་མ་བདག་ནི་སེམས་ཅན་ཐམས་ཅད་ཀྱི་དོན་དུ་འཁོར་ལོས་སྒྱུར་བའི་རྒྱལ་པོའམ༔ བྲམ་ཟེའི་རིགས་ཤིང་སཱ་ལ་ཆེན་པོ་ལྟ་བུའམ༔ གྲུབ་པ་ཐོབ་པའི་སྐྱེས་བུའི་སྲས་སམ༔ ཆོས་བརྒྱུད་དྲི་མ་མེད་པའི་རིགས་སམ༔ ཕ་མ་དད་པ་ཅན་གྱི་རིགས་སུ་སྐྱེས་ནས༔ འགྲོ་བ་སེམས་ཅན་ཐམས་ཅད་ཀྱི་དོན་བྱེད་ནུས་པའི་བསོད་ནམས་ཅན་གྱི་ལུས་ཤིག་བླངས་ནས་དོན་བྱའོ་སྙམ་པའི་འདུན་པ་གཏོད་ལ་མངལ་དུ་འཇུག་པར་བྱའོ༔ དེའི་ཚེ་འཇུག་པའི་མངལ་དེ་ཡང་ལྷའི་གཞལ་ཡས་སུ་བྱིན་གྱིས་བརླབས་ལ༔ ཕྱོགས་བཅུའི་སངས་རྒྱས་དང་བྱང་ཆུབ་སེམས་དཔའ་རྣམས་དང༔ ཡི་དམ་གྱི་ལྷ་རྣམས་དང༔ ཁྱད་པར་དུ་ཇོ་བོ་ཐུགས་རྗེ་ཆེན་པོ་ལ་གསོལ་བ་ཐོབ་ལ༔

དབང་བསྐུར་ཞུ་བའི་མོས་པས་མངལ་དུ་འཇུག་པར་བྱའོ༔

此外，若你意欲前往喜足天*彌勒怙主*尊前，便要念想：

『在此中陰之際，是到了我前往喜足天不敗法王*尊前的時候了。走吧！』

專注一心於此念，你便能化生於彌勒怙主尊前的蓮花心中。

喜足天，梵音譯作睹史多天，舊譯兜率天。六欲天之一。妙欲資具勝於下諸天，身心安適，且喜具足大乘法樂，故名喜足。(藏漢大辭典)

此段藏文分別以「強巴袞波」(慈氏怙主)和「米泮確吉賈布」(不敗法王)指稱未來佛 彌勒菩薩。

此外，若你無法如是(觀修往生淨土之要)，而意欲入胎，或不得不入胎；(於此，尚)有選擇不淨輪迴胎門之口訣。諦聽：

如前(所述)，你應以神通觀視你將選擇之洲而入於佛法興盛之地。

(這時)，若你將化身於穢物，你會將不淨的團塊感知爲香甜，便會對之心生貪愛而化生於彼處。

因此，無論怎樣的境相顯現，你都莫要執著，莫起貪、瞋之相，而應選擇好的胎門(投生)。

(這時，)至爲重要的是希求。是故，你應如是(思惟)：

『嗟夫！爲了一切有情之利故，我要投生爲轉輪聖王或大娑羅樹般的婆羅門種姓或成就者之子，或者投生於無垢正法傳承之氏族或父母具信之家族。

一旦受取堪能利益有情之福德具足身，我要行作利(生之事業)！』

你應專注一心於此念而入胎。

這時，(對於所)將進入的母胎，你要加持(觀想其)爲本尊越量宮*。

(並)應祈請十方諸佛菩薩和本尊聖眾，特別是至尊大悲觀世音，

以希求受灌(之想)而入胎。

དེ་ལྟར་མངལ་སྒོ་གདམ་པ་འདི་ཡང་ནོར་བའི་ཉེན་ཡོད་པས༔ ལས་ཀྱི་དབང་གིས་མངལ་སྒོ་བཟང་པོ་ལ་ངན་པར་མཐོང་བ་དང༔ ངན་པ་ལ་བཟང་པོར་མཐོང་ནས་ནོར་བའི་ཉེན་ཡོད་པས༔ དེའི་དུས་སུ་གདམ་པའི་གནད་གལ་ཆེ་བས་ཡང་འདི་ལྟར་དུ་བྱའོ༔

དེ་ཡང་མངལ་སྒོ་བཟང་པོའི་སྣང་བ་བྱུང་ཡང་དེ་ལ་མ་ཆགས་ཤིག༔ ངན་པའི་སྣང་བ་བྱུང་ཡང་དེ་ལ་མ་སྡང་བར༔ བཟང་ངན་བླང་དོར་མེད་པར་ཆགས་སྡང་དང་བྲལ་བའི་བཏང་སྙོམས་ཆེན་པོའི་ངང་དུ་འཇུག་པ་ནི་གནད་ཟབ་མོ་ཡང་དག་པ་ཡིན་ཏེ༔

དེ་ལ་ཡང་ཉམས་མྱོང་ཡོད་པའི་མི་འགའ་ཞིག་མ་གཏོགས་པ༔ བག་ཆགས་ངན་པའི་ནད་རོ་ཕྲལ་དཀའ་བས༔

དེ་ལྟར་ཆགས་སྡང་བྲལ་མ་ཐུབ་ནའང་དབང་པོ་ཐ་མའི་ཡང་མཐའ་སྡིག་ཅན་དུད་འགྲོ་ལྟ་བུ་རྣམས་ལའང་སྐྱབས་སུ་འགྲོ་བས་བཟློག་པ་ནི༔ ཡང་ཆོ་འདས་ཀྱི་མིང་ནས་འབོད་ལ་འདི་སྐད་དོ༔

越量宮或無量宮：材料、規模以及功德無可比量的本尊宮殿式壇場。(藏漢大辭典)

即便如此，於選擇胎門，仍存在失誤的危險——
因業力故，將好的胎門看成是壞的，將壞的看成是好的。
是故，於此際(提示)口訣關要，是至爲重要的。

因此，你應如是(把握)：
即便是好胎門的境相現起，你也莫要貪執之；
即便是壞胎門的境相現起，你也莫要瞋厭之。
這深奧而眞實的關要，即是入於——無有好、壞，取、捨；離於貪、瞋——大平等捨之境界中。」

然而，除了一些於此(大平等境界)有所體證者之外，(人)是很難斷離惡習痼疾的。

是故，如是，雖不能遠離貪、瞋，(那些)根器最最低劣如罪業深重畜生一般(的眾生)，也能藉由皈依來回遮*。
(故應)再次呼喚亡者之名，並作是言：

此處，譯者再度經歷了所謂「一段藏文，各自表述」的奇境。

早期英譯本：「因此，(亡者)若無法如是捨離貪、瞋，為了遮止他在那些根器最最低劣如畜生般的罪者群中尋求庇護……」

近期英譯本：「因此，(亡者)若無法如是離於貪、瞋，如是根器最最低劣的惡業眾生便可能尋求庇護於畜生道或類似(的低劣道趣)。為了加以反遮……」

譯者則經圖登諾布仁波切指導而作譯如上。

「善男子(善女人)啊！

ཁྱོད་མངལ་སྒོ་གདམ་མ་ཤེས་ཤིང་ཆགས་སྡང་དང་བྲལ་མ་ཐུབ་ན༔ གོང་གི་སྣང་བ་དེ་རྣམས་གང་ཤར་ཡང༔ དཀོན་མཆོག་གསུམ་གྱི་མཚན་བརྗོད་ཅིང༔ སྐྱབས་སུ་འགྲོ་བར་གྱིས་ཤིག༔ ཐུགས་རྗེ་ཆེན་པོ་ལ་གསོལ་བ་ཐོབ་ཅིག༔ མགོ་གྱེན་དུ་བསྟན་ནས་འགྲོ་བར་གྱིས་ཤིག༔ བར་དོ་ངོ་ཤེས་པར་གྱིས་ཤིག༔ ཤུལ་གྱི་ཉེ་བ་དང༔ བུ་དང༔ བུ་མོ་དང༔ ཉེ་འབྲེལ་ལ་ཆགས་ཞེན་སྤོངས་ཤིག༔ འདི་རྣམས་ཀྱིས་ནི་ཁྱོད་ལ་མི་ཕན་ནོ༔

ད་མིའི་འོད་སྔོན་པོ་དང༔ ལྷའི་འོད་དཀར་པོ་ལ་ཞུགས་ཤིག༔ རིན་པོ་ཆེའི་ཁང་བཟང་དང༔ སྐྱེད་མོས་ཚལ་དུ་ཞུགས་ཤིག༔

ཅེས་ལན་བདུན་གྱི་བར་དུ་བཤད་དོ༔

དེ་ནས་སངས་རྒྱས་དང་བྱང་ཆུབ་སེམས་དཔའ་རྣམས་ལ་གསོལ་བ་འདེབས་པར་བྱའོ༔ བར་དོའི་སྨོན་ལམ་འཇིགས་སྐྱོབ་མ་དང༔ བར་དོའི་རྩ་ཚིག་དང༔ བར་དོ་འཕྲང་སྒྲོལ་རྣམས་ཀྱང་ལན་བདུན་གྱི་བར་དུ་བཀླག་པར་བྱའོ༔

དེ་ནས་བཏགས་གྲོལ་ཕུང་པོ་རང་གྲོལ་ཡང་སྒྲ་དག་ལ་གསལ་བར་བཀླག་པར་བྱའོ༔ ཆོས་སྤྱོད་བག་ཆགས་རང་གྲོལ་ཡང་བཀླག་པར་བྱའོ༔

དེ་ལྟར་ཚུལ་བཞིན་བྱས་པས་རྣལ་འབྱོར་པ་རྟོགས་པ་མཐོ་བ་ནི༔ འཆི་ཁར་འཕོ་བ་ཐེབས་ནས་བར་དོ་འགྲིམ་མི་དགོས་པར་ཡར་གྱི་ཟང་ཐལ་ཆེན་པོར་གྲོལ་བར་འགྱུར་རོ༔

དེའི་འོག་མ་རྣམས་ཉམས་ལེན་ཡོད་པའི་གང་ཟག་འགའ་ཞིག་ནི་འཆི་ཁ་བར་དོའི་འོག་ཏུ་ཆོས་ཉིད་འོད་གསལ་ངོས་ཟིན་ཏེ་ཡར་གྱི་ཟང་ཐལ་དུ་སངས་རྒྱས་པར་འགྱུར་རོ༔

若你(既)不知如何選擇胎門，又無法捨離貪、瞋，
(那麼，)不論前述何種境相現起，你(都)要稱念三寶聖名並行皈依。
你要祈請大悲觀世音。
要昂首而行。
要認知中陰。
要捨棄你對遺下親友、兒女、近親的貪著心，他們對你了無助益。

現在，你要進入人道的藍光或天道的白光中。要進入珍寶所成的良宅及林苑。」

(助亡者)應如是講述直至七回。

之後，應向諸佛菩薩祈請，並應念誦《中有恐懼救護祈請文》、《中有根本頌》和《中有險道救度祈請文》，亦直至七回。

其後，亦應以正確、清晰的發音念誦《繫即解脫》和《法行儀軌——習氣自解脫》。

如是，藉由確切如法的行持，證悟高的行者於臨命終時*，即已達成遷識。因此，無需遊走中陰而能直接向上獲得解脫。

此處的འཆི་ཁར།，較為早期的英譯本解作「臨死中陰」，應屬誤譯。依於中陰教法，此處須依原文直譯為「臨命終時」。

所謂的「臨死中陰」是從五大消融起算，至身、心分離後的法性光明境皆包含在內。

此處是說：高證悟的行者不必等到死後(於身、心分離之前)由他人為其遷識，而是於臨命終時，即自行遷識。故說：不經中陰而直獲解脫。

其次，一些具有體證的行者，則能於其後的臨死中陰*，認知法性光明而直接向上證悟成佛。

དེའི་འོག་མ་རྣམས་ཆོས་ཉིད་བར་དོ་ལ༔ ཞག་བདུན་ཕྲག་རིམ་པ་བཞིན་དུ་ཞི་ཁྲོའི་སྣང་བ་འཆར་བའི་ཚེ༔ ལས་འཕྲོ་དང་དབང་པོའི་བྱེ་བྲག་གིས་གཅིག་ལ་མ་གྲོལ་ནའང་གཅིག་ལ་གྲོལ་ཏེ༔

འཕྲང་རིམ་པ་མང་བས་གང་རུང་གཅིག་ངོས་ཟིན་ནས་གྲོལ་བར་འགྱུར་རོ༔

དེ་ཡང་ལས་འཕྲོ་ཞན་པ་དང༔ སྡིག་སྒྲིབ་ལས་ངན་ཆེ་བ་རྣམས་ནི༔ ཡང་མར་ལ་སྲིད་པའི་བར་དོར་འཁྱམ་དགོས་ཏེ༔

དེ་ཡང་ངོ་སྤྲོད་རིགས་མི་གཅིག་པ་སྐས་ཀྱི་རིམ་པ་བཞིན་ཡོད་པས༔ གཅིག་ལ་ངོ་མ་འཕྲོད་ན་ཡང༔ གཅིག་ལ་ངོ་འཕྲོད་དེ་གྲོལ་བར་འགྱུར་རོ༔

དེ་ཡང་གོང་མ་རྣམས་སུ་ལས་འཕྲོ་ཤིན་ཏུ་ཞན་པ་རྣམས་ངོ་མ་འཕྲོད་པར་འཇིགས་སྐྲག་གི་དབང་དུ་སོང་ན་ཡང༔ མངལ་སྒོ་བཀག་པ་དང༔

མངལ་སྒོ་གདམ་པའི་གདམས་ངག་རིགས་མི་གཅིག་པ་རིམ་པ་བཞིན་དུ་ཡོད་པས༔ གཅིག་ལ་ངོས་མ་ཟིན་ནའང་གཅིག་ལ་ངོ་འཕྲོད་དེ༔ དམིགས་པ་ཟིན་ནས་གནས་མཐོ་བའི་ཡོན་ཏན་དཔག་ཏུ་མེད་པ་ཡོད་དོ༔

ཐ་མའི་ཡང་མཐའ་དུད་འགྲོ་ལྟ་བུའི་རིགས་ཡིན་ཡང་སྐྱབས་འགྲོ་བྱས་པའི་ཡོན་ཏན་གྱིས་ངན་སོང་ནས་རུ་ལོག་སྟེ༔ མི་ལུས་རིན་པོ་ཆེ་དལ་འབྱོར་ཕུན་ཚོགས་སུ་གྲུབ་ནས༔

སྐྱེ་བ་ཕྱི་མ་ལ་བླ་མ་དགེ་བའི་བཤེས་གཉེན་དང་འཕྲད་དེ་གདམས་པ་ཐོབ་ནས་གྲོལ་བར་འགྱུར་རོ༔

承上所述，此處的འཆི་ཁ་བར་དོའི་འོག་ཏུ།並非如上版英譯所解「臨死中陰之後」，而是次於前述「臨命終時」的臨死中陰階段。

再其次者，(則是)於法性中陰，當寂靜、忿怒尊依週序而現起時，依其餘業及根器差別，即便於一處*未獲解脫，也將於另處獲得解脫。

由於(中陰)險道有許多階次，(亡者)得於其中任一合宜的(階次)，因認知而獲解脫。

至於那些餘業低劣之徒和罪障、惡業深重之輩，就只得往下漂泊至投生中陰。

於此，依然有各種不同的引介，如同階梯一般。

因此，(他們)即便於一處未能認知，仍將於另處認知而獲解脫。

在之前(所述)的(各種)人當中，(某些)餘業極為下劣之輩，(因其)未能認知而處於恐懼中；(我)也次第引介了阻斷胎門和選擇胎門的各種不同口訣。

因此，他們即便於一處未能認知，也將於另處認知。
一旦把握了(口訣的)觀修境，便能獲得無量的上善生處功德。

即便是最最下劣，如畜生者流，依於皈依的功德，也能從惡道返回，獲得暇滿具足的珍貴人身；
而(得)於來世值遇上師善知識，(從彼)獲得口訣而解脫。

「於一處」，在本文中大多是指「於一口訣引介的時機」。為利讀誦，故簡譯之。

འོད།

སྲིད་པ་བར་དོར་ཆོས་འདི་སླེབས་ནས་བཟང་པོའི་ལས་ཀྱི་འཕྲོ་མཐུད་པ་ཡུར་བ་རྐྱེད་ཆད་པ་ལྟ་འཛུགས་པ་ལྟ་བུའི་གདམས་ངག་ཡིན་པས༔

སྡིག་པོ་ཆེ་ཐམས་ཅད་ཀྱང་ཆོས་འདི་ཐོས་ནས་མི་གྲོལ་མི་སྲིད་དོ༔ དེ་ཅིའི་ཕྱིར་ཞེ་ན༔

བར་དོའི་སྐབས་སུ་རྒྱལ་བ་ཞི་ཁྲོའི་ལྷ་ཚོགས་ཐམས་ཅད་ཀྱི་ཐུགས་རྗེའི་བསུ་མ་ཡོད་པ་དང༔ བདུད་དང་བར་ཆད་གཉིས་ཀྱི་བསུ་མ་གཉིས་ཀ་འཛོམ་ནས་ཡོད་དེ༔ དེའི་ཚེ་ཆོས་འདི་ཐོས་པ་ཙམ་གྱིས་སྣང་བ་བསྒྱུར་ནས་གྲོལ་བ་ཐོབ་པ་ཡིན་ནོ༔

དེ་ཡང་ཤ་ཁྲག་གི་རྟེན་མེད་པར་ཡིད་ཀྱི་ལུས་ཡིན་པས་བསྒྱུར་སླ་བ་ཡིན་ནོ༔

བར་དོ་ཐག་རིང་གར་འཁྱམས་ནས་ཡོད་ཀྱང་ལས་ཀྱི་མངོན་ཤེས་ཕྲ་མོས་མཐོང་བ་དང་ཐོས་ནས་འོང་སྟེ༔ དྲན་པས་ཟིན་ནས་སྐད་ཅིག་ལ་བློ་བསྒྱུར་དུ་བཏུབ་པས་འདི་ཤིན་ཏུ་ཕན་ཡོན་ཆེའོ༔

དཔེར་ན་སྒྲོགས་ཀྱི་འཁྲུལ་འཁོར་ལྟ་བུའམ༔ སྡོང་པོ་ཆེན་པོ་མི་བརྒྱས་མི་ཐུབ་པ་ཆུ་ནང་དུ་བསྣུབས་པས་ཡིད་ཙམ་ཞིག་ལ་གར་འདོད་པའི་ས་ལ་འདྲེན་པ་དང་འདྲའོ༔ རྟ་ཁ་སྲབ་ཀྱིས་བསྒྱུར་བ་དང་འདྲའོ༔

དེའི་ཕྱིར་ཚེ་ལས་འདས་པ་ཐམས་ཅད་ཀྱི་རུར་ཕྱིན་ནས༔

གྲོགས་ཀྱིས་རོ་ཡོད་ན་སྣ་བུག་ནས་ཁྲག་གམ་ཆུ་སེར་མ་ཐོན་གྱི་བར་དུ་བསྒྱུར་ཞིང་གསལ་འདེབས་པར་བྱའོ༔ དེའི་བར་དུ་རོ་མི་བསྒུལ་བར་བཞག་གོ༔

（亡者）在投生中陰時，值遇此法而接續其宿善餘業；此等口訣也就如同在水渠中斷處插入引水長槽*一般。

> ཡ། 譯者嘗見的英譯本大多譯為 ***pipe*** 或 ***tube***（導管）。譯者以此請示丹增嘉措仁波切，他解道：「這不是導管而是長型的木製凹槽，通常是用來插接於田中的引水道，以接續渠水。」

因此，縱然是大罪人，（一旦）聽聞了此法，都不可能不獲得解脫。何以故？

在中陰期間，一切靜、忿佛眾的慈悲迎接與魔眾、障礙的引迎同時到來。這時，僅憑聽聞此法，便能轉化境相而獲解脫。

再者，（亡者此際所擁有的）不是血肉之軀而是意生身，因此容易轉變。

（此外，）不論（亡者）在中陰漂泊了多遠，（他都能）藉由微細的業力神通而見、聞；一經繫念（於引介之口訣），便能於剎那間轉化心識。因此，這是極有助益的。

這就如同發砲機。或者，就像那百人拖不動的巨大圓木，（一旦）將它置入水中，你想將它拖曳到哪兒，頃刻間它就到了那兒。（也）好比以馬啣繩御馬一般。

以是之故，（吾人）至任何亡者*身旁（皆應如是施為）。

若友人（亡故，）其遺體*（仍）在，就要反覆（以此教示）清晰提示，直至血或黃水自其鼻孔流出為止。其間，不應（擾）動遺體。*

> 如前所註：「一般而言『血或黃水自其鼻孔流出』是死亡的表徵。」以此而言，此處實應譯作「臨終者」和「軀體」。唯譯者仍是從文直譯。

འདིའི་དམ་ཚིག་ཏུ་གཤིན་པོ་ལ་བསྔོ་ནས་སེམས་ཅན་གྱི་སྲོག་མི་གཅོད༔ རོའི་རྒྱུར་རང་གཞན་སུ་ཡང་རུང་སྟེ་གཉེན་བཤེས་ཀུན་གྱིས་ངུ་སྒྲ་དང༔ ཀ་ཅོ་དང༔ མྱ་ངན་མི་བྱེད༔ སྨྲེ་སྔགས་མི་འདོན༔ དགེ་བའི་ལས་འགྲུབ་ཚད་བྱ༔

གཞན་ཡང་བར་དོ་ཐོས་གྲོལ་ཆེན་མོའི་ཆོས་འདི་ཆོས་ཀྱི་རིགས་གང་གསུང་ཡང་རུང་སྟེ་ཁྲིད་ཀྱི་ཞབས་སུ་འདི་སྦྲགས་ནས་བཏོན་ན་ཤིན་ཏུ་ཟབ་པོ༔

གཞན་ཡང་རྟག་ཏུ་འདི་འདོན་པར་བྱ་ཞིང༔ ཚིག་དོན་དང་ཐ་སྙད་བློ་ལ་བྱུང་བར་བྱས་ནས༔ ནམ་འཆི་བར་ངེས་པའི་ཚེ༔ འཆི་རྟགས་རྣམས་ངོ་ཤེས་ནས་ཁམས་ཀྱིས་ལྕོགས་ན་རང་གིས་འདོན་ཞིང་ཡིད་ལ་བསམ༔ མ་ལྕོགས་ན་མཆེད་གྲོགས་ལ་དཔེ་ཀློག་བཅོལ་ཞིང་གསལ་བཏབ་པས་ངེས་པར་གྲོལ་བ་ཐེ་ཚོམ་མེད་དོ༔

此段藏文乍讀起來，往往會以為是友人在助亡。譯者嘗見的英譯版皆如是作解。

譯者屢讀而不得其要，經確傑喇嘛 噶瑪貢措解說之後，迻譯如上。他解道：前句是概指對所有的亡者應如是施為；後句是以友人亡故為例，陳述助亡之要。

譯者參閱另版藏文：「若屍體在，就要於友人的屍體旁……」亦同其解——經師尊們確認。

(助亡)三昧耶：
不應爲了迴向亡者而屠宰牲畜。
在亡者遺體旁，任何親友——不論是自己或他人——不應發聲哭泣、喧嚷、悼念及悲號。
應儘量行善。

除此之外，若能將《中陰聞即解脫》此法連結在任何合宜的法教教授下*而爲念誦，會是極好的。

* 譯者嘗見某些較為早期的英、中譯本將此段作了相反的詮解——若能將任何的教法連接在《中陰聞即解脫》之下而念誦，會是極好的。

譯者以此就教於確傑喇嘛 噶瑪貢措。他解道：在藏傳佛教中，《中陰聞即解脫》是一部極受重視的伏藏。傳統上，往往在各種修誦的最後會加誦《中陰聞即解脫》以為封印——經師尊們確認。

再者，(吾人)應恆常讀誦此(文)，並將其字義與名相默背(於心)。
其後，一旦死期已然確定、死亡徵象*已經認知——
(這時，)若(臨終者)身體能及，便應自行念誦並思維(文義)。
若不能及，就要囑託同門法友讀誦法本而依之思惟觀修。
(如是，)無疑地，必能獲得解脫。

བསྒོམ་སྒྲུབ་བྱེད་མི་དགོས་པའི་ཆོས༔ བལྟས་པས་གྲོལ་བ༔ ཐོས་པས་གྲོལ་བ༔ བཀླགས་པས་གྲོལ་བའི་གདམས་ངག་ཟབ་མོ་ཡིན༔

སྡིག་པོ་ཆེ་གསང་ལམ་དུ་ཁྲིད་པའི་གདམས་ངག་ཟབ་མོ་འདི༔ ཁྲི་བདུན་གྱིས་བདས་ཀྱང་ཚིག་དང་ཐ་སྙད་མ་བརྗེད་པར་བྱས་ན༔ འཆི་ཁར་སངས་རྒྱ་བའི་གདམས་ངག་དུས་གསུམ་སངས་རྒྱས་ཀྱིས་བཙལ་ཀྱང་འདི་ལས་ལྷག་པ་མི་རྙེད་པའི་ཆོས་ཡིན་ནོ༔

བར་དོའི་གདམས་པ་ལུས་ཅན་གྲོལ་བར་བྱེད་པ་བར་དོ་ཐོས་གྲོལ་ཆེན་མོ་ཟབ་པའི་ཉིང་ཁུའོ༔

གྲུབ་ཐོབ་ཀརྨ་གླིང་པས་སྒམ་པོ་གདར་གྱི་རི་བོ་ནས་གདན་དྲངས་པའི་གཏེར་མའོ༔ འདིས་ཀྱང་བསྟན་པ་དང་སེམས་ཅན་ལ་ཕན་ཐོགས་པར་ཤོག༔

༄ ལས་སྒྲིབ་རྣམ་སྦྱོང་གི་གཟུངས་ནི། ན་མོ་རཏྣ་ཏྲ་ཡཱ་ཡ༔ ཨོཾ་ཀཾ་ཀ་ནི་ཀཾ་ཀ་ནི། རོ་ཙ་ནི་རོ་ཙ་ནི། ཏྲོ་ཊ་ནི་ཏྲོ་ཊ་ནི། ཏྲཱ་ས་ནི་ཏྲཱ་ས་ནི། པྲ་ཏི་ཧ་ན་པྲ་ཏི་ཧ་ན། སརྦ་ཀརྨ༔ པ་རཾ་པཱ་ར་ཎི་མེ་སརྦ་ས་ཏྭ་ནཱཉྩ་སྭཱ་ཧཱ།། ||

※ 此處所謂的「死亡徵象」，並非指五大消融等死亡徵象；而係指《死亡徵象獲自解脫篇》當中所描述的種種徵象。檢視者得以依之預知死期。

無需禪修之此法，是僅憑見、聞、讀誦即得解脫的深奧口訣；
是引領大罪人行於密道的深奧口訣。

若（吾人）縱使被七頭獒犬追趕，也不會忘卻其字詞；則此臨死成佛之口訣，即便三世諸佛去覓尋，也不可能獲得比它更爲殊勝的教法。

解脫有情眾生之中陰口訣，深奧之精粹——《中陰聞即解脫》竟。

此伏藏係由大成就者噶瑪林巴掘發自岡波達爾山。
願此伏藏堪能俾益教法與眾生。

淨治業障陀羅尼：

ན་མོ་རཏྣ་ཏྲ་ཡཱ་ཡ༔ ཨོཾ་ཀཾ་ཀ་ནི་ཀཾ་ཀ་ནི། རོ་ཙ་ནི་རོ་ཙ་ནི། ཏྲོ་ཊ་ནི་ཏྲོ་ཊ་ནི།

南摩蕊那乍雅雅 嗡木岡木嘎尼岡木嘎尼 柔匝尼柔匝尼 捉乍尼捉乍尼

NA MO REDNA TRA YAYA OM KAM KA NI KAM KA NI ROTSA NI ROTSA NI TROTA NI TROTA NI

ཏྲ་ས་ནི་ཏྲ་ས་ནི། པྲ་ཏི་ཧ་ན་པྲ་ཏི་ཧ་ན། སརྦ་ཀརྨ༔

乍薩尼乍薩尼 岔地哈那 岔地哈那 薩爾瓦嘎爾瑪

TA SA NI TA SA NI TRA TI HA NA TRA TI HA NA SAR VA KARMA PA RAM PA RA NI ME SARVA SA TO NEN TSA SO HA

པ་རཾ་པཱ་ར་ཎི་མེ་སརྦ་ས་ཏྭ་ནཱ་ཉྩ་སྭཱ་ཧཱ།། ||

巴饒木罷饒匿美薩爾瓦薩咄年匝梭哈

PA RAM PA RA NI ME SARVA SA TO NEN TSA SO HA

中陰祈請文

《不捨三毒自解脫》三身上師祈請文

呼喚諸佛菩薩救護祈請文

六中有根本頌

中有險道救度祈請文

中有恐懼救護祈請文

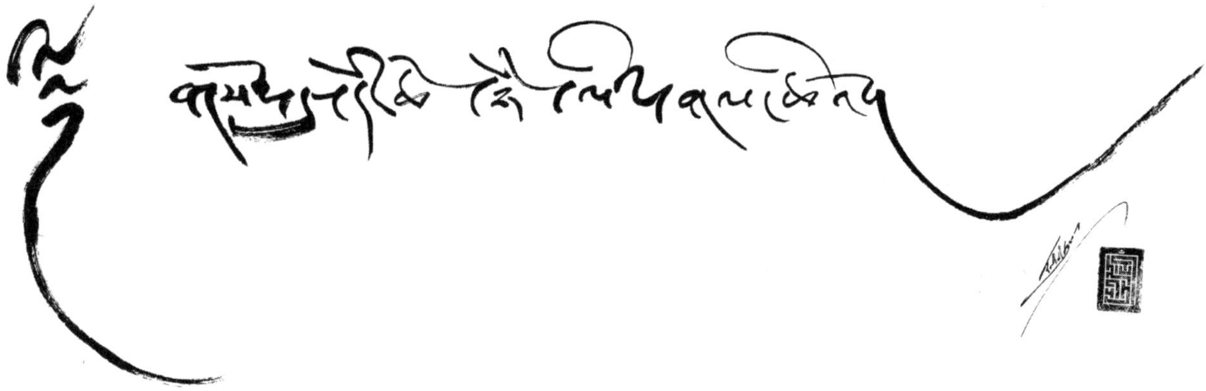

བྱམས་མགོན་ཏཱའི་སི་ཏུ་རིན་པོ་ཆེ་མཆོག་གི་ཕྱག་བྲིས།
慈怙 廣定大司徒仁波切墨寶 《生前實修正法至為重要》

སྐུ་གསུམ་བླ་མའི་གསོལ་འདེབས་དུག་གསུམ་མ་སྤངས་རང་གྲོལ་བཞུགས་སོ༔

རྣམ་དག་ཆོས་དབྱིངས་ཁྱབ་གདལ་ཕོ་བྲང་ནས༔
སྐྱེ་མེད་སྤྲོས་བྲལ་ཆོས་སྐུའི་བླ་མ་ལ༔
བདག་ཉིད་མོས་གུས་གདུང་བས་གསོལ་བ་འདེབས༔
མ་རིག་གཏི་མུག་མ་སྤངས་རང་གྲོལ་ནས༔
རང་བྱུང་ཡེ་ཤེས་མ་བཅོས་ལྷུན་གྲུབ་ཏུ༔
ཆོས་སྐུའི་བྱིན་རླབས་ཀ་དག་རང་དབང་ཞུ༔

གསལ་དག་ཡེ་ཤེས་བདེ་ཆེན་ཕོ་བྲང་དུ༔
མ་འགགས་བདེ་ཆེན་ལོངས་སྐུའི་བླ་མ་ལ༔
བདག་ཉིད་མོས་གུས་གདུང་བས་གསོལ་བ་འདེབས༔
འདོད་ཆགས་ཞེན་པ་མ་སྤངས་རང་གྲོལ་ནས༔
རང་རིག་ཡེ་ཤེས་བདེ་ཆེན་རང་གྲོལ་དུ༔
ལོངས་སྐུའི་བྱིན་རླབས་ལྷུན་གྲུབ་རང་དབང་ཞུ༔

སྐྱོན་མེད་རྣམ་དག་པདྨའི་ཕོ་བྲང་དུ༔
ངེས་མེད་རང་ཤར་སྤྲུལ་སྐུའི་བླ་མ་ལ༔
བདག་ཉིད་མོས་གུས་གདུང་བས་གསོལ་བ་འདེབས༔
ལོག་རྟོག་ཞེ་སྡང་མ་སྤངས་རང་གྲོལ་ནས༔
རང་སྣང་ཡེ་ཤེས་རང་རིག་རང་གསལ་དུ༔
སྤྲུལ་སྐུའི་བྱིན་རླབས་རང་གྲོལ་དབང་བསྐུར་ཞུ༔

《不捨三毒自解脫》三身上師祈請文*

此名為《不捨三毒自解脫》的三身上師祈請文，係出自中陰伏藏《深法靜忿密意自解脫》。一般而言，這是緊接在前行之後念誦的祈請文。亦可於任何儀軌一始、念想上師之際、入於禪修之前念誦。

清淨法身周遍宮殿中，
無生離戲法身之上師，
我以殷切虔敬而祈請：
不捨無明癡昧自解脫，
自生本智無作*任運成，
法身加持本淨自灌求。

無作，或譯為「無整」。意為「不經整治，任運自成」。

明淨本智大樂宮殿中，
不滅大樂報身之上師，
我以殷切虔敬而祈請：
不捨貪欲執著自解脫，
本覺本智大樂自解脫，
報身加持任運自灌求。

無瑕清淨蓮華宮殿中，
無定自顯化身之上師，
我以殷切虔敬而祈請：
不捨邪見瞋恚自解脫，
自顯本智本覺自顯明，
化身加持自解*灌頂求。

「自解」係「自解脫」的縮寫。

ཡང་དག་འོད་གསལ་རང་རིག་ཕོ་བྲང་དུ༔
ཕྱོགས་མེད་བདེ་ཆེན་སྐུ་གསུམ་བླ་མ་ལ༔
བདག་ཉིད་མོས་གུས་གདུང་བས་གསོལ་བ་འདེབས༔
ཐ་དད་གཟུང་འཛིན་མ་སྤངས་རང་གྲོལ་ནས༔
རང་བྱུང་ཡེ་ཤེས་སྐུ་གསུམ་ལྷུན་གྲུབ་ཏུ༔
བདེ་ཆེན་སྐུ་གསུམ་བྱིན་རླབས་དབང་བསྐུར་ཞུ༔

རང་སེམས་མཐའ་བྲལ་ཆོས་སྐུ་མ་རྟོགས་པར༔
གཏི་མུག་རྨོངས་པས་འཁོར་བར་འཁྱམས་པ་ཡི༔
སྡུག་བསྔལ་སེམས་ཅན་འདི་རྣམས་སྙིང་རེ་རྗེ༔
དེ་རྣམས་ཐམས་ཅད་ཆོས་སྐུ་འཐོབ་པར་ཤོག༔

རང་རིག་བདེ་ཆེན་ལོངས་སྐུ་མ་རྟོགས་པར༔
འདོད་ཆགས་སྲེད་པས་འཁོར་བར་འཁྱམས་པ་ཡི༔
འདོད་ལོག་སེམས་ཅན་འདི་རྣམས་སྙིང་རེ་རྗེ༔
དེ་རྣམས་ཐམས་ཅད་ལོངས་སྐུ་འཐོབ་པར་ཤོག༔

རང་སེམས་ཤར་གྲོལ་སྤྲུལ་སྐུ་མ་རྟོགས་པར༔
སྣང་སེམས་གཉིས་སྣང་འཁོར་བར་འཁྱམས་པ་ཡི༔
ལོག་རྟོག་སེམས་ཅན་འདི་རྣམས་སྙིང་རེ་རྗེ༔
དེ་རྣམས་ཐམས་ཅད་སྤྲུལ་སྐུ་འཐོབ་པར་ཤོག༔

རང་སེམས་སྐུ་གསུམ་དབྱེར་མེད་མ་རྟོགས་པར༔
དེར་འཛིན་ཉོན་མོངས་ཤེས་བྱའི་སྒྲིབ་པ་རྣམས༔

清淨光明本覺宮殿中，
無偏*大樂三身之上師，
我以殷切虔敬而祈請：
不捨能所二取*自解脫，
自生本智三身任運成，
大樂三身加持灌頂求。

- 無偏，字面為「無方」，意為「無偏私」。
- ཐ་དད་གཟུང་འཛིན། 表義為「執取為別異」。惹瓊仁波切解作：「能所二取」，等同現代詞語「二元分別執取」。

未悟自心乃離邊法身，
癡昧愚蒙而流轉輪迴；
此等罹苦眾生堪悲憫，
願彼有情咸得證法身。

未悟自心乃大樂報身，
貪欲愛染而流轉輪迴；
此等邪欲眾生堪悲憫，
願彼有情咸得證報身。

未悟自心乃現解化身*，
境心二現*而流轉輪迴，
此等邪見眾生堪悲憫，
願彼有情咸得證化身。

- 「現解化身」係「現即解脫之化身」的縮寫。
- 「二現」，或可解為「承認內心和外境分別存在的感覺」(藏漢大辭典)，等同現代詞語「二元分別感知」。

德格印經院版藏文為 སྣང་སེམས་གཉིས་སྣང་།，境心二現。譯者嘗見他版藏文作 སྡང་སེམས་གཉིས་སྣང་།，瞋心二現，應屬誤刻。然英譯諸版多從後者作譯。

སངས་རྒྱས་མ་ཐོབ་འགྲོ་ཀུན་སྙིང་རེ་རྗེ༔
དེ་རྣམས་ཐམས་ཅད་སྐུ་གསུམ་ཐོབ་པར་ཤོག༔

ཟབ་ཆོས་ཞི་ཁྲོ་དགོངས་པ་རང་གྲོལ་གྱི་སྐུ་གསུམ་བླ་མའི་རྣལ་འབྱོར་གྱི་གསོལ་འདེབས་དུག་གསུམ་མ་སྤངས་རང་གྲོལ་ཞེས་བྱ་བ༔ ཨོ་རྒྱན་གྱི་མཁན་པོ་པདྨ་འབྱུང་གནས་ཀྱིས་སྦྱར་བ༔ ཇི་སྲིད་འཁོར་བའི་འཇིག་རྟེན་མ་སྟོངས་བར༔ དེ་སྲིད་དམ་ཆོས་འདི་ཡང་མ་རྫོགས་ཤོག༔ ས་མ་ཡ༔ རྒྱ་རྒྱ་རྒྱ༔ དགེའོ།།

未悟自心乃三身無別，
執彼而有煩惱所知障*，
未獲正覺眾生堪悲憫，
願彼有情*咸得證三身。

「煩惱障」之本為「人我執」，能障解脫輪迴；「所知障」之本為「法我執」，能障證悟一切種智。(譯者參閱藏英辭典*Rigpa Shedra*、藏漢大辭典而作註)。

彼等有情，實指「一切眾生」。

《深法靜忿密意自解脫》之三身上師瑜伽祈請文《不捨三毒自解脫》，係鄔金堪布　蓮華生大士所撰。直至輪迴世界窮盡前，願此清淨正法不滅失。薩瑪雅　賈賈賈* 善哉！

ས་མ་ཡ༔ རྒྱ་རྒྱ་རྒྱ༔ 慈瓊仁波切解道：「此為伏藏語，不必念誦、迻譯。ས་མ་ཡ། 三昧耶誓句，རྒྱ། 印（封藏之意）。」

སངས་རྒྱས་དང་བྱང་ཆུབ་སེམས་དཔའ་རྣམས་
ར་མདར་སྤྲན་པའི་སྨོན་ལམ་བཞུགས་སོ༔ ༔

དཀོན་མཆོག་གསུམ་ལ་དངོས་སུ་འབྱོར་པ་དང༔ ཡིད་ཀྱིས་སྤྲུལ་པའི་མཆོད་པ་འབུལ༔ ལག་ཏུ་སྤོས་དྲི་ཞིམ་པོ་ཐོགས་ཏེ༔ གདུང་བའི་ཤུགས་དྲག་པོས་འདི་སྐད་དོ༔

ཕྱོགས་བཅུ་ན་བཞུགས་པའི་སངས་རྒྱས་དང་བྱང་ཆུབ་སེམས་དཔའ༔ ཐུགས་རྗེ་དང་ལྡན་པ༔ མཁྱེན་པ་དང་ལྡན་པ༔ སྤྱན་དང་ལྡན་པ༔ བརྩེ་བ་དང་ལྡན་པ༔ འགྲོ་བའི་སྐྱབས་སུ་གྱུར་པ་རྣམས༔ ཐུགས་རྗེའི་དབང་གིས་གནས་འདིར་བྱོན་ཅིག༔ དངོས་སུ་འབྱོར་པ་དང་ཡིད་ཀྱིས་སྤྲུལ་པའི་མཆོད་པ་བཞེས་ཤིག༔

ཐུགས་རྗེ་ཅན་ཁྱེད་རྣམས་ལ་མཁྱེན་པའི་ཡེ་ཤེས༔ བརྩེ་བའི་ཐུགས་རྗེ་མཛད་པའི་འཕྲིན་ལས༔ སྐྱོབ་པའི་ནུས་མཐུ་བསམ་གྱིས་མི་ཁྱབ་པ་མངའ་བ་ལགས་པས༔ ཐུགས་རྗེ་ཅན་ཁྱེད་རྣམས་ཀྱིས་ཚེ་གེ་མོ་ཞེས་བྱ་བ་འདི་ནི༔ འཇིག་རྟེན་འདི་ནས་ཕ་རོལ་དུ་ནི་འགྲོ༔ འཇིག་རྟེན་འདི་ནི་བོར༔ སྐྱས་ཆེན་པོ་ནི་འདེགས༔

呼喚諸佛菩薩救護祈請文*

此《呼喚諸佛菩薩救護祈請文》，連同《中有根本頌》、《中有險道救度祈請文》、《中有恐懼救護祈請文》，皆出自於《深法靜忿密意自解脫》之同篇中。

一般而言，此一祈請文是在皈依三寶、敬獻供養之後念誦，其後再接著念誦《中陰聞即解脫篇》。臨終者若能自行念誦，是最理想的。若無法自行念誦，則由上師、法友等助亡者為其念誦。

唯實務上，不論是臨終、命歿，葬前、葬後，只要是在中陰四十九日之內，助亡者都會完整地念誦上述的祈請文和整部的《中陰聞即解脫》。

應以實質財物及心意所化供品向三寶獻供。手執芬芳薰香，以猛厲的悲切力而作是言：

住於十方的諸佛菩薩啊！（您等）具悲心、智慧、慧眼、慈心，是眾生的皈依處。懇請（您等）以慈悲蒞臨此地，納受實質財物及心意所化供養。

大悲聖眾啊！您等具足遍知的本智、愛憫的大悲、弘化的事業和不可思議的救護力。

大悲聖眾啊！此人某某（逝者名）正從此一世界行往彼岸、棄捨此世、作大遷徙*。

「作大遷徙」係依丹增嘉措仁波切之指導作譯。此處運用三種比喻描述死亡，當中的最後一喻即是以遊牧民族常作之遷徙來隱喻「死亡」。藏漢大辭典亦同此解。

གྲོགས་ནི་མེད༔ སྡུག་བསྔལ་ནི་ཆེ༔ སྐྱབས་ནི་མེད༔ མགོན་ནི་མེད༔ དཔུང་གཉེན་ནི་མེད༔ ཚེ་འདིའི་སྣང་བ་ནི་ནུབ༔ འགྲོ་བ་གཞན་དུ་ནི་འགྲོ༔ མུན་ནག་མཐུག་པོར་ནི་འཇུག༔ གཡང་ས་ཆེན་པོར་ནི་ལྷུང༔ ནགས་ཁྲོད་མཐུག་པོར་ནི་འཇུག༔ ལས་ཀྱི་དབང་གིས་ནི་དེད༔

དགོན་པ་ཆེན་པོར་ནི་འགྲོ༔ རྒྱ་མཚོ་ཆེན་པོས་ནི་ཁྱེར༔ ལས་ཀྱི་རླུང་གིས་ནི་བདས༔ ས་ཚུགས་མེད་པའི་ཕྱོགས་སུ་ནི་འགྲོ༔ གཡུལ་ངོ་ཆེན་པོར་ནི་འཇུག༔ གདོན་ཆེན་པོས་ནི་ཟིན༔ གཤིན་རྗེའི་ཕོ་ཉ་ལ་ནི་འཇིགས་ཤིང་སྐྲག༔ ལས་ཀྱི་སྲིད་པ་ན་ཡང་སྲིད་པ་ལ་ནི་འཇུག༔ དབང་ནི་མེད༔ གཅིག་པུར་གྲོགས་མེད་པར་འགྲོ་དགོས་པའི་དུས་ལ་བབས་ན༔

ཐུགས་རྗེ་ཅན་ཁྱེད་རྣམས་ཀྱིས་ཆེ་གེ་མོ་སྐྱབས་མེད་པ་འདི་ལ་སྐྱབས་མཛོད་ཅིག༔ མགོན་མཛོད་ཅིག༔ དཔུང་གཉེན་མཛོད་ཅིག༔ བར་དོའི་མུན་ནག་ཆེན་པོ་ལས་སྐྱོབས་ཤིག༔ ལས་ཀྱི་རླུང་དམར་ཆེན་པོ་ལས་ཟློག་ཅིག༔ གཤིན་རྗེའི་འཇིགས་སྐྲག་ཆེན་པོ་ལས་སྐྱོབས་ཤིག༔ བར་དོའི་འཕྲང་རིང་ཆེན་པོ་ལས་སྒྲོལ་ཅིག༔

ཐུགས་རྗེ་ཅན་ཁྱེད་རྣམས་ཐུགས་རྗེ་མ་ཆུང་ཞིག༔ ར་མདའ་མཛོད་ཅིག༔ ངན་སོང་གསུམ་དུ་མ་གཏོང་ཞིག༔ སྔོན་གྱི་དམ་བཅའ་མ་གཡེལ་བར་ཐུགས་རྗེའི་ཤུགས་མྱུར་དུ་ཕྱུང་ཞིག༔

སངས་རྒྱས་དང་བྱང་ཆུབ་སེམས་དཔའ་རྣམས་ཀྱིས་ཆེ་གེ་མོ་འདི་ལ་ཐུགས་རྗེས་ཐབས་དང་ནུས་པ་མ་ཆུང་ཞིག༔ ཐུགས་རྗེས་ཟུང་ཞིག༔ སེམས་ཅན་ལས་ངན་པའི་དབང་དུ་མ་གཏོང་ཞིག༔

(他)無有朋侶，蒙受巨苦，了無庇護，亦無怙主，無有友伴；此生境相正隱沒消散。

(他)正行往他趣、進入深重黑暗、墮入巨大懸崖、趨入濃密森林，並為業力所驅趕；

(他)正走向無人荒野、為大洋所襲捲、被業風所驅逐；

(他)正走向漫無目標的方所、正趨入大戰場；

(他)被大鬼魅所攫奪、為閻王使者所驚怖，正從業的輪迴再入輪迴中*。

(他)無以自主，必須無朋無伴獨自離去的時刻已然到來。

* 「正從業的輪迴再入輪迴中」，此處藏文是一種方言，譯者係依詠給明就仁波切之指導而作譯。

大悲聖眾啊！懇請您等作無依者某某(逝者名)之依處、怙主、友伴。

將他自中陰的大黑暗中拯救出來，
從業的狂風中扭轉出來，
自閻王的大恐怖中救護出來，
從中陰的大險道中救度出來。

大悲聖眾啊！莫吝於您等慈悲，請施予援救，莫任其墮入三惡道。切莫忘失(您等)往昔諾言，速速發出慈悲力吧！

諸佛菩薩啊！於此某某(逝者名)，莫吝於您等慈悲、方便、力量。請以慈悲攝受，莫任有情隨惡業(流轉)。

དཀོན་མཆོག་གསུམ་གྱིས་བར་དོའི་སྡུག་བསྔལ་ལས་བསྐྱབ་ཏུ་གསོལ༔

ཞེས་མོས་གུས་དྲག་པོའི་སྒོ་ནས་བདག་གཞན་ཐམས་ཅད་ཀྱིས་ལན་གསུམ་བྱའོ༔ དེ་ནས་བར་དོ་ཐོས་གྲོལ་དང༔ བར་དོ་འཕྲང་སྒྲོལ་མ་དང༔ འཇིགས་སྐྱོབ་མའི་སྨོན་ལམ་རྣམས་གདབ་པར་བྱའོ༔

སངས་རྒྱས་དང་བྱང་ཆུབ་སེམས་དཔའ་རྣམས་ར་མདར་སྤྲན་པའི་སྨོན་ལམ༔ འཁོར་བ་མ་སྟོངས་ཀྱི་བར་དུ་མ་རྫོགས་སོ༔ ས་མ་ཡ༔

ཞེས་ཨོ་རྒྱན་གྱི་མཁན་པོ་པདྨ་འབྱུང་གནས་ཀྱིས་མཛད་དེ༔ མཆོ་རྒྱལ་གྱིས་ཟིན་རིས་སུ་བྲིས་ནས་ཀརྨ་གླིང་པས་སྒམ་པོ་དཔལ་གྱི་རི་བོ་ནས་གདན་དྲངས་པའོ༔

懇祈三寶救度(其)於中陰之苦難！

自他所有人等應以猛厲的虔敬心念誦此文三遍。

之後，應念誦《聞即解脫》、《中有險道救度祈請文》、《中有恐懼救護祈請文》。

《呼喚諸佛菩薩救護祈請文》，直至輪迴窮盡前，唯願(此法)不滅失。

此為鄔金堪布　蓮華生大士所撰，耶喜措嘉記錄繕寫，其後由噶瑪林巴掘發(此伏藏)於岡波霸山*。

* 此處，譯者依其用詞སྒམ་པོ་དར་ཀྱི་རི་བོ།而音譯為「岡波霸」山。在《中陰聞即解脫——法性中陰》文末，則依該處用詞而音譯為「岡波達爾」山。

བར་དོ་དྲུག་གི་རྩ་ཚིག་བཞུགས་སོ༔ ༔

ཀྱེ་མ༔ བདག་ལ་སྐྱེ་གནས་བར་དོ་འཆར་དུས་འདིར༔
ཚེ་ལ་ལོང་མེད་ལེ་ལོ་སྤང་བྱས་ནས༔
ཐོས་བསམ་སྒོམ་གསུམ་མ་ཡེངས་ལམ་ལ་འཇུག༔
སྣང་སེམས་ལམ་སློང་སྐུ་གསུམ་མངོན་གྱུར་སྦྱངས༔
མི་ལུས་ལན་གཅིག་ཐོབ་པའི་དུས་ཚོད་འདིར༔
ཡེངས་མ་ལམ་ལ་སྡོད་པའི་དུས་ཚོད་མིན༔

ཀྱེ་མ༔ བདག་ལ་རྨི་ལམ་བར་དོ་འཆར་དུས་འདིར༔
གཏི་མུག་རོ་ཉལ་བག་མེད་སྤང་བྱས་ནས༔
དྲན་པ་ཡེངས་མེད་གནས་ལུགས་ངང་ལ་འཇུག༔
རྨི་ལམ་བཟུང་ནས་སྤྲུལ་བསྒྱུར་འོད་གསལ་སྦྱང༔
དུད་འགྲོ་བཞིན་དུ་ཉལ་བར་མ་བྱེད་ཅིག༔
གཉིད་དང་མངོན་སུམ་འདྲེས་པའི་ཉམས་ལེན་གཅེས༔

ཀྱེ་མ༔ བདག་ལ་བསམ་གཏན་བར་དོ་འཆར་དུས་འདིར༔
རྣམ་གཡེང་འཁྲུལ་པའི་ཚོགས་རྣམས་སྤང་བྱས་ནས༔
ཡེངས་མེད་འཛིན་མེད་མཐའ་བྲལ་ངང་ལ་འཇོག༔
བསྐྱེད་རྫོགས་གཉིས་ལ་བརྟན་པ་ཐོབ་པར་བྱ༔
བྱ་བ་སྤངས་ནས་རྩེ་གཅིག་སྒོམ་དུས་འདིར༔
ཉོན་མོངས་འཁྲུལ་པའི་དབང་དུ་མ་གཏོང་ཞིག༔

六中有根本頌

嗟夫！生處中陰現起之此時，
生命無暇吾應捨懈怠，
入於無散聞思修之道，
境心*為道修持證三身，
一度獲得人身之此際，
非為滯留於散漫之時。

* 「境心」即「能所」——能感知的心、所感知的境相。

嗟夫！睡夢中陰現起之此時，
如屍癡眠放逸吾當捨，
繫念無散入於本然性，
睡夢認知幻變光明修*，
莫作畜生那般癡眠睡，
惜此睡眠現實無二修*。

* 丹增嘉措仁波切解道：「執持(認知)、幻變、光明」係睡夢瑜伽的三種修持。

  詠給明就仁波切補述道：「認知、幻變屬於夢瑜伽的修持；以死亡中陰的修持而言，可以說它是於法性中陰證悟的準備。光明則屬於睡瑜伽的修持；以死亡中陰的修持而言，可以說它是於臨死中陰證悟的準備。」

* 一般人在睡眠時，其心識多半處於無以自主的幻想境界中。

  瑜伽士所珍視的修持則是——即便在睡眠中，也能一如清醒時那般現見一切；心能自主而能於睡中作修持。

ཀྱེ་མ༔ བདག་ལ་འཆི་ཁ་བར་དོ་འཆར་དུས་དེར༔
ཀུན་ལ་ཆགས་སེམས་ཞེན་འཛིན་སྤང་བྱས་ནས༔
གདམས་ངག་གསལ་བའི་ངང་ལ་མ་ཡེངས་འཇུག༔
རང་རིག་སྐྱེ་མེད་ནམ་མཁའི་དབྱིངས་སུ་འཕོ༔
འདུས་བྱས་ཤ་ཁྲག་ལུས་དང་བྲལ་ལ་ཁད༔
མི་རྟག་སྒྱུ་མ་ཡིན་པ་ཤེས་པར་བྱ༔

ཀྱེ་མ༔ བདག་ལ་ཆོས་ཉིད་བར་དོ་འཆར་དུས་འདིར༔
ཀུན་ལ་སྤྲངས་སྐྲག་འཇིགས་སྣང་སྤང་བྱས་ནས༔
གང་ཤར་རང་སྣང་རིག་པ་ངོ་ཤེས་འཇུག༔
བར་དོའི་སྣང་ཚུལ་ཡིན་པར་ཤེས་པར་བྱ༔
དོན་ཆེན་འགགས་ལ་ཐུག་པའི་དུས་ཤིག་འོང༔
རང་སྣང་ཞི་ཁྲོའི་ཚོགས་ལ་མ་འཇིགས་ཤིག༔

ཀྱེ་མ༔ བདག་ལ་སྲིད་པ་བར་དོ་འཆར་དུས་འདིར༔
འདུན་པ་རྩེ་གཅིག་སེམས་ལ་བཟུང་བྱས་ནས༔
བཟང་པོ་ལས་ཀྱི་འཕྲོ་ལ་ནན་གྱིས་མཐུད༔
མངལ་སྒོ་བཀག་ནས་རུ་ལོག་དྲན་པར་བྱ༔
སྙིང་རུས་དག་སྣང་དགོས་པའི་དུས་ཤིག་ཡིན༔
མིག་སེར་སྤང་ལ་བླ་མ་ཡབ་ཡུམ་བསྒོམ༔

འཆི་བ་འོང་སྙམ་མེད་པའི་བློ་རིང་པོ༔
དོན་མེད་ཚེ་འདིའི་བྱ་བ་བསྒྲུབས་བསྒྲུབས་ནས༔
ད་རེས་སྟོང་ལོག་བྱས་ན་ཤིན་ཏུ་འཁྲུལ༔

嗟夫！禪定中陰現起之此時，
諸般散亂迷惑吾當捨，
無散無執安止離邊境，
生起圓滿次第得穩固，
離諸作務攝心於一時，
不為煩惱惑亂力所使。

嗟夫！臨死中陰現起之此時，
於諸貪愛執著吾當捨，
無散入於明晰口訣道，
將心遷往無生虛空界，
將離血肉和合之軀時，
當知彼為無常幻化相。

嗟夫！法性中陰現起之此時，
於諸怖畏幻境吾當捨，
認知隨現皆性之自顯，
當知彼為中陰之顯境，
值此緊要關鍵之一刻，
無懼自顯靜忿諸聖眾！

嗟夫！投生中陰現起之此時，
當以專一決志而持心，
精勤接續諸宿善餘業，
阻斷胎門當思回返修*，
堅毅淨觀亟需之此際，
捨嫉觀修上師佛父母。

* 「當思回返修」，應當憶念起「回返」的修持。

དགོས་ངོ་ཤེས་པ་དམ་པའི་ལྷ་ཆོས་ཡིན༔
ད་ལྟ་ཉིད་དུ་ལྷ་ཆོས་མི་བྱེད་དམ༔
གྲུབ་ཆེན་རྣམས་ཀྱི་ཞལ་ནས་འདི་སྐད་གསུངས༔
བླ་མའི་གདམས་ངག་སེམས་ལ་མ་བཞག་ན༔
རང་གིས་རང་ཉིད་བསླུ་བར་མི་འགྱུར་རམ༔

ཞེས་གསུངས་སོ༔ བར་དོ་ཐོས་གྲོལ་གྱི་རྒྱ་ཆིག་འདི༔ འཁོར་བ་མ་སྟོངས་བར་དུ་མ་རྫོགས་སོ༔

心恆不思死亡將至者，
此生作為盡皆無實義，
此回空手返則極錯謬，
認知吾所需者為正法*，
何不當即修持勝妙法？
大成就者尊口作是言：
上師口訣若不置於心，
豈非成為自欺自誑歟？

* 圖登諾布仁波切解道：此句於此可作二種詮解。一為提醒自己——認知「吾」所需者為正法；一為教示他人——認知「汝」所需者為正法。

如云：此《中陰聞即解脫根本頌》，直至輪迴窮盡前，唯願(此法)不滅失。

བར་དོ་འཕྲང་སྒྲོལ་གྱི་སྨོན་ལམ་བཞུགས་སོ༔ ༔

བླ་མ་ཡི་དམ་མཁའ་འགྲོའི་ཚོགས་ལ་ཕྱག་འཚལ་ལོ༔ བརྩེ་བ་ཆེན་པོས་ལམ་སྣ་འདྲེན་དུ་གསོལ༔

བདག་ནི་འཁྲུལ་པས་འཁོར་བར་འཁྱམས་པའི་ཚེ༔
ཐོས་བསམ་སྒོམ་གསུམ་མ་ཡེངས་འོད་ལམ་ལ༔
བཀའ་བརྒྱུད་བླ་མ་རྣམས་ཀྱིས་ལམ་སྣ་དྲོངས༔
ཡུམ་མཆོག་མཁའ་འགྲོའི་ཚོགས་ཀྱིས་རྒྱབ་ནས་སྐྱོར༔
བར་དོ་འཇིགས་པའི་འཕྲང་ལས་བསྒྲལ་དུ་གསོལ༔
ཡང་དག་རྫོགས་པའི་སངས་རྒྱས་ས་རུ་སྐྱོལ༔

གཏི་མུག་དྲག་པོས་འཁོར་བར་འཁྱམས་པའི་ཚེ༔
ཆོས་དབྱིངས་ཡེ་ཤེས་གསལ་བའི་འོད་ལམ་ལ༔
བཅོམ་ལྡན་རྣམ་པར་སྣང་མཛད་ལམ་སྣ་དྲོངས༔
ཡུམ་མཆོག་དབྱིངས་ཕྱུག་མ་ཡིས་རྒྱབ་ནས་སྐྱོར༔
བར་དོ་འཇིགས་པའི་འཕྲང་ལས་བསྒྲལ་དུ་གསོལ༔
ཡང་དག་རྫོགས་པའི་སངས་རྒྱས་ས་རུ་སྐྱོལ༔

ཞེ་སྡང་དྲག་པོས་འཁོར་བར་འཁྱམས་པའི་ཚེ༔
མེ་ལོང་ཡེ་ཤེས་གསལ་བའི་འོད་ལམ་ལ༔
བཅོམ་ལྡན་རྡོ་རྗེ་སེམས་དཔས་ལམ་སྣ་དྲོངས༔
ཡུམ་མཆོག་སངས་རྒྱས་སྤྱན་མས་རྒྱབ་ནས་སྐྱོར༔
བར་དོ་འཇིགས་པའི་འཕྲང་ལས་བསྒྲལ་དུ་གསོལ༔
ཡང་དག་རྫོགས་པའི་སངས་རྒྱས་ས་རུ་སྐྱོལ༔

中有險道救度祈請文

頂禮上師、本尊 、空行眾，祈以大悲引導我於道。

我因迷惑漂泊輪迴時，
祈於無散聞思修光道，
聖教傳承師於前引路，
佛母空行眾於後支援，
救度我於中有驚險道，
護送臻達正等覺佛地。

猛烈愚癡漂泊輪迴時，
祈於法界性智光明道，
毗盧遮那佛於前引路，
虛空自在母*於後支援，
救度我於中有驚險道，
護送臻達正等覺佛地。

* 因字數受限，「虛空法界自在佛母」在此簡譯為「虛空自在母」。

猛烈瞋恚漂泊輪迴時，
祈於大圓鏡智光明道，
金剛薩埵佛於前引路，
佛眼佛母尊於後支援，
救度我於中有驚險道，
護送臻達正等覺佛地。

猛烈我慢漂泊輪迴時，
祈於平等性智光明道，

ང་རྒྱལ་དྲག་པོས་འཁོར་བར་འཁྱམས་པའི་ཚེ༔
མཉམ་ཉིད་ཡེ་ཤེས་གསལ་བའི་འོད་ལམ་ལ༔
བཅོམ་ལྡན་རིན་ཆེན་འབྱུང་ལྡན་ལམ་སྣ་དྲངས༔
ཡུམ་མཆོག་མཱ་མ་ཀི་ཡིས་རྒྱབ་ནས་སྐྱོར༔
བར་དོ་འཇིགས་པའི་འཕྲང་ལས་བསྒྲལ་དུ་གསོལ༔
ཡང་དག་རྫོགས་པའི་སངས་རྒྱས་ས་རུ་སྐྱོལ༔

འདོད་ཆགས་དྲག་པོས་འཁོར་བར་འཁྱམས་པའི་ཚེ༔
སོར་རྟོག་ཡེ་ཤེས་གསལ་བའི་འོད་ལམ་ལ༔
བཅོམ་ལྡན་སྣང་བ་མཐའ་ཡས་ལམ་སྣ་དྲངས༔
ཡུམ་མཆོག་གོས་དཀར་མོ་ཡིས་རྒྱབ་ནས་སྐྱོར༔
བར་དོ་འཇིགས་པའི་འཕྲང་ལས་བསྒྲལ་དུ་གསོལ༔
ཡང་དག་རྫོགས་པའི་སངས་རྒྱས་ས་རུ་སྐྱོལ༔

ཕྲག་དོག་དྲག་པོས་འཁོར་བར་འཁྱམས་པའི་ཚེ༔
བྱ་གྲུབ་ཡེ་ཤེས་གསལ་བའི་འོད་ལམ་ལ༔
བཅོམ་ལྡན་དོན་ཡོད་གྲུབ་པས་ལམ་སྣ་དྲངས༔
ཡུམ་མཆོག་དམ་ཚིག་སྒྲོལ་མས་རྒྱབ་ནས་སྐྱོར༔
བར་དོ་འཇིགས་པའི་འཕྲང་ལས་བསྒྲལ་དུ་གསོལ༔
ཡང་དག་རྫོགས་པའི་སངས་རྒྱས་ས་རུ་སྐྱོལ༔

བག་ཆགས་དྲག་པོས་འཁོར་བར་འཁྱམས་པའི་ཚེ༔
ལྷན་སྐྱེས་ཡེ་ཤེས་གསལ་བའི་འོད་ལམ་ལ༔
དཔའ་བོ་རིག་འཛིན་རྣམས་ཀྱིས་ལམ་སྣ་དྲངས༔

寶生如來佛於前引路，
瑪瑪基佛母於後支援，
救度我於中有驚險道，
護送臻達正等覺佛地。

猛烈貪欲漂泊輪迴時，
祈於妙觀察智光明道，
無量光如來於前引路，
白衣佛母尊於後支援，
救度我於中有驚險道，
護送臻達正等覺佛地。

猛烈嫉妒漂泊輪迴時，
祈於成所作智光明道，
不空成就佛於前引路，
誓句度母尊於後支援，
救度我於中有驚險道，
護送臻達正等覺佛地。

猛烈習氣漂泊輪迴時，
祈於俱生本智光明道，
持明勇父尊於前引路，
空行佛母眾於後支援，
救度我於中有驚險道，
護送臻達正等覺佛地。

猛烈迷惑漂泊輪迴時，
祈於怖畏盡捨光明道，
寂靜忿怒佛眾前引路，
法界自在空行*後支援，

ཡུམ་མཆོག་མཁའ་འགྲོའི་ཚོགས་ཀྱིས་རྒྱབ་ནས་སྐྱོར༔
བར་དོ་འཇིགས་པའི་འཕྲང་ལས་བསྒྲལ་དུ་གསོལ༔
ཡང་དག་རྫོགས་པའི་སངས་རྒྱས་ས་རུ་སྐྱོལ༔

འཁྲུལ་སྣང་དྲག་པོས་འཁོར་བར་འཁྱམས་པའི་ཚེ༔
སྡངས་སྐྲག་འཇིགས་སྣང་སྤྱངས་པའི་འོད་ལམ་ལ༔
བཅོམ་ལྡན་ཞི་ཁྲོའི་ཚོགས་ཀྱིས་ལམ་སྣ་དྲངས༔
དབྱིངས་ཕྱུག་མཁའ་འགྲོའི་ཚོགས་ཀྱིས་རྒྱབ་ནས་སྐྱོར༔
བར་དོ་འཇིགས་པའི་འཕྲང་ལས་བསྒྲལ་དུ་གསོལ༔
ཡང་དག་རྫོགས་པའི་སངས་རྒྱས་ས་རུ་སྐྱོལ༔

ཀྱེ་མ༔ ནམ་མཁའི་ཁམས་རྣམས་དགྲ་རུ་མི་ལྡང་ཞིང༔
སངས་རྒྱས་མཐིང་ཁའི་ཞིང་ཁམས་མཐོང་བར་ཤོག༔
ཆུ་ཡི་ཁམས་རྣམས་དགྲ་རུ་མི་ལྡང་ཞིང༔
སངས་རྒྱས་དཀར་པོའི་ཞིང་ཁམས་མཐོང་བར་ཤོག༔
ས་ཡི་ཁམས་རྣམས་དགྲ་རུ་མི་ལྡང་ཞིང༔
སངས་རྒྱས་སེར་པོའི་ཞིང་ཁམས་མཐོང་བར་ཤོག༔
མེ་ཡི་ཁམས་རྣམས་དགྲ་རུ་མི་ལྡང་ཞིང༔
སངས་རྒྱས་དམར་པོའི་ཞིང་ཁམས་མཐོང་བར་ཤོག༔
རླུང་གི་ཁམས་རྣམས་དགྲ་རུ་མི་ལྡང་ཞིང༔
སངས་རྒྱས་ལྗང་གུའི་ཞིང་ཁམས་མཐོང་བར་ཤོག༔
འཇའ་ཚོན་ཁམས་རྣམས་དགྲ་རུ་མི་ལྡང་ཞིང༔
སངས་རྒྱས་སྣ་ཚོགས་ཞིང་ཁམས་མཐོང་བར་ཤོག༔

救度我於中有驚險道，
護送臻達正等覺佛地。

在《中陰聞即解脫——法性中陰》的最後一則祈請文中，列有完整的佛母名號「法界自在忿怒母」——這也正是五方飲血忿怒尊的佛母ཀྲོ་དྷི་ཤ་རི་མ།的中文意譯。此處因字數受限，故而將「法界自在忿怒母」簡譯為「法界自在空行」。

嗟夫！願諸空大種莫成怨仇，
令我得見青色佛淨土。
願諸水大種莫成怨仇，
令我得見白色佛淨土。
願諸地大種莫成怨仇，
令我得見黃色佛淨土。
願諸火大種莫成怨仇，
令我得見紅色佛淨土。
願諸風大種莫成怨仇，
令我得見綠色佛淨土。
願彩虹大種莫成怨仇，
令我得見諸佛勝妙剎。
願聲光光芒莫成怨仇，
令我得見靜忿無邊剎*。

天青色、白色、黃色、紅色、綠色佛淨土——即為毗盧遮那、金剛薩埵、寶生、阿彌陀、不空成就等五方佛淨土。

「靜忿無邊剎」意為「靜忿聖眾的無邊剎土」。

願了知一切聲為自聲，
願了知一切光為自光，
願了知諸光為自光芒，

སྒྲ་འོད་ཟེར་གསུམ་དགྲ་རུ་མི་ལྡངས་ཤིང༔
ཞི་ཁྲོ་རབ་འབྱམས་ཞིང་ཁམས་མཐོང་བར་ཤོག༔

སྒྲ་རྣམས་ཐམས་ཅད་རང་སྒྲར་ཤེས་པར་ཤོག༔
འོད་རྣམས་ཐམས་ཅད་རང་འོད་ཤེས་པར་ཤོག༔
ཟེར་རྣམས་ཐམས་ཅད་རང་ཟེར་ཤེས་པར་ཤོག༔
བར་དོར་རང་ངོ་རང་གིས་ཤེས་པར་ཤོག༔
སྐུ་གསུམ་ཞིང་ཁམས་མངོན་དུ་འགྱུར་པར་ཤོག༔

བར་དོ་འཕྲང་སྒྲོལ་གྱི་སྨོན་ལམ་ཞེས་བྱ་བ་ཨུ་རྒྱན་གྱི་མཁན་པོ་པདྨ་འབྱུང་གནས་ཀྱིས་མཛད་པ༔ འཁོར་བ་མ་སྟོངས་ཀྱི་བར་དུ་མ་རྫོགས་སོ༔

願於中陰自知自本面，
願得現證三身佛淨土。

《中有險道救度祈請文》係鄔金堪布 蓮華生大士所撰。直至輪迴窮盡前，唯願(此法)不滅失。

བར་དོའི་སྨོན་ལམ་འཇིགས་སྐྱོབ་མ་ཞེས་བྱ་བ་བཞུགས་སོ།།

ཀྱེ་མ༔ བདག་ནི་ཚེ་ཡི་འཕེན་པ་ཟད་པའི་ཚེ༔
འཇིག་རྟེན་འདི་ནས་ཉེ་དུས་མི་སྐྱོངས་ཏེ༔
རང་ཉིད་གཅིག་པུར་བར་དོ་འཁྱམས་ཚ་ན༔
རྒྱལ་བ་ཞི་ཁྲོས་ཐུགས་རྗེའི་ཤུགས་ཕྱུང་ནས༔
མ་རིག་མུན་པའི་སྡུག་རུམ་སེལ་བར་ཤོག༔

དགའ་བའི་གྲོགས་དང་བྲལ་ནས་གཅིག་པུར་འཁྱམས༔
རང་སྣང་སྟོང་པའི་གཟུགས་བརྙན་འཆར་དུས་དེར༔
སངས་རྒྱས་རྣམས་ཀྱིས་ཐུགས་རྗེའི་ཤུགས་ཕྱུང་ནས༔
སྔངས་སྐྲག་བར་དོའི་འཇིགས་པ་མི་འབྱུང་ཤོག༔

ཡེ་ཤེས་གསལ་བའི་འོད་ལྔ་འཆར་དུས་དེར༔
མི་འཇིགས་མི་སྐྲག་རང་ངོ་ཤེས་གྱུར་ཤོག༔
ཞི་དང་ཁྲོ་བོའི་སྐུ་གཟུགས་འཆར་དུས་དེར༔
མི་འཇིགས་གདེང་ཐོབ་བར་དོ་ངོ་ཤེས་ཤོག༔

ལས་ངན་དབང་གིས་སྡུག་བསྔལ་མྱོང་ཚ་ན༔
རྒྱལ་བ་ཞི་ཁྲོས་སྡུག་བསྔལ་སེལ་བར་ཤོག༔
ཆོས་ཉིད་རང་སྒྲ་འབྲུག་སྟོང་ལྟར་ཚ་ན༔
ཐེག་ཆེན་ཆོས་ཀྱི་སྒྲ་རུ་འགྱུར་བར་ཤོག༔

སྐྱབས་མེད་ལས་ཀྱི་རྗེས་སུ་འབྲང་དུས་དེར༔

中有恐懼救護祈請文

嗟夫！當我壽量耗竭已盡時，
世間親人於我無助益。
孤身孑然漂泊中陰時，
願靜忿尊施放慈悲力，
驅散無明深重之黑闇。

別離摯友孤身獨漂泊，
自顯空之形影現起時，
願諸佛眾施放慈悲力，
恐怖中陰驚懼不生現。

本智清明五光現起時，
願無怖畏認知自本面。
靜忿諸尊形影現起時，
願無驚懼確信*認中陰。

*「確信」係指「對於自己能認知中陰，具確信、有把握！」

因惡業力受諸苦難時，
願靜忿尊泯除諸苦厄。
法性自聲千龍嘯吼時，
願皆化成大乘法音聲。

無依無怙隨業流轉時，
祈願靜忿佛眾救護吾。
遭受業與習氣之苦時，
願現光明喜樂之禪定。

རྒྱལ་བ་ཞི་ཁྲོས་བདག་སོགས་བསྐྱབ་ཏུ་གསོལཿ
བག་ཆགས་ལས་ཀྱི་སྡུག་བསྔལ་སྤྱོད་ཙ་ནཿ
འོད་གསལ་བདེ་བའི་ཏིང་འཛིན་འཆར་བར་ཤོགཿ

སྲིད་པ་བར་དོར་བརྫུས་ཏེ་སྐྱེས་ཙ་ནཿ
ཕྱིན་ལོག་བདུད་ཀྱི་ལུང་བསྟན་མི་འབྱུང་ཤོགཿ
གང་དུ་བསམ་པའི་དབང་གིས་སླེབ་ཙ་ནཿ
ལས་ངན་འཁྲུལ་པའི་འཇིགས་སྐྲག་མི་འབྱུང་ཤོགཿ

གཅན་གཟན་ཁྲོ་བོས་ངར་སྐད་འདོན་པའི་ཚེཿ
ཡི་གེ་དྲུག་པའི་ཆོས་སྒྲར་འགྱུར་བར་ཤོགཿ
ཁ་ཆར་ཧྲུང་དང་མུན་པས་དེད་པའི་ཚེཿ
ཡེ་ཤེས་གསལ་བའི་ལྷ་མིག་ཐོབ་པར་ཤོགཿ

རིགས་མཐུན་ནང་ཚན་བར་དོའི་སེམས་ཅན་རྣམསཿ
མིག་སེར་མེད་ཅིང་མཐོ་རིས་སྐྱེ་བར་ཤོགཿ
ཤིན་ཏུ་ཉོན་མོངས་བཀྲེས་ཤིང་སྐོམ་པའི་ཚེཿ
ལྟོགས་སྐོམ་ཚ་གྲང་སྡུག་བསྔལ་མི་འབྱུང་ཤོགཿ

ཕྱི་མ་ཕ་མའི་འདུ་འཁྲིད་མཐོང་ཙ་ནཿ
རྒྱལ་བ་ཞི་ཁྲོ་ཡབ་ཡུམ་ཉིད་མཐོང་ཤོགཿ
གང་སྐྱེ་རང་དབང་ཐོབ་ནས་གཞན་དོན་དུཿ
མཚན་དཔེས་བརྒྱན་པའི་ལུས་མཆོག་ཐོབ་པར་ཤོགཿ
བདག་ཉིད་སྐྱེས་པའི་ལུས་མཆོག་ཐོབ་གྱུར་ནསཿ
མཐོང་ཐོས་ཐམས་ཅད་མྱུར་དུ་གྲོལ་བར་ཤོགཿ

於有中陰變化投生時，
願不現起顛倒魔授記*。
隨心所念至任何處時，
願惡業迷亂怖畏不生。

* 「願不現起顛倒魔授記」，詠給明就仁波切在中陰教授中說道：在投生中陰階段，當中陰身意欲往生淨土時，魔會化現成亡者生前的親友，障礙他往生淨土，使他退返到生死輪迴中——祈願這樣的情況不會發生。

猛獸發出怒吼咆嘯時，
願彼聲成六字法音聲。
雪雨風闇催迫驅趕時，
願獲本智明淨之天眼。

同趣之內中陰有情眾，
願離嫉妒咸得生善道。
遭受深重煩惱饑渴時，
願諸饑渴寒熱苦不生。

目睹未來父母和合時，
願見靜忿佛父佛母尊。
於投生得自在以利他，
願獲相好莊嚴勝妙身。
一旦生得勝妙之色身，
願見聞者皆速獲解脫。

願諸惡業莫要跟隨我，
願諸福德增盛且相隨。
無論投生何處於彼處，
願與累世本尊相逢會。

ལས་ངན་ཐམས་ཅད་རྗེས་སུ་མི་འབྲང་ཞིང༔
བསོད་ནམས་གང་ཡོད་འཕེལ་ཞིང་རྗེས་འབྲང་ཤོག༔
གང་དང་གང་དུ་སྐྱེ་བ་དེ་དང་དེར༔
ཚེ་རབས་ཡི་དམ་ལྷ་དང་མཇལ་བར་ཤོག༔

སྐྱེས་མ་ཐག་ཏུ་སྨྲ་ཞིང་འགྲོ་ཤེས་ཏེ༔
སྐྱེ་བ་དྲན་ཅིང་མི་བརྗེད་གཟུངས་ཐོབ་ཤོག༔
ཡོན་ཏན་ཆེ་ཆུང་འབྲིང་དང་སྣ་ཚོགས་པ༔
ཐོས་སམ་མཐོང་བ་ཙམ་གྱིས་ཤེས་གྱུར་ཅིག༔

གང་དུ་སྐྱེ་བའི་ཡུལ་དེར་བཀྲ་ཤིས་ཤིང༔
སེམས་ཅན་ཐམས་ཅད་བདེ་དང་ལྡན་གྱུར་ཅིག༔
རྒྱལ་བ་ཞི་ཁྲོ་ཁྱེད་སྐུ་ཅི་འདྲ་དང༔
འཁོར་དང་སྐུ་ཚེའི་ཚད་དང་ཞིང་ཁམས་དང༔
ཁྱེད་ཀྱི་མཚན་མཆོག་བཟང་པོ་ཅི་འདྲ་བ༔
དེ་འདྲ་ཁོ་ནར་བདག་སོགས་འགྱུར་བར་ཤོག༔

ཀུན་བཟང་ཞི་ཁྲོ་རབ་འབྱམས་ཐུགས་རྗེ་དང༔
ཆོས་ཉིད་རྣམ་པར་དག་པའི་བདེན་སྟོབས་དང༔
སྔགས་འཆང་རྩེ་གཅིག་བསྒྲུབས་པའི་བྱིན་རླབས་ཀྱིས༔
སྨོན་ལམ་བཏབ་པ་དེ་བཞིན་འགྲུབ་གྱུར་ཅིག༔

བར་དོའི་སྨོན་ལམ་འཇིགས་སྐྱོབ་མ་ཞེས་བྱ་བ་འཁོར་བ་མ་སྟོངས་བར་དུ་མ་རྫོགས་སོ༔ དགེའོ་དགེའོ་དགེའོ༔

甫一出生即能語能步，
願憶宿世獲不忘總持。
於大中小及諸般所知*，
願僅憑聞或見即通達。

* 「於大中小及諸般所知」，譯者所參之英譯版皆解為「於大中小等諸般所知」。

就藏文而言，二者皆通。「等」字表明了「諸般」係「大、中、小」之等義詞，共同形容所知具此三種層次。「及」字則意味「諸般」係平行於「大、中、小」之另一形容詞——「大、中、小」描述了所知的程度，「諸般」則描述了所知的廣度。譯者經圖登諾布仁波切等師尊確認後，作譯如上。

凡我投生之域皆吉祥，
願諸有情咸具足喜樂。
如您靜忿佛尊之勝身，
及汝聖眷壽量與妙土，
猶若尊之相好妙莊嚴，
願諸勝妙吾等恰恰如。

乘普賢靜忿尊之宏悲，
清淨法性真實之諦力，
密乘行者專修之加持*，
願此祈願悉如是成就。

* 「專修之加持」係指「專注一心修持所成之加持力」。

《中有恐懼救護祈請文》，直至輪迴窮盡前，唯願(此法)不滅失。
善！善！善！

跋文．迴向

大司徒：

你心莫馳散！ 莫馳散！ 莫馳散！

無常！無常！

死期非定，死亡必然！

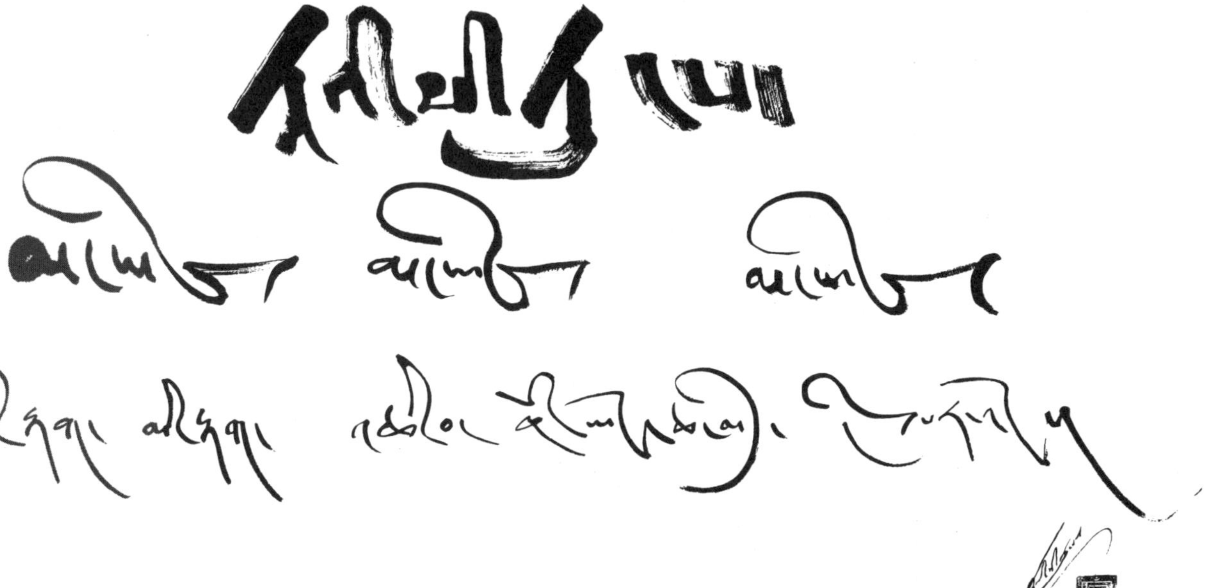

བྱམས་མགོན་ཏཱའི་སི་ཏུ་རིན་པོ་ཆེ་མཆོག་གི་ཕྱག་བྲིས།
慈怙 廣定大司徒仁波切墨寶(自惕文)

在究竟上，什麼也未曾發生；

在相對上，什麼都在發生……。

就在出生的當兒，你我便踏上了個己的鐵達尼號，

正以各自的速率、方式沈淪……。

有福的是那些能在當生值遇佛法的人，特別是《中陰教法》——

它能讓我們在鐵達尼號上，飛越鐵達尼！

謹以此編、譯、發行

《中陰聞即解脫藏漢對譯誦本》之功德，

迴向當生父母爲首之無始恩親，

願自他皆得於今生終結輪迴幻相，

飛越鐵達尼！

確印卓瑪謹誌

關於再版

當中陰誦本問世數月之後，沈甸甸的紙刷版才越洋來到筆者手中。開封後，首先躍入眸中的自然是封面那幅燙銀打凹的書法圖像。「六年中陰路，這可是重重關隘中的最後一關呢！」所幸印刷廠在最後一刻突破了精細打凹的極限，圓滿了佛典必具的古樸莊嚴。「扉頁呢…嗯！還有不少改進的空間。」畢竟，當時的因緣受制於空間之隔，幾乎所有的作業都得透過電郵傳訊，在電腦螢幕上作定奪，落差自是難免。「待下回因緣合會時，再力趨圓滿吧！」

一年之後，喜笑之歌學員們回饋的讀後校正已連接成一張表——譯註部份為主，對文義無甚影響。當筆者進行誦本CD第二回錄音時，則又校訂了正文二處編輯之誤、幾處影響文義的譯註。「中陰誦本勘誤表」於焉出爐。惟此番校訂，正文更易有限，尚待精通中陰教法之賢達惠予賜教、斧正。

使用初版的讀友們，請登入：化育資訊網www.hwayue.org.tw
(2013年6月改版，新網址爲：http://zhepe1huyang.wordpress.com)
喜笑之歌/出版訊息/中陰誦本勘誤表

隨後，筆者復將美編調整一番，便交由詹設計師執行、英倫印刷廠排版。2013年春，此一誦本得以再版面貌重新問世。

在這資訊瞬息推陳出新的時代，有多少書能得到校訂、再版的機會？

佛典，必須是當中的例外。

確印卓瑪 謹誌

雪域法音叢書—飛越鐵達尼系列 1

德格印經院古刻(校正版)

《中陰聞即解脫》藏漢對譯誦本

原作：蓮花生大士
掘藏：噶瑪林巴
勸勉・指導：慈怙 廣定大司徒仁波切
傳授・指導：詠給明就仁波切
審校・指導：丹增嘉措仁波切・圖登諾布仁波切・
堪布惹瓊仁波切・確傑喇嘛 噶瑪賁措

藏漢對譯・中文編輯：確印卓瑪尼師

內頁墨寶：慈怙 廣定大司徒仁波切
封面圖像書法：確傑喇嘛 噶瑪賁措
藏文校正：圖登諾布仁波切・確傑喇嘛 噶瑪賁措・堪布賈稱賁措
藏漢排版：羅卓若傑法師
梵音校正：Dr. Sarbottam Shrestha (M. Med.)

發行人：確印卓瑪
出版：喜笑之歌出版社
電郵：喜笑之歌 thopagasong@gmail.com

美編策劃：確印卓瑪
執行美編：詹瑞源・紀淵宇・謝秀雲
承印：英倫國際文化事業股份有限公司
經銷：紅螞蟻圖書有限公司
台北市內湖區舊宗路二段28號4樓
Tel: (02) 2795-3656　Fax: (02) 2795-4100
初版：2010年10月
再版(五刷)：2020年04月
廣傳工本價：新台幣 580 元

法律顧問：法學博士 嚴博文律師

國家圖書館出版品預行編目資料

德格印經院古刻(校正版) 《中陰聞即解脫》藏漢對譯誦本/確印卓瑪編譯--初版--(台北市):喜笑之歌 2010(民99)

…(雪域法音叢書--飛越鐵達尼系列 1)

ISBN:978-986-86226-0-9 (精裝)

1.藏傳佛教—實修

2013獻禮 — 中陰聞即解脫

祈願吾母諸衆生，

生時、壽盡、中有際，

得聞如是解脫音。

飛越鐵達尼 Beyond Titanic Ⅱ

《中陰聞即解脫》藏漢對譯誦本 CD

德格印經院古刻(校正版)

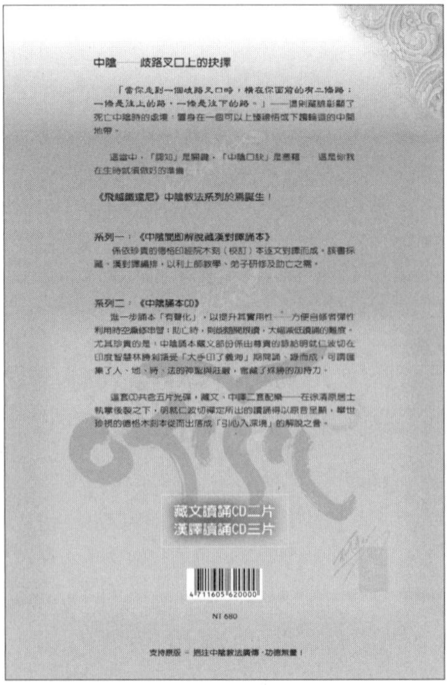

《中陰聞即解脫》藏漢對譯誦本 CD
Liberation through Hearing
Chanting in Tibetan and Mandarin 5CDs

這套CD共含五片光碟，藏文、漢譯二套配樂——在徐清原居士執掌後製之下，明就仁波切禪定所出的讀誦得以原音呈顯，舉世珍視的德格木刻本從而出落成「引心入深境」的解脫之音。

藏文讀誦：詠給明就仁波切
Tibetan chanting by Yongey Mingyur Rinpoche (2 CDs)

漢譯讀誦：噶瑪確印卓瑪尼師
Chinese translation of Tibetan text and chanting in Mandarin by Ani Karma Chöying Drolma (3 CDs)

編曲.配樂.製作：徐清原居士
Music commissioned for CDs composed and produced by Vincent Hsu

策劃．監製：確印卓瑪
Executive director: Ani Karma Chöying Drolma

封面書法：確傑喇嘛 噶瑪貢措
Calligraphy on front cover by Chöje Lama Karma Phuntsok

美術設計：詹瑞源
Graphic design: Chan Jui Yuan

出版發行/版權所有：喜笑之歌出版社
Produced by Zhepe Lhuyang Publishing Co., Ltd, Taiwan

Email: thopagasong@gmail.com

印刷：英倫國際文化事業股份有限公司
Printed by ENLON Premier Printing and Publishing Co., Ltd. Taiwan

經銷：紅螞蟻圖書有限公司
Distributed by Red Ants Book Co.,Ltd, Taiwan
Tel: (02) 2795-3656

NT 680

支持原版＝挹注中陰教法廣傳．功德無量！

2013小小獻禮預告－
飛越鐵達尼系列Ⅲ《中陰教法擷粹》

擬於2013年末，印行中陰誦本與CD之輔助讀本《中陰教法擷粹》——匯整詠給明就仁波切於過去七年間(2003-2009)所教授之中陰教法，從中擷取精要，編譯成中、英、藏合集手冊。

廣傳專案：捐贈 & 量購

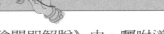

蓮花生大士在其伏藏《中陰聞即解脫》中，囑咐道：

應於眾人生時，朗讀而令其聽聞；應於所有病患枕邊，讀誦之；應於所有亡者遺體旁，念誦之；應將其廣為流布……。

秉於蓮師囑咐，八蚌喜笑之歌學修群於2011年發起「廣傳專案」。目前的廣傳標的包含誦本及CD二項，辦法業已大幅簡化。

詳參：化育資訊網www.hwayue.org.tw(2013年6月改版，新網址為：http://zhepelhuyang.wordpress.com ）喜笑之歌/出版訊息/廣傳專案。

慈怙 廣定大司徒仁波切《中陰教法》視訊教學

蓮花生大士在《中陰聞即解脫》中，說道：

在生前好好修持自心——特別是將《中陰聞即解脫》熟諳於心——至為重要。（吾人）應執持之，通達之，讀誦之，如理憶持之……。

《中陰聞即解脫》係蓮師心傳口授之伏藏法，意涵深廣。讀者從中陰誦本譯註中，當可窺知一、二。因此，在隨文讀誦、憶持之餘，若欲進而通達其法義，直捷之道便是自具證上師處領受中陰教法開示。爲此，筆者謹依師承，引介如下：

2012《六中有》藏文教學，中文/英文 語譯

此系列課程影音連結訊息，詳參八蚌法傳中心網頁。

生前實修正法至為重要

誠如明就仁波切在誦本序文中所言：「蓮師在《中陰聞即解脫篇》中，突顯了死亡修持的三大重點：

一、死亡中陰是解脫、證悟之特勝時機。
二、中陰口訣引介之助益。
三、生前實修至為重要。

須知，當中的第三要點是前二要點得以展現的先決要件。研修中陰教法之行者應如是把握，方不致低估『以死亡為道路』的難度而簡化其修持。」

因此，筆者特藉此篇幅，拋拙作之磚，以引勝法之玉於諸君：